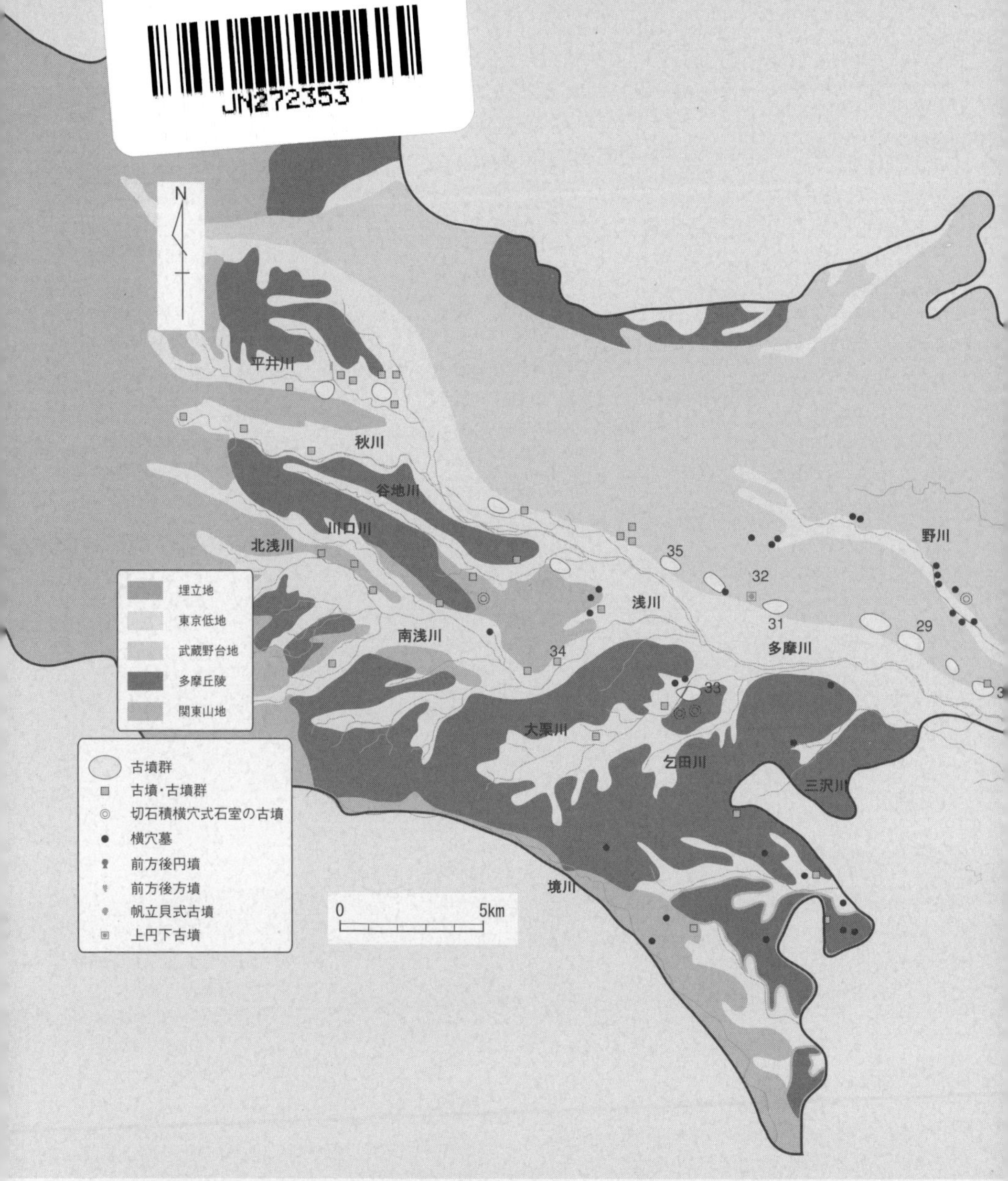

9.港区芝丸山古墳
10.台東区擂鉢山古墳
11.北区赤羽台古墳群
12.葛飾区柴又八幡神社古墳
13.足立区白幡塚古墳
14.足立区白旗塚古墳
15.大田区宝来山古墳
16.大田区亀甲山古墳
17.大田区浅間神社古墳
18.大田区西岡28号墳
19.大田区西岡31・32号墳
20.大田区観音塚古墳
21.大田区多摩川台古墳群
22.大田区塚越横穴墓群
23.大田区久が原横穴墓群
24.世田谷区野毛大塚古墳
25.世田谷区御岳山古墳
26.世田谷区八幡塚古墳
27.世田谷区稲荷塚古墳
28.狛江市亀塚古墳
29.調布市飛田給古墳群
30.調布市下布田古墳群
31.府中市高倉古墳群
32.府中市熊野神社古墳
33.多摩市塚原古墳群
34.日野市平山古墳群
35.国立市青柳古墳群四軒在家遺跡

＊分布図の作成にあたって『新東京の遺跡散歩』（東京都教育委員会発行）掲載の「東京の地形区分と断面ライン」を参考にした。

東京の古墳を考える

坂詰秀一 監修　品川区立 品川歴史館編

雄山閣

野毛大塚古墳主体部全景（合成写真）

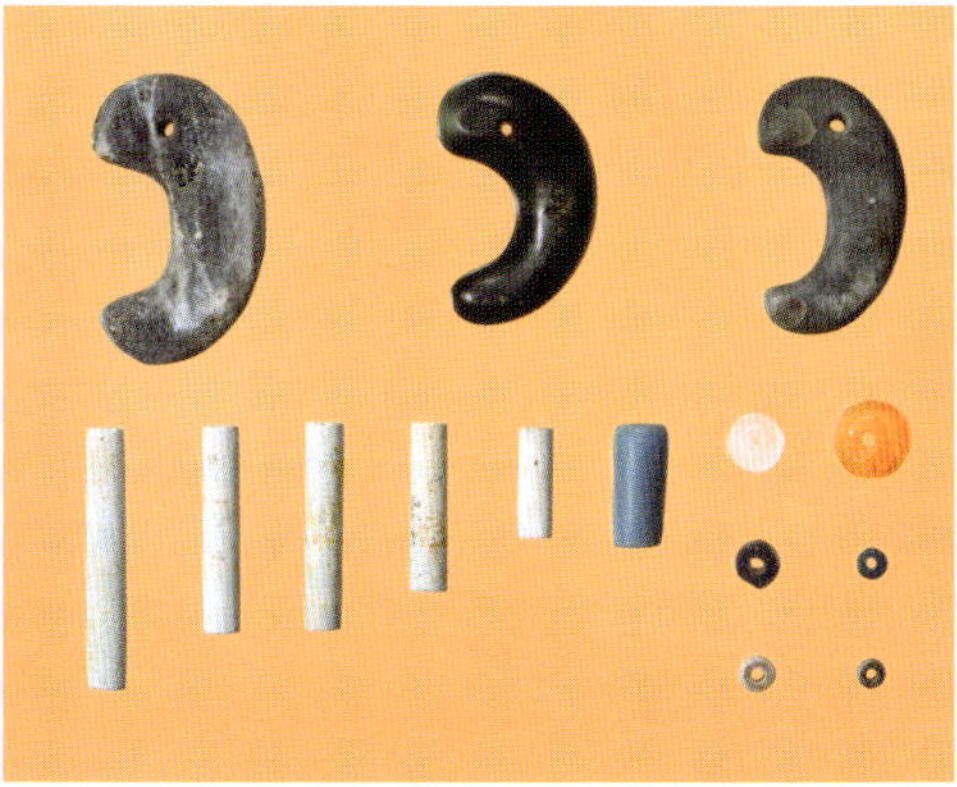

野毛大塚古墳第１主体部出土玉類

（世田谷区教育委員会提供）

御岳山古墳出土三角板鋲留短甲（左）と横矧板鋲留短甲（右）（学習院大学史料館提供）

御岳山古墳出土七鈴鏡
（世田谷区教育委員会提供）

宝莱山古墳出土四獣鏡
（大田区立郷土博物館提供、
慶應義塾大学民族学考古学研究室蔵）

芝丸山古墳の現況（品川区立品川歴史館提供）

芝丸山古墳群出土人物埴輪頭部
（立正大学博物館提供）

久ヶ原横穴墓群５号墓出土銀象嵌装刀子把頭
（大田区立郷土博物館提供）

高倉古墳群10号墳出土耳環・切子玉・丸玉
（府中市教育委員会蔵、府中市郷土の森博物館提供）

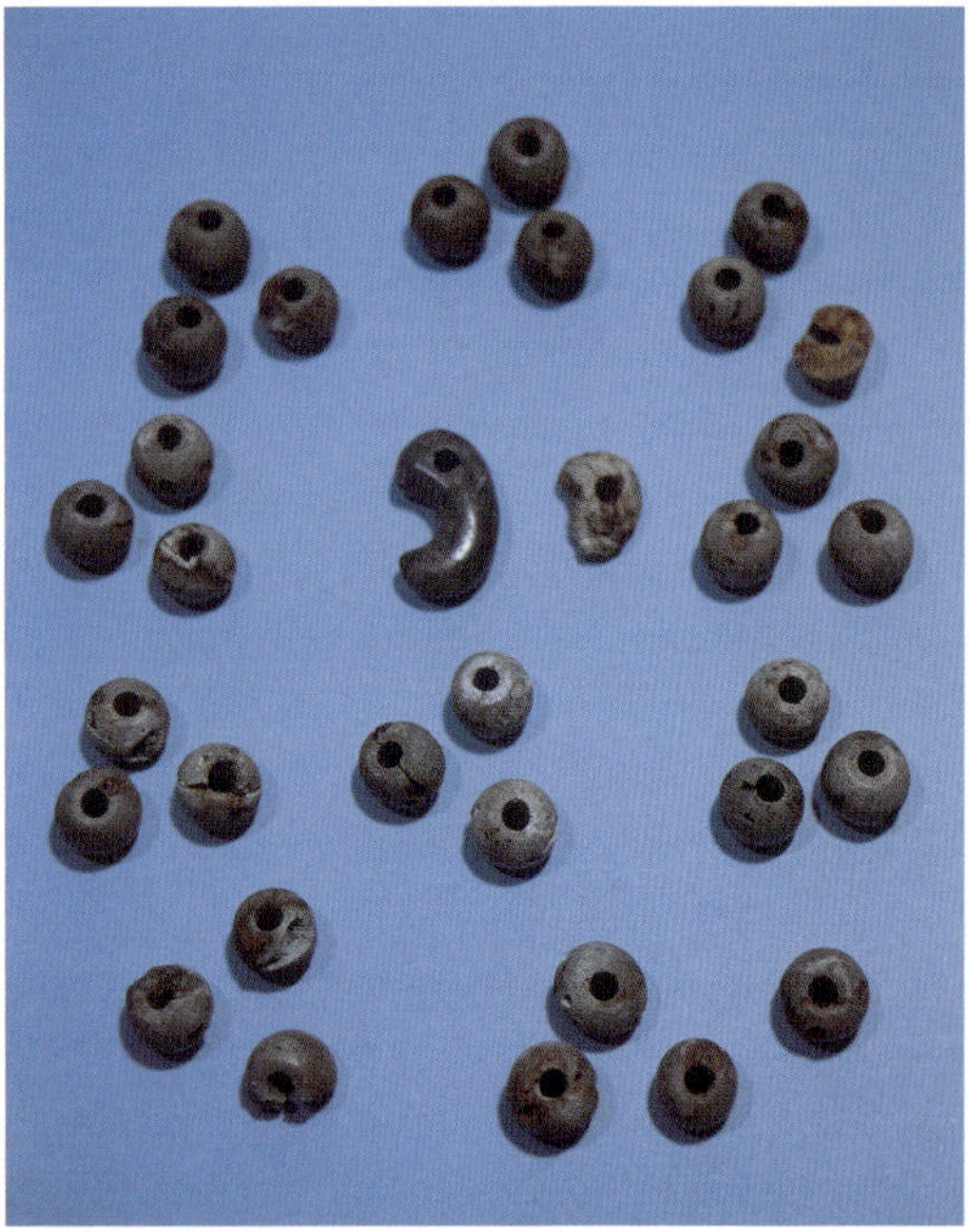

四軒在家遺跡出土丸玉・勾玉
（くにたち郷土文化館提供）

柴又八幡神社古墳出土人物埴輪
（葛飾区郷土と天文の博物館提供）

柴又八幡神社古墳出土人物埴輪頭部
（葛飾区郷土と天文の博物館提供）

柴又八幡神社古墳出土円筒埴輪
（葛飾区郷土と天文の博物館提供）

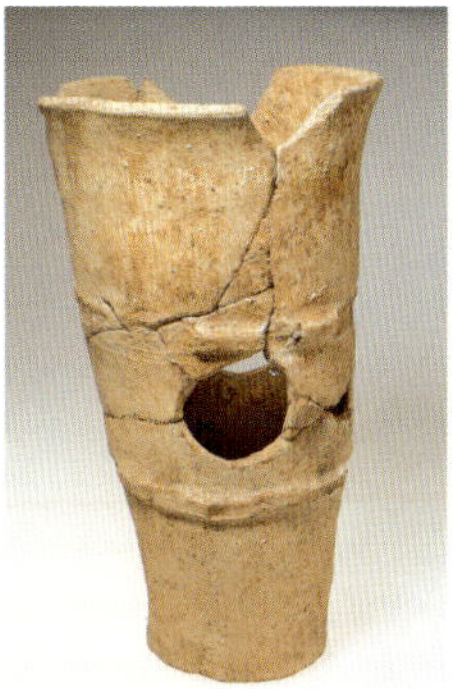

擂鉢塚古墳出土円筒埴輪

伊興遺跡出土子持勾玉
（足立区教育委員会提供）

熊野神社古墳全景（南より）

玄室内部

武蔵府中熊野神社古墳（府中市教育委員会提供）

釘類

横穴式石室近景

水晶製丸玉

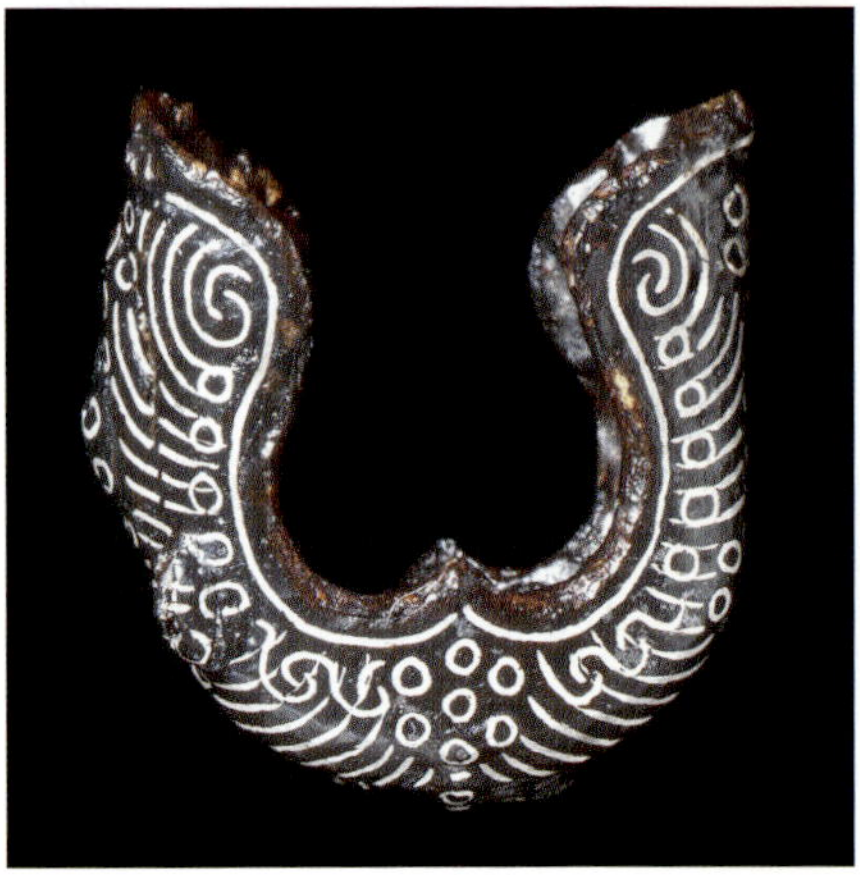
鞘尻金具

はしがき

近年、古墳に対する興味が全国的に高まりを見せ、とくに畿内における発掘調査の現地説明会には四桁～五桁の同好者が雲集することも稀れではなくなった。同様な傾向は、畿内以外の地域においても桁数はともかく軌を一にしていると言う。このような現況において東京の府中市で上円下方墳の存在が確認され、東京の古墳について考古学界の関心が高揚するとともに愛好者の好奇の目も向けられるようになってきた。一方、品川歴史館に来館するリピーターから品川における古墳の存否について質問されることも再三であった。「品川にも古墳があったのですよ」と説明しても、具体的な資料が展示されていないこともあって説得力が弱かった。

品川歴史館の平成十七年度特別展は、右のごとき状況に対応する意図を含めての企画であったが、他方、東京の古墳に対する私なりのささやかな思いが胸中を去来していた。東京の葛飾で生まれ、上野の近傍（谷中）で育ち、現に多摩で生活している私は、高校生の頃から東京の遺跡を歩く機会が多かった。坪井正五郎博士が発掘した芝の丸山古墳、鳥居龍蔵博士が精力的に踏査された上野の摺鉢山古墳のほか、浅草の「弁天山・待乳山」など、後藤守一博士が発掘した荏原古墳群・瀬戸岡古墳群および丸山古墳群をはじめとする多くの古墳、大場磐雄博士が発掘した狛江の亀塚古墳、西岡秀雄博士が調査した多摩川下流域左岸の古墳群などがその主対象であった。その後、時は流れ、東京都教育委員会が企画した「東京都心部遺跡分布調査」「多摩地区所在古墳確認調査」などに参画し、また「都内横穴墓緊急調査集録」に一文を寄せる機会を得たこともあって、東京の古墳についての知見と展望について私なりに注目するところがあった。

特別展のネーミングを「東京の古墳」、サブタイトルを〈品川にも古墳があった〉とし、地域博物館らしさを表出することにした。折角の特別展であるから、考古学・文化財の関係者と歴史と考古と美術に関心を抱く多くの同好者の来館を期待して、関連行事を企画した。特別展の紹介と導入を考慮し展示開催に先立ってプレ講演会を二回、特別展の会期中に講演会とパネルディスカッションを開催するとともに特別展の解説図録『東京の古墳——品川にも古墳があった——』（付録下敷つき、A4判、七二頁）をカラーを主として編集することにした。プレ講演会は、かねてから（財）古代學協會と共催してきた文化講演会を充て、調査の進んでいる多摩川流域と従来とかく注目されることのなかった東京低地の古墳についてスポットを当てた。

特別展記念の講演会は、古墳研究の権威として令名が高い大塚初重博士（明治大学名誉教授）に登壇を懇請し、「東京の古墳を考える」と題するパネルディスカッションには、池上悟博士の司会により、東京の古墳に識見をもたれている野本孝明・谷口榮・松崎元樹・岡崎完樹・江口桂の各氏に加わって頂いた。加えて事例報告として江口氏と当館の内田勇樹学芸員にそれぞれ最新の情報と品川の知見についての紹介を願った。

かかる試みは、大塚博士ならではのユーモアを混じえた講演をはじめ、最新の情報が発表されたパネルディスカッション、新知見を充分にとり入れたプレ講演と事例報告にいたるまで、参会者にとって「東京の古墳」についての新たな知見と重要性、そして今後における課題をめぐって認識を深めて頂くことになったのである。

特別展は、東京の古墳出土品を「鏡・武具・玉・埴輪」を主に、斎藤忠博士特別出品の学史史料（坪井正五郎博士書簡など）をも加えて構成した。

そしてこの度の「東京の古墳」の一連の行事の記録が、斎藤博士より特別寄稿を巻頭に賜わって一書として編まれることになった。

ご協力を頂いた皆様に対して篤く御礼を申し上げるとともに、本書が東京における古墳研究の一里塚として各方面に活用されることを願っている。

平成十八年五月

品川区立品川歴史館
館長　坂詰秀一

「東京の古墳を考える」目次

特別寄稿

学史から見た東京の古墳

斎藤　忠

二〇〇五（平成十七）年十月十六日から十二月四日まで品川区立品川歴史館によって開催された「東京の古墳」というテーマの特別展は、まことに時宜を得たものであり、さらに、この展示資料を紹介した『東京の古墳』と題する図録も、後世に伝える、すぐれた内容のものであった。

これらによって知られた東京の古墳は、早くから学界に紹介されたが、その紹介者は、日本の考古学界に大きい貢献をもたらした先覚者たちであった。私は、ここに、次の一〇の項目を選んで、先覚者たちによる東京の古墳の紹介と研究の足跡をたどりたいと思う。

一　近世地誌に紹介された足立区伊興古墳群
二　坪井正五郎の芝丸山古墳の発掘
三　『古墳横穴及同時代遺物発見地名表』に見られる東京の古墳・横穴
四　八木奘三郎の八王子古墳の記事
五　鳥居龍藏の東京市内古墳・調査巡回の記録
六　山中笑の「東京市内に瓦棺あり」の発表
七　高橋健自の著書に見られる東京の古墳と出土品
八　小松真一の紹介した浅草伝法院の石棺
九　後藤守一の古墳の調査

一〇　大場磐雄の紹介した蒲田の古墳

一　近世地誌に紹介された足立区伊興古墳群

伊興古墳群については、円筒埴輪の出土があり、今回の『東京の古墳』にも紹介されている。ことに、白旗塚古墳・摺鉢塚古墳があり、遺跡公園となっており、写真も掲載されている。この古墳は、近世の地誌にすでに紹介されているのである。すなわち、『新編武蔵国風土記稿』（第一三七　足立郡の三　伊興村）にみられる。次の文である。

白旗塚　東の方にあり。此塚あるを以て、白旗耕地と字せり。塚の除地二十二歩百姓持なり。上代八幡太郎義家奥州征伐の時此所に旗をなびかし軍勝利ありしとて此名を伝へし由。元来社地にして祠もありしなれど、此塚に近寄ば咎ありとて村民畏れて近づかざるによりて、祠は廃絶に及べり。又塚上に古松ありしが、後年立枯て大風に吹倒され、根下より兵器其数多出たり。時に村民来り見て件の兵器の中より、未だ鉄性を失はざる太刀を持帰て家に蔵せしが、彼祟りにやありけん。家挙げて大病をなやめり。畏れて元の如く塚下へ埋め、しるしの松を植継し由。今塚上の両株是なりと云。今土人この松を二本松と号す。太さ一囲半許。

これによれば、古墳の上から松の木が倒れた時、多くの兵器が出土したというが、古墳時代の武器・武具かもしれない。また、祟りの伝承がある。近世において古墳を掘れば、祟りがあるという説はかなり根強いものがあり、これもその一例である。なお、この古墳に並列して甲塚と摺鉢塚の二古墳があったようであり、簡単な説明がある。

二　坪井正五郎の芝丸山古墳の発掘

坪井正五郎（一八六三〜一九一三）の発掘した丸山古墳については『東京の古墳』の中に紹介されている。この古墳の発掘は、日本の考古学史上においても重要な事例の一つであり、私は一九六三年刊行した『日本の発掘』の中で「科学的な軌道にのった古墳の発掘」の項目で、これを紹介した。

この古墳の発掘は、明治三十（一八九七）年十一月から翌年四月にわたり行なわれたものであり、私の著書には、次の一節がある。

その結果、丸山の前方後円墳（瓢形大古墳）のほかに、一一基の小円墳のあることをたしかめたが、実際に発掘の鍬を入れるまでは多少の不安もあったようである。しかしこの不安も、一二月二七日に五重塔の西の小円墳（第一号と称した）を発掘して、小石槨（横穴式石室）のあることをたしかめ、人骨・刀・鏃を発見するに及んで解消した。ながい期間の外形の観察による考察は、ここに実証によって動かすことのできぬものとなったのである。同三一年三月三日からは問題の前方後円墳を調査した。もっともこの頃は、古墳の分布の見取図は作成されたが、封土の実測をつくることはしなかった。つづいて、他の数ヶ所の小円墳を調査し、四月二八日に終了した。

なお、この古墳のそばに茶店があり、坪井は、調査概要をしたためて送っている。『ドルメン』一—七に、この茶店の主人であったらしい植松威がこれを紹介している。

丸山古墳

當公園内に古墳らしい盛り土が十餘ヶ所ありまして、私は其中の或るものの頂上で石槨部分の露出して居るのを認めましたし、或るものの周圍で古代の土器の破片を發見しましたから、當局者に意見を提出し、世間の考說を發表し是等盛り土の調査と其保存との必要を述べ來つたこと數年でありましたが、明治三十年に至つて當時の東京府知事岡部長職子から東京帝國大學に照會依託のあつた結果、幸にして私自ら此の調査に「從」（すりきれ）事して年來の希望を達する事が出來ました。私は遺跡を試掘し、古物を採集し、研究熟慮の末、古墳らしい盛り土は眞に古墳であつて、其年代は今を距る凡千六百年前、大きいのは疑ひも無く貴族の墳墓、小さいのは恐らく其從者の葬品であらうとの事を考定致しました。發見品の大部分は現に東京市役所に保管してあります。尚ほ精しき事は當茶店に備へ付けてある「丸山古墳」と題する說中に書いて置きました。

明治三十四年四月三日　　坪井正五郎記

三　『古墳横穴及同時代遺物発見地名表』に見られる東京の古墳・横穴

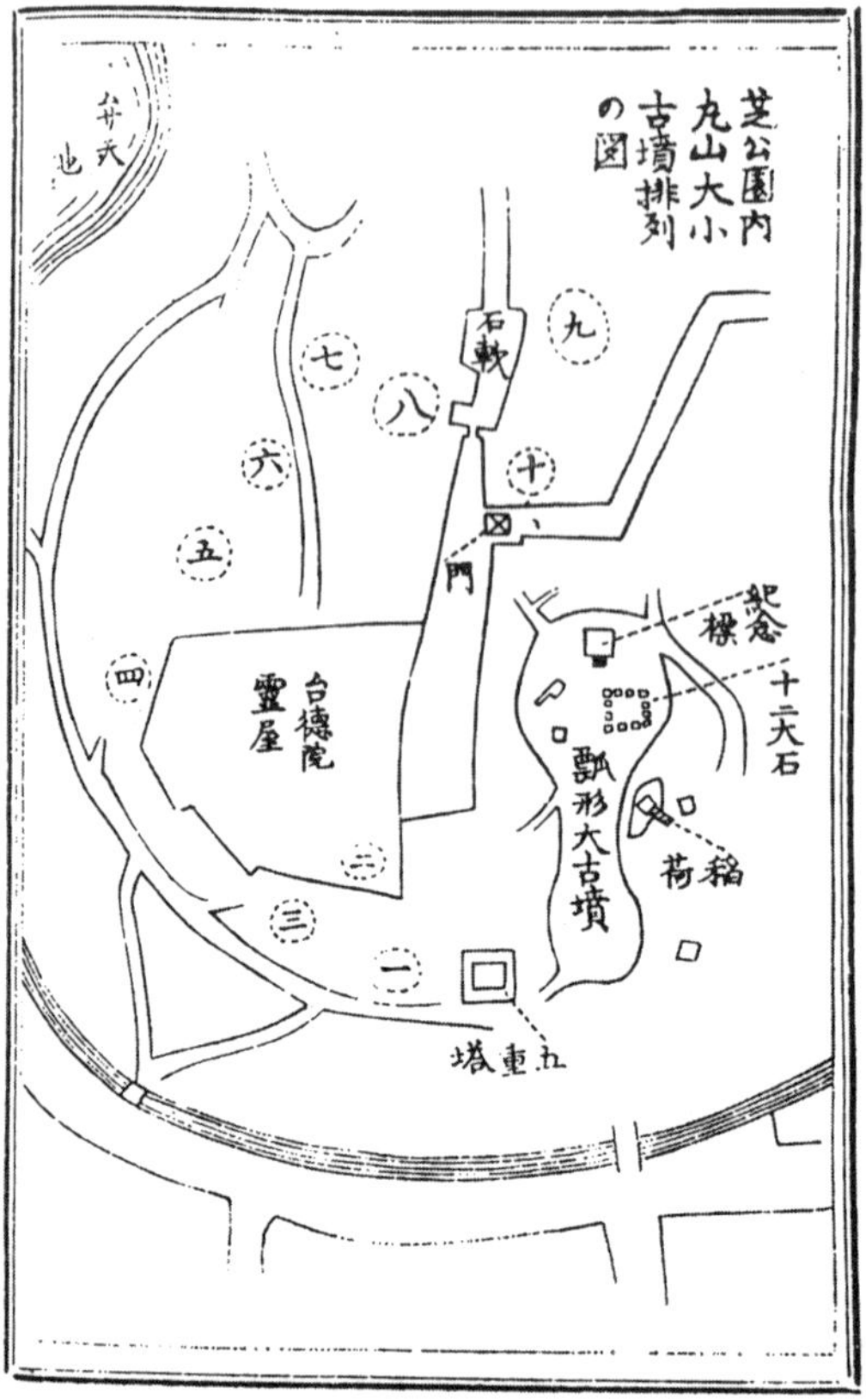

図1　芝公園内の古墳群の図（『考古』および『古蹟』に記されたもの）

明治三十三（一九〇〇）年三月表題のような本が刊行された。縦一五センチ、横一一センチの二九一頁の本であるが、編集兼発行者は「東京帝国大学」という堂々たる名義である。実際は、同大学理学部人類学教室の編集であり、坪井正五郎を中心として八木奘三郎・蒔田鎗二郎が編集したものであった。さきに明治三十（一八九七）年同じ名義で刊行した『日本石器時代遺物発見地名表』が五版を重ねたのに対し、この本の場合は、再版にとどまった。しかし、この頃、石器時代の遺跡の地名表とともに、このような古墳・横穴に関する地名表の基本的な文献を刊行したことに、学史上意義深いものがある。ここに、当時の東京市内の例と荏原郡の例とを掲げれば次のようである。

×荏原郡品川東海寺	祝部二、管玉一、切小玉一、曲玉二	八木奘三郎報 帝國博物館	人百九號 二六八頁
仝　郡調布村大字上沼部	土偶二、古墳（瓢形其他）	八木奘三郎報	
仝　郡調布村大字下沼部	埴輪	仝　人	人九六號 二四五頁
仝　郡大井村	仝　石小刀、石下駄	井上喜久治報	
仝　郡目黒村大字下目黒	仝	八木奘三郎報	
仝　郡玉川村大字下野毛	仝	仝　人	人、一號 五頁
仝　郡調布村大字鵜の水	横穴	坪井正五郎報	人、十九號 三一九頁
仝　郡調布村大学峰	仝	仝　人	
仝　郡玉川村上野毛小字谷川上	古墳 石棺　釼ノ身三、刀ノ身六、埴輪破片一括、素焼土器一、甲冑ノ片一括、曲玉七、石皿二、石坩二、石ヘラ一、管玉十二、小珠玉一括、石刀子二百三十五、石盌一、下駄形石器二、石盆一、異様石器一、石ノミ一	考古學會雜誌報	第一編 十一號 四六四頁

×荏原郡六郷村大字雜色	古墳		地學協會雜誌報
仝　郡六郷村大字八幡塚	仝		仝　上
仝　郡品川町二日市	仝		仝　上
仝　郡碑衾村大字碑文谷	仝		仝　上
仝　郡池上村大字太ヶ谷	仝		仝　上
仝　郡目黒村大字上目黒	仝		仝　上
仝　郡目黒村大字中目黒	仝		仝　上
仝　郡池上村大字桐ヶ谷	仝		仝　上
仝　郡平塚村大字下蛇久保	仝		仝　上
仝　郡平塚村大字小山	仝		仝　上
仝　郡玉川村大字上野毛	仝		仝　上
仝　郡玉川村大字用賀	仝		仝　上
仝　郡駒澤村大字馬引澤	仝		仝　上
仝　郡世田ヶ谷村大字若林	仝		仝　上
仝　郡松原村大字松原	仝		仝　上
仝　郡新宿村	古墳	祝部 人骨	仝　上
仝　郡大森	横穴		坪井正五郎報
仝　郡平塚村	古墳		八木奘三郎報

×東京市芝區芝增上寺内	古墳	曲玉、切小玉、管玉、小玉、腕輪、耳輪、太刀、短刀、骨鏃、銕鏃、小刀、埴輪土偶（瓢形其他）素焼、祝部	仝上 井上喜久治報	人九〇號四七四頁
赤坂區氷川神社境内	仝	管玉、朝鮮土器片、刀劒	野中完一報	八百十六 七四頁
本郷區元富士町	仝		八木奘三郎報	
×東京市本郷區新富士町	古墳		八木奘三郎報	
下谷區上野公園内摺鉢山	仝？		蒔田鎗次郎報	
小石川區御殿町盲唖學校裏手	仝		野中完一報	

四　八木奘三郎の八王子古墳の記事

八木奘三郎（一八六六～一九四二）は、坪井正五郎が主任であった東京大学理学部の人類学教室の人であり『日本考古学』・『考古便覧』・『考古精説』・『考古の栞』などの多くの本を出版し、さらに『満州考古学』の著もあり、明治・大正の頃に学界に活躍した先覚であった。八木は前項でも述べた『古墳横穴及同時代遺物発見地名表』の編集者でもあり、その関係もあって、東京の古墳をも訪れている。これについては、『東京人類学会雑誌』等にも関係の文を発表している。ことに、同誌の一八九号（一九〇一年十二月）に、「武蔵国八王子在の古墳」と題し文がある。この古墳の玄室の構造は、重要なものがあるので、図とともに紹介する。

これは、当時の南多摩郡八王子町小宮村字北大谷にあった円墳である。この地は、現在の八王子市小宮町であるが、発見のニュースは、明治三十二（一八九九）年一月十七日付の「時事新聞」に掲載され、八木の実地調査となった。これに関し、次の発表の文がある。

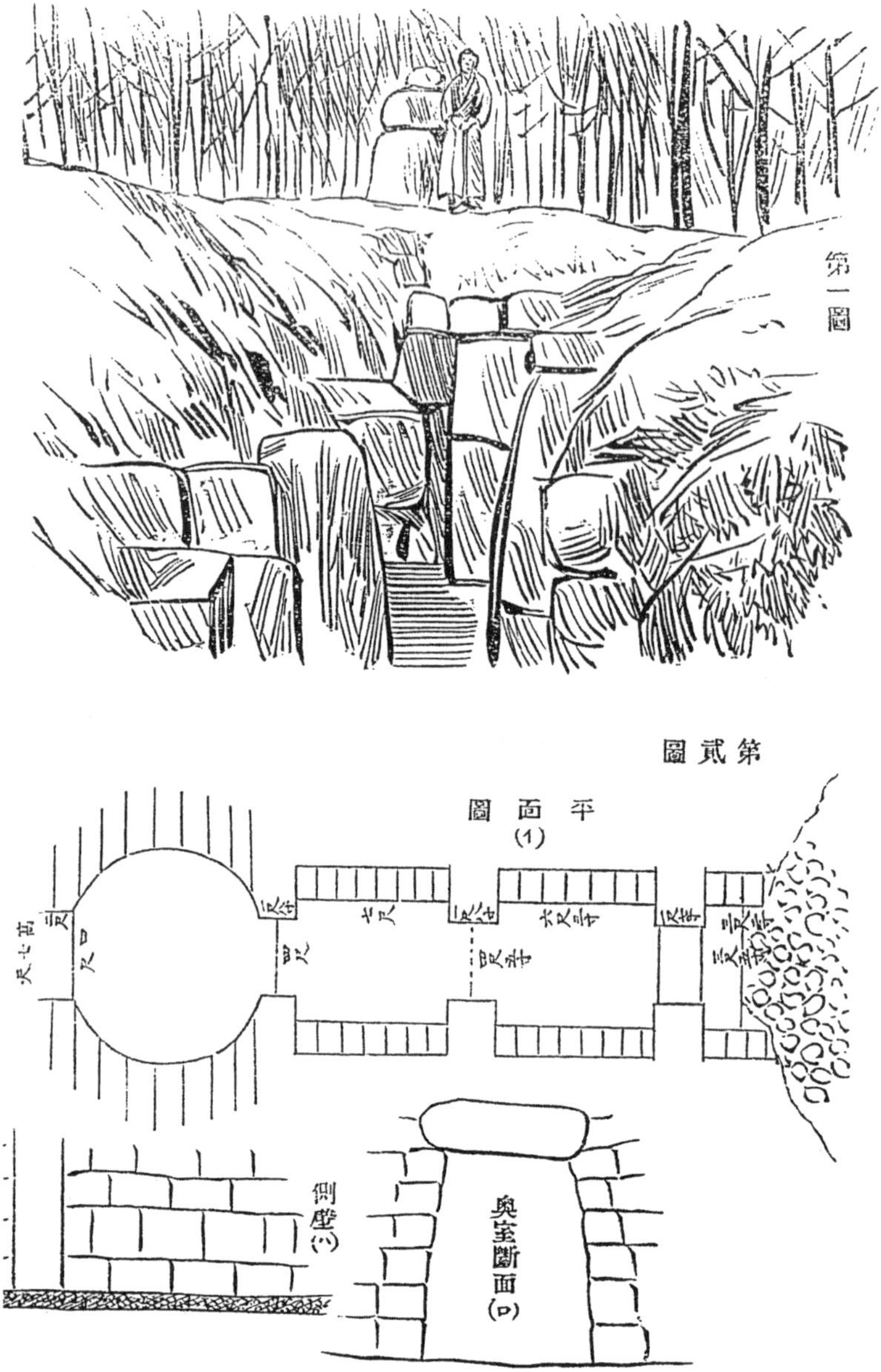

図2　八木奘三郎の紹介した八王子古墳の図

入口の方向は南面にして石室は三個あり。前二室は方形に造り單に奥室のみを圓形になせり面して此室の上部には平石三枚を置き左右の壁は天井に近づくに從ひ漸次に挾まりて較やアーチ形を成せり。又前二室は天井石一枚宛殘存し面も竪に落込み居たりと云ふ併し入口には二枚の戸石を置き更に其前に圓き詰石を積み重ねたり次に記す可きは用石の如何にして總て規則正しき石を以てし恰も今日の煉瓦を組み合わせたる如くなり。此例最も注意す可き點ならんと考ふ。

五　鳥居龍藏の東京市内古墳・調査巡回の記録

鳥居龍藏（一八七〇〜一九五三）は、日本考古学はもとより広く東北アジア・東南アジアの考古学研究に大きい貢献をもたらしたことはいうまでもない。しかも、東京に在住し、東京を愛し武蔵野に視野を向けた学者でもあった。大正七（一九一八）年に発刊した『武蔵野』の中心的な存在でもあり、同誌に多くの原稿を寄せている。あわせて、大正十三（一九二四）年には、『武蔵野及其周圍』、昭和二（一九二七）年には、『上代の東京と其周圍』をあらわし、東京とその周辺の遺跡遺物を紹介した。この『上代の東京と其周圍』の本の中で、とくに注目したいのは「東京市内の古墳調査巡回の記」という項目であり、一日、自動車を利用して古墳をまわっている。

この記事は、今から約九〇年前、一日を利用して、市内の主要古墳につき、どこを選び、どのようなコースをたどったかを知る上にも興味探いものがある。

巡回の日は、大正五（一九一六）年七月十九日である。二台の自動車に分乗している。

一行の中には、東京市の公園課の井上清、考古学者の野中完一もいたが、新聞記者も加わっている。午前九時白木屋前集合。白木屋の人がいろいろと便宜をはかったらしい。午前中のコースは、次のようである。

①　麻布区六本木日ヶ久保第三高等女学校校庭の丸塚。高さ一間半・周囲七間の椎の巨木がある。もと小笠原家の

敷地内で物見台ともいわれていた

②　芝公園の丸山古墳と、このまわりにある一二、三基の古墳。そこで埴輪人物の頭部を採集した

③　赤坂日枝神社境内古墳。瓢形。周囲一五〇間。下は中央にトンネルが通っている。以上で午前中のコースを終わる。白木屋に戻り昼食をとっている。そして午後再び出発した

④　東京本郷帝大内の椿山古墳

⑤　小石川戸崎町細川男爵別邸内古墳。瓢形。小山。椎の木がある

⑥　小石川白山神社境内。お富士山といわれている古墳

⑦　駒込曙町土井子爵邸内。稲荷社のある小丘

⑧　富士見町富士神社社殿の建つ高塚。前方後円墳

⑨　上野公園磨鉢山（すりばちやま）。上野の停車場を見下ろすところに三、四基の丸塚あり。一基のみ旧状を保つ。埴輪の破片あり

⑩　浅草仁王門の付近の弁天山（ここで吉田文俊らが待っており、ここから行を共にした。）

⑪　伝法院の石棺

⑫　駿馬塚（陶棺）

⑬　待乳山の聖天の箇所をへて、橋場の総和泉寺の妙亀尼の塚

以上である。なお、⑪の伝法院の石棺について、鳥居は、どのような文章をつづっているかを紹介する。

此の傳法院の椽先きに、石灰岩で作つた手水鉢が据えられて居る、それが石棺ではないかといふ疑ひがあつて、吉田君から其の調査に就いて話があつたので、傳法院に行くと、早速其の手水鉢のある所へ行つて見た。而して注意して見ると、どうも石棺らしい。長方形のもので、中は近頃不完全に掘つて水を入れてある。どう見ても石棺ら

しい。淺草寺境内は古墳群のある所で、此處に石棺らしいもの、存在して居るのは極めて興味がある。『江戸夢跡集』によると同寺には尚、別に石棺があつた。此の事は『武藏野及其の周圍』「石の枕」の所に記して置いた。

六　山中笑の「東京市内に瓦棺あり」の発表

瓦棺は陶棺である。一般に古墳に直接遺骸を納める施設としては石棺があるが、ほかにも陶棺がある。しかし、その例は、石棺に比して少ない。しかも東京都内においては、もし陶棺が発表されたとすれば珍しい一例になる。このような陶棺について明治三十三（一九〇〇）年山中笑は『考古』（一―五）に、「東京市内に瓦棺あり」と題して発表した。この『考古』は、現在の『考古学雑誌』の前身である。

山中笑（一八五〇～一九二八）は「共古」の号をもつ。本職は宣教師であったが、民俗学に深い関心を寄せるとともに考古学の愛好者でもあった。

この瓦棺は、山谷の春慶院の横手田中という所にあったというが、のち小松真一が訪れた（八項参照）。これによれば、山谷町一七番地で四間×五間ばかりの空き地であったという。「駿馬塚」の名があった。

山中の文は、同誌に見られる。内田茂文の「山谷の馬塚」のあとを承けたものであるが、内田は「山谷の馬塚」と題して、ここに立てられている寛政三（一七九一）年の駿骨碑の文を紹介している。

この碑文によれば、瓦棺は、厚さ二寸で、長さは人身と同じく、径は二尺という。棺には、源義家が奥州征討のとき、死んだ愛馬をここに埋めたという。いわゆる馬塚伝承である。小型の陶棺ともみてよい。もしそうであれば東京における陶棺として重要な一例でもある。

七　高橋健自の著書に見られる東京の古墳と出土品

高橋健自（一八七一～一九二九）は、東京帝室博物館の歴史部長の職にあり、一方考古学会（日本考古学会の前身）

の中心的な存在であった。学史的な名著である『考古学』をあらわしたほか多くの著書があるが、これらの中の一冊に『古墳と上代文化』がある。大正十三（一九二四）年の刊行である。昭和二（一九二七）年に再版している。この本に引用した古墳や横穴は全国にわたっているが、東京の資料も二、三掲げている。その中に、武蔵国荏原郡調布村大字鵜ノ水噌明院境内の横穴について「横穴と横穴式石槨」の項がある。次の文である。

武藏國荏原郡調布村大字鵜ノ水噌明院境内の横穴の如きは、その羨道が普通の石槨のそれの如く石材を積み重ねて構成してあるので、前方から之を望めば寧ろ石槨としか見えない。かくの如き遺跡は石槨と横穴と相半ばしたやうなもので、兩者の關係がいかに密接してゐるかを示すべき有力なる資料である。この横穴はその構造が既に特殊であると同時にその存在も單獨であるが、これも亦珍しい方で、多くの場合は、若干群をなしてゐること、丁度彼の千塚などの名を以て古墳群が各地に存すると同様である。

なお、大正八（一九一九）年、帝室博物館学報の一冊として『古墳発見石製模造器具の研究』を刊行している。この中には、次の二カ所の資料を引用している。

○ 武藏國荏原郡玉川村大字上野毛小字谷川上

圓墳、埴輪あり。組合式箱形石棺中より勾玉・臼玉・玻璃小玉・衝角付冑・短甲・刀劔身・鐵鏃・土器殘片伴出。明治三十年發掘。

○ 武藏國荏原郡玉川村大字尾山

丘陵の一端に築きたる圓墳にして石槨ありし由。石製刀子多數に發見せられし外伴出遺物不明。（和田千吉氏談）

八　小松真一の紹介した浅草伝法院の石棺

この石棺は、五項で述べた鳥居龍藏の東京古墳めぐりのコースの中にも選ばれている。石棺については、小松真一が『武蔵野』(二―三、一九一九年)に発表している。

小松真一は、旧姓は、川村であり、一時東京帝国大学理学部人類学教室に勤務したこともある。氏の文によると、石棺は、浅草の伝法院にあるもので、原位置は、浅草公園五区二四号地という場所で、もとは前方後円墳であったが、「高さ四五尺・四間に三間ばかりの小丘のみが残っていた」という。石棺は、この古墳の後円部の頂上にあり、凝灰岩で作られ、内部は刳り抜きのものであったという。

小松氏の調査の時は、すでに原形をとどめず、水抜穴なども穿たれていたという。

九　後藤守一の古墳の調査

後藤守一(一八八八~一九六〇)は、東京帝室博物館に勤務していたとき、東京府史蹟名勝天然紀念物調査嘱託になった。大正十(一九二一)年であった。そして、勤務のかたわら府内の史跡関係の調査をし、その保存に貢献した。とくに、後藤が最も専門とする古墳関係については、調査の箇所も多かった。この調査の成果の一端は『東京府史蹟名勝天然紀念物調査報告書』第一二冊(昭和十一＝一九三六年)に「東京府下の古墳」と題して一冊の本にまとめている。その序文の中に、

我が東京府は上代古墳に乏しく、しかも古墳多く、近くいへば利根川流域、又上代文化の中心地であり、政治の中心であつた近畿地方に比すれば規模小、内容も亦貧弱を極め、古墳研究からいへば、此を看過しても何等差支えないものであるが、又一方、東京府自身より見ると、如何に規模小、内容貧弱としても、これが上代に於ける武蔵國人の墳墓であり、此を仰ぐ吾々に無限の敬慕の念を懐かしめるものがあるのである。而して上代武蔵の研究は、

この古墳によつて幾多の據るべき資料を得るであらう。況んや、近年驚くべき大東京の發展に伴ひ、此等の古墳は有意識・無意識の裡に破壊せられて行くのであり、既にして今日に於ても此が調査を試みるのは時遲きの憾があるのである。余輩が一部の人士の非難を豫期しつゝも、この貧弱古墳の調査を敢へてし、これを文字にするのも、一に此の古代武藏人に對する敬仰の念の抑ふべからざるものがあるが爲めに外ならない。

とあることは、氏の東京古墳観でもある。この本には、荏原古墳群や板橋区志村古墳群を紹介している。

一〇　大場磐雄の紹介した蒲田の古墳

大場磐雄（一八九九〜一九七五）は、神道考古学すなわち現在祭祀考古学といわれている考古学の一分野を開拓した学者であったが、考古学に広い識見をもっていた。

大場が、まだ谷川の旧姓であった大正十五（一九二六）年に「武蔵蒲田町付近における沖積層地の原史時代遺跡」と題する文を『歴史地理』（四七―四）に発表している。この中に「古墳」の項目があり、次の諸例を紹介している。

○　蒲田町女塚神社境内
○　蒲田町新宿八幡神社境内
○　矢口村道塚小鳥塚
○　羽田町下荒谷大塚
○　　同　　　薬師塚
○　六郷村八幡塚
○　同　雑色装飾塚

○　同　鶴見塚

最後の鶴見塚については写真を載せており、次のような文をつづっている。

少なく隔たれど、比較研究の一資料として鶴見神社の古墳を擧ぐべし。（寫眞参照）省線にて東京より横濱に至る人は、必ずや鶴見驛に入らんとする左手の沖積層地に、一墳丘の存在を認め得べし。そは村社鶴見神社境内に存するものにして、圖に示す如き高さ約三米弱の圓墳なり。もとはこゝに淺間神社祀りありたりといふ。余の踏査によれば、如上記述せし各所の古墳中最も大形のものにして、こゝより少し離れたる生見尾村の臺地に存する古墳と匹敵するを得べし。且つこの地が以上の中最も丘陵に接近するものたる事も注意すべきなり（丘陵より約四百米を去るのみ）、本社は杉山八坂兩神を祀る由なるも、この地が原史時代既に民衆の占居せし事は明らかにして、かつこゝは附近より稍高く、殊に貝殼を含有する地層上に位する事は興味ある事とす。

境内に欅の大樹數株あり。されど何等考古學的證據の出土をしらず。

幸いに、実測図と見取図もあり、横穴式石室であり、しかも玄室にあたる奥室の床面が円形のプランをなし、前室が複室であることがわかる。

おわりに

以上一〇の項目にわけて学史上から見た東京の古墳について、とくに先覚の足跡を顧みつつ述べた。なお、紙数の関係で省略したが、ほかにかつて内務省にあって史跡考査員として活躍した柴田常恵（一八七七〜一九五四）が大正（一九一二〜一九二六年）前後、東京市内の史跡めぐりの指導者となり、古墳などについても嚮導しており、その功績は大きい。一方、文部省にあって史跡調査に関係した上田三平（一八八一～一九五〇）が昭和九（一九三四）年に発見された、御茶ノ水のいわゆる「地下式横穴群」について、古墳時代のものとして新聞発表し、これを近世の貯蔵穴とする多くの反対者の攻撃の対象となった。いわゆる「御茶ノ水事件」である。上田は、のちに『東京御茶ノ水において発見せる地下式横穴の研究』（昭和十八＝一九四三年）を発表し、自分の説くのは、あくまでも形式論であるとなした。東京の古墳の学史の一ページとして忘れることのできないものがある。

東京の古墳に対する関心と研究とは、今回の品川歴史館の展示を契機として大きく飛躍しようとしている。その溌溂とした研究に期待したい。

（『品川歴史館紀要』第二一号、二〇〇六年三月より転載）

講演　

東京の古墳を歩く

大塚初重

こんにちは。大塚でございます。坂詰先生から大変懇切なご紹介で恐縮しています。

私、東京生まれ、東京育ち。ただし、四八歳まで東京におって、あと三二年間は千葉県におりまして、ごく最近の東京については、もうあまり詳しくわからないのです。講演を引き受けてから、いろいろとお話を聞いたり、文献を読んだりして、随分研究が進みました。

今回は特別展でのご依頼ということですが、こちらの博物館で作ったこの「東京の古墳」という図録は大変よくできていまして、東京の主要な古墳は全部これに網羅されています。これを見れば、私の話を聞かなくても（笑い）いいのではないかと思うぐらいです。

私は東京生まれ、東京育ちですが、東京の古墳は、ほとんど市街化で消滅してしまったと思いこみ、とくに近畿地方の古墳については、目をらんらんと光らせているんですが、「東京の古墳？　大したことないよ」という。よくない姿勢なんですが、伝統的にそういう観点が強かったんです。

ただし、若いころから世田谷の多摩川流域の亀甲山《かめのこやま》古墳だとか、西岡秀雄先生がこの辺の研究を続けていて、西岡何号と番号を付けている古墳だとか、対岸の横浜、日吉の慶應義塾大学が調査しました加瀬白山古墳とかについては大変著名でございまして、そういうものとの関連で東京の古墳を考えることはございました。このように東京全都にかかわる古墳のことについて、多分重要な資料が全部まとまっている展覧会というのは、これが初めてじゃないかと思うんですね。世田谷の郷土資料館とか、それぞれの所での調査・特別展はあったと思いますけども、東京都全部というのはあまりない、例がなかったのではないかと思います。上野の博物館に入っている資料から始まって、随分、今度は坂詰先生、大変なご苦労をなさって集めてくださいました。

そういうことで、今日は、しかも私のいただいたテーマが「東京の古墳を歩く」というんですね。私の気を楽にさせようと思って、坂詰先生が一般的な話でいいような内容にしてくださいました。最新の東京の古墳についての資料を基にしてのお話は、中堅・若手のばりばりの皆さんが、次のディスカッションで詳しく行なわれると思います。ですから、今日は、「『歩く』だから歩きゃいいんだよ」ということですね。（笑い）

一　東京の古墳の分布

でも、それだけでは私もつまらないので、まず初めに東京の古墳の分布ですね。ごく最近の資料で、どういう所にどういうふうに古墳が分布しているのかということが、まず私の今日の話の最初の課題であります。見返の「東京の主要古墳の分布」をごらん下さい。

いちいち個々の古墳について問題にしていたら、これは何時間あっても時間が足りませんので、まず全般的な分布論ということで見たいと思います。私が考古学を始めたのは戦後の昭和二十一年でございますが、そのころ、大田区の亀甲山古墳など田園調布の古墳群から野毛の古墳群については、昭和十一年ごろ、後藤守一先生が、東京府から依頼されて調査をして、『東京府史跡名勝天然紀念物調査報告』の第一一冊にその報告が出ています。多摩川の等々力のゴルフ場跡にある大塚古墳、これは世田谷区のいまの野毛大塚古墳ですが、その写真がありますが、周りは住宅も何もないですね。ですから、こんにちと大変な環境の変わり方なんです。

私が、明治大学に入りました翌年、二年生の時、一九四七年（昭和二十二年）に、後藤先生が、「今日は大塚くん、多摩川沿いの狛江の古墳をちょっと調べに行くから」というので、後藤先生と新宿で落ち合って、二人で狛江の古墳を見に行きました。

その時に後藤先生は、今、思い出しますと、冬場でしたけども、オーバーを着て、ソフトをかぶって、ステッキを突いて、短靴を履いて、ズボンにゲートルを巻いていました。軍隊の巻き脚絆っていうんですが、遺跡を歩くときには、後藤先生も、戦後ですけども、ゲートルを巻いていました。私は、後藤先生が持っていけというので、ボーリングステッキという鉄の棒ですね。つまり、狛江の古墳群に埴輪があるかないのかを探るためにボーリングステッキを持ってこいということで、狛江の古墳を見て歩きました。

あとで触れますけども、今や有名な亀塚古墳へ行きました。周りは全部畑で、近くに何軒かは住宅がございましたが、その亀塚古墳のすそをボーリングステッキで私が後藤先生の指示に従って突いていると、近所から五、六人の中年男性が出てきて、「何をしてるんだ」って言って怒鳴られたんですね。「税務署か」って言うんです。（笑い）つまり、どぶろくを作っていて、古墳のすそに、かめを埋めてあったんですね。それを調べに来たかというふうに思ったんですね。そういう時代でした。その後に、亀塚古墳は國學院大學の大場磐雄先生が中心で調査をされています。

そういう時代からこんにちまで、随分、都市化が進んで、東京では、かつてあった古墳も今はなしという例がたくさんございます。まず、分布で一番問題なのは、この「東京の主要古墳の分布」という図面の中で、いわゆる「下町」と「山の手」という言葉がございますように、あるいは東京低地、つまり旧利根川がずっと流れ下ってきて、下総台地とこちらの武蔵野台地の間、そこをずっと流れて、数千年の長い間に流路を変えて、上流からどんどん土砂を運んできて、いわゆる沖積化していくんですね。つまり、こんにちの東京低地、こんにちの「下町」と言われている低地が形成されていくわけです。

したがって、いろいろ名前が付いてまして、江戸川とか荒川とか、その手前の隅田川とかあるんですけども、それも、本を正せば、一番は旧利根川が元になるんですが、そういう利根川が上流からだんだん土砂を運んできて、東京湾に向かって沖積化していくわけですから、北のほう、つまり、ここで言えば足立区のほうが早く沖積化するというふうなことで、かつては東京の下町と言っても、神田とか、あるいは日本橋とか京橋というふうな地域に限定されていたんですけども、その後、下谷、浅草、さらに本所、深川、さらに荒川、葛飾、江戸川、足立というふうに、どんどんどん開発されていくわけであります。

そういう観点で、東京低地、つまり下町と、われわれが俗に言っている地域にも、そんな所は遺跡はないというのが、かつての常識だったんですが、このごろは、そうではないということがわかりました。

足立区の遺跡では有名な伊興《いこう》遺跡というのが出てきまして、それもかなり広いといわれています。現在、伊興公園とか伊興遺跡とかございますが、この伊興遺跡の近くには、足立区の白幡塚と白旗塚古墳がございます。

縄文時代後期の土器の破片や弥生土器も出ていますが、古墳時代に入ってきて、人々がここに住み着くようになったということで、じゃ、東京低地と言われているのはどういう所かというと、皆さんご承知のように、上流から洪水で土砂が流れてくる。その強い力で運んできた土砂が、そこの場所に堆積して、いわゆる自然堤防ができます。また東京湾の湾岸に近いほうには砂州ができます。このように、人々は、ほかよりもちょっと高い微高地、わずかに高い自然堤防の上で、いろいろな生活をしていくというふうな傾向がございます。武蔵伊興遺跡は祭祀遺跡でして、村落の祭祀を盛大に行なっているような遺跡が、ここにあるということです。

ところが、これも、いわゆる東京低地の江戸川区、葛飾区です。葛飾区の柴又八幡神社古墳は古くから有名でございまして、國學院大學の永峯光一さんなども、調査されたことがありますが、この柴又の八幡神社の社殿の下に、古墳の石室と思われる石材などが見え隠れしているというふうなことがあり、そして埴輪の破片も発見されたことから調査が行なわれた結果、男性と女性の埴輪をはじめ多くの円筒埴輪の資料が発見されましたから、埴輪を立て巡らした円墳が柴又にあったということは、一〇〇パーセント間違いない事実であります。

しかも、この辺りの大嶋郷は有名な「正倉院文書」にございます。時代は、奈良時代でもっと下がるんですが、大嶋郷の戸籍の中にトラ、サクラという名前が出てくるので、地元の皆さんは、寅さんの映画ではないけども、トラとサクラさんは古墳時代から実はいたんだと。（笑い）これは冗談なんですが、なかなか立派な人物埴輪が出ている。

そういう資料も、また今回、出品されておりまして、つまり東京低地にも古墳ありということになります。ただ、古墳ありということでは、そのほか、まだまだ、ここに名前は出ておりませんが、今は、なくなってしまったけれども、数基、もしくは十数基というふうなグループをなして古墳があったということでありますから、つまり古墳群として存在していたということを示しています。

考古学の研究では、古墳というものは特別な概念規定がありまして、一般の方を葬ったお墓ではなくて、その時代のある地域に住んだ人々の集団の中の有力な、力のあるというか、政治的にも経済的にも社会的にも抜きん出た人、そういう特定の人物を葬った墓を古墳というふうにして、単なる古いお墓というだけではないということでありますから、そうすると、この柴又の八幡神社周辺にも、あるいはもっと北の足立区の武蔵伊興遺跡周辺にも、人々の生活の根拠があったということです。

時代は、もう少し下って六世紀以降になりますが、葛飾地域で発掘される古墳に土錘が多い。土錘は網の重りです。日本全国の考古学上の遺跡から土錘が出てきますが、一番たくさん出る地域は、東京都の葛飾、この東京低地ですね。江戸川の下流地域の、いわゆる下町の地域の考古学的な遺跡から出ている土錘の量が全国でも圧倒的に多いと言われております。

つまり、私が思うところ、東京低地、下町に分布している遺跡は、こういう河川がもたらした、わずかに高い所、いわゆる自然堤防上に居を定めて、恐らく漁業だとか、あるいは河川交通とか、東京湾の海上交通ももちろんですけども、そういう漁業生産や河川交通にかかわる集団が早くも、こういう所にいたんではないかというふうに言われているわけです。

今日は東京都の話ですが、武蔵伊興の線よりさらに河川を遡った埼玉県側に入る武蔵全体の地域の状況を見てくると、白幡塚や白旗塚ですか、この二つの古墳の持つ意味というものが、単なるここに有力な人物がいたということだけではなくて、彼らは恐らく古代における利根の水運にかかわる重要な役割を果たした人物の、そういう集団の存在というものを思わせるということで、この東京低地の考古学は、最近、非常に注目されているわけです。

今日は古墳時代の話ですけども、もう一つ前の弥生時代の話ということになって参りますと、例えば北区の飛鳥山公園一帯の調査でもって、弥生時代の環濠集落、濠を巡らした集落が出ています。江戸川を挟んだ対岸の千葉県市川市の下総台地の縁辺には国府台の遺跡群がございまして、これも弥生時代の中期と後期の環濠集落が、最近、発掘され、確認されています。

つまり、東京湾に流れ下る江戸川が作った東京低地を間に挟んで、千葉県側は一番、千葉県の入口の下総台地の突端、武蔵野のほうは、東京湾に面した武蔵野台地の一番東の突端のへりに弥生時代の後期の環濠集落が営まれています。

ということは、江戸川の河川流域や東京湾の海上交通圏内には、弥生時代の社会から、かなり重要な拠点があったと思われます。千葉下総側にとっても、あるいは東京武蔵側にとっても、これは非常に重要な拠点であったということは、そういう千葉県側、東京側、両方の台地の縁辺に、弥生時代の中期から後期、とくに後期段階に、立派な濠を巡らした環濠集落が営まれていたということに、じゅうぶんわれわれは注目すべきだろうというふうに思っているわけです。

さて、今度は東京低地から一段上がって、いわゆる武蔵野台地の一番へりを見て参りますと、前方後円墳の芝丸山古墳があります。

そしてもうすこし北にある摺鉢山古墳は上野公園、東京都文化会館のすぐ裏にあるんですね。今は形がだいぶ崩れてしまいましたけども、それでもまだ後円部が残っておりまして、かつては長さ七〇メートルもあった前方後円墳であろうというふうに言われています。東京国立博物館の正面の門を入った、左側に表慶館という建物があります。あの表慶館を建てる時にも古墳があって、刀やその他のものが出ています。つまり、上野公園は西郷さんの銅像や寛永寺だけではなくて、その前から、上野公園の古墳群というふうにも言っていいと思いますが、古墳時代から古墳が存在していたということです。

つまり、東京湾の湾岸の波打ち際というのは、今よりもずっと迫っておりまして、家康が四〇〇年前に江戸城に入った時に、例えば日比谷とか大手町辺りは入江で、東京湾の波がひたひたと寄せていたはずです。そこで、神田の山を削って埋め立てする。それが今の日本橋、京橋からの辺りになるわけで、東京湾が迫ってくる武蔵野台地の突端に、一〇〇メートルを超えるぐらいの大前方後円墳が営まれていたのです。

それが、例えば芝丸山古墳。増上寺のすぐ脇です。芝公園の中に、この古墳は残っています。明治三十年代に東大の坪井正五郎先生が、この辺り一帯を調査いたしましたが、この丸山古墳は内部構造などがよくわからなかったのです。ただし、ずっと台地が続いていたんですね。今は東京プリンスホテルだとか、いろんな施設ができておりますけれども……。

坪井先生は、その芝丸山古墳に続いて、台地の上に一一基あった古墳群の中の古墳七基を発掘しています。横穴式石室を持った古墳でありまして、いずれも六世紀から七世紀の後期古墳でありました。

そのうちほとんど壊されてしまったのですが、若干残っていたのを、戦後、東京都の依頼で後藤守一先生と私どもが調査いたしました。坪井正五郎先生が調査した古墳も、残っていたものは私も調査をしました、坪井先生は横穴式石室床面の最上層、埋葬の一番上の床面しか調査をしなかったものですから、床を上に積み上げながら四回、あとから追葬しているということがわかりまして、勾玉など相当たくさん出たことがあります。

図1に東京の有力な前方後円墳の実測図を出しておきました。今、東京に前方後円墳がいくつぐらいあるのか。私が数えたところでは一四基。実際は、もっとあったんだろうと思いますが、現在、確実に言えるのは、一四基です。

そしてさらに、戦後の調査で、喜多見の砧第七中学校の校庭にあった、砧七号墳は調査の結果、前方後方墳であると報告されていますが、二〇〇六年（平成十八年）になって前方後円墳の可能性が強いといわれています。

そのほかに多摩川で、比較的最近のことなのですが、扇塚古墳というのが調査されまして、公的には前方後方墳と言われているようですが、もう墳丘が変形していて疑問視する方もいらっしゃいます。大田区田園調布一丁目一二番地。浅間神社古墳と相対する台地上に築造されていて、前方後方墳とも言われておりますが、墳丘は復元すると、多分前方後方形ということなんです。

この田園調布の扇塚が前方後方墳で間違いないとすると、多少の疑問はのこるものの東京には、喜多見の砧中学校七号墳と、この田園調布の扇塚という二つの前方後方墳が存在するということになります。

この次に行なわれるディスカッションで問題にされるかわかりませんが、こんにちの古墳時代研究の趨勢では、大体、尾張、美濃以東、つまり東日本の地域においては、古墳の出現は前方後方墳からスタートする地域がほとんどであるといわれています。これは埼玉、千葉、神奈川はもちろんのこと、東北地方まで、まず前方後方墳がその地域に出現してきて、それがやがて前方後円墳に変わる。なぜ前方後方から前方後円に変わるのか。それをどう読み解くかということは、この次のディスカッションのお土産に取っておきたいと思います。つまり、中央政権とのかかわり合いをどう評価するかということにも、かかわって参ります。

ただし、この扇塚古墳や砧中学校七号墳という前方後方墳が、これから問題とする多摩川中・下流域の有力な古墳群のスタートになり得るのかどうか。これまでの東京の古墳研究者は、扇塚だとか、あるいは砧七号墳が、この地域の古墳のスタート、出現期になるという表現は、あまりされていないんですね。つまり、古墳の年代、出現年代が、喜多見の場合には五世紀代まで下がるんじゃないかと思います。出てきた遺物の評価に基づくわけですから、あるいは、それが事実かもしれません。ただ、この扇塚古墳については、もしかすると多摩川流域の古墳は、扇塚古墳をもって始まる、前方後方墳をもって始まるというようになってくるかもしれません。

二　古墳の年代

図1の宝莱山古墳は、とくに東日本の古墳研究には大変重要な古墳でございます。田園調布四丁目になります。後

円部が円形の等高線が入って復原してあります。前方部の先端の復元図によれば、少しばち形に先端が開いていますが、これは戦後の調査によって確認しているわけです。この宝萊山古墳の全長は復元すると九七メートルです。

一九三四年（昭和五年）に、松平さんと言う方が、後円部から前方部に移る鞍部にお屋敷を建てたんです。ちょうど多摩川が見えて、絶景の場所だったと思いますが、後円部などが壊された。その時に粘土槨が一部発見されて、中から国産の四獣文鏡や勾玉、管玉、丸玉、紡錘車形碧玉製品、刀、鉄剣が数本、槍二本などが出ています。

平成七年から八年にかけて、専修大学の亀井明徳先生が中心になって、この墳丘がどういう形であったかということを調査しました。この図面によると、トレンチが前方部のほうに入っています。そのほか、北西のほうのB地点、A地点にもトレンチが入っていて、後円部の大半の墳丘は失われたけれども、調査によって古墳のすその確認ができたということであります。

その時に、墳丘や古墳のすそから土器が発見されました。私が若いころは、例えば前期・中期・後期と三つの時期に分ければ、そのうちの前期古墳からは土器は出ないというのが常識だったんです。というのは、そのころは、戦前・戦中の古墳の発掘というと、掘るのはお棺のある所だけです。まず、調査というのは、そこへ行って中心部を掘ることでした。

ところが、今は墳丘の調査から始めていくということで、墳丘、すそがどこか、前方部の開きがどうか、どこでどうくびれているのか、周堀があるのかないのかというような外部施設の調査をまずいたしますので、その墳丘に、かつて立てられた祭祀に使ったような壺だとか、甕だとか、祭祀用の土器などが、祭りが終わってから捨てられるというふうなことで発見される。だから、全国的に古い古墳からは土器が出てくるわけです。そういう土器の形式によってこのごろは古墳の年代を決めるようになってきているわけです。

平成七・八年の調査で、壺形土器のもちろん破片なんですが、口縁部片が出てきました。その形式を見ると、このごろ大阪の庄内遺跡の名前を取って庄内1式、庄内2式、庄内3式土器というふうに細かく分けております。報告書

丸山古墳（東京都教育委員会原図）

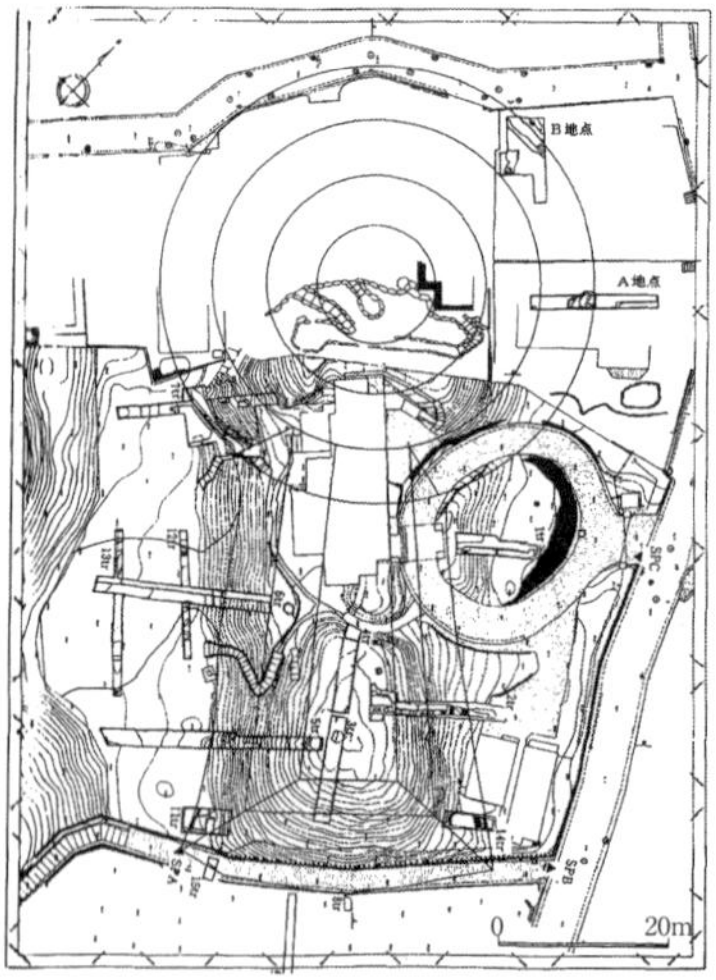

宝莱山古墳（大田区教育委員会原図）

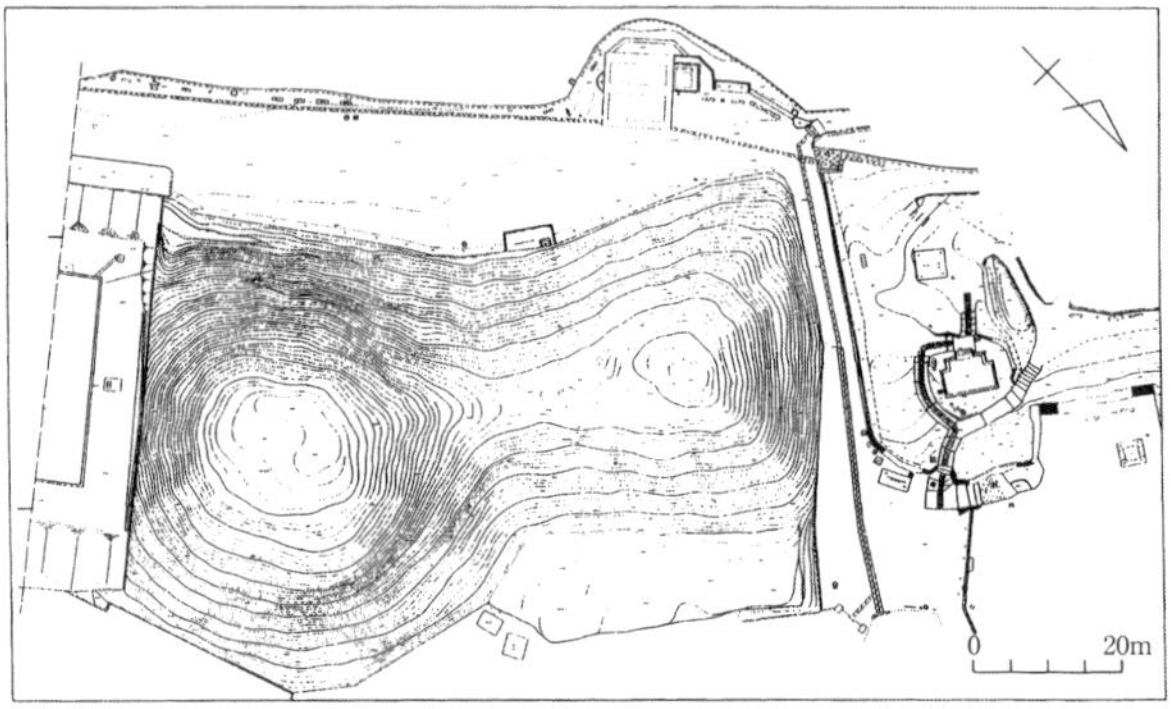

亀甲山古墳（大田区教育委員会原図）

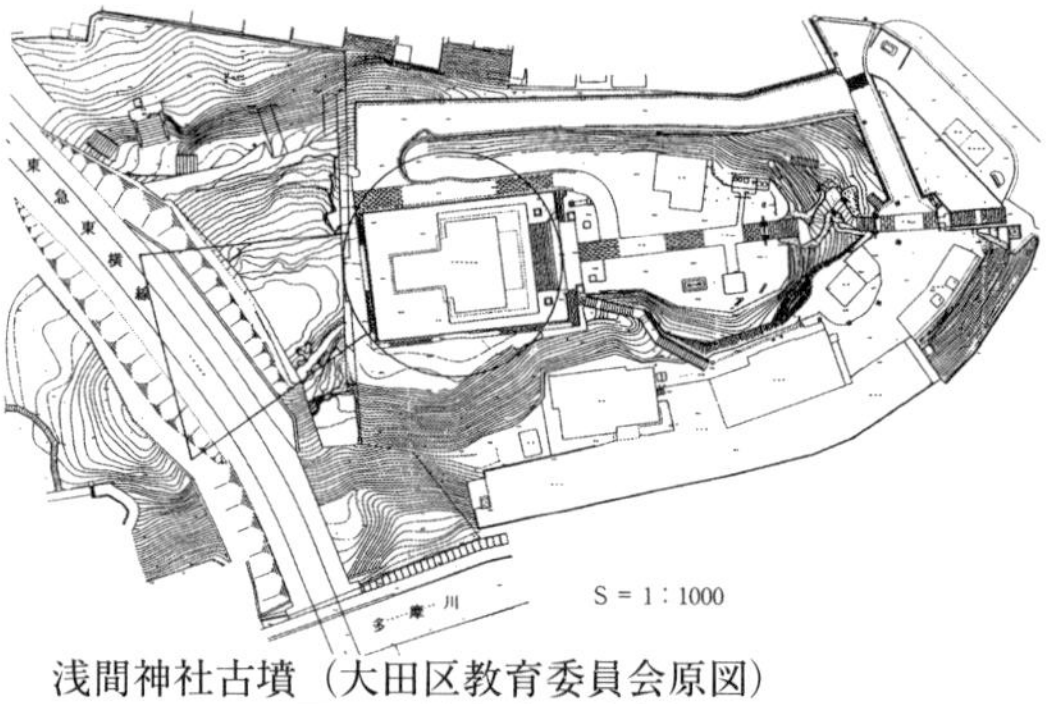

浅間神社古墳（大田区教育委員会原図）

図１　前方後円墳実測図

を見ますと、この宝萊山古墳から確認調査で出た土器は庄内2式土器であるとされています。

ちょっと難しい話になって申し訳ないんですが、愛知県埋文センターに赤塚次郎さんという研究者がいます。彼は、やはり開発に基づく大形発掘をやっておりまして、愛知県の一宮市において西上免《にしじょうめん》遺跡だとか、あるいは清須市で廻《はざ》間《ま》遺跡などの発掘をして、そこから出てくる土器を形式分類して、廻間1、2、3。その廻間1の中をまたずっと細かく分けるんです。こういうふうな細かい土器形式の研究が各地で行なわれていて、この宝萊山古墳から出た土器は、廻間2式土器だと言うんです。

千葉県の市原市も開発に基づいて、京葉工業地帯のコンビナートを造るんで、戦後四十年代以降、どんどん掘ったんです。その時の発掘で、市原市の神門《ごうど》三、四、五号という三つの古墳があったんですね。それは今、一部跡を残してありますけども、ほとんど墳丘を壊してしまったものです。

その神門三、四、五号から土器が出たんです。その五号墳の土器は千葉県の市原辺りで作った土器じゃない。土質も違うし、焼きも違う。土器に付いている文様も違う。これは大阪の庄内式土器そのものじゃないかという、それが東京湾の市原の古墳から出てくるという、そういう問題が出てきました。

この宝萊山古墳から出てきた土器は、今、言ったように庄内2式で、これは千葉県市原市の神門三、四、五号墳のうちの四号墳から出た土器とほぼ同形式だろうということになりました。

そこで、暦年代というか、その庄内2式、あるいは赤塚次郎氏の言うところの廻間の2は、実年代でいつごろかというと、これがまた大変なんですね。研究者によって、みんな違うんです。関東地方の古墳の年代を古く見たいという立場の人と、新しく見ようという人と、「畿内の古墳と比べて、同等の年代でいくのか」「いや、田舎だから、当時の関東は。遅れるよ。新しくしよう。何年ぐらい新しくしようか」。私、学生時代、後藤守一先生から、「いいか。畿内と同じような粘土槨が出たら五世紀の前半と言っておきなさい」と言われたものです。四世紀代と言うべき古墳の特徴を示していても、遠慮して「関東だったら五十年から百年くらい、文化が伝播するのに、そのくらい時間がかかる」って言うんです。

ところが、ご承知のように、このごろの日本考古学は各地で土器が動いているということがわかってきました。愛媛県の松山平野の最近の発掘では出雲の古墳時代初めのころ、四世紀前半ぐらいの土器が二〇〇個体ぐらい出てくるのです。これは、形式も土質も焼きも出雲の土器だというんです。「じゃ、出雲の人が道後温泉に来たの?」って。(笑い) これは冗談なんですが、そういう話は、このごろ、もうたくさんございます。

神奈川県の小田原海岸の大規模百貨店の敷地の中里遺跡なんていうのは、摂津、播磨、大阪の西、兵庫県の東、加古川下流域の地域の弥生中期の土器の破片が相当量、出ています。小田原から大阪までの間からは、どこからも出てませんよ。だから、恐らく船でずっと紀伊半島を回ってきたんだろうと。何で来たのかっていうことが問題になるわけです。ボートピープルだとか、やれ集団移民だとかいわれています。

つまり、弥生時代のそういう問題は、もうリアルタイムっていいますかね、時間的に遅れないっていう、ほぼ同時期という理解がだんだんされてきています。すなわち日本列島内は激しく人やものが動いていた。情報も、どんどん入ってきた。そういうふうに考えるべきだというふうになっているわけです。

そうすると、宝莱山古墳が、今、言ったように庄内2式土器、それは神門四号墳から出た土器とほぼ同形式、愛知県の尾張の地域で言うところの廻間2式土器であると実年代は、いつにするのか? 古く見れば三世紀の後半です。新しく見れば四世紀の初めです。だから、この辺は研究者によって幅があります。

このごろは三世紀の末くらいでもいいんじゃないかといわれています。こういう講演会で言うと、「大塚がそう言った」と言って、またなるから、ちゃんと論文を書かないと、話だけでは駄目なんですけどね。だから、私が言ったように、古く見て三世紀の終わりということになれば、多摩川の下流域に一〇〇メートルクラスの大型前方後円墳が出現するのは三世紀末ということになります。では畿内の箸墓古墳や、そういう邪馬台国論と関係を持ってくるような古墳とどう関係するのかということになってくるわけなんです。

さっき冒頭で触れましたように、武蔵野台地縁辺の弥生時代後期の環濠集落、利根川を挟んだ向こうの下総台地の国府台にある弥生の環濠集落。なぜ弥生の村に直径一〇〇メートルぐらいの円形の環濠を巡らすのか、それは邪馬台国に関する倭国の大乱とか、そういう政治的な状況とかかわるのかどうかということさえ、今、問題になってきているわけです。

いつもこういう所で話をするんですが、ある関西の有名な先生から、「大塚くん、君みたいなあずまえびすは」「おい、あずまえびす」って言われましたからね。つまり、関西の研究者は、「東京などは、今は日本の政治・文化・経済の中心だけども、かつては俺らのほうが上よ。田舎っぺ」って言うんです。（笑い）田舎っぺでも構いませんが、古く言えば三世紀末、新しくしても四世紀の前半代には、多摩川の下流域に宝萊山古墳が登場してきているということです。

有名な亀甲山古墳は古くから国の史跡になっています。国の史跡になっているのに、東京都の水道タンクで後円部が削られ、前方部は多摩川台公園の道路でもってちょっと削られ、残念なんですね。無傷じゃないんです。だけど、国の史跡なんですね。

ここは全く掘っていません。ですから、亀甲山古墳の墳丘の調査が行なわれて、墳丘やすそから庄内2、あるいは庄内1、廻間の2、廻間の1、廻間の3、そういう土器が墳丘を調査すれば絶対出ますよ。最近の全国の古墳の研究状況は、墳丘でいろいろな埋葬儀礼、埋葬が終わってからお祭りが行なわれていて、当時、使った土器をそのまま墳丘に埋め置いたり、祭祀用の壺形埴輪が墳丘に並んでいたりというのが、もうほうぼうでわかってきておりますから、墳丘を調査すれば出てくると思うんです。

私が都知事ならやりますね。（笑い）中身のお棺は掘らないで、墳丘に何本かトレンチを入れて、調査をして、少なくとも亀甲山古墳の所属年代を明確にする。宝萊山と亀甲山は、どちらが古いのか。今は、宝萊山古墳のほうが古いだろうというのは、今、言った、平成七年・八年の調査で土器が出ているからです。その土器の形式によって、宝莱山古墳のほうが一時期古い、亀甲山古墳が一時期遅れるということに、今、なっているわけです。

そういうふうな、この多摩川下流の東京都側の岸辺というか、この沿岸に、一〇〇メートル前後、あるいは超えるくらいの大型前方後円墳が築造されていた。つまり、砧中学校の校庭で発見された砧七号墳という前方後方（円）墳が、この地域における最初の出現ということになれば、東日本における古墳出現のパターンと、この地域も同じになりますね。

最近、多少疑問が出ていますが、初代か二代目は前方後方墳。それは多分、弥生時代の前期以降の墓制から出てくる前方後方型周溝墓がだんだん高くなって前方後方墳になってくる。その前方後方墳は一代か二代で、つまり四世紀に入るか入らないかくらいから、前方後方墳墓制から前方後円墳に変わる。なぜ変わるか、私は、中央の大和王権との関係が強固になってきたということで、今は考えたいと思っているわけです。

図2の資料に、今の問題の地域をちょっとディテールを多くしておきました。この多摩川流域の古墳群である田園調布の古墳群も、野毛の古墳群も、前方後円墳だけではなくて、そこの図面にございますように、大型円墳、小型円墳があります。

そこの亀甲山古墳と宝莱山古墳の間に多摩川台古墳というのがあります。九つ、こぶのように連らなって古墳がありました。戦後、私も、その調査に携わりましたが、その九つのうちの一号墳と二号墳は、その後の調査で、両方がくっついて、実は前方後円墳だということがわかって、今、多摩川台一号墳というのは前方後円墳です。この多摩川台古墳群というのは田園調布や野毛の古墳群に続いて六、七世紀の古墳群ということが判明しています。

そして、宝莱山古墳から亀甲山古墳へと続き、その次に観音塚古墳というのがあります。これは早く昭和二十二年、一九四七年に発掘されました。西岡秀雄先生とか和島誠一先生なんかが掘った四一メートルの前方後円墳です。切石積みの横穴式石室がありまして、人骨や馬具、刀などが出てきて、円筒埴輪もございます。大刀形埴輪なども出て、六世紀の終わりごろの前方後円墳だろうというふうに言われています。

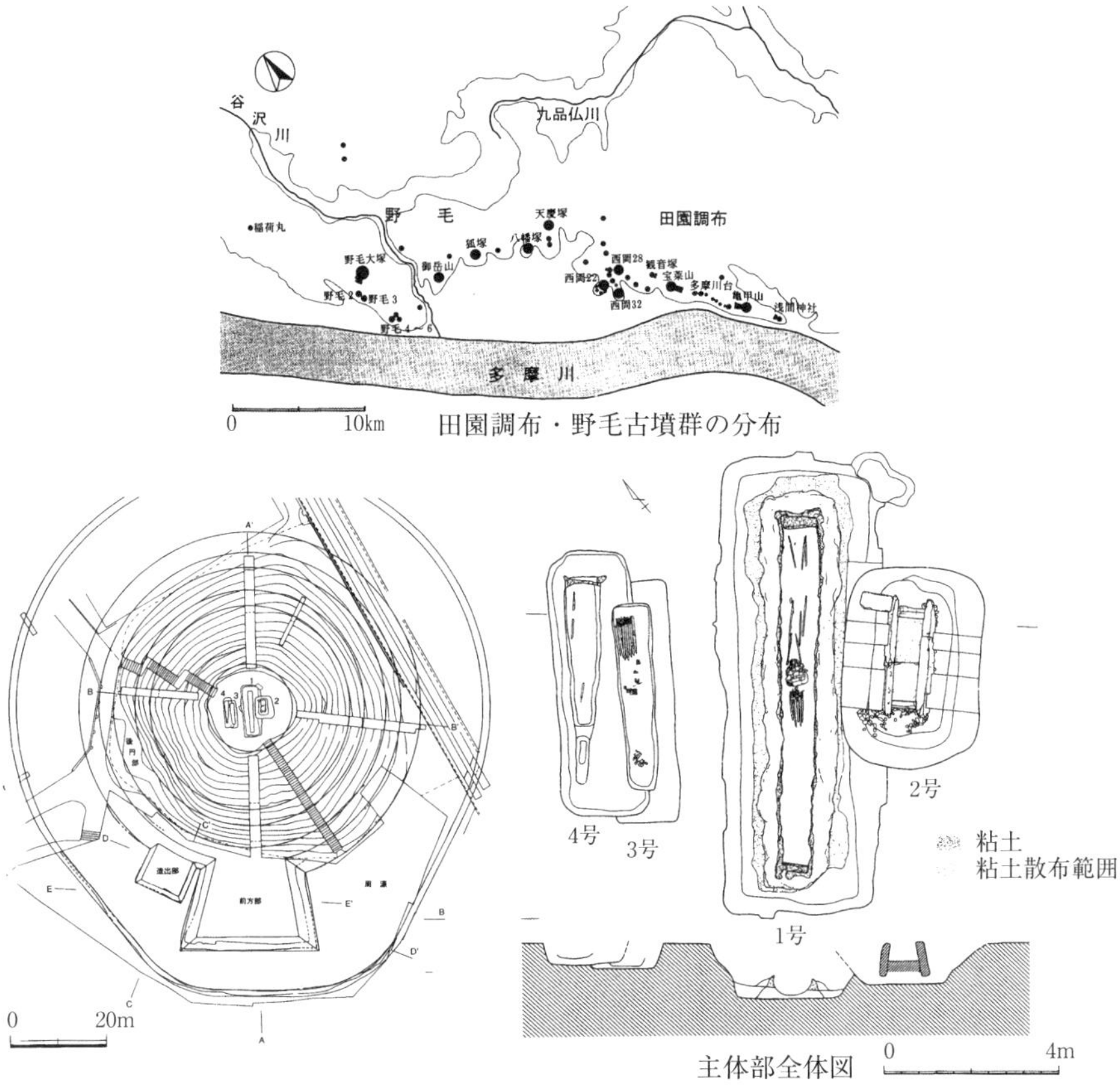

図2　多摩川沿岸の古墳分布と野毛大塚古墳

　またもう一つ、考古学界では、いったい多摩川流域、あるいは関東地方、あるいは東日本で、前方後円墳は、いつまで造られ続けていたのかということも大問題です。前方後円墳の下限、前方後円墳の終焉というか、いつまで造られるのか。つまり、前方後円墳という墳墓の形は、日本の古代の大王陵、宮内庁指定の天皇陵のほとんどが前方後円墳です。それをまねてというか、全国各地の有力首長が、みんな前方後円墳にするわけです。大王家、つまり、のちの天皇家においても、最後の前方後円墳は欽明天皇陵か敏達天皇陵なのかが問題なんですね。

　つまり、七世紀代まで前方後円墳は造られ続けるのかどうか。今、東日本の研究者のほとんどの人は、「関東地方などでは、前方後円墳は六〇〇年代のごく初め、つまり七世紀代のごく初めまで残るだろう。前方後円墳の消滅と、埴輪が立てられなくなる、埴輪作りが終わるということと、ほぼ同時期だろう」といっています。

つまり、前方後円形の高塚墳墓を造って、そこに埴輪を立て並べるという葬送のやり方は、古代の大和王権以来の伝統であるし、しきたりであって、一つの社会的な、そういう規範に属することであって、東日本で前方後円墳の築造をいつやめたのか。埴輪を立てるのをやめるのかということは、「やーめた」というのでやめたんじゃなくて、それは中央の古墳文化の流れと極めて密接な関係を持っている。葬送儀礼の質的な転換でもあり、かなり、それは政治的な性格を持った現象の変化だというふうに思いますから、「その古墳、前方後円だけど、埴輪があるのかないのか」ということは非常に問題なんです。「埴輪がないの？　前方部も高いし、じゃ、これはもう、この地域の最後の前方後円墳か」という見方をするわけです。

そういうふうに、この多摩川流域の田園調布から野毛の古墳群を見て参りますと、前方後円墳があり、大型円墳があり、そして野毛の大塚。私も、戦後まもなく後藤先生と一緒に見に行ったころは、広いゴルフ場跡にある大塚古墳だったのですが、今は住宅に取り囲まれております。

この野毛の大塚古墳は、後円部に対して前方部が短いのです。実は考古学界の古墳研究では有名な古墳なんですが、明治三十年（一八九七年）に、偶然この後円部の上から、図2にあるいわゆる第二主体と言ってますけれども、箱式石棺が発見されて、刀とか鉄製の短甲が出ました。石製模造品は滑石で刀や剣や鏡を作って、穴を開けて、多分、サカキの木などに吊るしてお祭りをしたんだと思いますが、これは五世紀代に流行する祭祀用の遺物なんです。その滑石製模造品が二四三点も出ています。玉も出ています。

実は、戦後になりまして、「平成元年から平成四年に住宅地がどんどんできてきて、この由緒ある上野毛の大塚古墳は、後世に残さなければならない。残すには、草ぼうぼうの、形もはっきりわからないのでは、まずい。ちゃんと学術調査をしたうえで、形をはっきりさせて、整備して後世に残そう」ということで、調査が始まったんです。その時に、図2にあるように、1号、3号、4号と呼ばれている粘土槨が発見されました。つまり、この野毛の大塚古墳の内部主体は四つあったということになります。

そして、短い前方部ですね。円形部の直径が六八メートル、高さ一一メートル。その一端に長さ一五メートル、幅二八メートルの前方部がついています。この平面形が貝殻の帆立貝に似ているので、考古学研究では帆立貝形古墳と呼んでいます。

帆立貝形古墳は、戦前は「日本の前方後円墳の出現過程を示す一番古い古墳が、これだ。この前方部がだんだん発達して、典型的な前方後円墳になるんだ」というふうに、解釈されていたんですね。

ところが、戦後の調査で、そんなに古いものはないということで、むしろこれは四世紀の終わりから五世紀代に入って、円墳に、こういう造り出し部を付けて、帆立貝形古墳が出てくる。なぜ、こういう形のものが四世紀の終わり、むしろ五世紀代に入って、全国各地に登場してくるのかということが問題になります。

そこで出てきた問題は、これは京都大学の考古学で、もうご定年になりましたけども、小野山節氏が、正規の前方後円墳を造らせないで、前方部の短いものしか造らせない。そういう五世紀代の中央、有力首長層の政治的なコントロールというか、抑圧があったんだという説を出しております。それは学界の大方が認めるところであります。そういう視点から見ると、千葉県でも埼玉県でも群馬でも栃木、奈良でも大阪でも全国、帆立貝形古墳というのはあるんです。それが登場するのは、五世紀が圧倒的に多いんです。しかも、大きな有力な古墳のそばに、こういう帆立貝形古墳が、あたかも雁行するようなかたちで登場してくるということになります。

野毛の大塚古墳を調査した結果、図2にその内部主体の全体図というのがあります。一番右側は第2号主体で、それは明治三十年に発見された箱式石棺です。平成元年から四年にかけて、この石棺も調査したんですが、墳丘には葺石があって、円筒埴輪が巡り、そのほか形象埴輪も巡っている。現在は復元してございます。

第1号主体と呼ばれているものは、粘土槨、木棺を粘土で包んだものです。図面の一番大きなものですね。真ん中に甲が置いてあって、あと、剣や刀が置いてあるという遺物の配置が出ています。そして、そこから面径一一センチ五ミリの内行花文鏡が一面、出ています。もちろん大刀や剣とか、鉄鏃とか、石製模造品、甲冑が出ていますね。

第3主体というのは、そのまた左のほうですね。第3主体からは、刀、剣、矛、石製模造品などが出ています。中でも大刀がたくさん出ていますね。

第4主体というのが一番左のほうです。これは木棺直葬で、穴を掘って木棺を埋めただけということです。大刀とか水晶製の勾玉などが出ています。

いちいち古墳の中身の話よりも、この田園調布の野毛の古墳全体を見てみますと、宝莱山古墳や亀甲山古墳という一〇〇メートルクラスの大型前方後円墳が最初に出てくる。どっちが古いかということは、多少問題があるにしても、多くの研究者は、宝莱山古墳がまず最初、それで亀甲山古墳というふうに続いていっただろうということです。それから、浅間神社古墳ですね。観音塚古墳も六世紀代の終わり近くだろうと思われます。前方後円墳は、そこで終わりなんですね。六世紀後半という段階で前方後円墳の築造が終わって、あとは小円墳、中型円墳などになって、前方後円墳はないのです。

三　野毛大塚古墳の短甲

前方後円墳はないのですが、問題は、かなりたくさんございまして、野毛の大塚古墳、それから御岳山古墳という径五七メートルの帆立貝形古墳があります。なぜ野毛の大塚古墳が、帆立貝形古墳で問題になるかというと、図3に野毛の大塚古墳から出た短甲の展開図が出ています。

短甲につきましては、いろいろ研究がございまして、弥生時代には木で作った短甲ですね。さらに漆塗りの革製短甲も古墳時代の初めには存在しています。例えば奈良県天理市の東大寺山古墳という四世紀代の古墳からは、革製で漆を塗った短甲が出ています。

革製の短甲の次は、どういう短甲が登場するかというと、縦長の鉄板を革でつなぎ合わせた縦矧板《たてはぎいた》の革綴の短甲が出てきます。それが大阪府の紫金山古墳と山梨県の甲斐銚子塚古墳からも出ています。今、銚子塚のものは東京国立博物館に置いてあります。

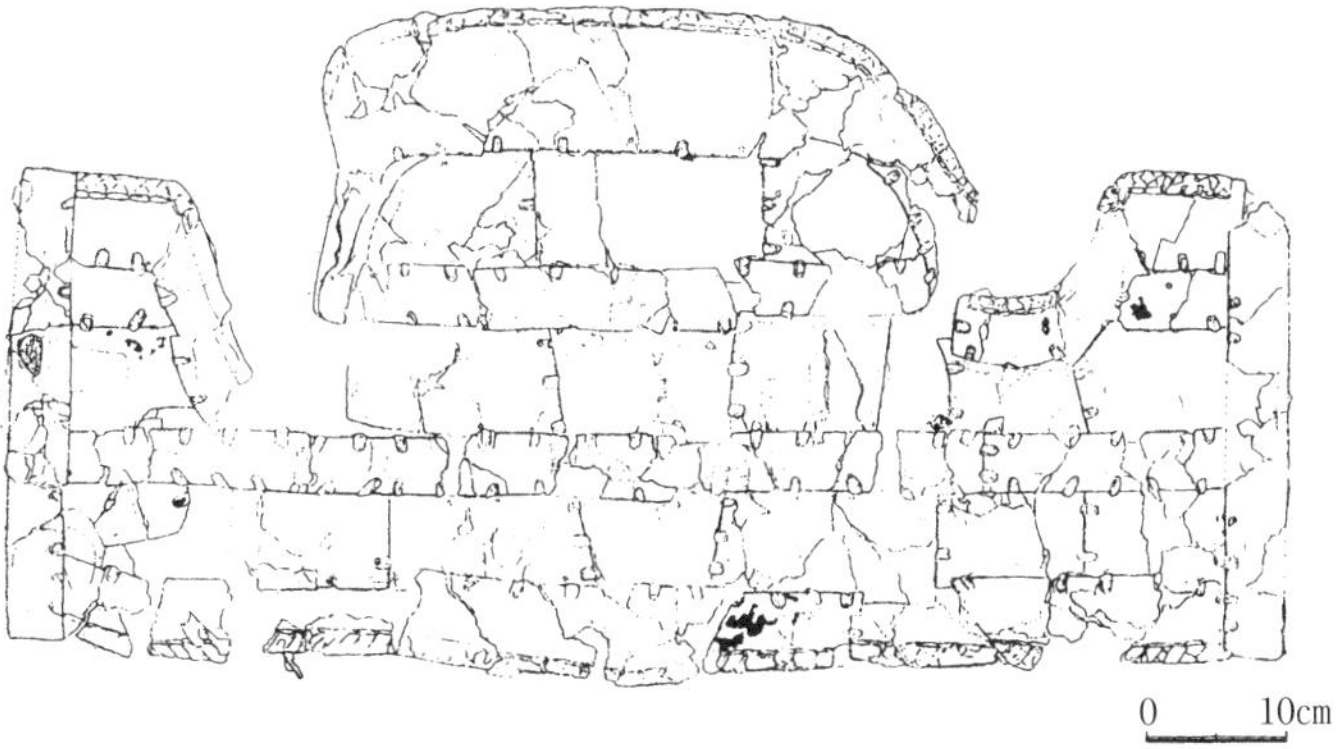

図3　長方板革綴短甲展開配置図

縦矧板革綴短甲の次は、どういう甲かというと、今度は方形板、カルタみたいな四角い鉄板を革で張り合わせた方形板革綴短甲が出てきます。その次は横長の長方形の鉄板を革で綴じたもの。その次は三角の鉄板を綴じていく。その次は、横板の革綴。その次は初めて、五世紀代の中ごろ以降、今度は横板の鉄板を鉄の鋲で留めていく、横板矧鋲留短甲というように、日本の古墳時代は四世紀から五世紀、六世紀段階までの短甲でも、いくつかの形式に変化していきます。

そのうちの長方板革綴短甲が、実は、この野毛大塚古墳の第1主体、ちょうど粘土槨の棺の真ん中辺に、三角板革綴衝角付冑と一緒に置いてある。その甲冑の前と後ろや上下に大刀や剣がたくさん置いてあったのです。この形式の甲冑から野毛大塚古墳は、五世紀前半期の年代が考えられます。

五世紀終わりごろから六世紀にかけて、今度は挂甲《けいこう》が用いられます。つまり、小さな鉄の小札を革で縅《おど》した可動的な、甲を着ても体が動く、そういう甲に変わって参ります。それは、馬に乗る騎馬戦用の甲というものがだんだん登場してくることを示しています。

野毛の大塚古墳からは、長方板革綴短甲が出土していますので、大塚古墳

表1　長方板革綴短甲一覧表

古　墳　名	旧国名	型式	地　板		前胴上段帯金	共伴甲冑	
			中段	下段		頸甲・肩甲	冑
古郡家１号墳	伯　耆	Ⅰ	9	9			
盾塚古墳	河　内	Ⅰ	9	9		○	
豊中大塚古墳	摂　津	Ⅱ	7	7		○	
石山古墳	伊　賀	Ⅱ	7	7			
野毛大塚古墳	武　蔵	Ⅱ	7	7		○	三革衝
岬古墳	豊　後	Ⅱ	7	7	有		
小野王塚古墳	播　磨	Ⅱ	7	7	有		
安久路２号墳	遠　江	Ⅲ	7	5			三革衝
天神山１号墳	周　防	Ⅲ	7	5		○	
柴垣円山古墳	能　登	Ⅳ	5	7			
鶴山古墳	上　野	Ⅳ	5	7			三革衝
宇治二子山北墳	山　城	Ⅳ	5	7		○	竪革衝
天神山７号墳	越　前	Ⅴ	5	5		○	
長良龍門寺１号墳	美　濃	Ⅴ	5	5		○	
新開１号墳	近　江	Ⅴ	5	5			小鉄眉
兵家１号墳	大　和	Ⅴ	5	5			錣のみ
佐野山古墳	備　中	Ⅴ	5	5	有		

の報告書から引用したものですが、長方板革綴短甲が全国で三五例ぐらい出ているんです。しかし、その長方板革綴短甲の実測図は一〇例くらいしかないんです。だから、古墳時代研究の長方板短甲の研究は、まだまだなんです。

表1を見てみると、上から五番目。古郡家一号墳、盾塚、豊中大塚、三重県石山に続いて五番目に野毛大塚古墳があります。形式で第Ⅱ形式。幅の細い、ぐるっと胴を回っている、帯金板と帯金板の間にある鉄板、これが何枚あるかということを勘定しますと、七枚なんです。中段と下段が七枚ですね。これがだんだん五枚に減ってくる。技術的な進歩をして、もっと枚数が減ってくるという形式差があります。つまり長方板革綴短甲としても、そんなに新しくない。どちらかといえば、長方板の革綴短甲の中でも、野毛の大塚の甲は古いほうだということです。それによって野毛の大塚古墳の築造年代を上げたり下げたりするわけです。

ですから、甲を専門に研究している人は、「長方板革綴短甲の第Ⅱ形式だから、そうだな、五世紀の前半かな。五世紀の初頭かな」というような、この古墳年代の決め方をするのです。

図4をごらんいただきますと、野毛大塚古墳の、左の写真は第1主体部で、粘土槨から遺物が発見されています。手前に、剣があり、その次に短甲が置かれています。その先に大刀があります。もちろん、木棺は腐ってつぶれています。木棺をカバーしていた粘土は、つぶれてこの中に落ち込むという出方をするわけです。

右側写真は、野毛大塚古墳の第3主体部で、大刀、剣を置いて、その上にグループ単位に八つから九つくらいの鉄鏃がまとめて束にして置いてあるのがわかります。

もう一つ問題なのは、図5をご覧いただきたいんですが、この野毛の御岳山古墳からは三角板鋲留短甲と、横矧板の鋲留短甲の二形式の短甲が出土しています。

御岳山古墳は直径五七メートルで、いわゆる帆立貝形なんです。昭和二十五年（一九五〇年）に学習院高等科の史学研究部の皆さんが調査をしました。

粘土槨から短甲が出ました。左の写真は、御岳山古墳出土の三角板鋲留短甲です。裏側を見ると、ちゃんと三角の鉄板を使っていることがわかります。帯金は横板のものです。そして、右のほうは、横矧板鋲留短甲です。

綴じ合わせの手法としては革綴じのほうが古くて、あとから鋲留が登場します。五世紀代の第2四半世紀というと、四〇〇年代の三〇年から五〇年くらいの間でしょうかね。四五〇年のちょっと前くらいに朝鮮半島からだと思いますけども、新しい、鋲で鉄板を留める技術が日本に入って参ります。その時に、一緒に金メッキの技術なども入ってきます。

そういう鋲留の技法が入ってくるやいなや、その技法を採り入れて日本の甲冑生産というものは非常に進むんですね。規格にあった短甲製作ができるということで、日本で五世紀代の後半以降は、横矧板鋲留短甲が大量生産されます。

「じゃ、こういう鉄製短甲はどこで作ったの？」というと、これはわからないですよ。ここで作ったという発掘例、

第 1 主体部

第 3 主体部

図 4　野毛大塚古墳の遺物出土状況
（世田谷区教育委員会提供）

図 5　御岳山古墳出土の三角板鋲留短甲（左）と
横矧板鋲留短甲（学習院大学史料館提供）

鉄片が出てるという工房は、ないわけではありませんけども、断定できないんです。ですから、恐らく大和政権直下で作られるとなれば、大阪とか、そういう府下の恐らく専業的な集団ですね。百舌鳥とか古市古墳群の周辺に短甲製作の専業集団があって、作ったんだろうというふうに思うんです。

とすると、この御岳山古墳の短甲や、さかのぼって野毛大塚古墳の長方形の革綴短甲なども、どこからどういうふうにして手に入れたかということも問題になります。これは大和王権、政権と言ってもいいんですけども、「大和王権と地方の有力首長との政治的な関係をしるすものである。つまり、中央の首長から地方の首長に配布をする、あるいは分かち与えるというか、そういう性格の武具である」と。つまり、この短甲は多摩川流域の野毛の地域で、専門の技術者によって製作されたものだと断言できる考古学的証拠は、今のところないのです。

ですから、こういうふうなものは、恐らく五世紀代における河内王権というか、五世紀代の古市や百舌鳥の古墳群を形成していった、いわゆるあの倭の五王の時代、五世紀の古代日本の大王家が、鉄製の武具や武器の生産手段を一手に掌握して、支配下に入った証として全国各地の有力首長に、甲冑など武器・武具を配布したのではあるまいかというふうに、われわれは考えているわけです。

四　東京の古墳の問題点

そういうことで、これまでお話したことをもう一回整理しますと、東京低地と呼ばれている、いわゆる下町、古墳なんかあるわけがないだろうという所に、何と柴又から埴輪を持った柴又八幡神社古墳が登場してくる。足立区の白旗塚古墳などに見るように、伊興遺跡という五世紀代を中心とした祭祀、祭りにもかかわった集団の生活の痕跡が出てきたので、これは恐らく普通の山の手の一般的な古墳時代の集落とは、いささか性格が違うのではないか。漁業とか、あるいは河川交通とか海上交通にかかわりを持った集団の、しかも低地の、そういう河川の拠点足るべき所に居を構えるという、そこに古墳が出現してくるのではないかと思うのです。これは今後、問題になるわけです。

それから、第二番目の問題としては、武蔵野台地の縁辺における古墳の登場の仕方。つまり、弥生時代の方形周溝墓から始まって、この地域に最初に登場するのは前方後方墳であったのかどうか。もし前方後方墳だとすれば、喜多見の砧七号墳、あるいは田園調布の扇塚という調査例、これらの二つの前方後方墳が、この武蔵野台地の多摩川下流域における一番最初に出現する古墳になり得るのかどうかということです。

もしなり得ないと宝萊山古墳がトップに出てくる。さっき言ったように、土器の形式から庄内2式、廻間の2式という時期をどう考えるかということが問題になりますが、それにしても、いきなりこの地域では前方後円墳からスタートするのか。砧七号墳や扇塚が、前方後円墳に遅れて、この地域に登場することになるのか、古墳出現の歴史的段階の評価にこだわることになるのです。

東日本のほかの地域では、一〇〇パーセントとは言えないまでも、ほとんど九九パーセントまでが前方後方墳をスタートにして古墳が出現してきます。そして、一、二代後に、前方後円墳に変わってくる。それだけ大和王権の息が強く吹きかかると、墓制が在地的な前方後方墳から前方後円墳に変わると、私はそう理解しているんですが、多摩川のこの一帯がどうなのかということは、やはり今後の問題になるかというふうに思います。

そして、次の問題点は何かというと、実は、戦後、和島誠一先生や、あるいは新潟大学の教授になられて、もう定年になった甘粕健さんなどが、いみじくも『横浜市史』の中で言っておられることですが、安閑天皇元年の武蔵の国造《くにのみやつこ》家の内紛を巡る問題が『日本書紀』に出てくるんです。

それは西暦五三四年になるんですね。安閑天皇の時代です。武蔵の国造の笠原直使主《かさはらのあたいおみ》と、そして同族の小杵《おぎ》が武蔵の国造の跡目、だれが次の武蔵の国造になるかということで、親戚同士でもって互いに意見が合わなくて、内乱状態になるんです。

小杵が上毛野君小熊という群馬の豪族にSOSを出して、「頼む」って言うわけですね。そうすると、上野毛の豪族が、武蔵の小杵のバックアップをする。武蔵の国造であった笠原直使主は大和政権に「頼む」と。つまり、両方バックがある。強大な上毛野の王国がバックに付く小杵と、中央の大和王権がバックに付く笠原直とがあって、それは当然もう勝ち目がなくて、やられちゃうんですね。つまり、笠原直の勝利になるわけです。

それで、武蔵の国造は笠原直使主が跡を継いでいくのですが、その代償として、横渟《よこぬ》、橘花《たちばな》、多氷《おほい》（多末《たま》）とか倉樔《くらす》とか四つの郡をお礼として献上するということが『日本書紀』に出てくるんです。

甘粕さんたちは、この事件は多摩川台のこの古墳群、つまり、四世紀から五世紀にかけて大型の一〇〇メートルクラスの前方後円墳が造られ続けていて、そして、大田区の浅間神社古墳とか観音塚古墳などの前方後円墳が続くのですが、そういう中で、六世紀代になると、あれほど大前方後円墳を造った多摩川のこの一帯が廃れていく。小さな円墳にしかなっていかないのです。

ところが、六世紀代に入って、そのころから金象嵌銘文のある国宝の鉄剣が出た稲荷山古墳とか、埼玉地域に有力な古墳が出てくる。これは、つまり笠原直は、一一五文字の稲荷山鉄剣の中にカサヒヨとあって、それは「かさはら」と読むべきだという意見もあるくらいに出てくるんですね。今の鴻巣辺りに笠原と言う地名もあるんですね。だから、あの辺が本拠地かといわれています。

反抗した内乱、親戚同士で戦った小杵は、この多摩川流域に本拠をおく一族ではないかと。それが群馬にタッチして助けを求めたということではないかということで、これは非常に解釈としては面白くて、『日本書紀』の記述と実際の東日本の関東を中心とした古墳群の歴史的な有り様というか、あり方が、この解釈論としては拍手喝采だったんですね。

「なるほど。和島先生や甘粕さんは大したものだな」と思いましたが、実は、埼玉県の金井塚良一氏とか、埼玉大学の原島礼二さんが比企地方の古墳群を問題にして「おかしいんじゃないか」と、いろいろ反論もあるんです。多分その辺りは、この次のディスカッションで、私は相当問題になるんじゃないかと思うんですね。その問題をやるには、どうしても多摩川のここの古墳をベースに考えないと展開しませんから。これだけで、まだまだ一時間、二時間かかるという、そういう問題なんです。

しかし、最近の状況からいきましても、もっと新しい資料が相当、出てきました。そして、五世紀代における群馬や埼玉や東京各地の古墳時代の状況がもっとはっきりして、畿内王権と、かなりダイレクトな、直接的な状況がだんだんとわかってきましたので、私は、むしろ和島先生や甘粕さんの説に否定はできないんじゃないかというふうに、私は今でも賛成のグループになって、そういう考え方をしているんです。これは、またの機会ということにしたいと思います。この地域の古墳には、そういう問題があって、六世紀代の日本の古代史の理解については、『日本書紀』との関係論ということで、非常に重要なことであります。

それにいたしましても、ここの地域では観音塚古墳などを基にして、前方後円墳の築造は、ここで終わります。つまり、古墳時代は六世紀・七世紀代ということで、冒頭、触れましたように、前方後円墳はいつまで造ったのか。日本の古代の大王、のちの天皇と言われるべき人は、みんな前方後円墳にこだわってきたのです。しかし、欽明・宣化陵かあるいは敏達天皇陵などが前方後円墳の最後だろうと思います。

それからあとの天皇陵ですね。舒明天皇陵も八角形墳というふうに変わってくるんです。大型前方後円墳から大型円墳、もしくは大型方墳に変わるんです。日本の古代の天皇家というか、大王家の墓制は、前方後円墳から方墳へと、あるいは大型円墳へというふうに変わって参ります。

その過程で、例えば飛鳥の石舞台古墳が蘇我馬子の墓だというふうに明治のころからずっと言われ続けておりまして、最近、島の庄の臣の屋敷跡と考えられる所も発掘がだんだん進んでおりまして、庭の跡なども出てきました。そういう事例からいくと、あの有名な石舞台古墳が蘇我馬子の墓であるという可能性は、私は非常に強くなっているというふうに思っています。そうすると、天皇家だけではなくて、天皇家を支える蘇我馬子まで、四角い、一辺四五メートルを超えるような方墳を造っています。

ところが、方墳どころか、すでに昭和七年ごろから京都大学の末永雅雄先生が調査をした結果、下は方形墳ですが、

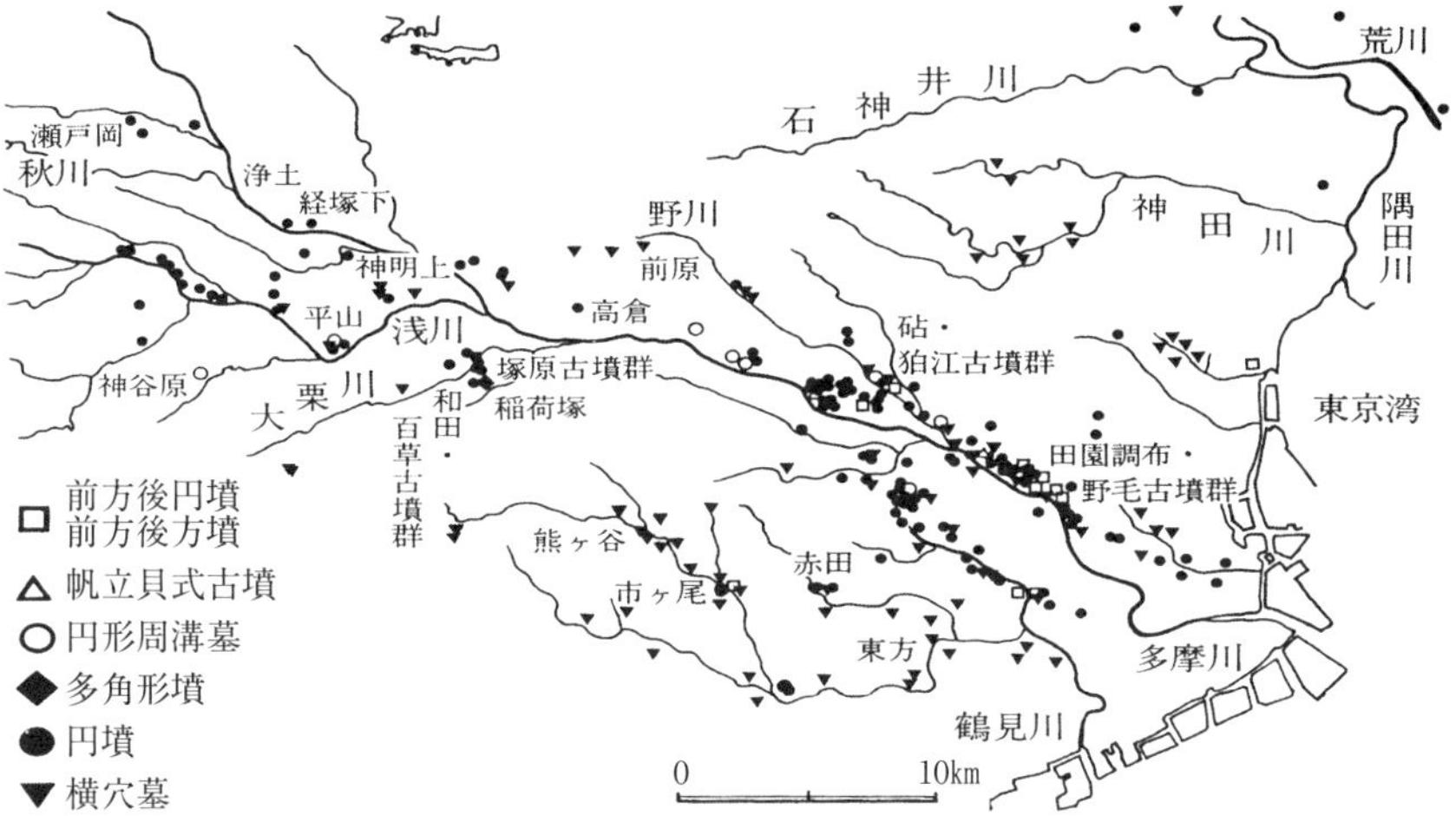

図6　多摩川周辺の古墳・横穴墓（『多摩川の古墳』参考）（東京都埋文センター資料による）

上に石室が露出しています。その周りに円形プランを示す遺構がすでに古く発見されていますから、末永雅雄先生は、石舞台古墳は上円下方墳だというふうにおっしゃっています。

ですから、上円下方墳、下が四角で上が丸いということになりますと、天智天皇陵が、まさしく上円下方墳。多分、天智天皇は一〇〇パーセント間違いない、天智天皇陵でいいというふうに学界では考えています。例えば明治天皇陵、あるいは大正天皇、昭和天皇、全部上円下方墳です。私、ごく最近、宮内庁の陵墓の測量図を見ましたら、とくに明治天皇陵は舒明天皇陵と同じように、前が方形で後ろが丸くなっているという面白い格好をしておりまして、明治天皇陵と舒明天皇陵は非常によく似ています。日本の天皇家も前方後円墳から方墳へ、前方後円墳から上円下方墳へという墓制の展開をしたことは事実です。

ところが、東京都では多摩市の稲荷塚が、先年、調査の結果、八角形墳ということがわかって参りました。八角形墳も、このごろ群馬県吉岡町の三津屋古墳とか、山梨県の経塚古墳とか、東日本にも存在することが確実になりました。八角形に墳丘をかたどったものはこれは日本の古墳の終末、最後の段階にあらわれる墳形で七世紀末ないし八世紀の初めということです。

つまり、今、カビが生えて大騒ぎになっていますが、高松塚古墳も、かつては七世紀末というふうに、われわれ言っていたものですが、高松塚から出た海獣葡萄鏡が中国の西安の、「独孤思貞」と言う名前の、鮮卑出身の人の貴族の墓から出た海獣葡萄鏡と同型鏡であることがわかりました。その西安の独孤思貞墓は、「万歳通天二年」六九七年という七世紀の最終段階の年代を示したものですから、相対的に高松塚の年代を新しくしようということで、このごろ七一〇年代まで高松塚の年代を下げています。八世紀の初めですね。

ですから、七世紀の末というよりも、古墳の最後の終焉は、八世紀の第1四半世紀、七一〇年代後半ぐらいまでは下がるかもしれないというふうに、このごろ考えているのですが、そういう中で、坂詰館長先生が団長で調査をされた、東京の府中市の熊野神社古墳が、何と調査がだんだん進んでいったら、一辺三二メートルの方形墳。石でもってきれいにふいてありますから、これは、うそ偽りない方墳です。その上に、また平面的な石敷きがあって、その上に直径二〇メートルの円丘が、これまた全部ずっと石で葺かれていますから、紛れもない上円下方墳が東京の府中で発見されたのです。

実は、もう十何年前に沼津の清水柳北古墳が山林の中から発掘されました。沼津市の工業団地造成で発見されたんですが、愛鷹山山麓の林の中に埋もれていた古墳が工業団地の造成でなくなるというので発掘したら、それが何と上円下方なんです。これも石でちゃんと葺いてありましたから紛れもないんです。

府中市の熊野神社古墳は、かなり立派な切石造りの横穴式石室でした。ですから、七世紀代の中ごろから後半くらいの年代で収まるんですが、沼津の清水柳北古墳は、中から石櫃が出ました。それが壊されて、周りの溝の中に捨てられていました。それは中に火葬骨を入れる石箱なんです。ですから、それは明らかにもう七〇〇年代。完全に奈良時代に入っている。だから、沼津の愛鷹山麓では上円下方墳が実例としてあったけれども、それは明らかに八世紀、七二〇年代くらいまで下がるかなと思うんです。それは荼毘に付して、その方の遺骨をこの石櫃に入れて、上円下方墳に葬るというものだったんです。

そういう上円下方墳は、まだ例は少ないけども、何とあずまえびすと言われている東国の府中市の大国魂神社の近くの地域にも存在していたのです。ということは、つまり多摩川流域の古墳も、六世紀代までは政治的な中心として、恐らく多摩川の河川流域や東京湾から入ってくる、そういう海上交通の拠点として、この周辺に力を持っていた、代々そういう職掌にあった有力な首長の存在を示していると思うんです。そういう地域から離れて、七世紀代になってくると、政治の中心は後に国分寺が置かれ、国府が置かれる府中のほうに移ったと思われます。そういう状況を古墳が示しているのではないかというふうに思うのです。

二時間で東京の古墳を歩くというのは容易じゃないんですね。(笑い)はっきり言いまして、実は、まだまだ話し足らないことがいっぱいあるのですが……。

五　古墳の立地

考古学の研究というのは、やはり歴史研究の一分野でございますので、ある歴史考古学的な事実がどういう時間的な推移をたどって変化をしていくのか。つまり古墳を残した社会というものがどういう世の中であったのかということを、古墳を通して、あるいは当時の集落の構造を通して見ていこうということになりますので、まず基礎的な作業としては、各地域での基本的な調査が重要です。図7は、品川歴史館作成の最新の古墳の編年表です。多摩川下流域、多摩川中・上流域、武蔵野台地東縁辺部、東京低地というふうに、ちゃんと分かれています。そして、上に年号が入っていますね。

考古学というのは時々刻々新しい事実が積み上げられていくものです。私、今年の十一月で満七九歳なんですが、私が二〇代ころにやっていた研究内容とは随分変わっています。つまり新しい資料があとからあとから出ますから、どんなに偉い大先生が「こうだ」って言ったって、そうでない資料が出てきたら、もうシャッポを脱ぐしかないんで

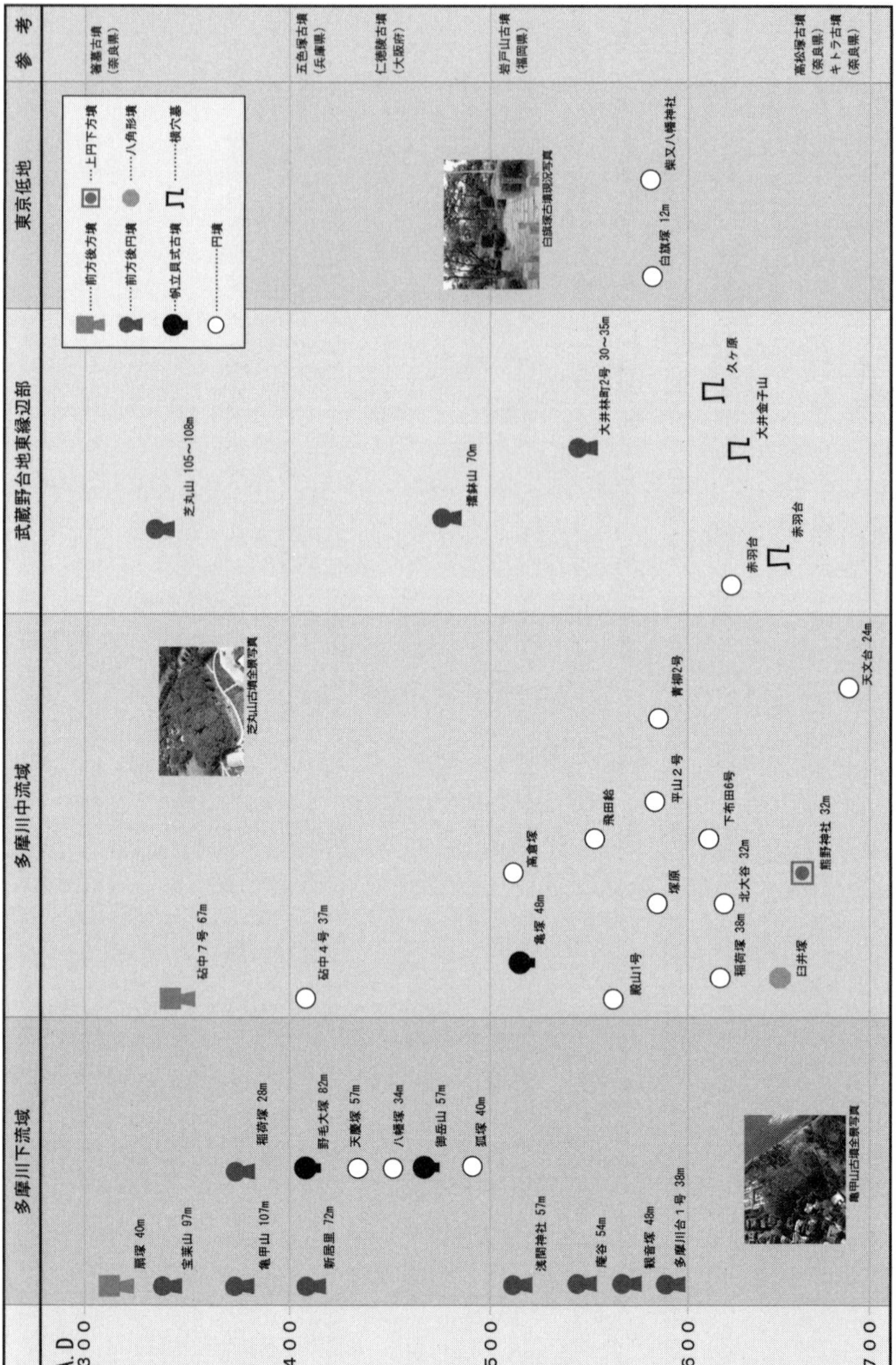

図7　東京の主要古墳編年表（品川区立品川歴史館『東京の古墳―品川にも古墳があった』より）

す。だから、これが文献史学だと『古事記』や『日本書紀』をどう読んでどう解釈するかというと、まだ相当のご年配の先生でも偉いんですね。しかし考古学では偉くないんです。どんどん駄目になっていくばかりなんですね。（笑い）

品川歴史館の編年表を見ると、多摩川流域で最初に登場するのが扇塚の四〇メートル。前方後方墳のマークが入っていますからやはり品川歴史館では公的に前方後方墳としてみとめていることになります。また世田谷の郷土資料館の資料などを見ると、前方後方墳と書いてあるんです。しかし、ずっと読んでいくと、終わりのほうでは、あんまりはっきり決め付けていないんですね。だから、相当問題はあると思うんですね。じゃ、前方後円墳になるのか。これも、ならないんじゃないかと思うんですよ。だから、扇塚古墳から出てきている土器片が、やはり問題になって、宝莱山古墳のあの庄内２式土器との形式上の関係が出てくると思うんですね。これは一つ、この地域では今後とも、考古学上、古墳時代研究で相当問題になると思われます。

だから、一般の考古学の専門書なり教養的な本に、「多摩川下流域における最古の扇塚古墳」と活字に出るのは、もうすこし先になるんじゃないでしょうか。私ははっきり決まれば早く出したほうがいいと思うんですが、すぐ出るかどうかですね。

そして宝莱山古墳、亀甲山古墳と並んで、二八メートルの稲荷塚古墳というのは、私、データを持っていないんですが古い前方後円墳で、相当問題になるようです。

ただし、亀甲山古墳は国の史跡ですが、全くいじられてない。中に入ることも許されないということですから、亀甲山古墳の所属年代はもう少し古くするのか、ここでいいのか、下げるのかということが問題になるというふうに思います。

京都大学の小林行雄さんがやりました三角縁神獣鏡の同笵関係論からいきますと、多摩川のちょうど対岸の日吉の加瀬古墳から出ている鏡は、京都の椿井大塚山古墳の同笵関係ということで問題になってきてるんですが、三角縁神獣鏡はここからは出てないんです。今、三角縁神獣鏡の一番分布の北は、千葉県香取市の城山《じょうやま》一号墳、さらに北の茨城県の水戸市の常澄から出ていますね。そこからは三角縁神獣鏡の縁だけが出ています。亀甲山古墳を掘ったら三角縁神獣鏡が出るんじゃないかというふうに私は思っているんですが、これはわかりません。国の史跡ですから、掘れないからわからない。

　というようなことで、五世紀代になると野毛大塚古墳・御岳山古墳などの甲冑が問題になります。それから、狛江市の亀塚古墳ですね。実は、話が及ばなかったんですけども、ここからは木炭槨が上下二枚出てきまして、その木炭槨から神人歌舞画像鏡と呼ばれる見事な鏡が出ました。これは大阪の八尾市の西塚古墳から出た鏡と同笵鏡なんです。この亀塚古墳から、実は、毛彫の動物とか、それから踊っている人物など、朝鮮半島の高句麗の古墳壁画と共通するような文様を毛彫した飾り金具が出ているのです（図8）。この亀塚古墳も帆立貝形なんです。しかも六世紀のごく早い段

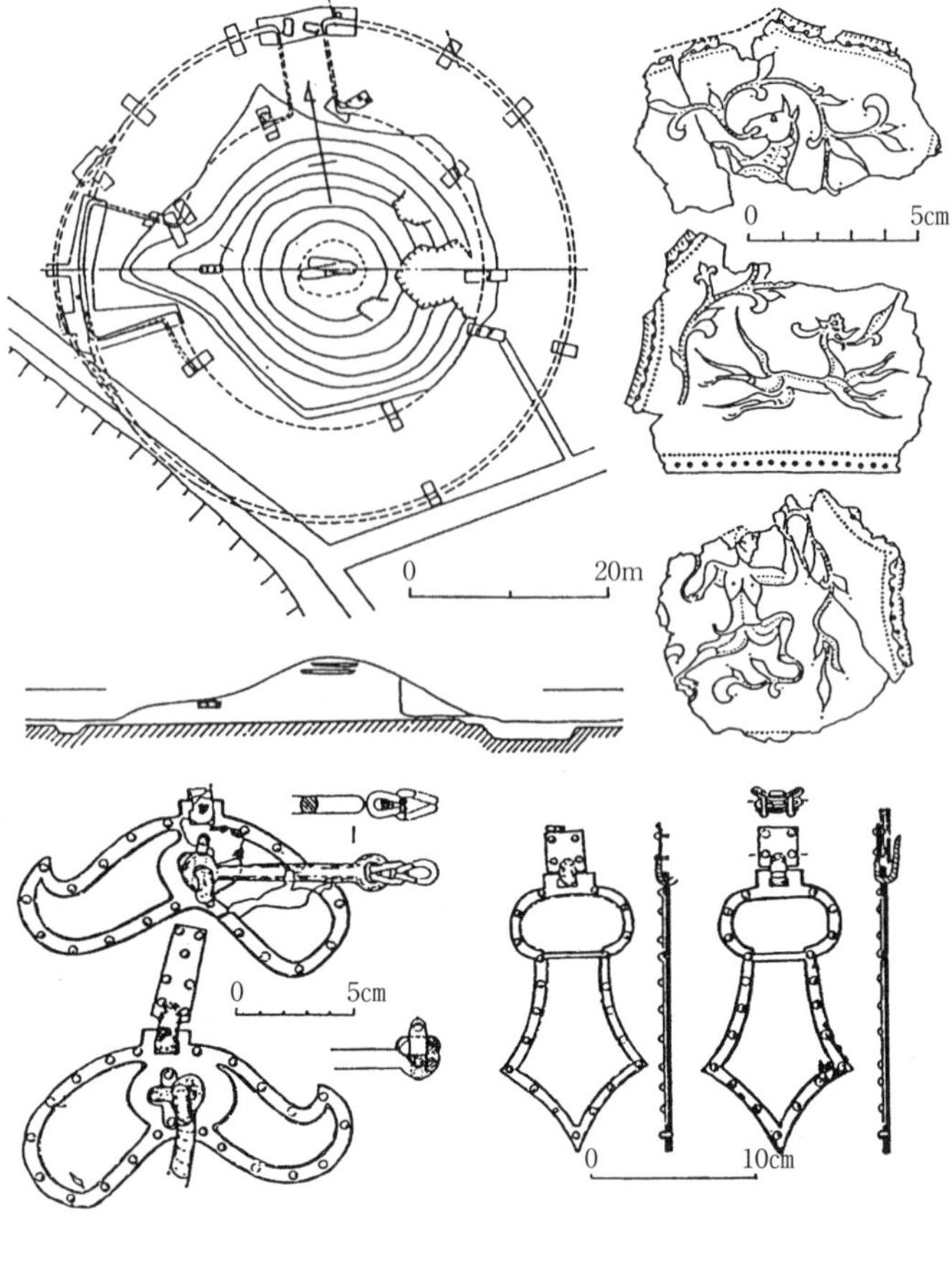

図8　狛江亀塚古墳墳丘と金銅製飾金具（右上）・馬具

階ですね。恐らく渡来系集団とかかわりを持った人の墓ではないかということなんですね。

そして、この編年表で参りますと、多摩川台の一号、つまり、かつて多摩川台古墳の一号と二号と言ったのが、実は一つの前方後円墳であったということで、今、一号と言っています。この辺がラストですね。つまり、六世紀の最終段階で、七世紀代まで、この多摩川の下流域などでは、これ以降ないですね。

実は、私も知らなかったんですが、品川にも前方後円墳があったというので、武蔵野台地東縁部の芝丸山古墳、上野公園の摺鉢山古墳、そして大井の林町には二号墳ということで、前方後円墳があったとされています。

問題は、こういう武蔵野台地の縁辺に有力な前方後円墳が登場してくるということは、普通、われわれは、大型の有力な前方後円墳が登場するというのは、その地域における政治的な、経済的な、あるいは軍事的な性格を持った統括者が登場することを意味する。なぜそういう地域に登場するかというと、広大な水田地帯や畑、そういう耕作地を持っていて、そこから上がる農業生産物、そういう経済的な基盤をベースにしながら力をつけていくというふうな理解を、実はしていたのです。もちろん多くは、そうだと思います。

ところが、最近、神奈川県の逗子市と葉山町に、長柄桜山一号・二号墳という九〇メートルと八八メートルの前方後円墳が三浦半島の湘南ハイキングコースの所にあったんです。今まで、古墳の上がハイキングコースだったんです。三浦半島の、尾根に九〇メートルの古い前方後円墳があるなんて、だれも思いも寄らなかったんですね。ところが、携帯電話のアンテナを建てるというので、清掃を始めたら、いや、土器が出てくる、埴輪が出てくる。このごろ、携帯電話のアンテナを建てるのが古墳の発見につながるという時代になりました。(笑い)

その長柄一号墳の上から東方を見ると、東京湾沿岸の千葉から市原が目の前に見えるんです。二号墳の上へ行って西方を見ると、江ノ島からずっと東海道方面が見えます。つまり、古東海道のルート上の三浦半島の一番幅の狭い所、その上に九〇メートルと八八メートルの大型前方後円墳があるんです。

三浦半島は、私も海軍へ行きましたから知っていますが、東海岸は急傾斜ですよ。海軍水雷学校など、そういう機関はありましたけれども。それから、西海岸のほうは葉山とか逗子の海水浴場がありますが、広大な田んぼとか、そういうのはないですよね。上で三浦大根を作ったりなんかしているということはありましたが……。

そういう所に権力者が登場するはずがないというのが、これまでの考え方だったのですが、そんなことはないですね。重要な古東海道のルート上の拠点。東京湾を見据え、古東海道を押えるというところの首長の墓ではないかと思うんです。

したがって、東京低地の武蔵伊興とか、そういう遺跡によっては、今後ともまだまだ増加するかも知れません。白旗塚というような古墳の主は、恐らく漁業権とか、利根川の河川交通の入口の通行権を掌握する、そういうふうな首長ではなかったかというふうに思います。

そういう観点で上野公園へ行って、西郷さんの銅像の下には、海が来ているというようなことを思いながら、もう一回、七〇メートルと復元されている摺鉢山古墳の上に立つと、また違った歴史的な理解ができるんじゃないかなというふうに思っています。「何だ。東京の古墳かよ」って私も言ってきましたけども、それを反省しておりまして、これからしっかり東京の古墳も見ていただきたいなと思っております。

私の話は、ここで終わらせていただきます。ご清聴ありがとうございました。（拍手）

報告1　品川の古墳

内田　勇樹

ただいま紹介にあずかりました品川歴史館の内田勇樹と申します。よろしくお願いいたします。今回「東京の古墳—品川にも古墳があった—」と題して特別展を開催しました。サブタイトルにもありますように、「品川にも古墳があった」ということですが、品川区内の古墳についてはあまり知られていない状況であります。そこで、品川区内の古墳について、概要を報告させていただきたいと思います。

品川区内の古墳についてでありますが、大井林町一・二号墳と呼ばれる古墳と仙台坂一・二号墳、それと大井金子山横穴墓群、南品川横穴墓が現在調査され確認されているものです。

図1の古墳分布図をご覧下さい。6は大井林町二号墳と呼ばれている古墳です。4は、墳丘などは確認されていないのですが、大井林町一号墳と呼ばれております。そこから、二五〇メートル北側の2、3とあるのが仙台坂一、二号墳です。そのさらに北側の7が南品川横穴墓です。

この辺一体に古墳が集まっていますが、図の左下側の大井四丁目に8があります。そこには大井金子山横穴墓群が位置しております。

まず、大井林町古墳について報告します。この古墳は、昭和二四年（一九四九）徳川義宣（旧姓堀田正祥）氏および学習院輔仁会高等科史学部で発掘調査が行なわれました。その時に調査されたのが大井林町の二号墳と言われるものでして、図2に実測図を載せています。この当時調査された段階ですでに墳丘はかなり破壊されており、明らかな墳丘の形態はわからないのですが、徳川さんたちの調査報告によりますと前方後円墳として、想定のラインが引かれて

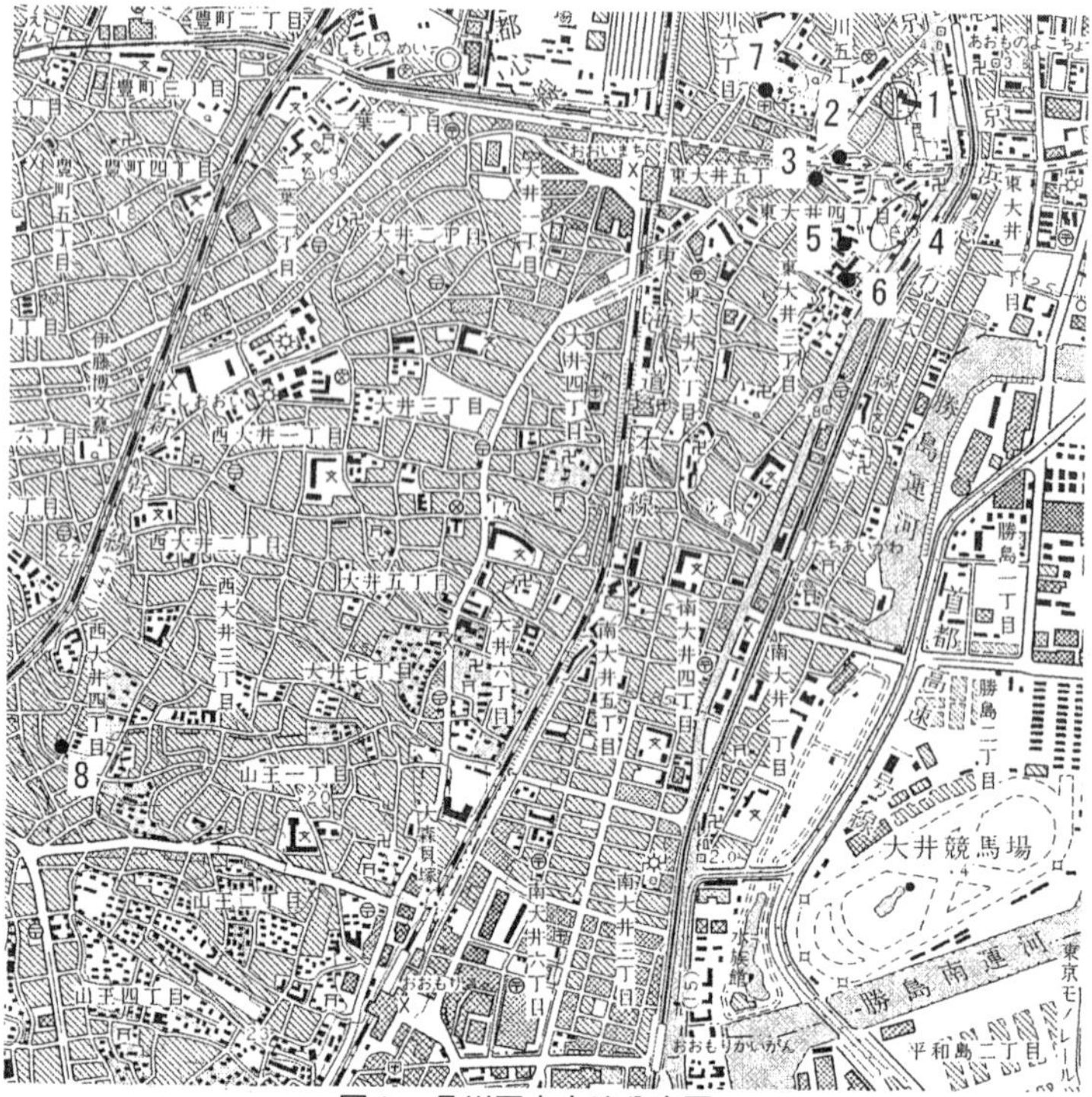

図１　品川区内古墳分布図

1 都心部遺跡分布調査団によって確認された須恵器および円筒埴輪片散布域（『都心部の遺跡』）
2 仙台坂２号墳周溝跡
3 仙台坂１号墳周溝跡
4 旧伊達邸内埴輪片散布域（大井林町1号墳と呼称）
5 都心部遺跡分布調査団による埴輪片採集地
6 大井林町２号墳（消滅）の推定位置
7 南品川横穴墓
8 大井金子山横穴墓群

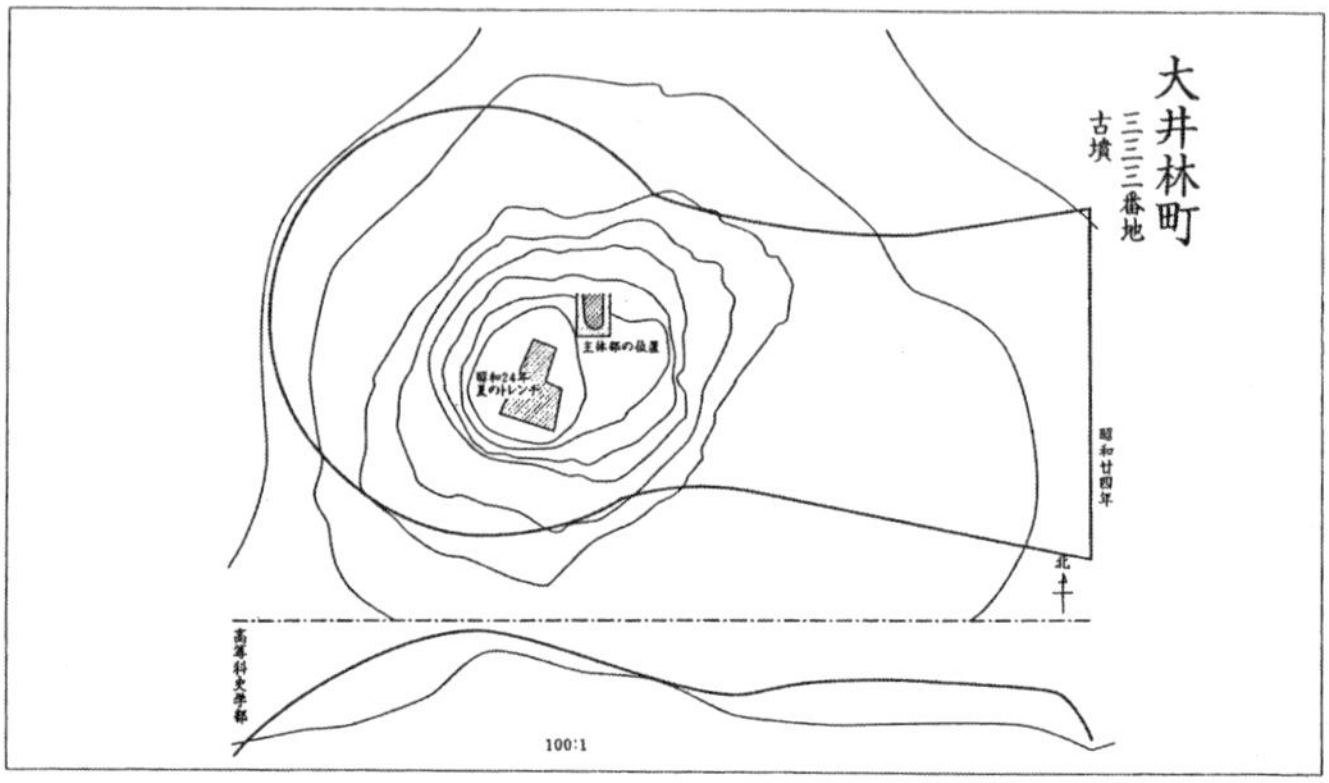

図２　大井林町２号墳実測図（太い線は発掘当時に行なった推定復原）

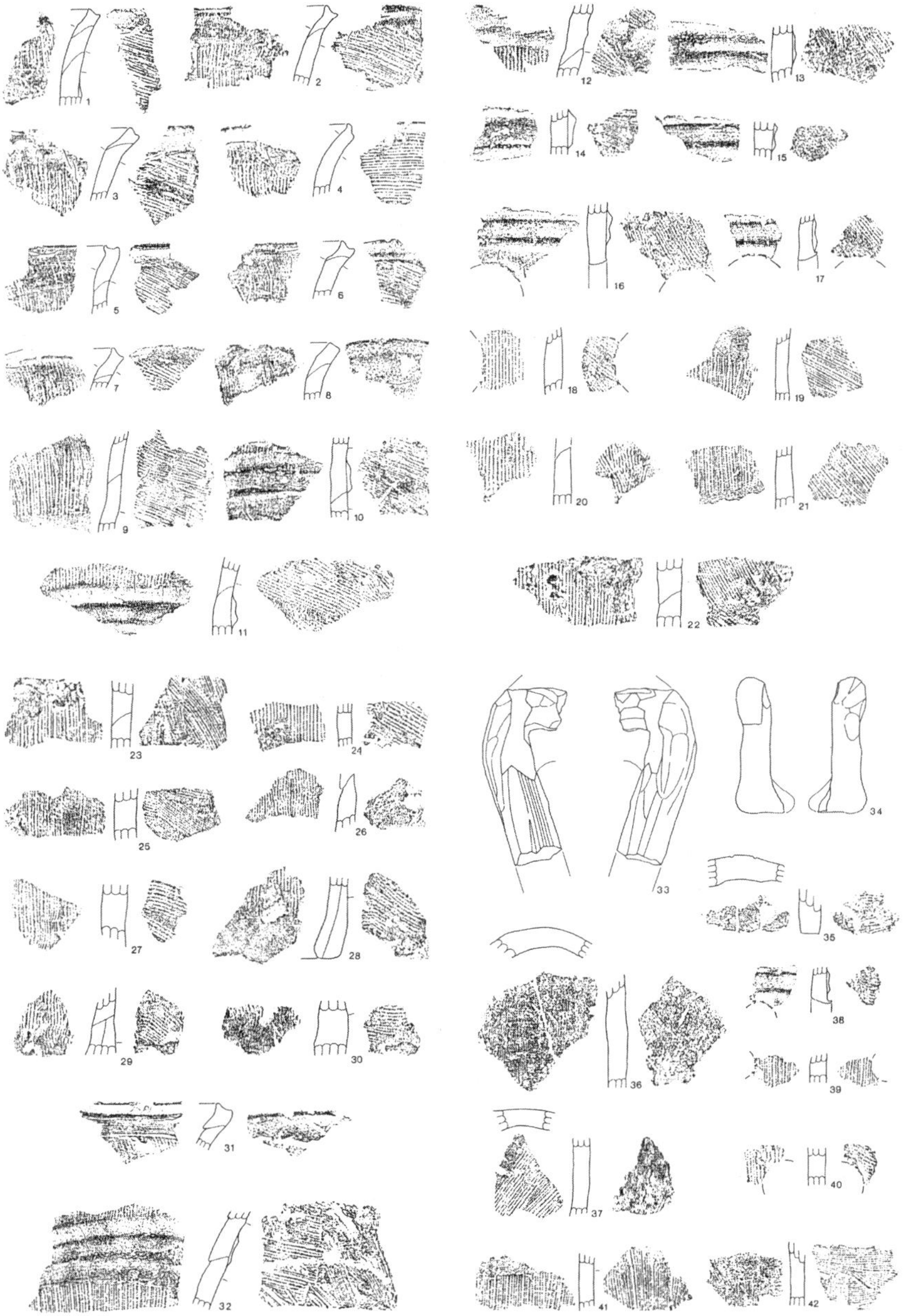

図３　大井林町古墳出土埴輪片（1号墳）

います。これはのちに、調査を担当された方にお聞きしたところによりますと、若干軸がずれて作図されており、本来前方後円墳と軸線が異なっているのではないかと思われます。

この時に付近から出土した遺物が図4です。二号墳から埴輪片が四点、現在報告されています。この埴輪は墳丘から出土したのではなくて、その墳丘の周囲から出土したものです。大井林町一号墳は、現在の東大井四丁目六番地付近に旧伊達邸がありまして、その庭で表採されていた遺物がこの埴輪片で、墳丘などはとくに確認はされていないのですが、全部で二三一点の埴輪片が採集され、その特徴から六世紀の後半くらいの古墳があっただろうと報告されています。

二号墳は、主体部が粘土槨と報告されているのですが、一部炭化物と言われる木炭が検出されておりまして、そうしたことからも木炭槨の可能性も考えられると思われます。

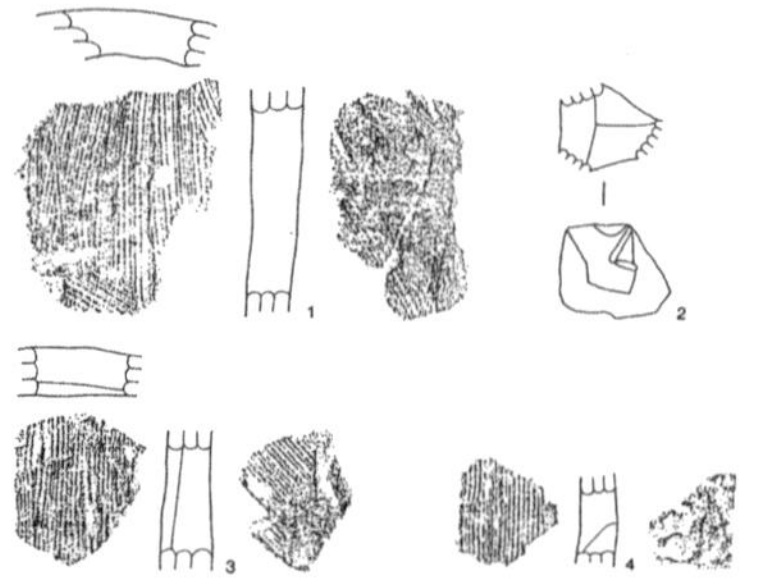
図4　大井林町古墳出土埴輪片（2号墳）

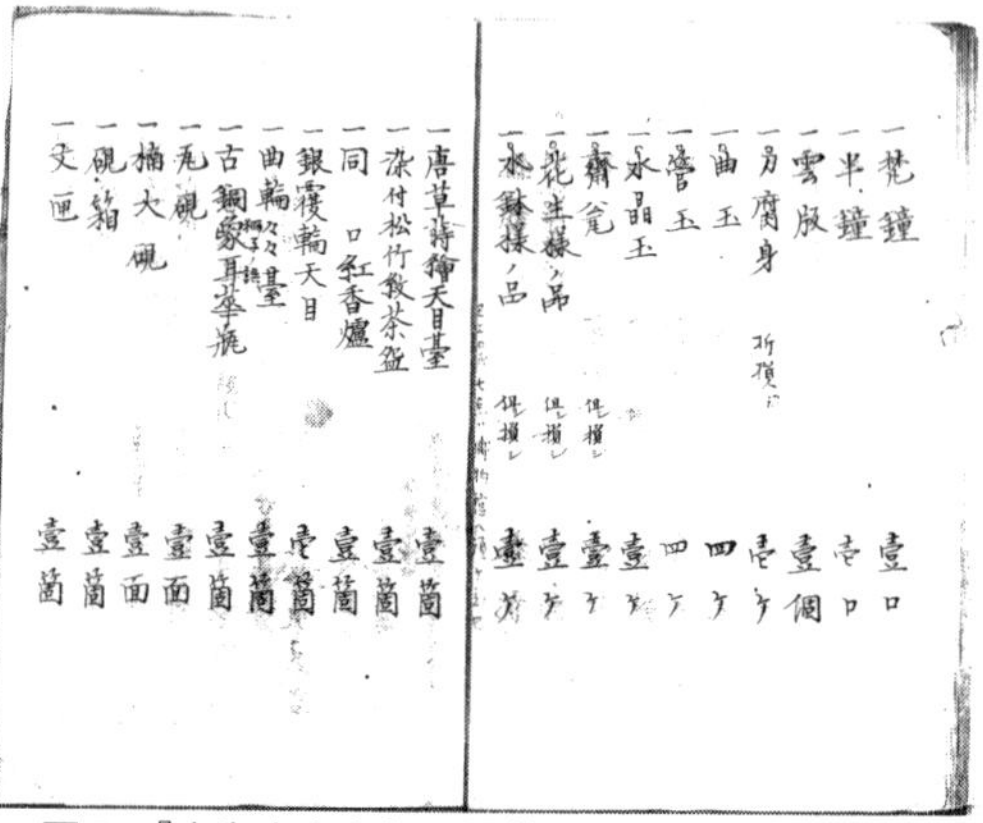
一梵鐘　壹口
一半鐘　壹口
一雲版　壹個
一万腐身　折損ニ　壹ケ
一曲玉　四ケ
一管玉　四ケ
一水晶玉　壹ケ
一齋瓮　破損レ　壹ケ
一花生様ノ品　破損レ　壹ケ
一水鉢様ノ品　破損レ　壹ケ
一唐草蒔絵天目臺　壹箇
一染付松竹紋茶盌　壹箇
一同　口紅香爐　壹箇
一銀覆輪天目　壹箇
一曲輪々々臺　壹箇
一古銅象耳花瓶　壹箇
一瓦硯　壹面
一楠大硯　壹面
一硯箱　壹箇
一文匣　壹箇

図5　『東海寺文書』に記載された古墳関係資料

次に、仙台坂古墳ですが、大井林町一号墳や二号墳から北側約二五〇メートルに仙台坂遺跡があり、その調査で検出された円墳が二基ほどあります。こちらは図6の仙台坂遺跡全体図および出土埴輪片をみてもらうとわかるように、一号墳、二号墳が第一次調査区の所にあります。わずかですが周溝が確認されております。こちらも埴輪片が出土しておりまして、六世紀後半ぐらいの古墳と報告されております。

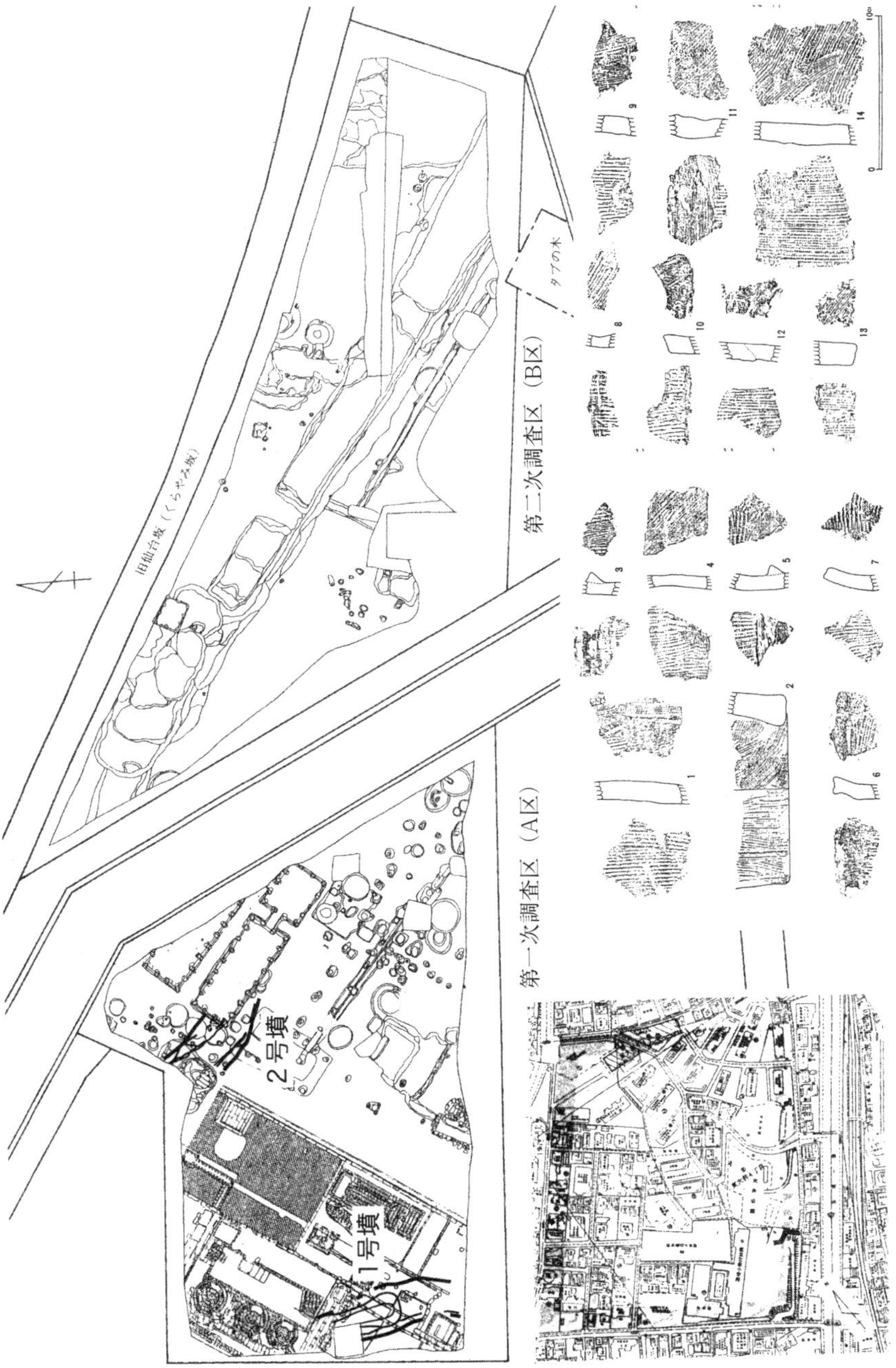

図６　仙台坂遺跡全体図および出土埴輪片

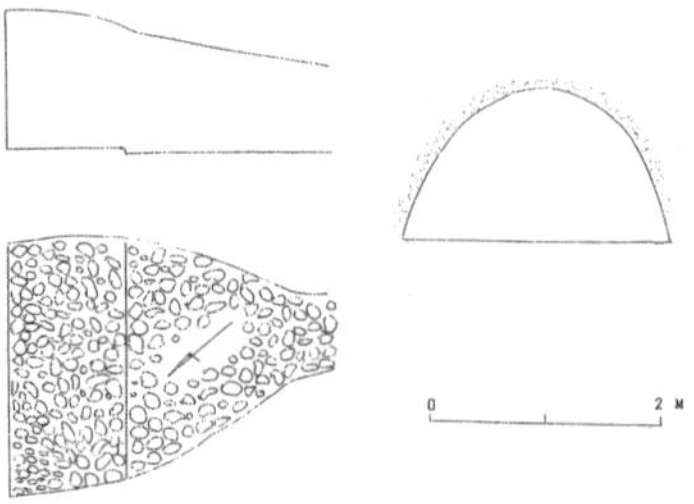

図7　南品川横穴墓

図８　大井金子山横穴墓群平面図

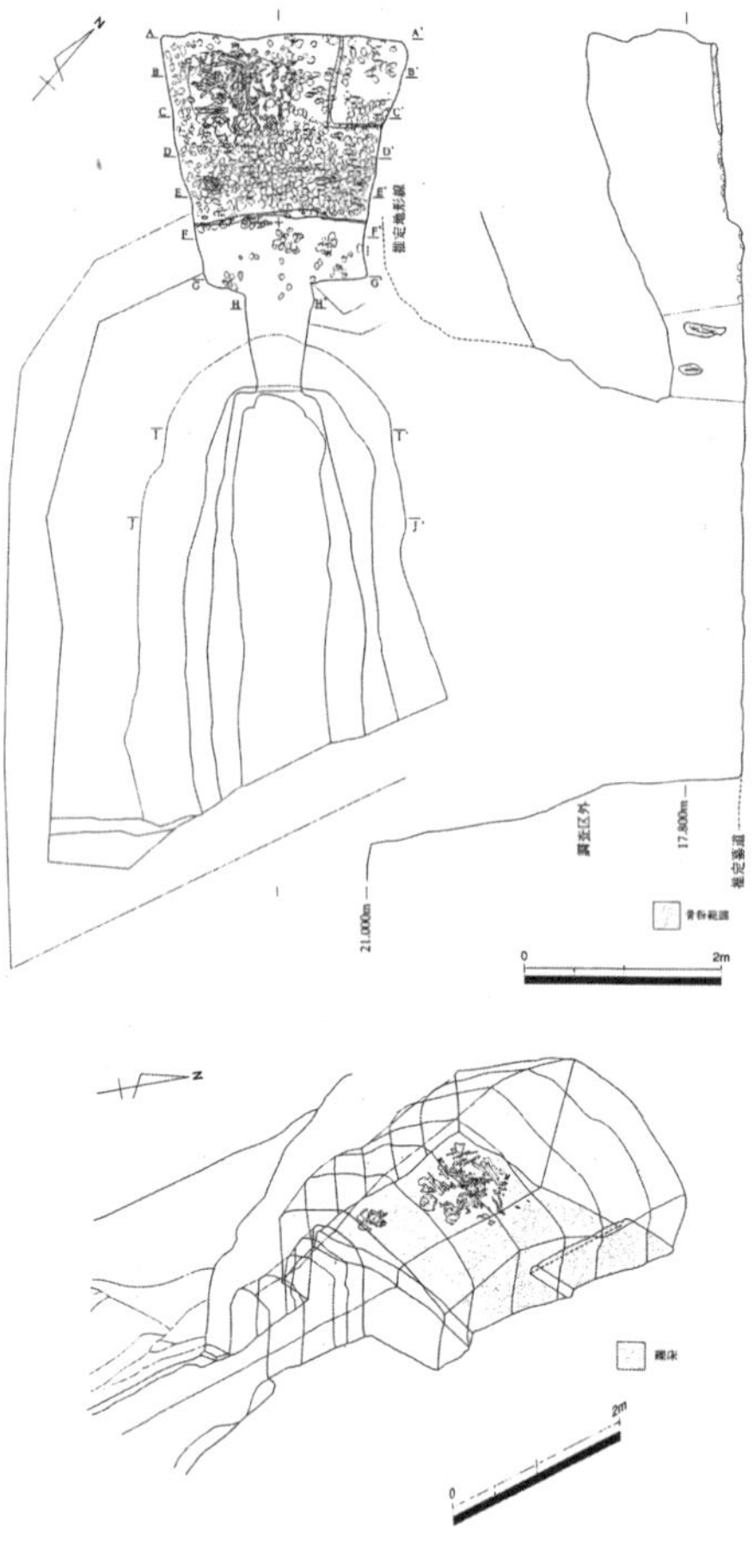

図９　大井金子山横穴墓群第1号墓
平面図・総断面図および立体図

次に横穴墓です。図8～11に大井金子山横穴墓があります。大田区との境に位置する所で、品川区から大田区側にかけて多くの横穴墓が密集している地帯で、その一部をなしていると考えられます。

横穴墓は図8にもあるように三基調査されまして、一号墳から成人骨が五個体、未成人骨が一個体、小児骨が二個体と刀子と鉄鏃が検出されています。二号墳からは遺物はとくに検出されず、三号墳からは人骨などが確認されております。構築

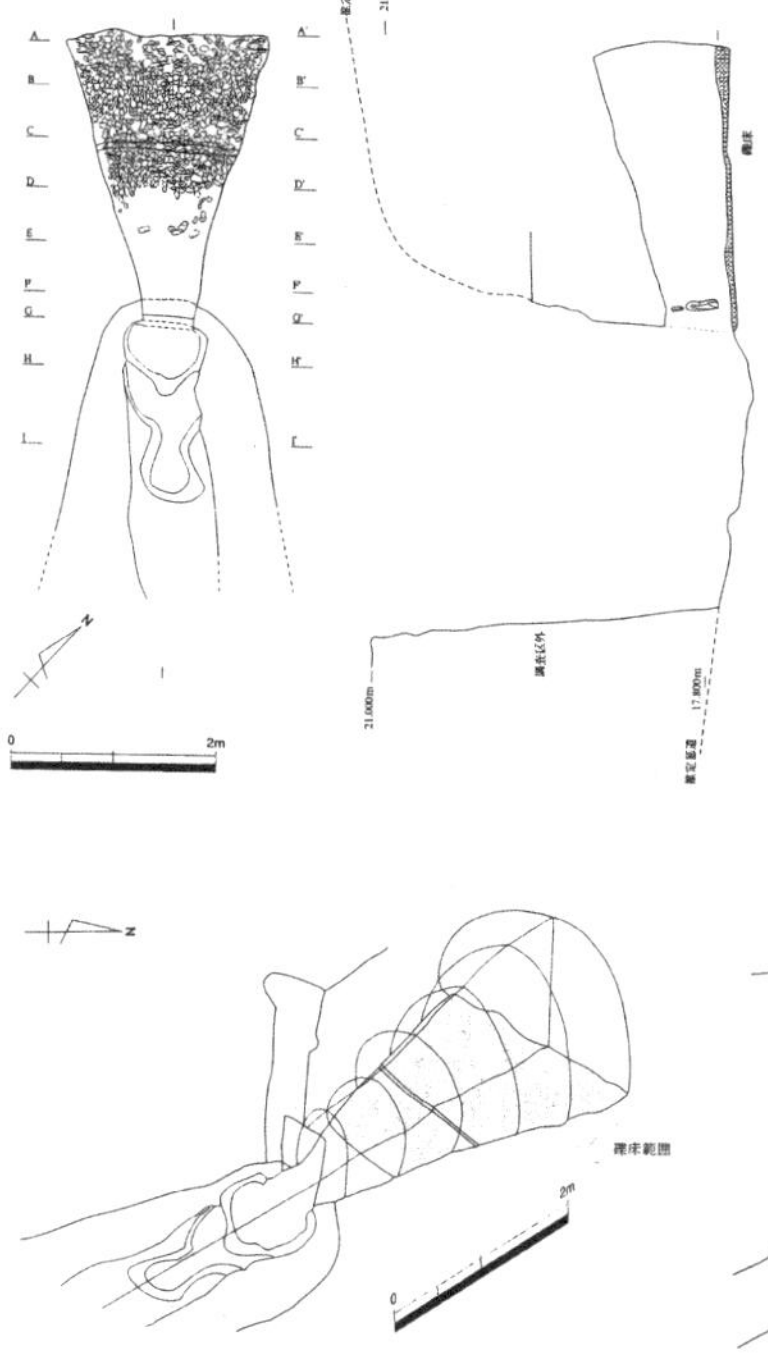

図10　大井金子山横穴墓群第２号墓
平面図・総断面図および立体図

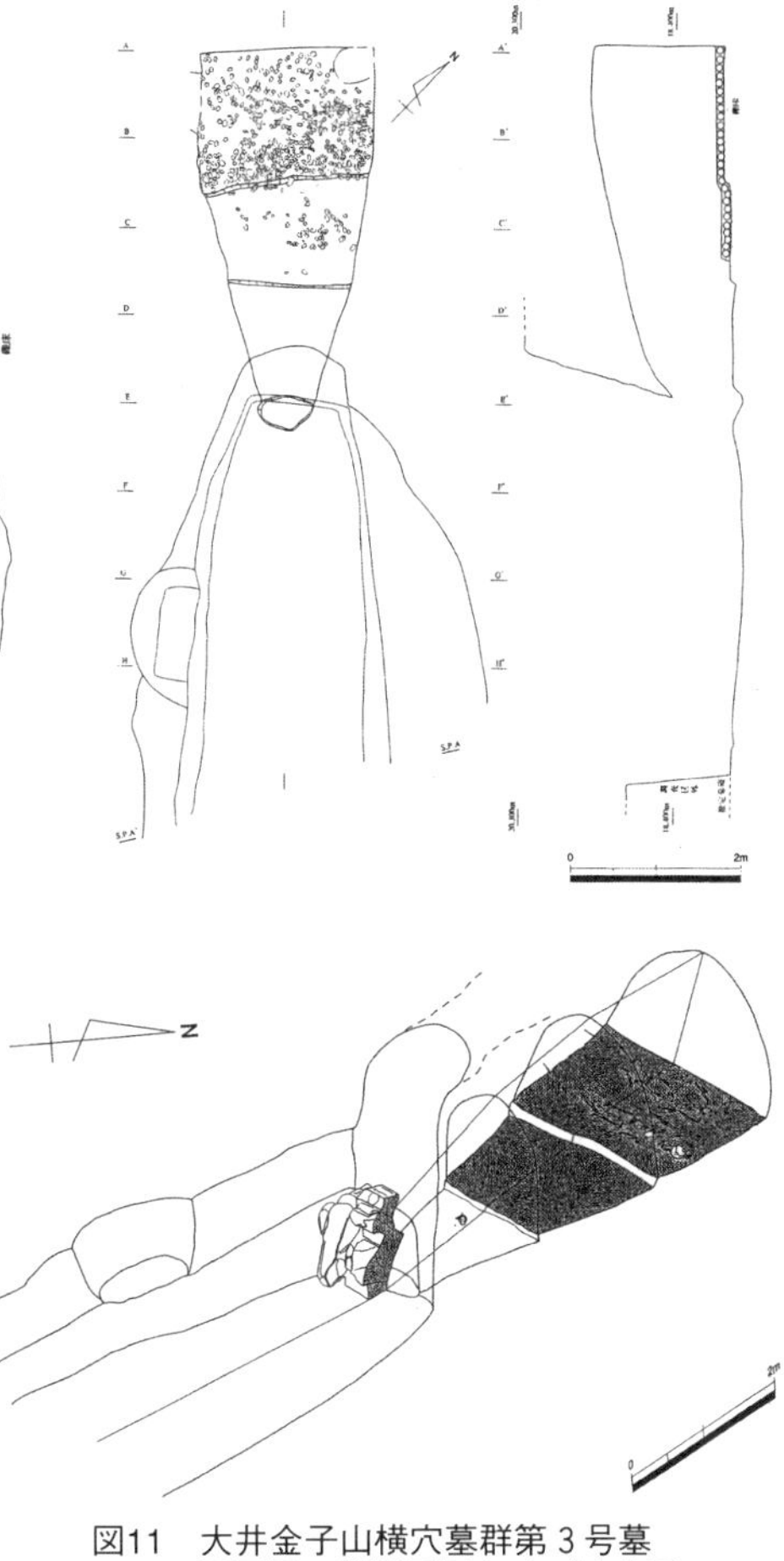

図11　大井金子山横穴墓群第３号墓
平面図・総断面図および立体図

の時期は七世紀頃と報告されています。

図７の南品川横穴墓は、ゼームス坂を上った所にある印刷会社の建設工事中に発見されたもので、人骨と鉄製の釧片が出土しており、七世紀後半と考えられています。

以上のように品川で確認されている古墳は少ないのですが、大井林町二号墳の前方後円墳、それと仙台坂一、二号墳の円墳が二基、この三つが確実にわかっているものであります。今回、品川にも古墳があったということで、品川の古墳からどういったことが言えるのか考えてみたいと思います。

大井林町二号墳の前方後円墳では、墳丘の周辺から埴輪が採集されていますが、墳丘に伴うものかどうかは不明で、埴輪を伴わない前方後円墳であると考えられます。そして、仙台坂一・二号墳では埴輪を伴う円墳が二基確認されています。また、墳丘などの明確な遺構は確認されていませんが、仙台坂古墳や大井林町二号墳の周辺そして海晏寺裏からも埴輪片は何点か採集されていますので、まだいくつか古墳が存在していたのではないか、とそれらの資料からうかがえるのではないだろうかと考えています。

そういったことからも、品川にも古墳群があったと考え、見返にある東京の古墳の分布図を見ていただきますと、品川区の北側に9とあるのが、現在東京タワーの下にある芝公園の、芝丸山古墳と呼ばれる前方後円墳です。芝丸山古墳は坪井正五郎氏が調査された段階では一一基の円墳が確認されています。この古墳群も、芝丸山古墳の前方後円墳は埴輪を伴わないが、その周囲にある円墳には埴輪を伴う円墳が分布しています。

さらに、その北方、台東区の上野公園には摺鉢山古墳と呼ばれる古墳があります。測量調査の結果、前方後円墳ではないかと考えられています。この古墳も埴輪を伴わない前方後円墳です。地図上には明記していないのですけれども、現在、消滅してしまった桜雲台《おううんだい》古墳や蛇塚などの円墳がいくつか確認されていますので、円墳で、埴輪を伴う古墳があったと言われています。このことから上野台の台地上にも、前方後円墳と円墳で構成される古墳群があったのではないかと考えられています。

このように、この品川から始まりまして、武蔵野台地の東側端の台地上に、品川の古墳群と芝丸山古墳群、そして摺鉢山古墳を中心とする上野の古墳群という同じようなあり方をした古墳群が形成されていたのではないかと考えられます。

そうしますと、このあとパネルディスカッションのほうで話されるかと思うのですけれども、東京低地にある古墳の形成や多摩川流域にある古墳の形成とも、また少し違う様相が窺われるので、武蔵野台地東端には多摩川流域や東京低地とは違った古墳を築造した集団が存在していたのではないかと考えています。

品川で確認されている古墳のあり方から言えることは、資料に制約があるのですが、立地条件などから以上のようなことが考えられるのではないでしょうか。今回の特別展を行なうにあたって、そういったことについて少し注意して見てみました。

以上のように、古墳が少ないこともあり、また出土している資料も少ないのですが、このような点についても今後も資料をさらにまとめて、多摩川流域や東京低地と比較して考えていきたいと思います。

それでは私の報告を終わります。（拍手）

図版引用文献

図2　徳川義宣「大井林町古墳」『品川歴史館紀要』第一一号、一九九六年

図3・4　中山清隆・太田博之・三辻利一ほか「品川区大井林町一・二号墳の埴輪片分析報告」『品川歴史館紀要』第一三号、一九九八年

図5　「東海寺明細書上帳」一八七七年『東海寺文書』

図6　『仙台坂遺跡』品川区教育委員会、一九九〇年より一部改変

図7　吉沢紀久子「東京都南品川発見の横穴古墳」『立正考古』第一五号、一九六〇年

図8〜11　品川区埋蔵文化財調査報告書第二一集『大井金子山横穴墓群』品川区教育委員会、二〇〇一年

報告2

武蔵府中発見の上円下方墳

江口　桂

皆さんこんにちは。府中市教育委員会の江口桂と申します。よろしくお願いいたします。

私からは、パネルディスカッションにあたりまして、特別報告「武蔵府中発見の上円下方墳」と題してお話をさせていただきます。私が今日この場におりますのは、上円下方墳の発掘調査を実施した府中市教育委員会の職員であるとともに、坂詰先生が発掘調査団の団長、パネルディスカッションの座長の池上先生が調査団の直接の指導者だったことによるものと思います。

本来ですと、直接現場の発掘作業に携わった塚原さん、紺野さん、青木さんのいずれかの現場の生の声を聞いていただく方がよろしいかと思いましたが、今日は、私から総括的に、上円下方墳の調査成果をお話させていただくことになりました。

まず最初に、本日のポイントは六つあります。「一、上円下方墳発見!!」「二、熊野神社古墳の立地環境」「三、三段築成の上円下方墳と複室構造の胴張り横穴式石室」「四、国内外に類例のない七曜文鉄地銀象嵌鞘尻金具《しちようもんてつじぎんぞうがんさやじりかなぐ》」「五、国内最大・最古の上円下方墳（南武蔵のなかの熊野神社古墳）」「六、熊野神社古墳の被葬者像と国府の設置」の六つです。

最初に結論というか、のちのパネルディスカッションにつながっていくお話を申し上げます。図1をご覧ください。私が今からお話するのは、およそ七世紀の中ごろから後半代にかけての時期のことですが、大事なこととして、前方後円墳は（後ほど野本先生がお話されると思いますが、）関東地方ではおよそ六世紀末から七世紀初頭に消滅します。

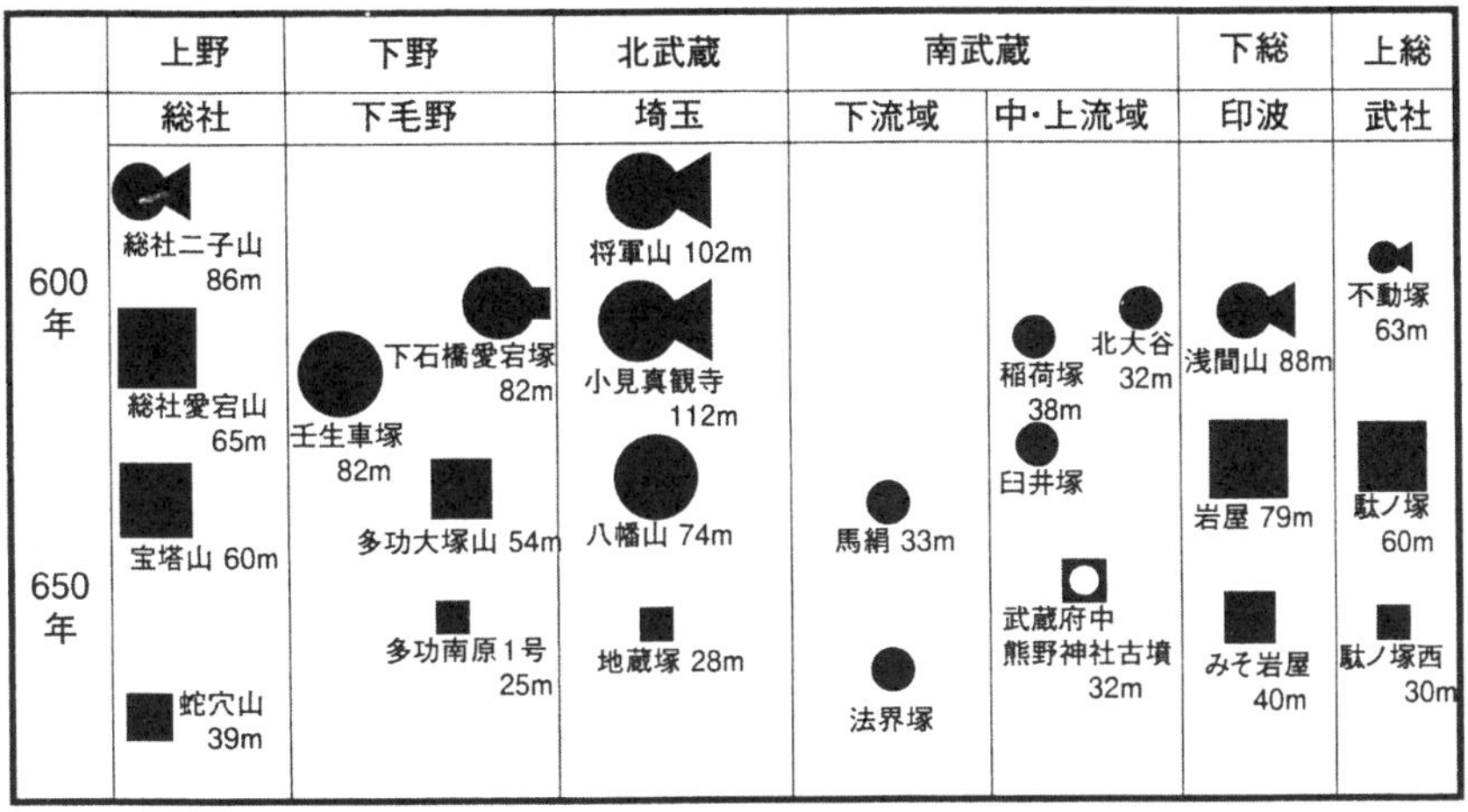

図１　関東地方における主な首長墓の墳形とその編年（原図：池上悟）（府中市教育委員会・府中市遺跡調査会編2005より。以下、引用記載のないものは、同文献より転載）

そのあとに関東地方では、巨大な方墳や円墳が出現してきます。例えば、一番左の上野、現在の群馬県では総社愛宕山古墳、宝塔山古墳、蛇穴山古墳が方墳です。下野、現在の栃木県では壬生車塚古墳、径八二メートルの円墳です。それから、北武蔵では径七四メートルの八幡山古墳。下総では岩屋古墳、これは一辺七九メートルの巨大な方墳で、全国でも最大級の方墳です。上総では駄ノ塚古墳、これも方墳です。

このように巨大な方墳、円墳がたくさん出現する中で、東京の南武蔵地域のみが他地域と異なっていることが指摘できます。南武蔵地域最後の前方後円墳は、多摩川下流域の観音塚古墳、多摩川台一号墳です。

多摩川中・上流域では、後ほどお話します北大谷、稲荷塚、臼井塚という古墳が八王子市、多摩市にあり、府中市に熊野神社古墳があります。

関東各地で前方後円墳が消滅したあとに、巨大な方墳や円墳が出現してくる中で、南武蔵地域は巨大な方墳や円墳は出現せず、径三〇メートルクラスの円墳や八角墳とされる稲荷塚古墳や熊野神社古墳のような上円下方墳という特殊な古墳がみられる点が特質といえます。

それでは第一テーマの「上円下方墳発見」に入っていきます。

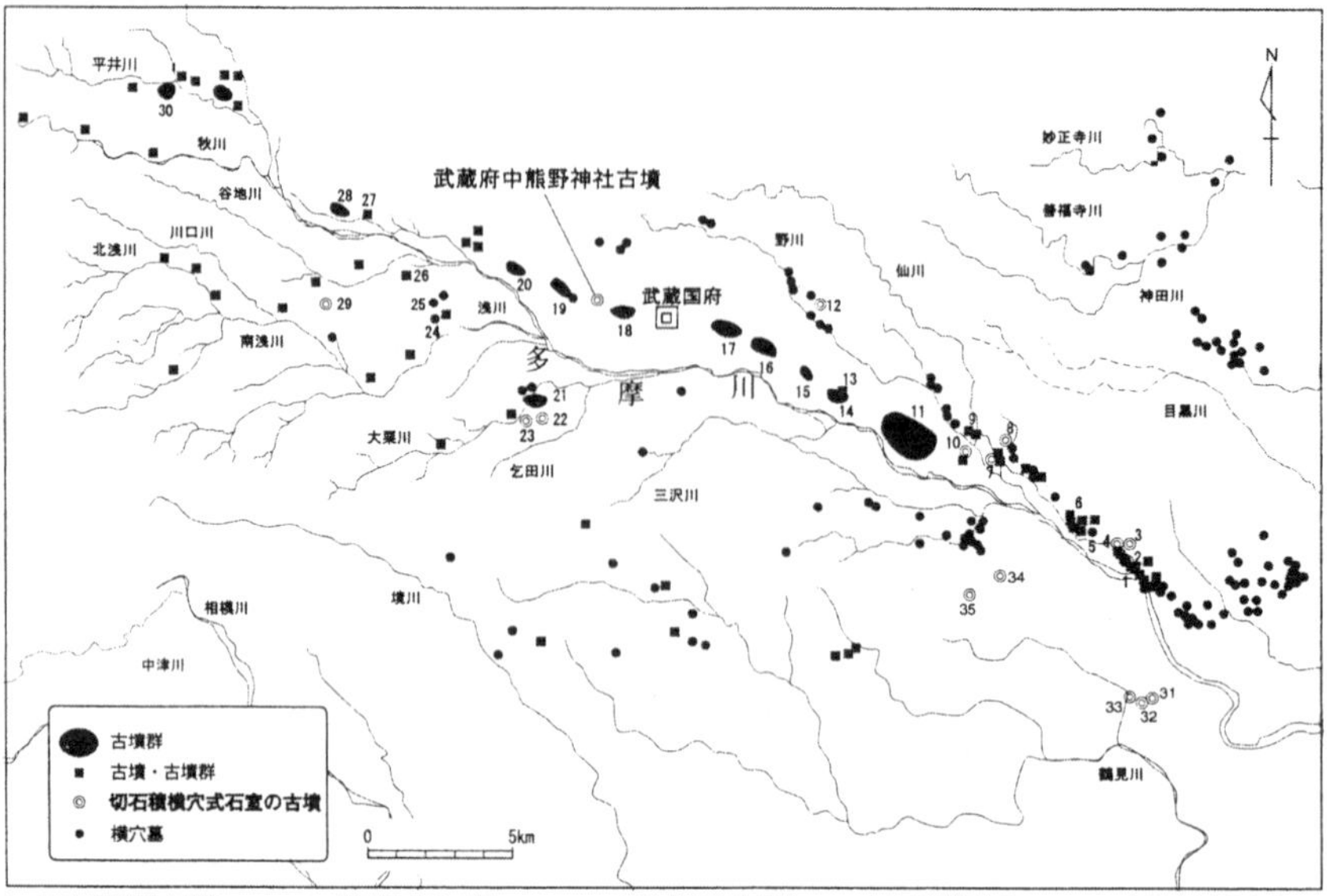

1. 大田区多摩川台古墳群
2. 大田区多摩川台5号墳
3. 大田区観音塚古墳
4. 大田区浅間様古墳
5. 世田谷区等々力渓谷横穴墓群
6. 世田谷区野毛古墳群
7. 世田谷区殿山1号墳
8. 世田谷区大蔵1号墳
9. 世田谷区砧古墳群
10. 世田谷区喜多見稲荷塚古墳
11. 狛江市狛江古墳群
12. 三鷹市天文台構内古墳
13. 調布市狐塚古墳
14. 調布市下布田古墳群
15. 調布市下石原古墳群
16. 調布市飛田給古墳群
17. 府中市白糸台古墳群
18. 府中市高倉古墳群
19. 国立市下谷保古墳群
20. 国立市青柳古墳群
21. 多摩市塚原古墳群
22. 多摩市稲荷塚古墳
23. 多摩市臼井塚古墳
24. 日野市梵天山横穴墓群
25. 日野市坂西横穴墓群
26. 日野市七ツ塚古墳
27. 昭島市経塚下古墳
28. 昭島市浄土古墳群
29. 八王子市北大谷古墳
30. あきる野市瀬戸岡古墳群
31. 川崎市加瀬第9号墳
32. 川崎市加瀬第3号墳
33. 川崎市第六天古墳
34. 川崎市法界塚1号墳
35. 川崎市馬絹古墳

図２　多摩川流域の主要な古墳時代後期～飛鳥時代の古墳と横穴墓の分布図

一五万分の三と書いてありますが、この数字、皆さんおわかりになりますでしょうか。三というのは全国で発掘調査がなされた確実な上円下方墳の数です。一つは奈良県と京都府境にあります石のカラト古墳（国史跡）。もう一つは静岡県沼津市にあります清水柳北一号墳です。

　これ以外では、未調査ながら、埼玉県熊谷市にある宮塚古墳（国史跡）と、川越市にある山王塚古墳（市史跡）の二例があります。こちらを加えても、上円下方墳は全国で五例しかない大変珍しい古墳です。

　一五万というのは、現在全国で見つかっている古墳がおおよそ一五万基といわれています。最新の研究成果では二〇万基以上あると言われていますが、ここでは確実例として一五万としました。日本全国に一五万基以上ある古墳のなかで、上円下方墳は、たった三つしかないのです。

　さらに、今日のテーマ、東京で発見された

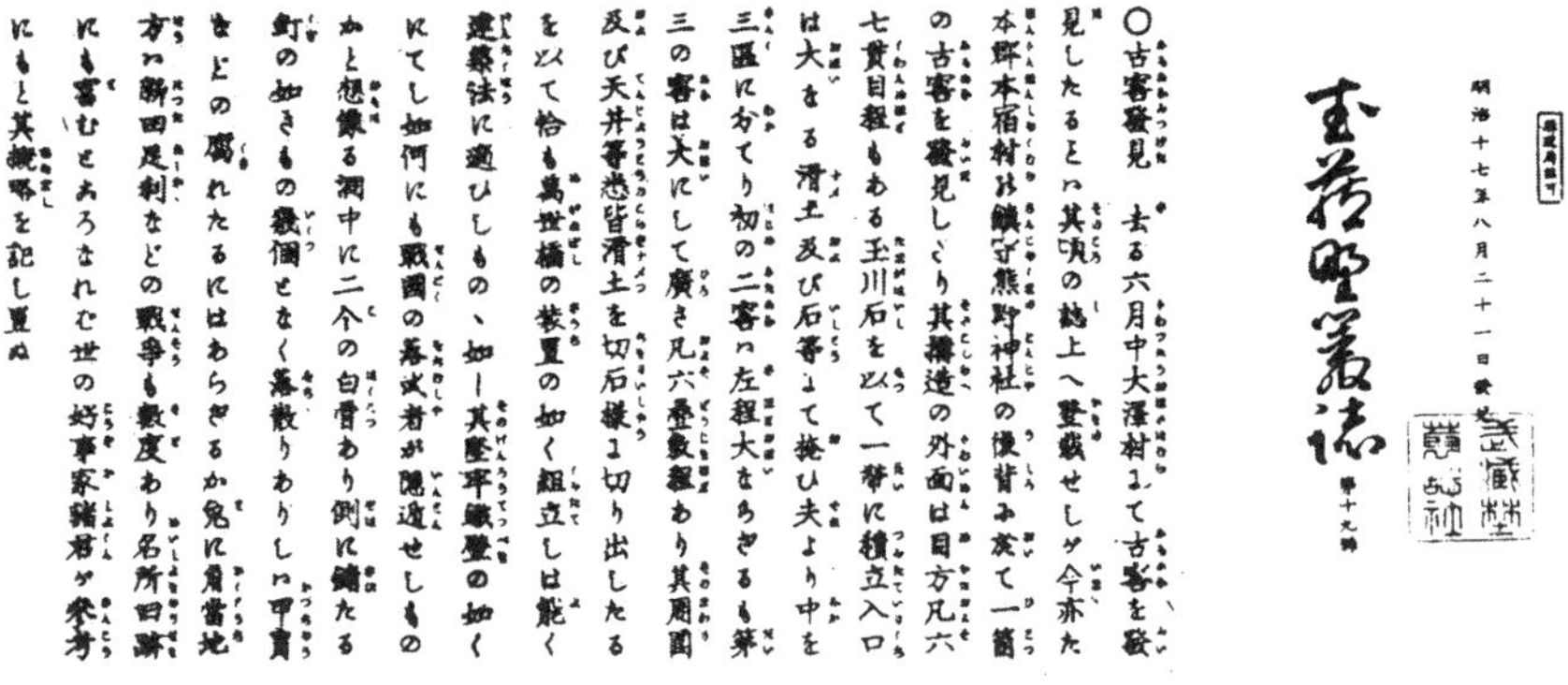
明治十七年八月二十一日発兌

武蔵野叢誌　第十九号

○古窖発見　去る六月中大沢村にて古窖を発見したるよし其頃の紙上へ登載せしが今亦た本郷本宿村なる鎮守熊野神社の後背に於て一箇の古窖を発見したり其構造の外面は四方凡六七貫目程もある玉川石を以て一帯に積立入口は大なる滑土及び石等にて掩ひ夫より中を三区に分てり初の二窖は左程大ならざるも第三の窖は大にして広さ凡六畳敷程あり其周囲及び天井等悉皆滑土を切石様に切り出したるを以て恰も眼鏡橋の装置の如く組立しは能く建築法に適ひしもの、如し其堅牢鉄壁の如くにして如何にも戦国の落武者が隠遁せしものかと想像る洞中に二个の白骨あり側に錆たる釘の如きもの幾個となく落散りありしは甲冑などの腐れたるにはあらざるか兎に角当地方は新田足利などの戦争も数度あり名所旧跡にも富むところなれば世の好事家諸君が参考にもと其概略を記し置ぬ

図３　明治17年発行『武蔵野叢誌』（府中市立郷土館1978より抜粋）

ということが重要です。とくに府中市という市街地化された住宅密集地の中で、上円下方墳が残っていたことは奇跡的といえます。

図３に『武蔵野叢誌』一九号（明治十七年（一八八四）発行）の抜粋を掲げました。『武蔵野叢誌』は、郷土の総合雑誌ですが、調布市在住の方がその中に熊野神社に関する記事があるのを発見しました。そこには、熊野神社古墳の石室の中に入ったときの記録が書かれていました。中には眼鏡橋状に組まれた石室が残っていて、その中に二個の人骨があったと書かれています。さらに、落ち武者の甲冑のようなものがあると書いてありますが、何らかの鉄製品が中にあったことは間違いありません。この記事が書かれた以降も、熊野神社の境内地だったことから、この古墳が現在まで保存されてきたということが言えるのではないかと思います。

これからは写真も交えながら説明をさせていただきます。

図４が府中市の南端を流れる多摩川から古墳を望む写真です。南には多摩川の沖積地があり、その北には、府中崖線という段丘崖の上に台地が広がっています。沖積低地と台地の比高差は一〇メートルほどあり、この台地の平坦面に古墳が築かれています。逆方向の北から見ると、万葉集に歌われている「多摩の横山」、多摩丘陵が遠方に望め、後ほど紹介する多摩市稲荷塚古墳は多摩川の対岸丘陵上に立地します。

図５が古墳の位置を示す図です。府中崖線から上が台地の平坦面になります。高倉古墳群という古墳時代後期の群集墳から約四〇〇メートルほど離れ

て、独立して一基だけ存在しています。

熊野神社古墳の東方約一キロメートルには東山道武蔵路が南北に走っており、東方約二キロメートルには武蔵国府の国衙跡、これは京王線府中駅南口の大國魂神社境内から東側の一帯にあります。

図４　多摩川上空から府中市内をのぞむ（南西から）
（中央の矢印が古墳）

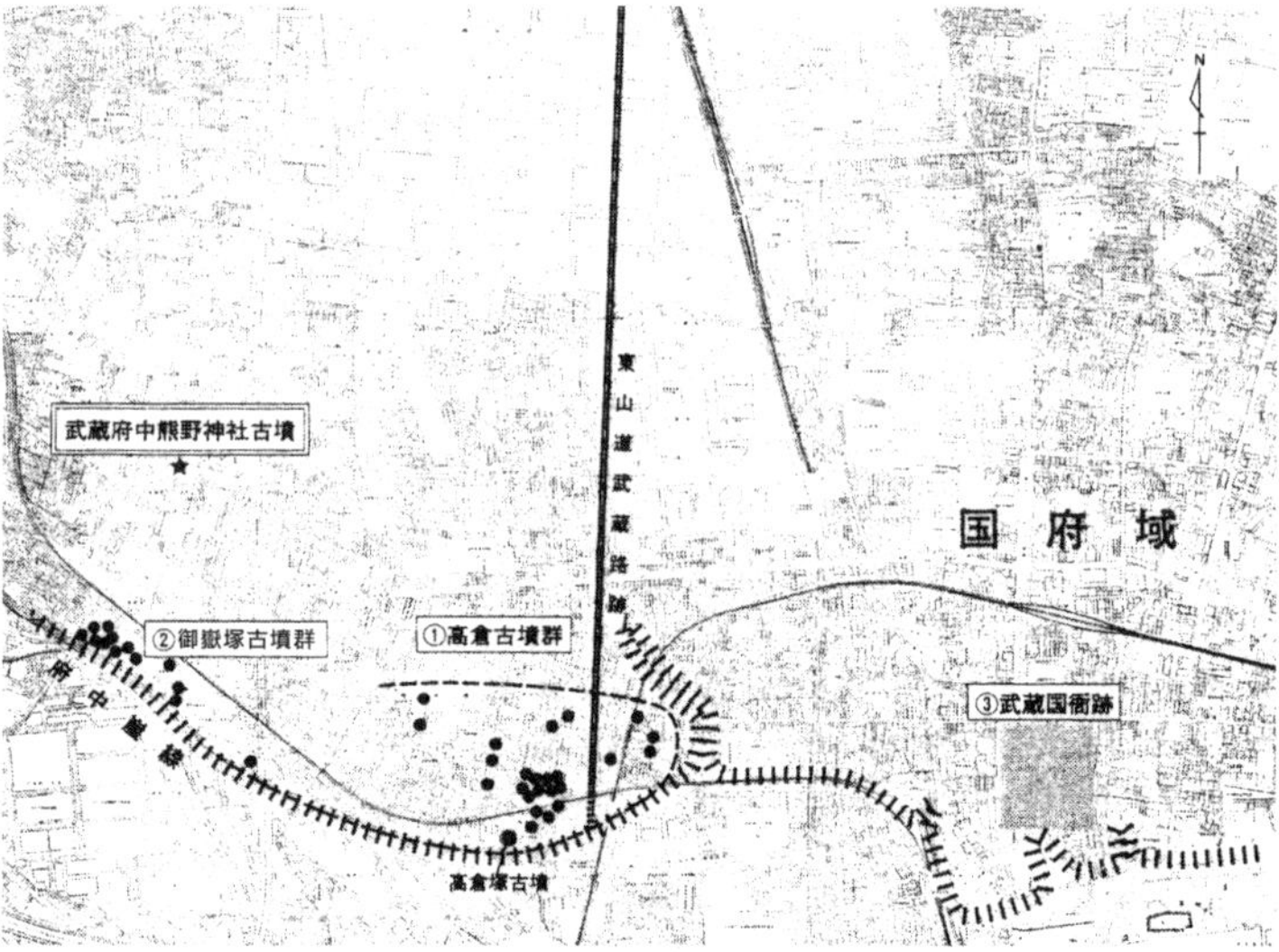

図５　府中市西部の古墳群と古代の遺跡

図6に古墳の周溝推定図を掲げました。熊野神社古墳は、下が方で上が円、丸い円形をした三段築成の上円下方墳です。墳丘の至近距離では周溝は発見されておりません。今のところ、矢印の二カ所で幅約六メートル、深さ二メートル以上の掘り込みが確認されていることから、一辺約九〇メートルという、大きさの周溝を想定しています。図7が古墳のイメージ図と全体図です。一段目に縁石と呼ぶ石室の石材と同じ石が並び巡らされています。二段目が方形部で、ここは高さ一メートルぐらいの石垣状の葺石が積まれています。三段目の上円部も同様に葺石があり、三段目と二段目の間には平場があって、そこには平たい石を並べた貼り石が確認されています。

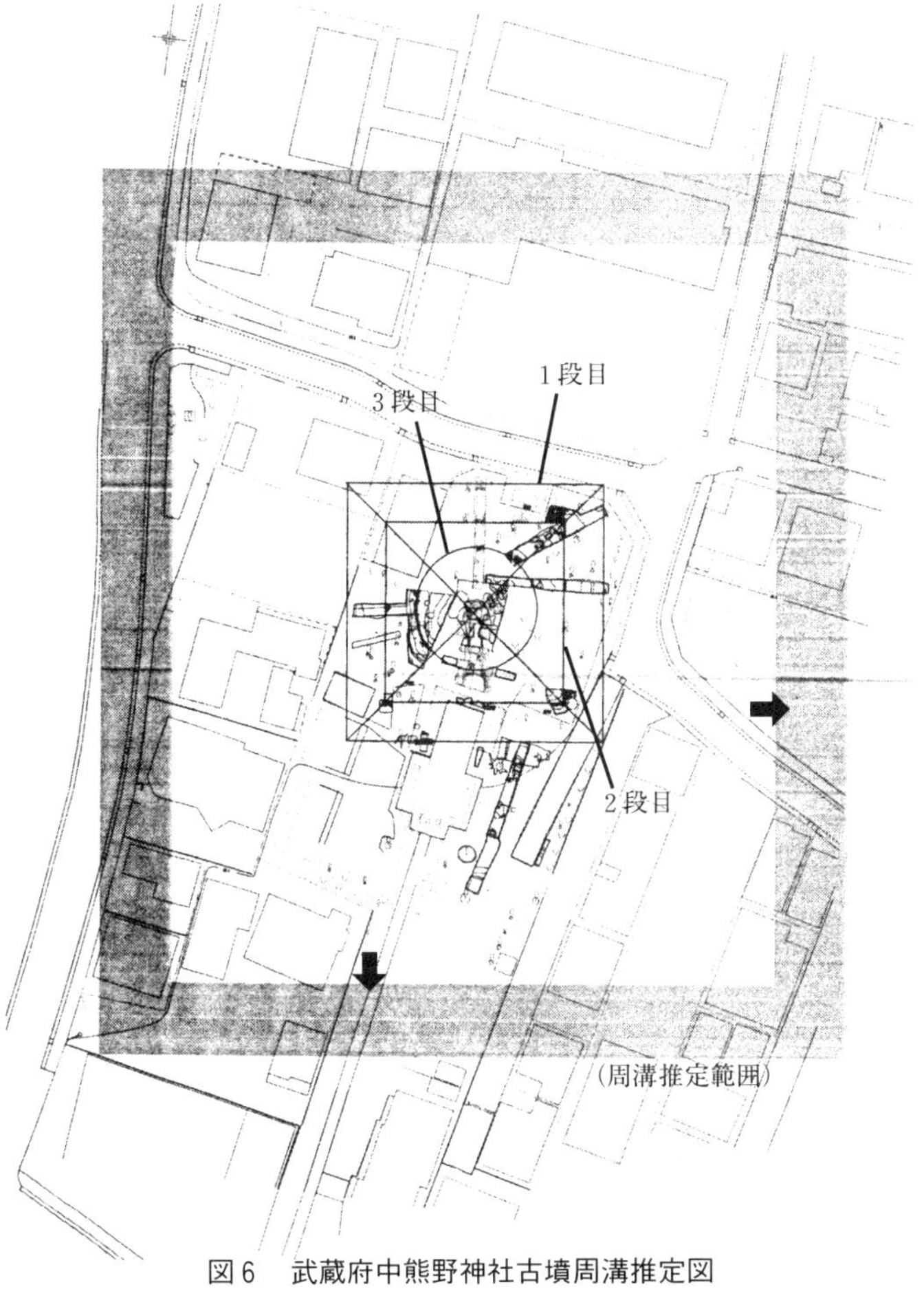

図6　武蔵府中熊野神社古墳周溝推定図

熊野神社古墳の一段目と二段目の方形部に対角線を引くと、若干ずれる所がありますが、方形部一辺が三二メートルで、上円部が直径一六メートルですので、ちょうど二分の一になる規格性の高いことがわかります。

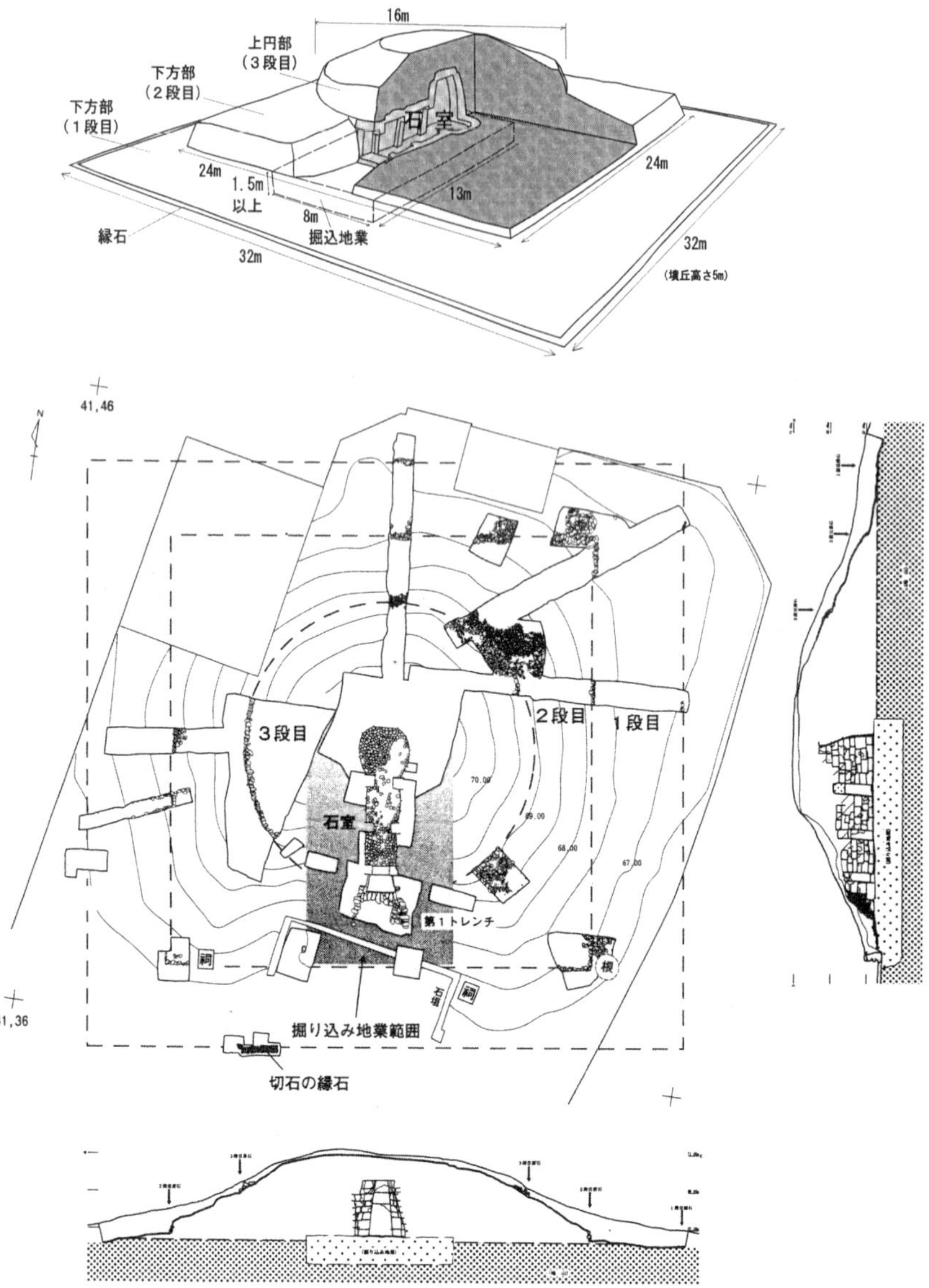

図7　武蔵府中熊野神社古墳全体図

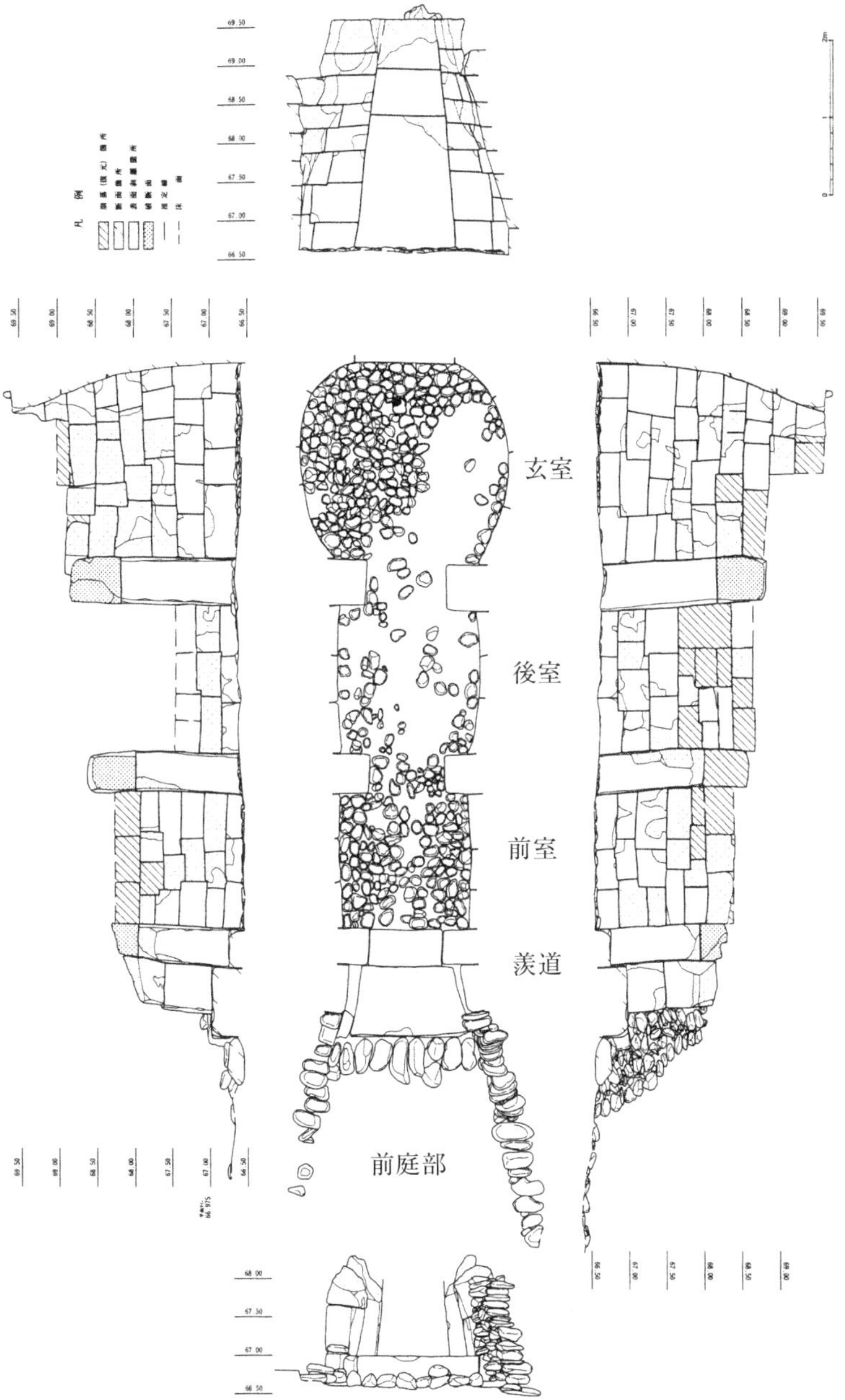

図８　武蔵府中熊野神社古墳石室全体図

さらに大事なことは、ここの対角線の中心が石室の玄室のほぼ中央と石室の中軸線に合致することです。

石のカラト古墳も同じように、非常に規格性の高い上円下方墳だと指摘されていますが、同じ上円下方墳の熊野神社古墳と石のカラト古墳の類似性が指摘できます。

さて、発掘調査が始まってから、当初は方墳だと考えていました。府中にこれだけの方墳が残っていることだけでも大変なことだと思っていたのですが、上からの転石を除去していったところ上円部が丸くなることがわかってきて、これはすごい古墳になると直感しました。

上円部と反対に、二段目の北東隅部は、隅の所に大きな石を対角線の中央に向かって斜めにきちっと据えています（図9）。ここが隅だとの意識をきちっと明示したものと考えられます。

図8は石室の平面図と側面図です。一番奥の遺体を葬る部分を玄室といいます。その前に部屋が二つあり、後室、前室と呼んでいます。さらにそれらの前に八の字に開く前庭部（墓前域）があります。

口絵4―3は石室正面を前から見たところです。八の字に開く前庭部があり、奥に三部屋の石室があります。前庭部両側の墳丘の盛り土が厚さ一〇センチ程度の層をなしていることがわかります。これは、砂利と土を交互に突き固めて積み上げていく、「版築工法」と呼ぶきわめて強固な墳丘の構築方法です。この点が、同じ多摩川中流域で切石積の横穴式石室をもつ八王子市北大谷古墳や多摩市稲荷塚古墳と大きく異なる特質です。

また、「版築工法」の盛土層には、石室の石材を削った時の切り屑が層をなして堆積しています。これは、石室の石を積み上げた後、石材をきれいに削っていく作業と墳丘の盛土を積み上げる作業が同時並行で行なわれたことを示しています。

口絵4―2を見ていただくと、玄室は、人二人が入っても十分な広さだということがおわかりいただけるかと思います。余談ですが、玄室の一番奥の大きな石（鏡石）に文字が書かれていました。現場で文字が出たというので、「もしかすると、被葬者が書かれた墓誌銘でも出土したか」と喜んだのですが、実はいたずら書きで、「歩兵第一聯隊第一大隊附四名」と書かれていました。先ほどご紹介した『武蔵野叢誌』の記事にあるように、石室の中に入った人の落書きでした。残念ながら、その段階かどうかはわかりませんが、中にあった副葬品はいつの時代か持ち去られてしまったのでしょう。

玄室の側壁の石は、切石切組積という技法で組み上げられています（図10）。切石切組積とは、飛鳥時代の古墳の石室に特徴的にみられる技法で、石の角をL字型にかきとって隣の石と組み合わせるものです。石室が胴張り型という弧状の石室ですので、丸い石室がゆがんで崩れないために、レンガのように単純に積んでいくのではない切組積と

図９　二段目の北東隅部

図10　玄室側壁の切石切組積

図11　玄室内ピットの断ち割り

いう技法が採用されたと考えられています。

この石材は、古墳の南五〇〇メートルほどの沖積地と台地を隔てる段丘崖（府中崖線）の崖にも露頭しており、これまで凝灰質砂岩と呼ばれてきたのですが、分析の結果、シルト岩という非常にもろい軟質の土からなっていることがわかっています。

群馬県の古墳に行きますと、前橋市の宝塔山古墳などは、今でも天井が構築時のまま残っています。群馬県の横穴式石室は、非常に硬質の石材が使われています。反対に、熊野神社古墳は非常に軟質の石で、土といってよい切り石

図12　南東部の掘り込み地業

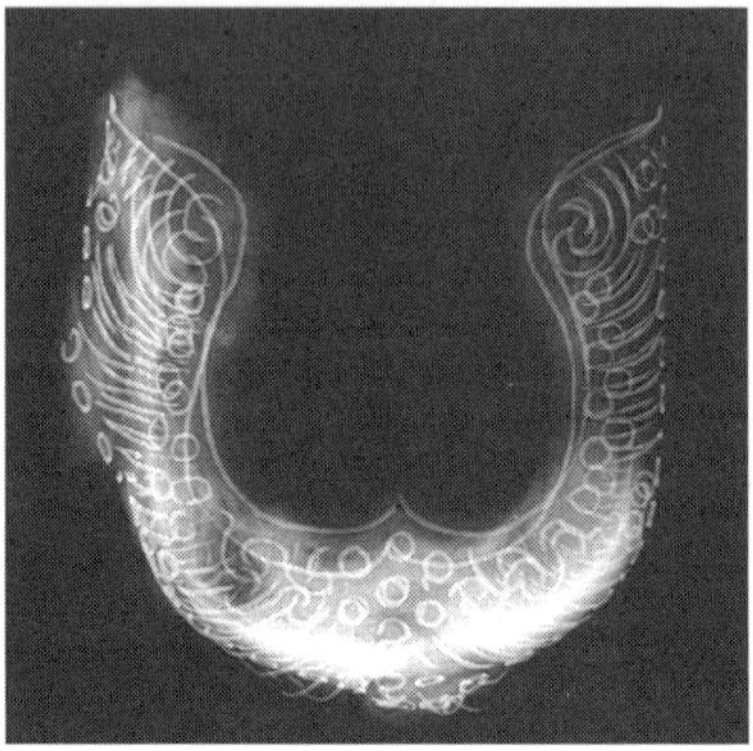

図13　鞘尻金具のX線写真（撮影・協力=奈良大学）

図14　発掘作業風景

が使われています。石室を組みやすいように軟質の石が選ばれていると考えられますが、逆にもろかったことから、天井が崩れてしまったのです。おそらく、明治時代までは中に入れたのが、その後石室は埋まってしまい、古墳かどうかはわからずに近年まで熊野神社裏の塚として残ってきたのでしょう。

玄室の床面は、多摩川の扁平な河原石を使った礫床です。一方の石をかきとってきっちり平面にするような凝った細工も見られます。

図11は、玄室の床をはがしたところ、このように丸い木の杭を打ち込んだような穴が発見されました。墳丘の中軸線からは若干ずれていますので、今のところ何らかの石室設計の際の基準杭と考えています。

さらに、石室の下から掘り込み地業という基礎工事の跡が見つかりました（図12）。深さが一・五メートル以上あります。驚くべきは、浅い所にある黒い土を完全に除去して、その土で埋め戻すのではなく、その下の関東ローム層の赤土と粘土質の土を互い違いに五センチほどの厚さで突き固めて埋め戻しています。おそらく石室の石材の重量を考えてこのような地業を施したものだと考えられます。このような掘り込み地業は、関東各地の飛鳥時代の古墳でいくつか確認されていますが、これほど深い事例は、ほとんどありません。

次に、出土遺物について、お話しします。副葬品は少なかったのですが、遺体を入れた木棺の留め釘と考えられる鉄釘が見つかりました。玄室から九〇点（頭の残っているもの四九点）が散在して出土しています。

その手前の後室からは、逆にひとかたまりにまとまった状態で五五点（頭の残っているもの二六点）出土しています。初葬時の木棺を一度片付けたものがこちらの鉄釘で、追葬時の木棺の鉄釘が玄室に残ったものと考えています。

それから、七曜文の鉄地銀象嵌鞘尻金具が出土しています。礫床の上の砂混りの層から、ほかの鉄釘と一緒に出土しました。これは、大刀の鞘の先端につく金具です。出土した時点で象嵌のようなものが見えましたので、すぐにレントゲン写真を撮りましたところ、図13のようにきれいな文様が浮かび上がりました。象嵌文様には、丸が七つの七曜文と呼ばれる富本銭と同じ文様が施されています。富本銭は七世紀後半の鋳造と考えられていますが、鞘尻金具の

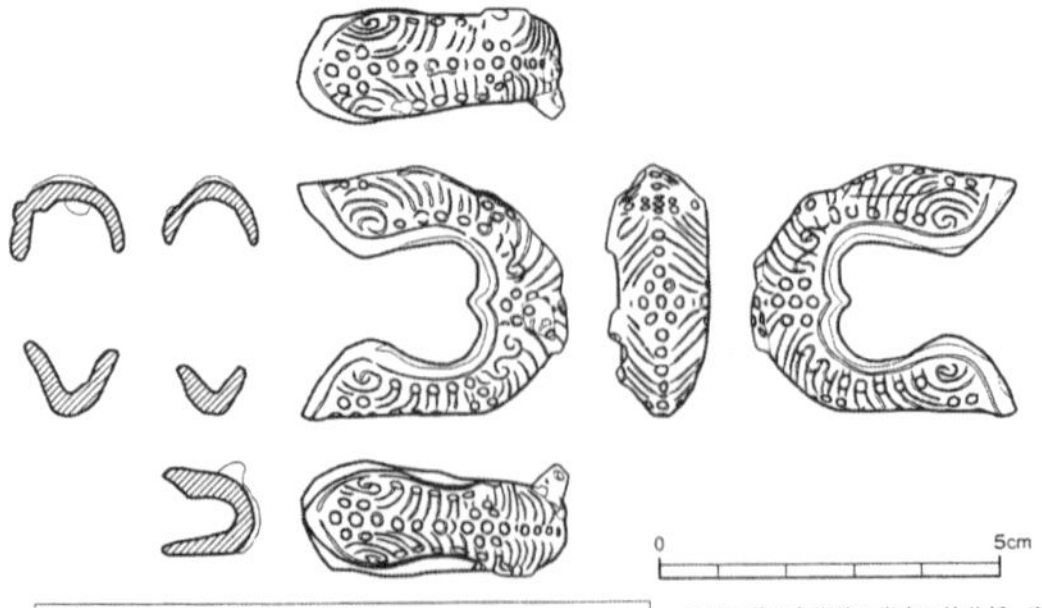

鞘尻金具の象嵌線の蛍光X線分析、高純度の銀であることがわかる。
（奈良大学文学部文化財学科 西山要一氏提供）

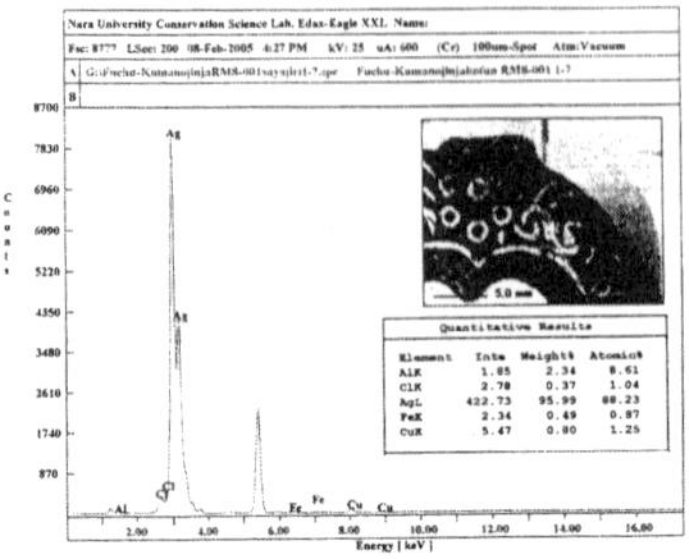

鉄地銀象嵌鞘尻金具実測図と蛍光X線分析

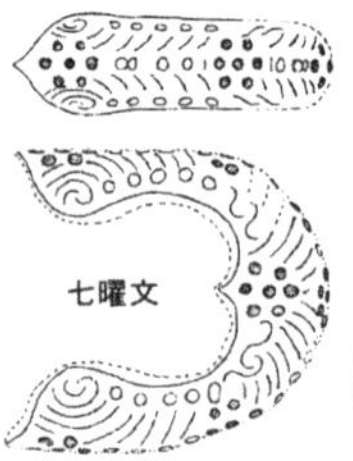

武蔵府中熊野神社古墳
出土鞘尻金具模式図

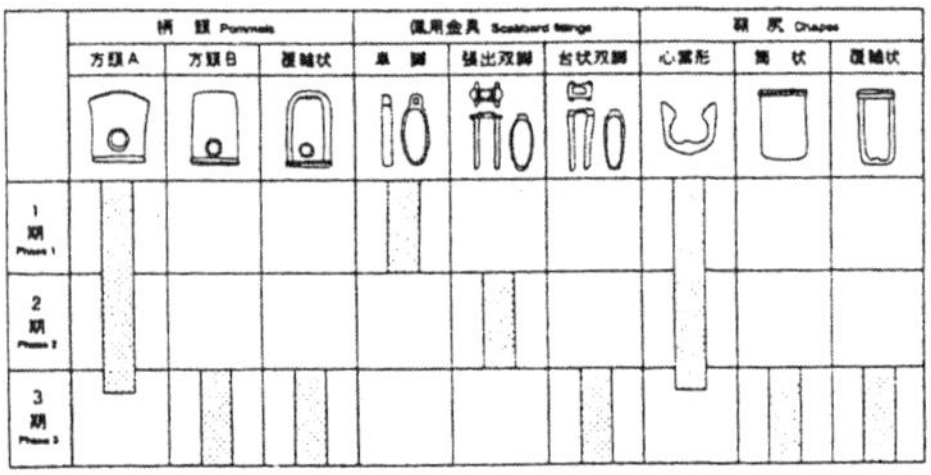

刀装具変遷図
（新納泉・光本順編 2001より）

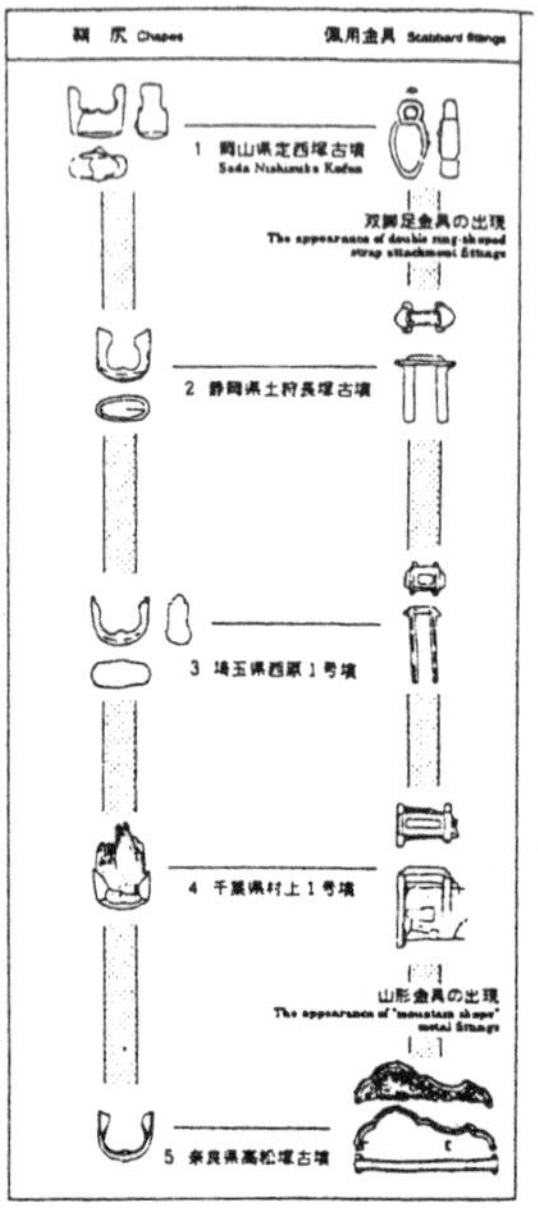

方頭大刀１類に伴う鞘尻
佩用金具の変遷
（新納泉・光本順編 2001より）

図15　武蔵府中熊野神社古墳出土鞘尻金具と刀装具の変遷図

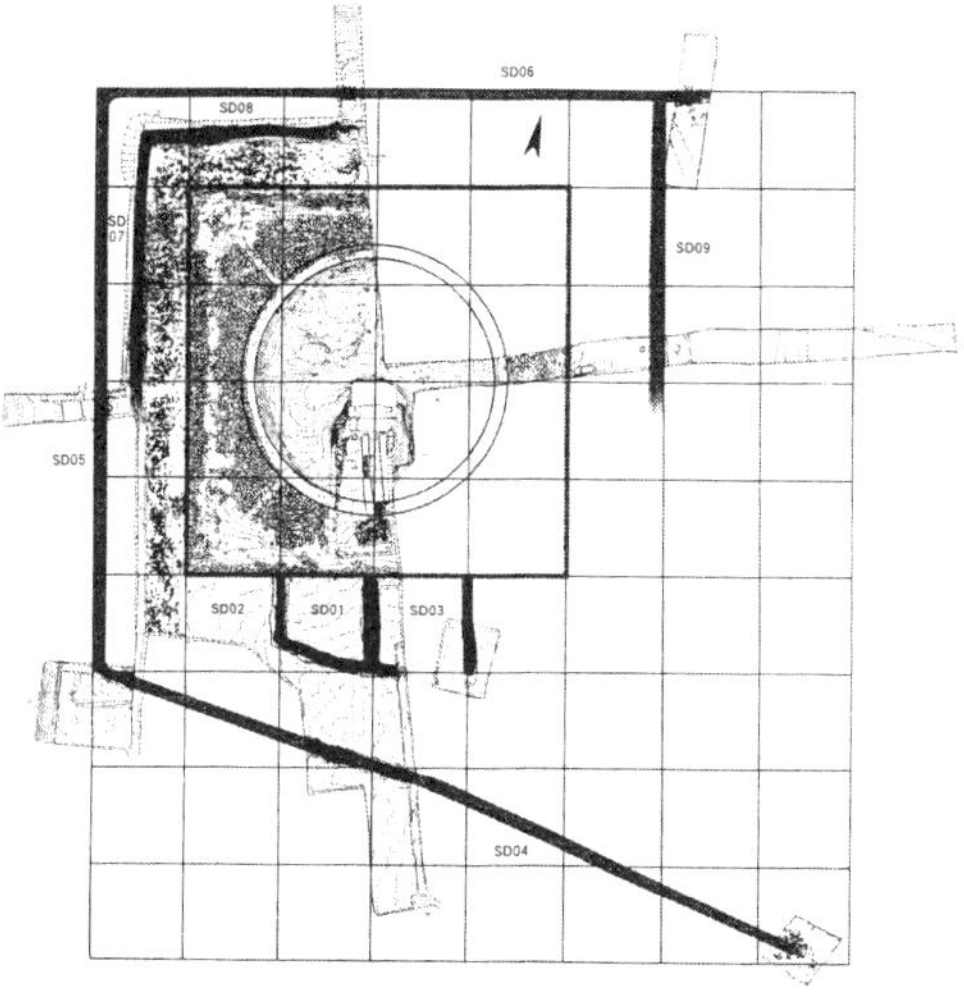

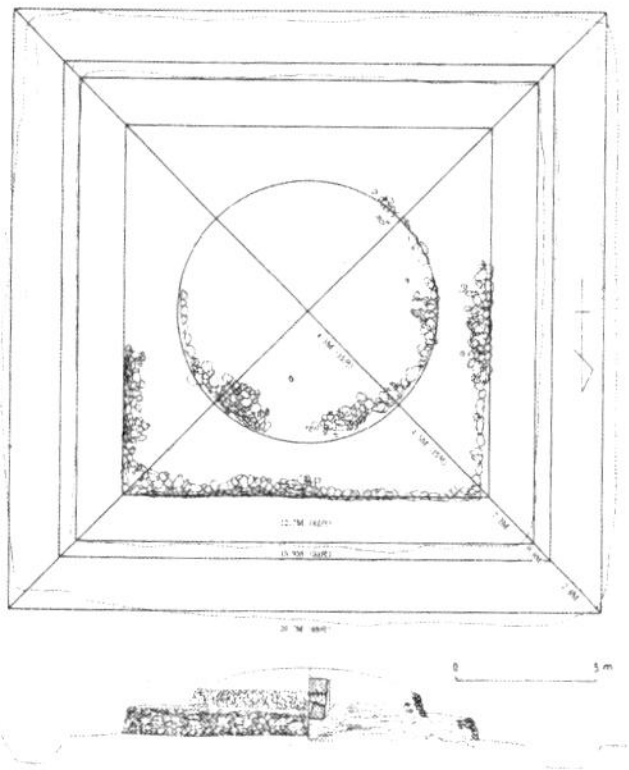

図16　石のカラト古墳墳丘規格図（左）と清水柳北１号墳墳丘推定復原図（右）
（奈良文化財研究所2005、沼津市教育委員会1990より）

形態編年からも七世紀後半と考えられています（図15参照）。その七曜文が七カ所付いていることも重要ですが、今のところ国内外に類例のない象嵌文様であることから、その系譜はわかっていません。

口絵４―６が保存処理後の状態です。ほかに遺物は玉類（ガラス製）や刀子が出土していますが、残念ながら、古墳の年代を特定できるような土器は出土していません。

最後に本古墳の調査関係者をご紹介します。熊野神社の宮司さんには大変お世話になりました。斎藤忠先生、大塚初重先生、坂詰秀一先生、池上悟先生は調査でご指導いただきました先生方です。斎藤忠先生も本当にお元気で、ご視察当日も古墳の墳丘の一番上までお登りになりました。大塚初重先生も「こんな古墳、二度と掘れないから頑張りなさい」と、学生一人一人に声をかけておられたのが印象的でした。

最後にまとめをお話しして終わりにしたいと思います。

図16は奈良県の史跡石のカラト古墳と静岡県の清水柳北一号墳です。図７の熊野神社の上円下方墳の図と同縮尺にしてありますので、重ねると熊野神社古墳が石のカラトと清水柳北の二倍以上あることがわかります。

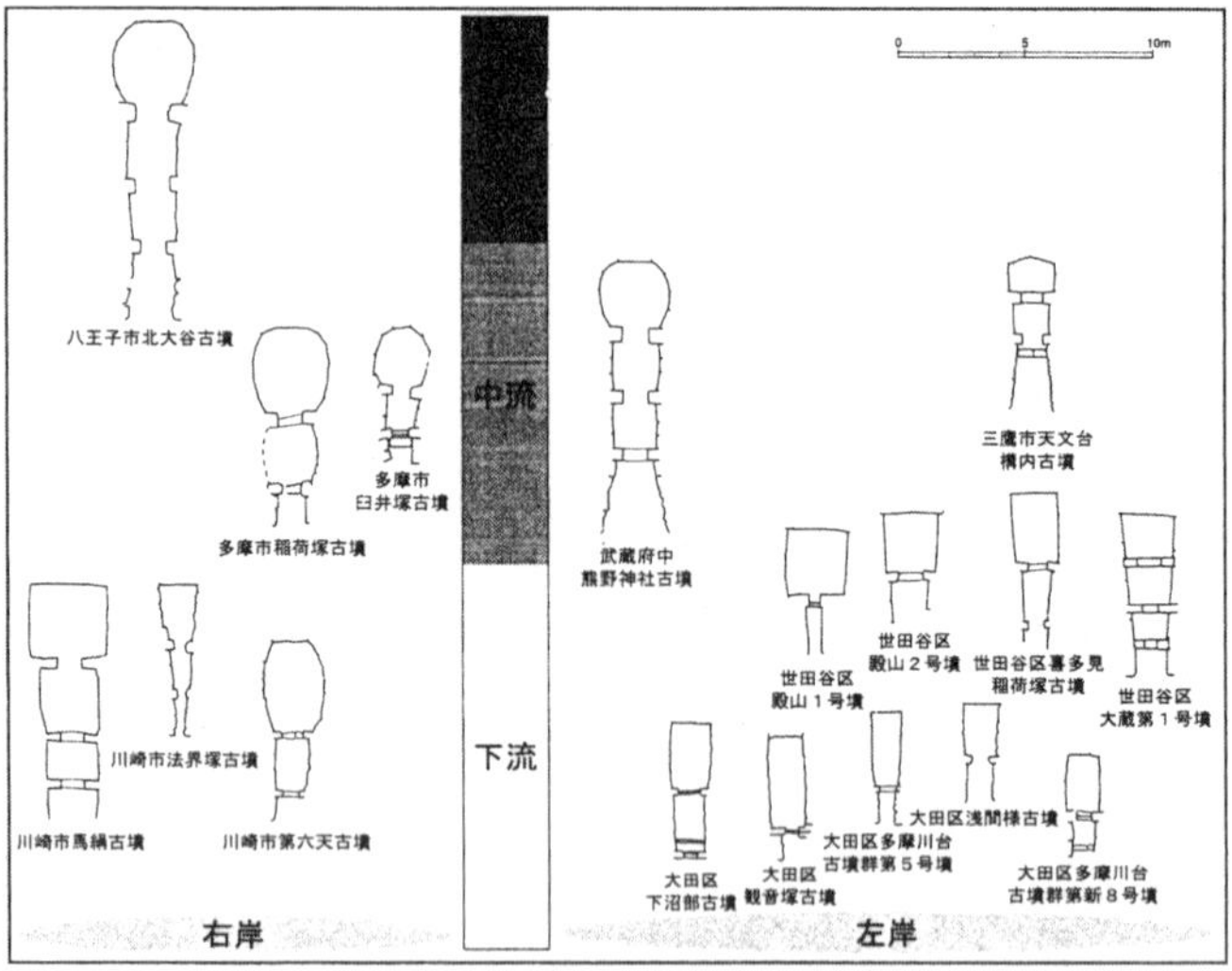

図17　多摩川流域を中心とした主な切石積横穴式石室

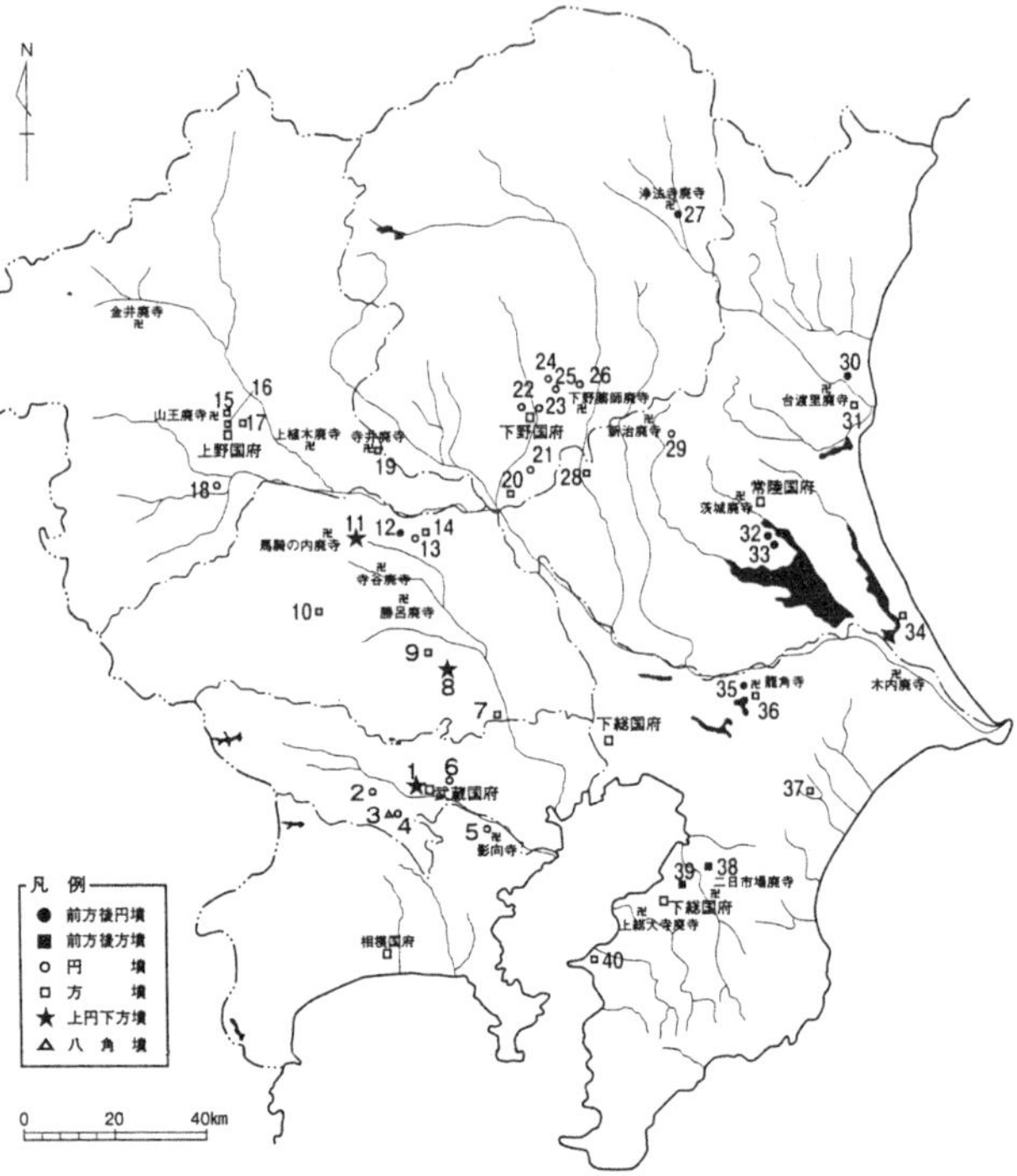

1　武蔵府中熊野神社古墳
2　北大谷古墳
3　多摩稲荷塚古墳
4　臼井塚古墳
5　馬絹古墳
6　天文台構内古墳
7　八塚古墳
8　山王塚古墳
9　鶴ヶ丘稲荷神社古墳
10　穴八幡古墳
11　宮塚古墳
12　小見真観寺古墳
13　八幡山古墳
14　地蔵塚古墳
15　愛宕山古墳
16　宝塔山古墳
17　蛇穴山古墳
18　山ノ上古墳
19　巖穴山古墳
20　野木大塚古墳
21　千駄塚古墳
22　吾妻（岩屋）古墳
23　丸塚古墳
24　車塚古墳
25　下石橋愛宕塚古墳
26　多功大塚山古墳
27　梅曽大塚古墳
28　船玉古墳
29　花園３号墳
30　虎塚古墳
31　吉田古墳
32　大師唐櫃古墳
33　十日塚古墳
34　宮中野99号墳
35　浅間山古墳
36　龍角寺岩屋古墳
37　駄ノ塚古墳
38　東間部多11号墳
39　六孫王原古墳
40　割見塚古墳

図18　関東地方の主な飛鳥時代の古墳と寺院

それから、注目されるのは石のカラト古墳と清水柳北古墳が同じ規格で造られていることです。このように、上円下方墳は非常に規格性が高いことが重要な点だと思います。

畿内の石のカラト古墳と熊野神社古墳は規格性、それから葺石が葺かれているという点が共通しています。異なる点は、石のカラト古墳は横口式石槨という、キトラ古墳や高松塚古墳と同じ埋葬施設ですが、熊野神社古墳は在地の伝統的な横穴式石室であり、武蔵特有の胴張り型の横穴式石室であることです。こうした在地の伝統的な埋葬形態をもつ古墳が上円下方墳だということが重要で、もし熊野神社古墳が横口式石槨や直線的な畿内の石室であれば、おそらく被葬者は――ここからは個人的な見解ということにさせていただきます。

もしかしたら、熊野神社古墳が直線的な形態の石室で胴張りでなければ、被葬者は畿内から来た身分の高い人物で、死後熊野神社古墳に葬られたと言えます。しかし今、私が考えているのはそうではなくて、石室は在地の胴張り型で他地域にも見られる切石切組積の技法が採用されています。つまり、在地の伝統的な横穴式石室です。しかし墳丘の形態が上円下方墳であることから、おそらく熊野神社古墳の被葬者は、南武蔵の府中周辺の非常に有力な人物。私たちはそれを多摩大王と呼んでおりますが、その多摩大王が自分の力を誇示するために掘り込み地業などの高度な土木技術を駆使して、上円下方墳という墳形にしたと考えています。

つまり、在地の非常に有力者で、自分の力を誇示できる中央との密接なパイプを持った人物であるからこそ、上円下方墳という数少ない形のお墓を造営できたと思います。とくに、石のカラト古墳との共通性や掘り込み地業というのちの寺院建築に使われる技法が古墳に取り入れられていることから、在地色の強い石室を持ちながら畿内との密接な結び付きを持つ上円下方墳が熊野神社古墳であったと考えられます。

造営年代は、古墳の石室から土器が出土していませんので、年代を決めるのは非常に難しい状況です。ただし、石室の形態編年、これは池上先生が進められてきた研究ですが、八王子市の北大谷古墳、多摩市の稲荷塚古墳、臼井塚古墳などとの比較検討からすると、七世紀前半でもおかしくありません。

しかし、七曜文が付いた鞘尻金具が追葬面から出土しているということ。それから掘り込み地業という寺院建築につながる高度な技法。石のカラト古墳などの畿内との密接な結びつきを持った規格性の高い上円下方墳。一段目が基壇状に広い面を持つような特徴から、造営時期は七世紀中ごろと考えています。さらに、追葬時の副葬品とされる七曜文の鞘尻金具から、七世紀後半まで若干下がってもいいのではないかと考えています。

熊野神社古墳は、三段築成の規格性の高い、国内最大・最古の上円下方墳であること。完成された切石切組積石室の複室構造の胴張り横穴式石室をもつこと。石室下に掘り込み地業がなされていること。国内外に類例のない七曜文の銀象嵌の鞘尻金具は、繊細精密な文様で七世紀後半の富本銭と同じ七曜文であることが特質としてあげられます。

熊野神社古墳から武蔵国府への展開を考えますと、のちに武蔵の国府が府中に設置されます。国府のマチは、七世紀の終わりから八世紀の初めには形成され始めると考えています。熊野神社古墳が七世紀中葉に築造され、追葬を考慮して七世紀後半に下るとすれば、熊野神社古墳と国府の設置時期との差は五〇年ありません。私は、熊野神社古墳の被葬者の子孫が武蔵国府を府中に誘致したと考えています。

府中のルーツともいえる熊野神社古墳は、きわめて保存状態のよい国内最大・最古の上円下方墳として、平成十七年七月、国の史跡に指定されました。

現在、熊野神社古墳は、市民主体の保存整備活用事業を行なっています。平成二十年度終わりには熊野神社古墳が整備されて、また皆様の眼前によみがえってくるかと思いますので、今後ともよろしくご協力くださいますよう、お願い申し上げまして、私の発表を終わらせていただきます。ご清聴ありがとうございました。（拍手）

引用・参考文献

沼津市教育委員会『清水柳北遺跡発掘調査報告書』その二、一九九〇年
池上　悟「南武蔵における古墳終末期の様相」『国立歴史民俗博物館研究報告』第四四集、一九九二年

川崎市教育委員会『神奈川県指定史跡　馬絹古墳』一九九四年
多摩地区所在古墳確認調査団『多摩地区所在古墳確認調査報告書』一九九五年
上野恵司「複室横穴式石室の研究―関東地方を中心に―」『埼玉考古』第三五集、埼玉考古学会、二〇〇〇年
新納　泉・光本　順編『定東塚・西塚古墳』岡山県北房町教育委員会、二〇〇一年
府中市教育委員会・府中市遺跡調査会『武蔵府中熊野神社古墳』府中市埋蔵文化財調査報告第三七集、二〇〇五年
府中市教育委員会・府中市遺跡調査会編『上円下方墳　武蔵府中熊野神社古墳調査概報』学生社、二〇〇五年
奈良文化財研究所『奈良山発掘調査報告Ⅰ―石のカラト古墳　音乗谷古墳の調査―』奈良文化財研究所学報七二冊、二〇〇五年

パネルディスカッション　東京の古墳を考える

野本　孝明
谷口　榮
松崎　元樹
岡崎　完樹
江口　桂
司会　池上　悟

池上　立正大学文学部の池上です。よろしくお願いします。

私どもが古墳を勉強した二十数年前、多摩川流域の古墳というと、宝莱山、亀甲山古墳。それが四世紀の終わりから五世紀前半代にかけて造られる。その後、五世紀前半代に世田谷区野毛に野毛大塚古墳が出てきて、それ以降六世紀、七世紀というのはあまり大した古墳がないかなと、そういうふうに考えられていたんですけど、ここ一〇年ぐらいでしょうか、それぞれの地域で地道に少しずつ調査された結果として前方後円墳の出現の時期についても、従来とは違ってずっと古くなってきています。全国的な傾向でもあります。

あとは、六世紀、七世紀の古墳も、府中の江口さんが報告しましたように全国に所在する古墳総数一五万基の中の三基ですから、きっと江口さんの頭の中にはそのくらいの割合でしっかり総括を考えていると思うんですけど、それほど重要な古墳も出てきているわけです。

さらには、二十数年前にこの品川歴史館が建つ時、ここにも古墳時代の集落は確認されておりました。ですから、集落があれば、その地を治めた人の古墳があってもいいんで、それは戦前の資料の再調査というふうなところで品川林町古墳という立派な古墳が確認されてきたわけであります。最近の東京都全般にわたる新たな調査の事例を踏まえて今回こういうふうなシンポジウムを企画されたものと思います。

壇上にお並びになっている先生方は、それぞれ各地で調査事例を積んでこられている地元の古墳に詳しい方でありますす。まず野本さんはもう二〇年以上だと思いますけど、地元大田区で古墳の調査を続けておられ、東京における前方後円墳の発生について詳しいお話をされるかと思います。

その次には、従来ここもあまり古墳が知られていなかった、いわゆる東京低地の古墳ですね。この調査をずっと行なわれております谷口さん。それから東京都埋蔵文化財センターの松崎さんは学生時代からずっと一緒にやっているわけでありますけれども、大体私と同じ横穴墓を研究されておられます。出身が大田区ですから、ずっと大田区の資料の整理も野本さんのもとで手伝ってやられてきております。古墳全般に詳しいわけでありますが、一応ここでは横穴墓についてお話していただけると思います。

あとを締めていただくのが東京都の文化財の保護と管理などを行なっている岡崎さん。昭和六十年代の初めぐらいまでは古墳を掘って壊していましたが、最近は壊してしまったら古墳がなくなる。むしろ、保存活用して整備しなければいけないと、その辺についてきちんと説明していただけるかと思います。

では、まず最初に野本さんに地元の前方後円墳について発表していただきます。

一　東京の前方後円墳

野本　こんにちは。大田区立郷土博物館学芸員の野本です。今日は東京の前方後円墳ということで、坂詰館長から「とにかくやれ」というご指名をいただきましたので、今日多少勉強してきたつもりですけれども、一番新しい情報を皆様にお話できればと思います。

皆さんはよく古墳がいつ頃から始まっていつ頃終わるとか、それから、古墳が造られた地域はどの辺りかというのをわかっていらっしゃると思います。府中の江口さんが言ったように、古墳時代というのは、日本の古代国家が形成された時代で、しかも最近では邪馬台国の卑弥呼が亡くなって以降、三世紀後半からいわゆる七世紀の終わりぐらい、その時代を古墳時代と呼んでおります。

最近鹿児島で四世紀代の古墳が見つかっておりまして、地域的には南は日本列島の南西諸島と北は東北の北部以北を除く地域に古墳が造られたと考えてよいと思います。

では、東京で古墳が造られ始めた時代はいつぐらいかといいますと、東京が古墳時代に入るのは確かに三世紀の後半というか終わりという時期からであると集落から出てくる土器から言えるのですが、明確に古墳といえるものが出現するのは、やはり四世紀前半の頃です。この古墳は大田区田園調布一丁目の多摩川を西に望む高台にある、扇塚古墳（図1）というマンション群の谷間にある後方部しか調査できなかった古墳です。

この古墳の周溝から、古墳時代の初めだと思うのですが、愛知県の土師器を模倣した土器が出ていまして、この土器から東京の古墳は大体四世紀の前半ぐらいに出現したのではないかと考えられます。

さて、東京で始めて出現する前方後円墳は、多摩川下流域左岸の多摩川台公園にあります宝莱山古墳という全長一〇〇メートル級の巨大な古墳です。この古墳は、正式な範囲確認調査をしない時点では具体的な内容はわからなかったんですけれども、今の発掘調査は随分進歩しまして、多摩川台公園の西側拡張部整備に伴い、前方部やそのくびれ部など墳丘の要所要所をトレンチ調査して、どのくらいの規模でどのような形態かがわかりましたので、それで一応推定しています。

では、こういう前方後円墳などはどのくらいあるのだろうか。東京都教育委員会が調査団を組織して坂詰先生や滝口宏先生が中心となって都心部の古墳と多摩地域の古墳を悉皆調査した結果、現在どのくらい確認されているかといいますと、東京都内で古墳は五〇〇基を超えるんですね。

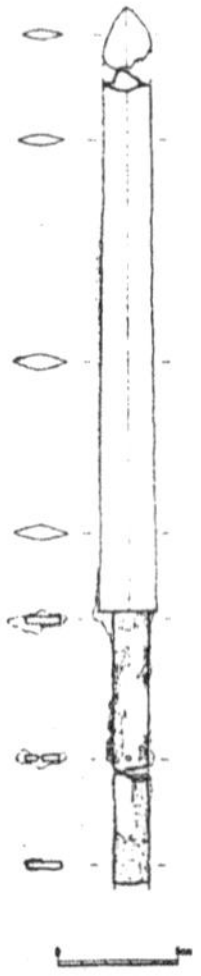

鉄剣

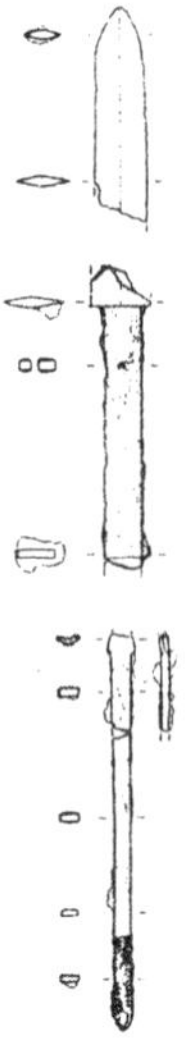

ヤリガンナ

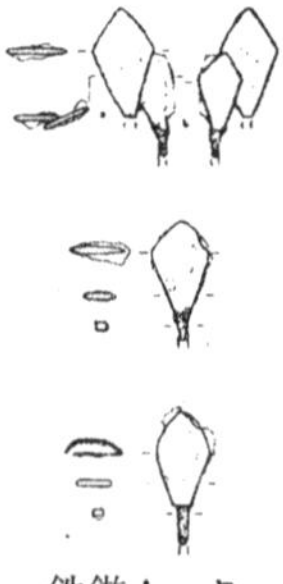

鉄鏃

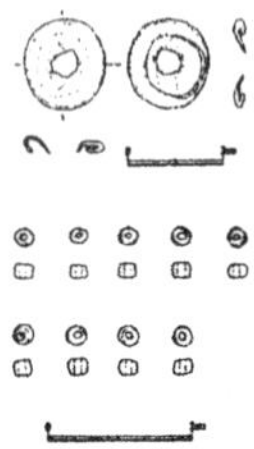

ガラス小玉

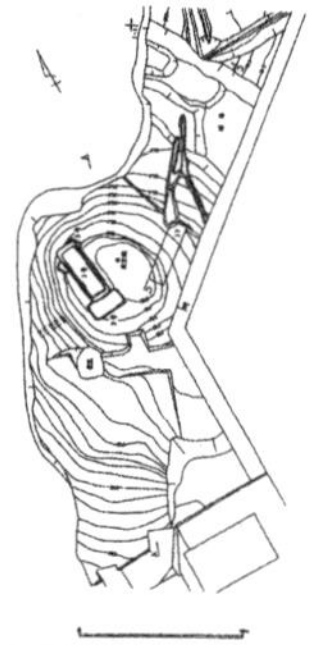

扇塚古墳の墳丘

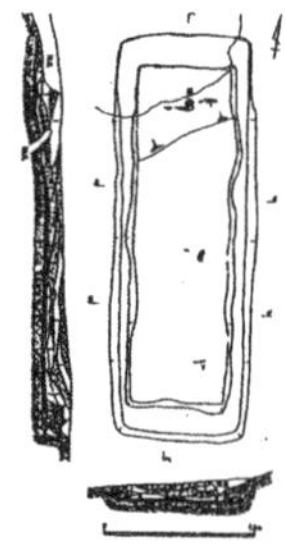

扇塚第１主体部
（木炭槨・箱形木棺）

扇塚古墳（内行花文鏡・素文鏡）

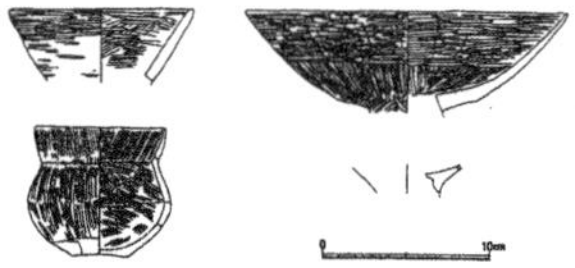

扇塚古墳周溝出土土器

扇塚古墳出土
内行花文鏡
（大田区立郷土
博物館提供）

図１　東京の出現期古墳

都心部の古墳については、大名の屋敷や墓地、それからとくに江戸城の築城や近世の城下町づくりとか、明治以降都市の再開発で古墳が知られずにたくさん壊されていると思いますので、雑駁ですけれども三倍以上はあったのではないかと推定した場合、都内で一、五〇〇基以上はあったのはないかと思いますね。

その中で、前方後円墳がどのくらいあるかというと、大体確認できるのは一五、六基しかないんですね。ということは、一五〇〇分の一五ということで、上円下方墳には負けますけれども、かなり少ないですね。ということは、東京の古墳を語るうえでは、やはり前方後円墳をきちんと見直さないといけない。古墳時代はいうにおよばず、飛鳥時代以降の古代史を語るうえでは、前方後円墳が重要だということがご理解いただけると思うんですね。

展示をご覧になったと思うんですけれども、前方後円墳を発掘したり保存したりした最初の人は、東京では人類学者の坪井正五郎先生なんですね。この先生はイギリスへ留学して帰国後に、栃木県足利公園の古墳の調査とか、芝公園の芝丸山古墳の保存運動に取り組んだ方です。坪井先生は芝丸山古墳（図2—2）の右側の「くびれ部」を発掘しているのです。しかし、何も出なかったんですけれど、前方後円墳はこのように明治の中頃から一生懸命発掘調査や保存運動がなされています。

そのあと、さっき言いましたように古墳の所在確認調査で、測量や発掘調査をしてきますと、現在では前方後円墳が一五、六基確認されています。

都内で一番古い前方後円墳は四世紀中頃に築造された宝萊山古墳（図2—1）です。これは公園の西側拡張部整備に伴って正式な発掘調査が行なわれ、全長は九七メートルと判明しています。その次に古い前方後円墳が東京タワーの下にある芝公園の芝丸山古墳。その規模については諸説あるんですが、東京都教育委員会が作成した墳丘測量図に基づく前方後円墳の築造企画では、全長一一三メートルぐらいの前方後円墳と推定できます。

また、多摩川流域左岸に戻りますと、宝萊山古墳のあとに亀甲山古墳（図2—3）が続きまして、これが全長一〇七メートルで多摩川流域最大の前方後円墳です。この前後がどうしてこうなるかというと、亀甲山古墳の場合は出土

2.芝丸山古墳（4世紀中頃）

1.宝莱山古墳（4世紀中頃）

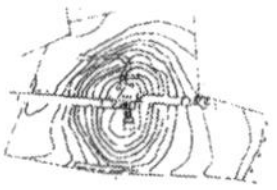

5.上野毛稲荷塚古墳
（4世紀末頃）

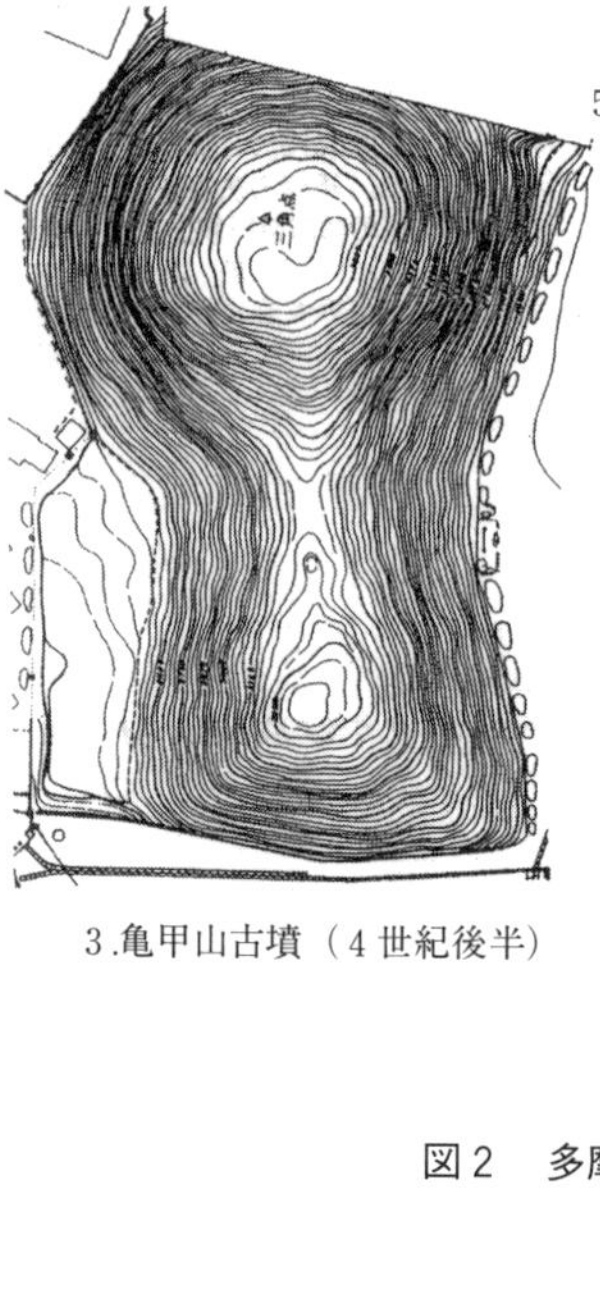

3.亀甲山古墳（4世紀後半）

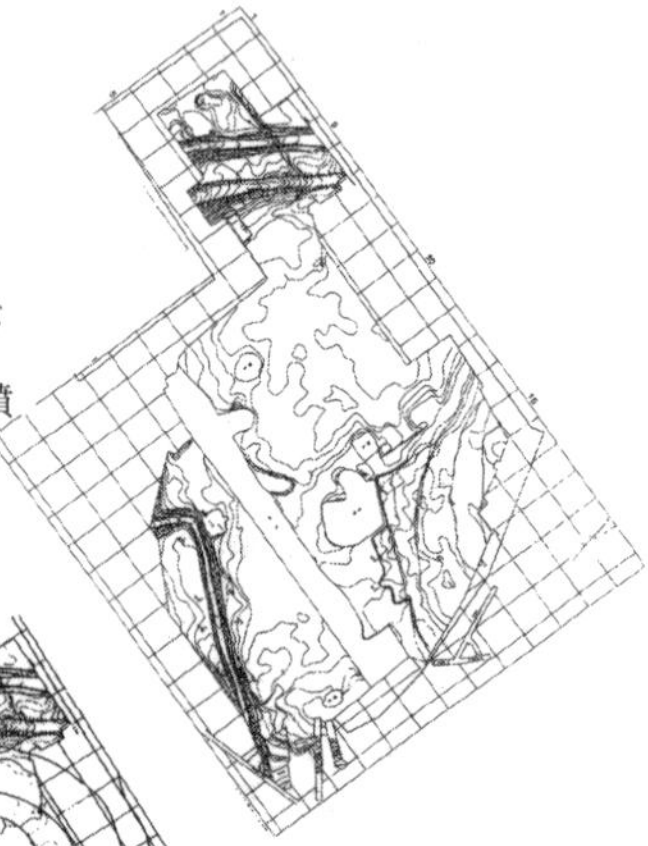

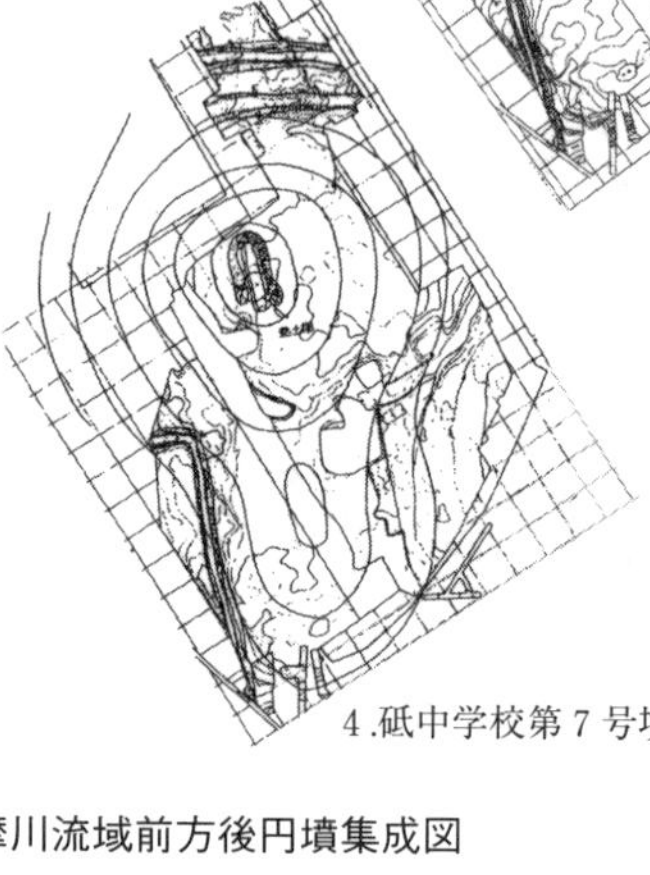

4.砥中学校第7号墳（4世紀末頃）

図2　多摩川流域前方後円墳集成図

品がありませんけれども、大田区教育委員会が作成した亀甲山古墳の墳丘図を畿内の前方後円墳の築造企画から見た場合、宝莱山古墳よりも少し前方部に開きが見られるということで、亀甲山古墳はちょっと宝莱山古墳より新しく四世紀後半に位置づけられます。

あと、ここで問題になるのは、今日一番新しい情報ですけれども、砧中学校第七号墳（図2—4）という、従来前方後方墳と言われていた古墳です、図2—4の上図はマンション建設に伴う発掘調査で作成した墳丘図で、昔の前方後円墳のコンタ図を載せていません。下図はマンション建設時に作成された墳丘図に戦前学習院の方が掘った時のコンタ図面を重ねたものです。これは世田谷区教育委員会の寺田良喜さんが作ったものですけれども、これを比べてみるとよくわかるんですけれども、従来前方後方墳と言われていたんですが、図2—4の上図の墳丘右側に「くびれ部」を確認しましたら、後丘部側がカーブを描き、どうも前方後円墳らしいんです。

従来、前方後方墳じゃないかと言われていたんですけれども、マンション建設前に発掘調査で作成した図2—4の上図をよく見ますと、基本的に残っているのが墳丘右側半分と前方部右側半分だけなんですね。そうすると、どうも「くびれ部」から円形に周って左側墳丘部に主体部がある。こういう形のほうが自然じゃないかなと思います。墳丘の全長は六五メートルと変わりません。

どうしてそうなるかというと、出土土器（図3—1）が在地性のものばかりで、東海系の土器は出てないんですね。さっき扇塚古墳については東海系の土器とか出ていますし、これは前方後方墳か、または方墳でいいと思います。この砧中学校第七号墳については恐らく前方後円墳ではないだろうかと。これについては発掘調査された一人である世田谷区の寺田良喜さんが「いいんじゃないの？」という話も聞いていますので、多摩川中流域には前方後方墳はないのかもしれません。しかも、主体部（図3—3）は粘土槨で、その周囲に木炭を被覆している。こういうことなんですね。

次に多摩川下流域左岸では、亀甲山古墳に続く前方後円墳かどうかわからないんですけど、西岡先生が発見された西岡三一号・三二号墳（図29—1）、これが一つになって新居里《あらいさと》古墳と呼ばれている前方後円墳なんですけれど、全長

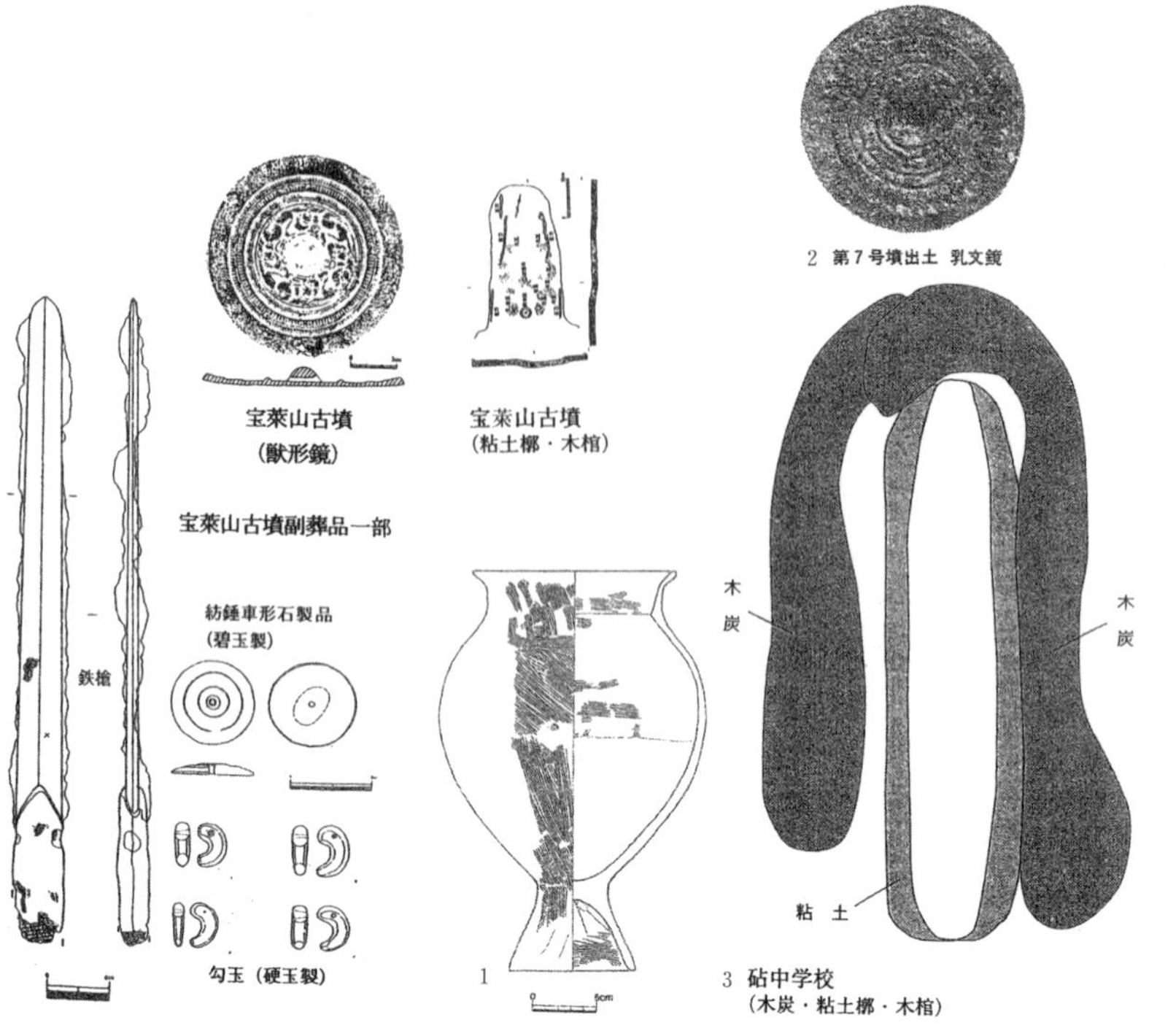

図3　前方後円墳の埋葬施設と副葬品および墳丘出土品

は七二メートルとか言っていますけれども、実はよくわかりません。

つづいて、多摩川下流域左岸では前方後円墳は六世紀代にならないと出てきません。五世紀代になりますと、世田谷区野毛地域に野毛大塚古墳という大型の帆立貝形古墳が出現します。四世紀代の地域首長墓として前方後円墳が築造された田園調布地域から、五世紀代の地域首長墓として帆立貝形古墳が築造された野毛地域への地域首長権の交替、いわゆる政権交替じゃないですけれども、前方後円墳の時代から帆立貝形古墳の時代へとなっていきます。これには古市古墳群や百舌鳥古墳群を築造した河内王権の政治的規制がかなり強く影響していると思います。

また、東京湾西岸域では明確に五世紀代の前方後円墳というのは確認できていないんですけれども、ただ、内田さんがさっき言いました上野公園の東京文化会館南側にある摺鉢山古墳が五世紀末から六世紀初めに築造されます。この古墳も都心部の古墳分布調査で、きちんと墳丘測量がなされています。私が前方後円墳の築造企画で摺鉢山古墳を検討しますと前方部二段、後円部二段築成の全長六五メートルぐらいになりますので、かなりきちんとした前方後円墳ということです。

さて、多摩川流域に戻りますが、六世紀代になりますと、前方後円墳が再び多摩川台公園の突端に築造されます。これが浅間神社古墳（図29―2〜4）で、全長が六〇メートルぐらいですね。そのあとに基本的には地形図でしか確認できないのですけれども、庵谷古墳。これも六〇メートルぐらいと考えられます。

続いて、終戦直後の昭和二十二年に発掘調査されました観音塚古墳（図29―5〜8）。これも平成十三年に三棟の個人住宅建設に伴い再調査しまして、全長四八メートルぐらいの六世紀後半の前方後円墳であることが確認されました。

最後に、多摩川下流域左岸では多摩川台一号墳が築造されます。この古墳は従来多摩川台一号墳と二号墳と呼ばれていたのですが、平成一・二年の範囲確認による再調査の結果、五世紀代の円墳である二号墳を取り込んで一つの前方後円墳になったんですけれども、これが全長三九メートルと非常に小さな前方後円墳です。これで基本的には多摩川流域左岸の前方後円墳の築造は六世紀終末頃で終わってしまうんですね。図4に一号墳出土の須恵器を挙げています。基本的に前方後円墳に埴輪と須恵器が確認できるのは六世紀代です。この多摩川下流域左岸に出てくる六世紀後半の埴輪は埼玉県北部の生出塚《おいねづか》埴輪窯址産で、須恵器は基本的には大阪府陶邑《すえむら》古窯址産とか、本門寺丘陵で最近発見された堤方権現台一号墳では名古屋の東山古窯址産のものが出てくるとか、埴輪や須恵器に地域間交流があったことが判明しています。

では、前方後円墳が古代の荏原《えばら》郡と多磨《たま》郡と豊島《としま》郡のどの辺に造られ始めたかということを考えますと、荏原郡では宝莱山古墳に始まるんですね。多磨郡では砧中学校第七号墳で、あそこから以西が多磨郡です。芝丸山古墳は豊島郡の南端に築造されます。つまり、古代の郡領域の突端（入口）に大きな前方後円墳が出現したと考えられます。

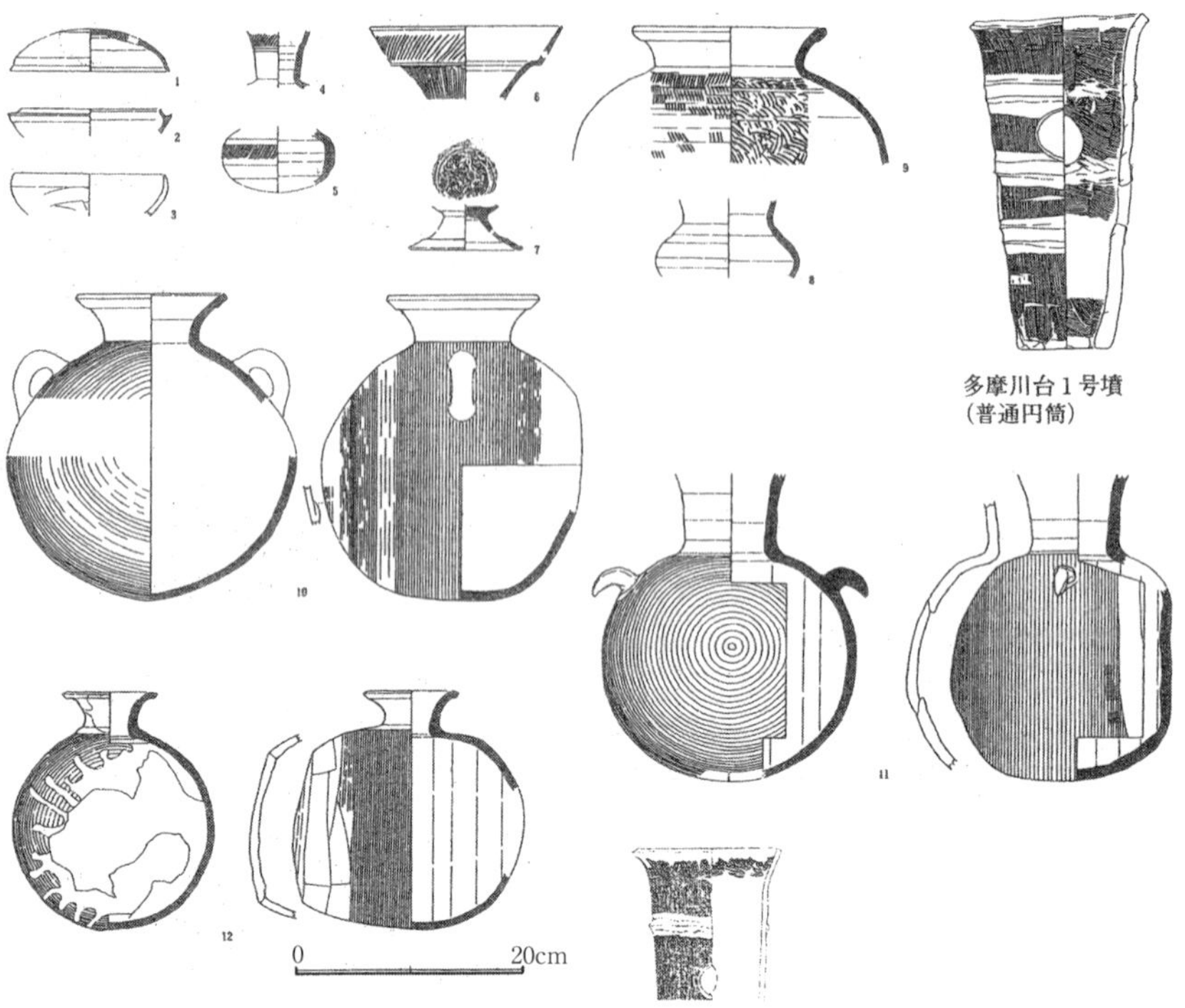

図4　多摩川台1号墳出土土器（3のみ土師器、他は須恵器）と埴輪

あとは時間がなくなりましたので省略しますけれども、東京の前方後円墳は、四世紀中頃に出現し、五世紀代は築造されなくなって六世紀代になって再び造られます。六世紀以後の郡領域での前方後円墳と円墳群の築造の動き、つまり前方後円墳に円墳群が伴う地域と伴わない地域とがあることです。古代の荏原郡、豊島郡、多磨郡の前方後円墳と円墳群の関係については、これはまたあとで時間が許されるならば、お話いたします。

地域首長墓の系譜を考えると、多摩川下流域左岸は前方後円墳や前方後方墳もそうですけれども、荏原郡では四世紀前半の扇塚古墳に始まって田園調布の七世紀中頃の浅間様古墳で終わってしまう。豊島郡では、四世紀中頃の芝丸山古墳に始まり五世紀代はわかりませんが、六世紀代はその初め頃に前方後円墳である摺鉢山古墳から始まり、円墳主体の上野台古墳群へと続いていきます。また、豊島郡北部の地域では、赤羽台古墳群とか、田端西台通古墳群などのように、小地域首長墓の系譜が円墳で始まるものもあるというふうに考えられます。多磨郡では、四世紀末の砧中学校第七号墳に始まり、その後の系譜は五世紀代の砧中学校古墳群に代表される円墳で構成される古墳群へと継承されると考えられます。

最後に、前方後円墳がどういうふうに飛鳥時代の古墳へつながって行くかというと、さっき江口さんが言われたように、前方後円墳の築造が六世紀末で終わって、すぐに飛鳥時代の古墳へとつながるのではなくて、ワンクッションつまり七世紀前半を過ぎて飛鳥時代の古墳へと続く。全国的には円墳もあれば方墳もありますけど、多摩川流域では大体が円墳の築造が続くと位置づけられます。

ということは、やはり前方後円墳は東京の古代史を考えるうえで、飛鳥時代の古墳をつなぐ前史という意味で、まだまだ発掘されていないうちに壊された古墳も多くありますけれども、そういう位置づけができるのではないかと思います。

池上　ありがとうございました。報告書を見ていてもわからないもので、やはり現場に行ってちゃんと観察された方の話を聞かないと、前方後方墳も前方後円墳の可能性があるということです。

続いて、谷口さんよろしくお願いします。

二　東京低地の古墳の形成

谷口　葛飾区郷土と天文の博物館の谷口と申します。よろしくお願いします。今日は東京低地の古墳の形成ということでお話をさせていただきます。すでに過日この会場で行なった講演会で話をしておりますので、繰り返しになるところがあろうかと思いますが、講演会を聞かれた方は復習ということで聞いていただければと思います。

まず、私がお話する東京低地という舞台なのですが、これは現在の下町と呼ばれる範囲と同じ広がりを持っています。この下町という言葉は時代によって範囲が異なりますので、扱うのが難しい言葉です。歴史研究をする上でフィ

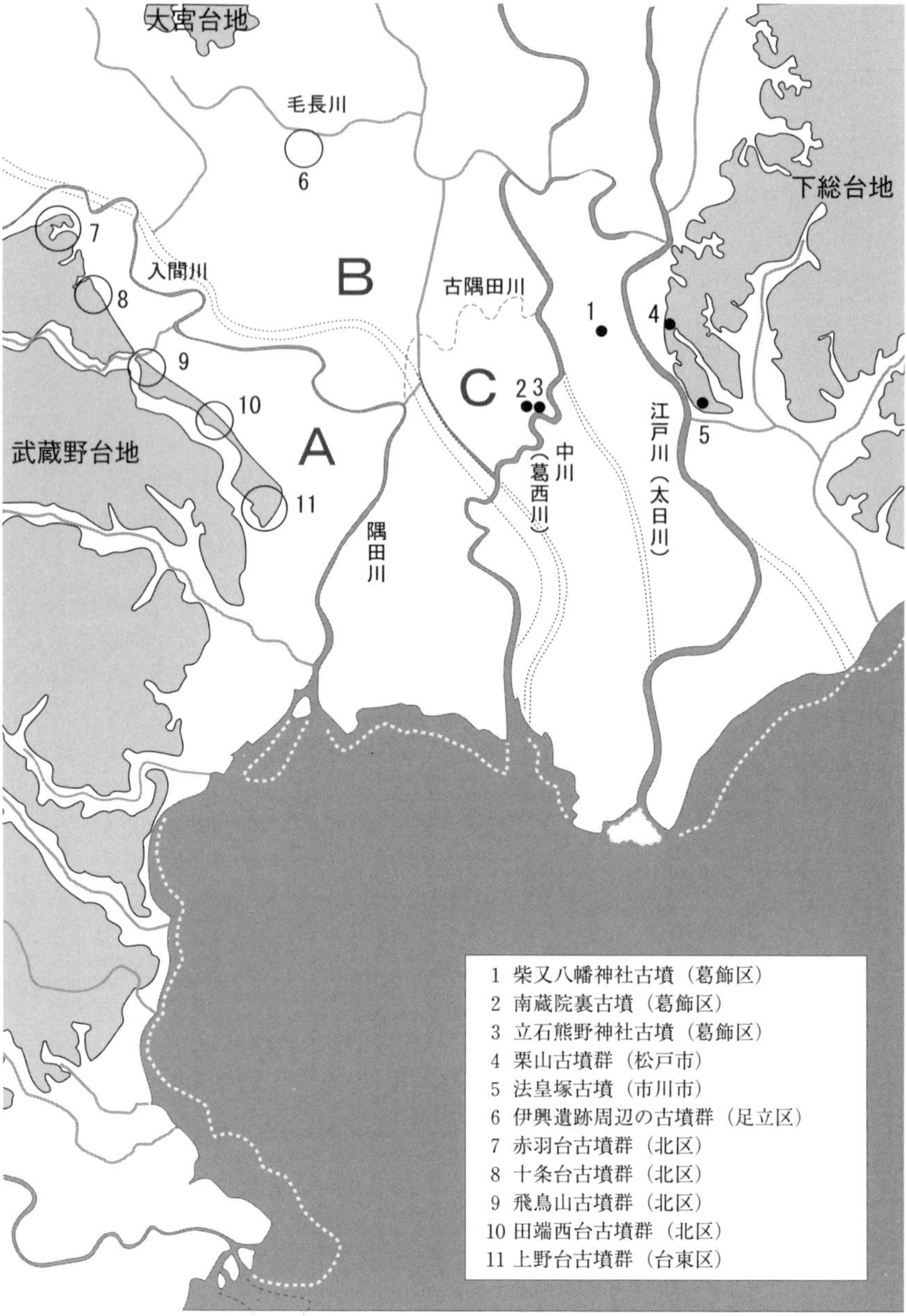
大宮台地
毛長川
6
下総台地
7
入間川
B
古隅田川
1
4
8
9
C
2 3
10
武蔵野台地
A
中川（葛西川）
江戸川（太日川）
5
11
隅田川
1 柴又八幡神社古墳（葛飾区）
2 南蔵院裏古墳（葛飾区）
3 立石熊野神社古墳（葛飾区）
4 栗山古墳群（松戸市）
5 法皇塚古墳（市川市）
6 伊興遺跡周辺の古墳群（足立区）
7 赤羽台古墳群（北区）
8 十条台古墳群（北区）
9 飛鳥山古墳群（北区）
10 田端西台古墳群（北区）
11 上野台古墳群（台東区）

図5　東京低地周辺の主な古墳分布図

ールドを表わすのには下町という言葉ではなくて、地理学で使っております東京低地という言葉に置き換えて説明をさせていただきます。

図5を見ていただきたいのですが、東京低地というのは、この武蔵野台地と下総台地の間に広がる低地帯でございます。北の方は埼玉県と東京都の境、南のほうは東京湾の海岸線というふうになっています。

さて、この東京低地に所在します古墳の研究ですが、学史的に言いますと、鳥居龍蔵先生の研究をまず一番初めにあげなくてはならないと思います。今回の展示でも鳥居先生のことはご紹介されておりますけれども、とくに『武蔵野及其周圍』と『上代の東京と其周圍』という著作がございます。その中で、低地に分布する古墳の紹介をされています。

先生は二冊の著書の中で東京の古墳を取り上げられていますが、ここでは東京低地に限って図や写真入りで古墳ではないかと記されているものを簡単に紹介いたしますと、隅田川以西の東京低地西部には、将門塚、それから浅草寺の弁天山と、浅草寺境内、伝法院の手水鉢、駿馬塚、真土山など、隅田川以東の東京低地東部は、業平塚、牛島神社の隣にある塚状の高まり、吾嬬の森、立石村の埴輪、青戸村などがあります。

鳥居先生は、この本をどのような時に著わされたかご存知でしょうか。東京の都心部が災害によって荒涼たる風景と化した状況で執筆をされているのです。何の災害かというと、大正十二年の関東大震災です。関東大震災は、多くの犠牲者を出す甚大な被害を及ぼしました。いわゆる東京の下町地域も火災により燃えてしまいまして、それは大変なことなのですが、かえってそのことが昔の景観を甦らせることになったのです。先生は「江戸を過ぎ去って遠く昔の武蔵野に還ってしまった」（『武蔵野及其周圍』）という言葉で表現されています。この災害によって人家などの構造物が灰燼に帰したので、古墳のような塚状の土の盛りをよく観察することが出来たのです。鳥居先生は、「今回の震災は實に大なる不幸にして悲しむべき極みであるが、一方から見れば、此の高い犠牲が学問上大なる結果を與へたのである」（『上代の東京と其周圍』）と述べ、このような機会に古墳の調査を行なっておこうと、精力的に調査をされました。その調査の結果が大正十三年に出ました『武蔵野及其周圍』と、昭和二年の『上代の東京と其周圍』に盛り込まれているのです。二冊の著作には、関東大震災という災害によって荒涼たる風景と化したところに、先ほど紹介した将門塚、浅草寺の弁天山や浅草寺境内に露呈された人工的な土の高まりなどを写した写真が掲載されているのです。

先の大戦以降の古墳の研究については、目が届きますが、それ以前となるとあまり注目されないことが多いようなので、まず鳥居先生を取り上げました。戦後の東京低地の古墳研究については、過日の講演会でも話しておりますし、時間もないのでここでは省略いたします。

次に、東京低地において現在確認されている古墳の分布についてお話をさせていただきます。図5の方を見て下さい。エリア的に申しますと、まず東京低地の中でもAとした所ですね。こちらは隅田川から入間川の西側の地域。旧武蔵野国豊島郡の領域にあたるところです。ここでは確実な低地の古墳は未確認です。先ほど、浅草寺やその周辺に古墳があると鳥居先生が紹介しておられると述べました。それから鳥越神社にも蕨手刀、玉類など古墳に関係すると思われる資料があることも書かれています。しかし、古墳の発掘調査も行なわれていませんし、明確に古墳の存在を裏づける資料は今のところ見出すことが出来ません。意外だと思われるでしょうが、そのような現状です。

それから、Bとした地域ですが、葛飾区と足立区の境となっている古隅田川という川がございます。古隅田川から入間川に挟まれた地域。今の足立区域、旧武蔵国足立郡の南端ですが、そちらでは毛長川流域の伊興《いこう》遺跡を中心として古墳群が見つかっています。

最後に、Cと括った地域ですが、これは隅田川および古隅田川筋以東の江戸川までの葛飾、墨田、江東、江戸川区、昔の葛西と呼ばれる地域です。こちらでは葛飾区立石と葛飾区柴又に古墳が見つかっています。

東京低地の古墳の分布を大きく見るとこのようになります。さて、この東京低地の古墳の様相となりますと、極めて限られた調査しかされておらず断片的にしかわかっていません。東京低地できちんと発掘調査が行なわれた古墳はどれだけあるかというと、意外と少ないのです。古墳に関連する調査としては、例えば、葛飾区南蔵院古墳や足立区の摺鉢塚古墳などがありますが、古墳そのものを調査したのは葛飾区の柴又八幡神社古墳と立石の熊野神社古墳しかないのです。そういう面では限られた情報なのだということをまずお断わりしまして、これからの話を進めさせていただきます。

では、東京低地の調査された古墳や出土している埴輪など古墳関連の資料について、足立区の資料から説明して行きたいと思います。足立区の埴輪資料としては、摺鉢塚古墳から採集したといわれる円筒埴輪、人物埴輪、馬の頭部の埴輪があります。これらは六世紀代の埴輪と考えられ、なかでも馬形の埴輪は六世紀後半に位置づけられるものだと思われます。

それから発掘調査によって得られた資料があります。ただし、古墳そのものではなく、白旗塚古墳の周辺から出てきたものとして報告されている円筒埴輪や形象埴輪と思われる破片があります。報告者は、この資料について六世紀の前半の年代を与えています。

従来知られている足立区内の古墳として、今の摺鉢塚古墳や白旗塚古墳、そして甲塚を含めた白旗塚古墳群と、伊興遺跡内にございます金塚古墳と船山塚古墳、また伊興遺跡に隣接する聖塚古墳がございます。主体部の状況はどれひとつわかっておりませんが、墳形は金塚古墳のみ方墳で、他はすべて円墳であろうと報告されています。これら以外にも足立区には古墳らしいものが数多くあったようですが、今日その大半が削平されてわからなくなってしまったようです。

次に葛飾区ですが、まず鳥居先生のご報告にもありました立石村の埴輪がございます。現在、南蔵院裏古墳と呼ばれている古墳で、この埴輪は東京大学に保管されています。古墳はすでに削平されておりますが、古墳に伴う円筒埴輪や形象埴輪が近くのお寺さんに保管されていますし、近年行なった付近の発掘調査で埴輪が多く出土しています。埴輪から恐らく六世紀の後半でも古い段階に位置づけられるものと考えています。

それから柴又八幡神社古墳ですが、この古墳は葛飾区郷土と天文の博物館と博物館ボランティアが共同で調査をし

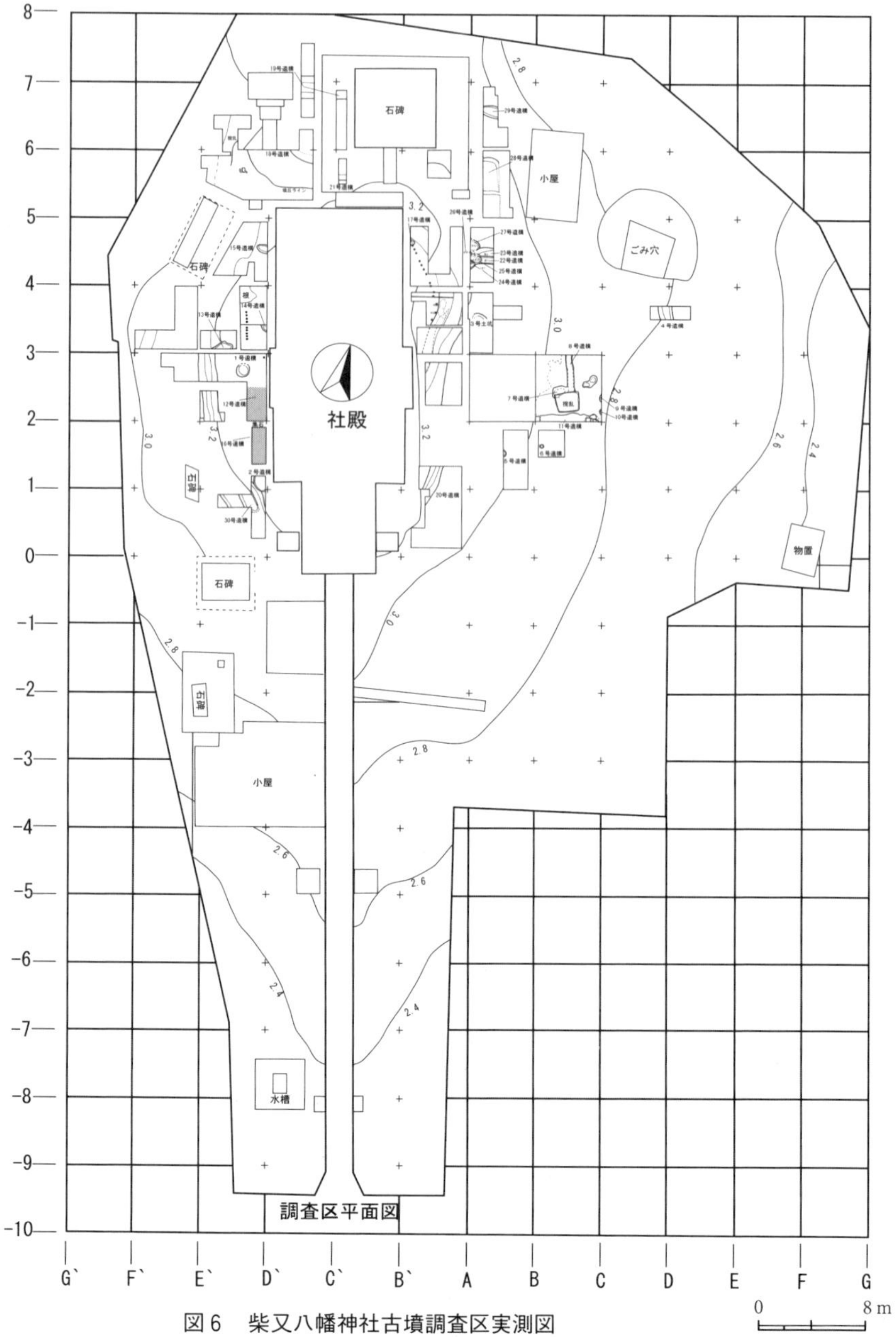

図6　柴又八幡神社古墳調査区実測図

ているものです。古墳の上に柴又の鎮守である八幡神社の社殿が建っていまして、その神社の境内を調査したところ、男性や女性の人物埴輪や円筒埴輪などが出土しています。人物埴輪は寅さん似の埴輪とか呼ばれているものです。この古墳から出ている埴輪につきましては、いわゆる下総型埴輪と称する旧下総地域に分布する埴輪が認められています。それから直刀、馬具などの副葬品が神社に保管されており、社殿下には石室が復元されています。東京低地では、唯一柴又八幡神社古墳で石室が確認されています。というよりこの古墳しか主体部の状況がわかっていないのです。蛇足ですが、鳥居先生は、先の著作の中で東京低地の古墳の石室などの主体部が発見されないことから無石槨式ではないかとも書いておられます。柴又八幡神社古墳の石室も下総型埴輪とともに本古墳を特徴づけるものです。この石は房総半島の鋸山の海岸部付近から持ってきたもので、横穴式石室だったことが今までの調査で判明しています。埴輪や副葬品からこの古墳は、六世紀の後半でも新しい段階、末頃だと考えています。東京で埴輪を伴う最後の古墳ではないかと思っております。墳形は、従来円墳と考えられてきましたが、最近の調査の結果、想定された範囲よりも北西方向に広がりを見せており、少なくとも円墳ではないということがわかってきました。現在報告書を作成しておりますので、刊行時に正式な判断を下し、公表したいと考えています。

先ほどの南蔵院裏古墳の東方に熊野神社古墳があります。発掘調査によって存在の確認された円墳です。マウンドは削平され、主体部の状況もわかりませんが、周溝の内側でおよそ一二メートルの大きさがあります。周溝から須恵器など良好な資料が出土していまして、七世紀後半の古墳と考えられています。東京低地で今のところ最も新しい、逆にいえば最後に造られた古墳となりましょうか。

葛飾区内の古墳の変遷を整理しますと、まず南蔵院裏古墳が築かれ、次に柴又八幡神社古墳、そして熊野神社古墳の順になります。

今、調査された古墳の概要を紹介いたしましたが、東京低地のなかで古墳の状況がつかめているというのは、およそ葛飾区内のものに限られる状況です。時間も限られておりますので、葛飾区内の古墳について、その特徴や周辺地域との関係などの分析を試みて、東京低地の古墳の様相の一端を紹介してみたいと思います。

　資料的には、古墳の埴輪と石室石材に注目したいと思います。立石の南蔵院裏古墳につきましては、鳥居先生が紹介された人物埴輪と類似すると思われる資料が江戸川を隔てた松戸市の栗山古墳から採集されています。時期的にも同じ頃で南蔵院裏古墳と栗山古墳との関連が注目されます。

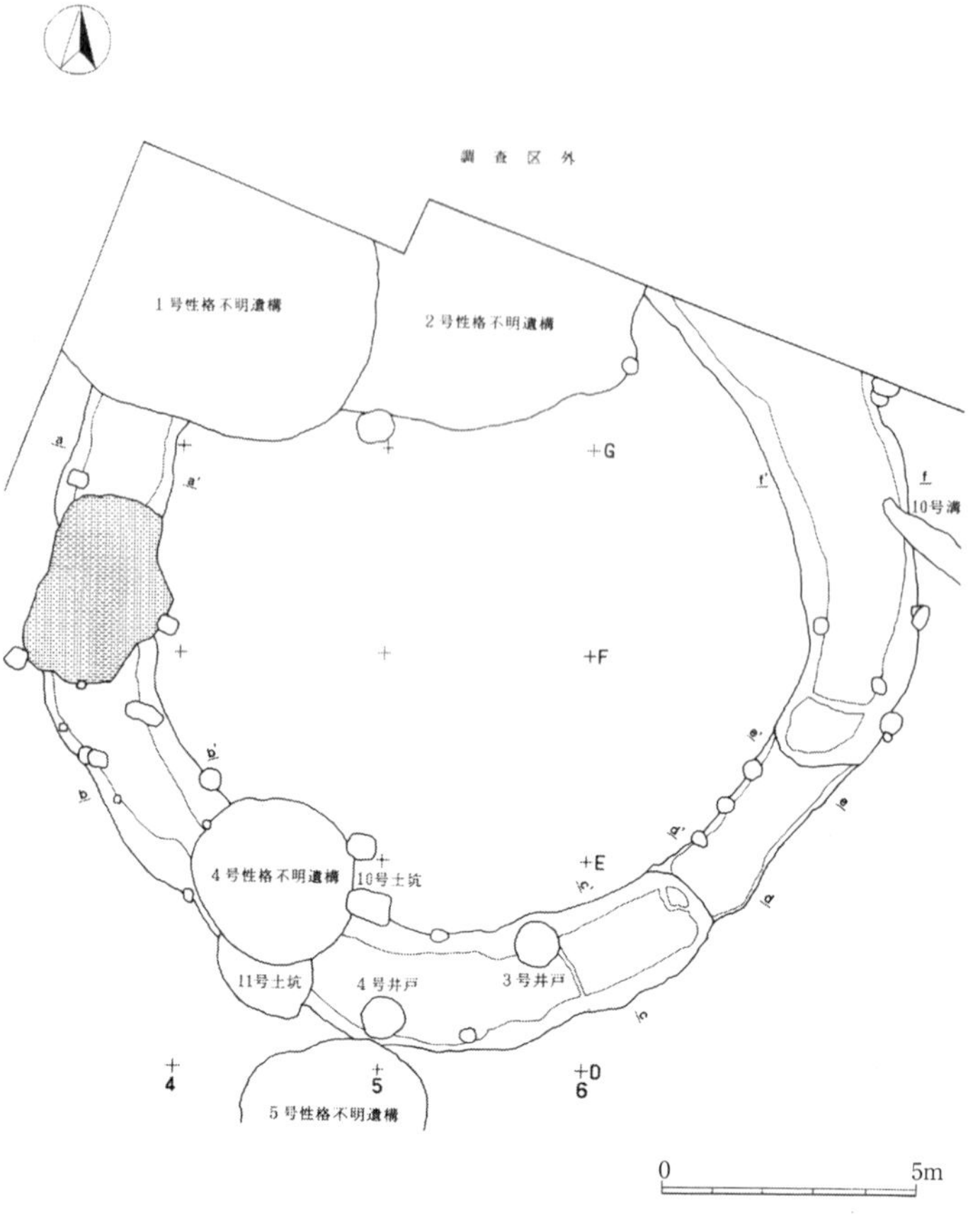

図7　熊野神社古墳の周溝

　それから、柴又八幡神社古墳につきましては、同じ石材の石室と下総型埴輪を出土する市川市国府台にあります法《ほう》皇塚《おうづか》古墳との関連が注目されます。つまり葛飾区の南蔵院裏古墳や柴又八幡神社古墳は松戸市や市川市などの下総台地西南部の古墳との関係がうかがえるというわけです。

　埴輪に限って注目しますと、柴又八幡神社古墳は下総型埴輪の分布域の西端に位置します。六世紀後半には、葛飾区域は下総型埴輪と言われる地域的なまとまりの中に組み込まれているということです。この下総型埴輪と呼ばれる埴輪の分布域は、後の時代の下総国という領域へと受け継がれるわけで、すでに古墳時代後期にその枠組みが存在しているわけです。埴輪からは、地域性というキーワードを見出すことができます。

それから、地域性とは逆に石室の石材を見ると、地域を越えた交流というものを物語ってくれます。柴又八幡神社古墳と同じ石材の横穴式石室が法皇塚古墳以外の武蔵野台地東北部の北区赤羽台古墳群にも見られるなど、東京低地とそこを臨む双方の台地を含めた地域にまとまりを見せています。そしてさらに東京低地よりも上流部の、遠くは埼玉古墳群の将軍山古墳にも房州石の横穴式石室が認められているのです。つまり、石室の石材に注目すると、房総半島から東京低地周辺、そして北武蔵地域に及ぶ交流が読み取れるのです。二番目のキーワードは交流です。

この交流は、房総半島から北武蔵方面への一方的な流れではないのです。埼玉県鴻巣市生出塚《おいねづか》埴輪窯の埴輪が、北区赤羽台古墳群やここ品川区林町の古墳、市川市法皇塚古墳、さらに市原市山倉一号墳などで確認されています。また、北武蔵の秩父地域から産出する緑泥片岩が木更津市金鈴塚古墳の石棺に用いられていることからも相互の交流があったことがわかっています。

では、この地域性と交流という二つのキーワードを使って開発という問題を考えて見たいと思います。東京低地の古墳時代は、一様ではありません。説明しやすいように、便宜的に隅田川・入間川以西のA、古隅田川と入間川に挟まれたB、隅田川・古隅田川と江戸川に挟まれたCという、東京低地を三つのエリアに分けてみます。古墳時代の前期は、A・B・Cとも集落が認められていますが、中期になるとA・Bでは集落が継続するものの、Cは集落がなくなって空白期になってしまいます。後期には、Bでは集落が引き続き営まれ古墳も築かれます。Cでも再び集落が出現し、古墳が築かれています。しかし、Aでは今のところ集落も古墳も確認できていません。どうもCで中期の空白期を間に入れて六世紀に出現する集落というのは、柴又八幡神社古墳と市川市の法皇塚古墳との関係が示すように、下総台地南西部の勢力が低地に進出し、開発するという動きのようです。その象徴が柴又八幡神社古墳ということに

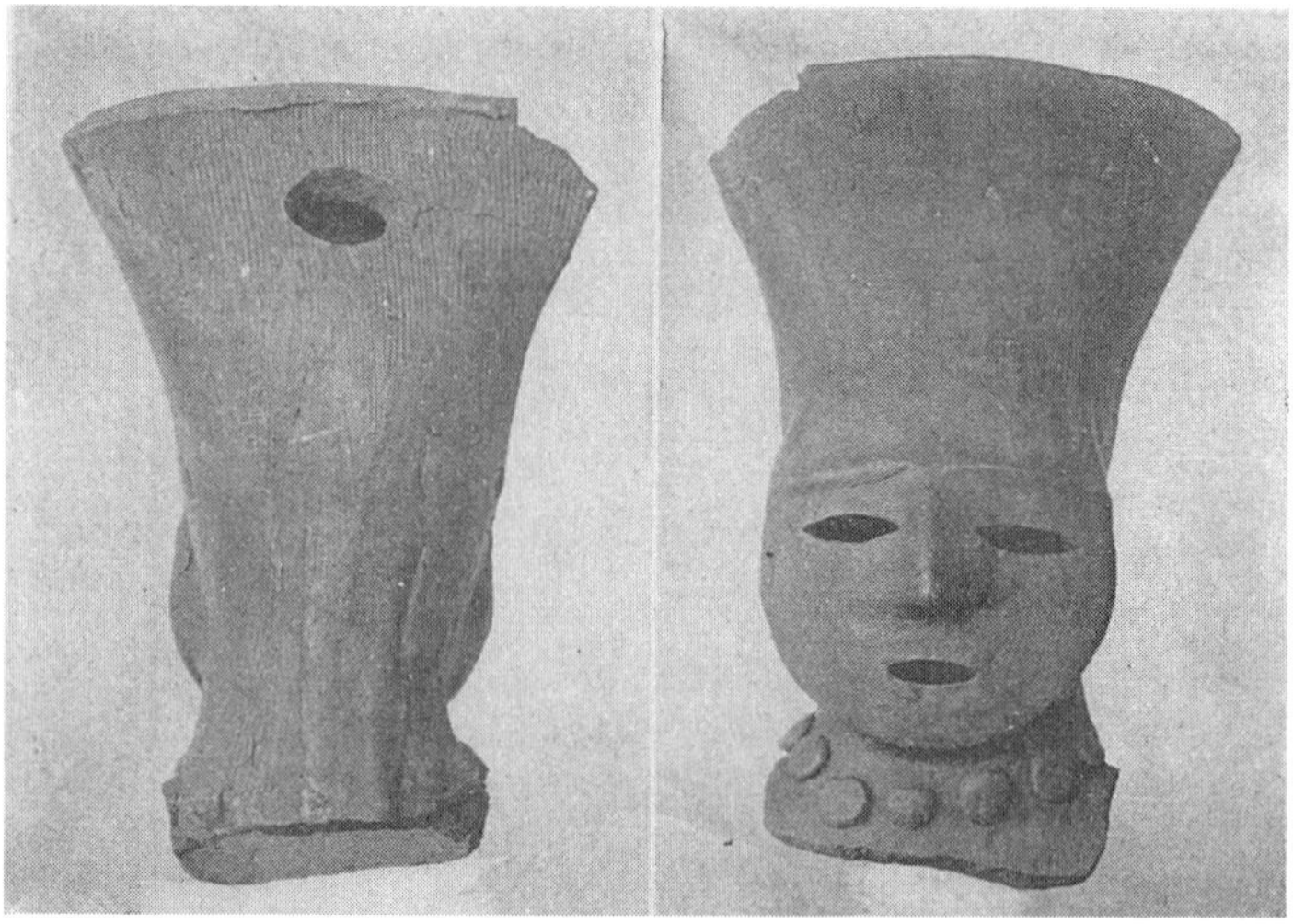

図８　芝公園の古墳から出土した埴輪（鳥居龍蔵『上代の東京と其周圍』より）

なりましょう。

低地の発掘調査がまだ限られたものだということはありますが、現状では以上のように東京低地といっても、さらにＡ・Ｂ・Ｃと分けた小地域ごとに見ると各々開発のあり様は異なっていくのです。

かといって旧武蔵国側のＡ・Ｂと旧下総国側のＣとが交流がなかったのかというと先ほどお話したように、柴又八幡神社古墳と同じ房州石を使った横穴式石室が東京低地のＡ・Ｂでは未確認ですが、Ａを臨む武蔵野台地上の北区赤羽台古墳群で確認されているわけです。

時間がなくなってきましたので、まとめていきたいと思います。これまで見たように東京低地の古墳といっても、現状ではきちんと調査されている古墳は限られているわけなのですが、房州石の横穴式石室に注目すると、東京低地は房総地域と北武蔵地域をつなぐ中継地として重要な役割を担っていたのではないかと思われます。房総地域から見れば、東京低地は北武蔵など内陸とを結ぶ玄関口であるわけですね。逆に北武蔵地域から見れば、内陸から海へ出て房総地域などへ行く玄関口であるわけです。房州石はその分布から水上交通によって運搬されたことは明白です。東京低地は、当時の水上交通という面から見ても房総地域と北武蔵を繋ぐ重要な地域であったと強調したいと思います。

東京低地の古墳や古墳時代の研究は、そのようなダイナミックな交流とともに、武蔵野台地や下総台地、大宮台地方面との交流、そしてそこに示される地域性などについて、今後とも点検していく必要があろうと思います。最後に東京低地の古墳研究にはまだまだいろいろな課題があるのですが、一つだけお話をして終わりにしたいと思います。やはり学問的な研究は先学の研究をきちんと踏まえる必要があるということです。図8を見てください。鳥居先生の著書『上代の東京と其周圍』に掲載されている芝公園の古墳から出た埴輪です。私はまだ実物を確認していませんが、埴輪を研究している人でしたらすぐにおわかりかと思います。これは埼玉県鴻巣市の生出塚埴輪窯で作られた特徴を持っています。近年の研究で生出塚の埴輪が注目されていますが、その分布図を見ても芝公園の古墳は見落とされていたようです。鳥居先生が本の中でこの埴輪の写真を掲載してくれたおかげで、今日、生出塚の埴輪の供給地として芝公園の古墳を追加することができたのです。やはり東京低地だけでなく東京の古墳を研究しようとしたときに、鳥居先生の研究というものをもう一度確認することが私は必要なのではないかと思っております。お話できなかったところもありますが、討議の中で補足させていただきたいと思います。

池上　ありがとうございました。足立区、葛飾区の最近の調査事例をまとめていただきました。続いて松崎さんよろしくお願いいたします。

三　東京の横穴墓

松崎　はじめまして、東京都埋蔵文化財センターの松崎と申します。

本日、私に与えられたテーマというのは、東京の横穴墓ということでありまして、とくに、その構造や出土資料からうかがえる墓の性格というものについてご説明したいと思います。

まず、横穴墓とは何かということなのですが、基本的に今までお話に出てきた古墳はすべて主体部は石室であれ粘土槨であれ、墳丘すなわち盛土を持っているわけです。ところが、横穴墓というのは多くの場合墳丘を伴いません。

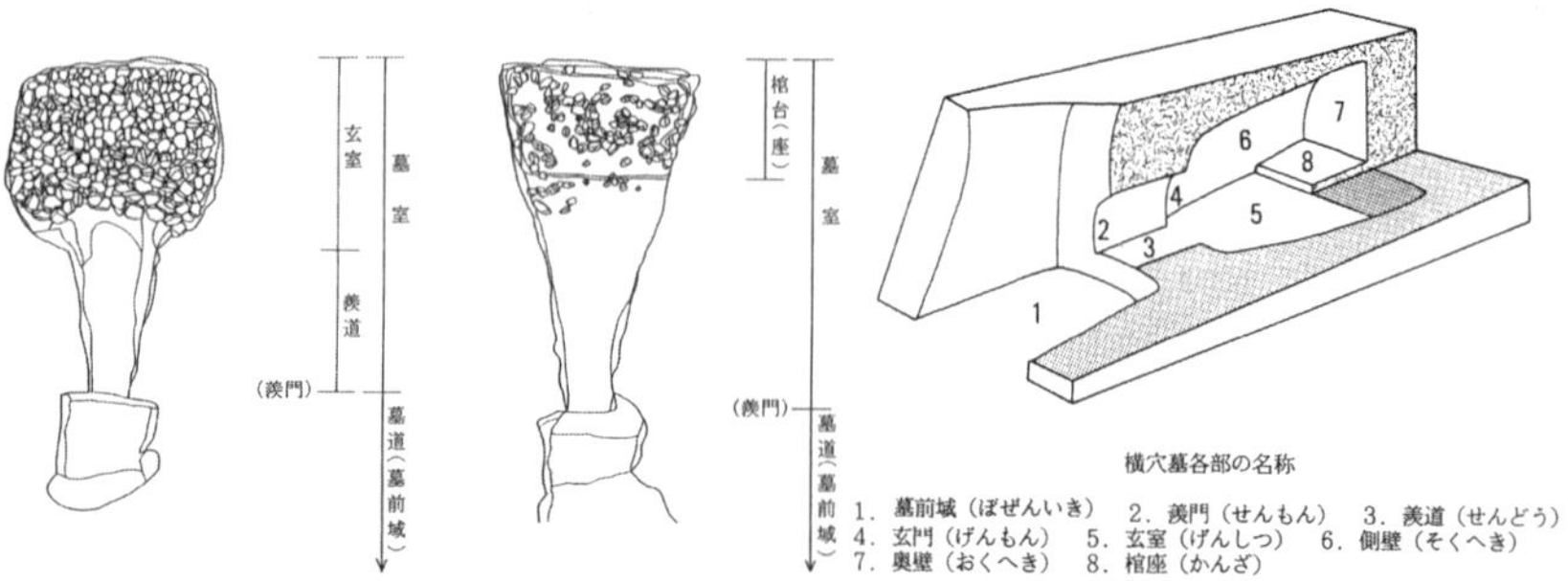

図９　横穴墓の構造・各部の名称

しかし、一部古い横穴墓の中には墳丘を伴うものもあるのですが、ほとんどのものは墳丘を持っていないということが第一の特徴です。

立地の特徴としては、台地の崖とか斜面を刳り抜いて墓を造りますが、非常に簡便な造り方をしています。日本列島において、最初に横穴墓が造られたのは古墳時代中期の後半です。五世紀の後半頃に九州の豊前地域にまず出現します。それから、基本的には群集して造られるのが第二の特徴といえます。

さらに、内部に複数の遺骸を埋葬するような構造を示しており、周辺にある横穴式石室墳の特徴を有したり、あるいはそれの影響を強く受けた構造を持つ横穴墓が多いというのも、この墓制の特徴です。

図９に横穴墓の構造模式図を挙げましたが、基本的には横穴墓というのは内部構造と外部構造とに分けられます。内部構造が墓室です。墓室というのは、人を葬る場所とそこに至る通路、羨道などと呼びますけれども、そういったものに分けられます。

ところが墓室にはいろいろな形がありますので、見た目で区分されるかどうかというのは墓室の形態によるわけです。

それから、外部構造としては、入口部の付近に様々な施設を持っているわけです。坂詰先生はこの部分をとくに墓前域と称して、墓前祭祀などを行なう特別な意味を持っている場所ではないかと、昭和五十年代の東京都による横穴墓の緊急調査集録の中で重要な提言をされていまして、われわれもその後こういった部分を意識した調査をしているというのが現状であります。

簡単に横穴墓研究を概観しますと、かのモース博士が大森貝塚を調査したり観察したりしていたころ、明治の初めぐらいから、横穴墓というのは注目されています。先ほども話が出てきましたし、今回の展示にもありますけれども、坪井正五郎博士が埼玉県の吉見百穴などを調査して、これは住居の跡だと最初におっしゃったのです。これが有名な穴居論争の発端になりました。

要するに、もともと縦穴の住居に対して横穴式の住居だということがあって、当初、横穴墓研究というのは、人類学的な関心から出発したと言っても過言ではありません。そして、大正から昭和の初年にかけてはいろいろな研究者が高塚古墳との関連の中でこの横穴墓をとらえようという、きわめて科学的な本質的な議論を行なっているということが注目されます。

それから昭和三十年代以降になりますけれども、日本各地で横穴墓の研究が盛んになって、形態変遷論、どういうふうに変わっていくのかということが議論された時代があって、昭和五十年代に入ると、各地で包括的に横穴墓群を調査した報告事例が出るようになって、この横穴墓はだれが造ったのか、どういう集団が造ったのかという特定的な研究も見られるようになります。

近年では、出土した人骨の親族関係の研究があります。これは同じ墓室に葬られている人たちがどういう家族の形態をもっていたのかということを、形質人類学とか、場合によってはＤＮＡ分析によるアプローチも行なわれています。

さて、具体的に都内の横穴墓の現状についてお話していきたいと思います。

図10は多摩川流域、あるいはその北岸地域の少し広めの分布図ですが、▲で示したのが横穴墓です。それから●で示しているのが横穴式石室墳（以下石室墳と呼ぶ）です。

横穴墓がどういった地域にあるのかというと、基本的には武蔵野台地の先端部と多摩川の崖線沿いにずっとあるわけです。この中で品川、大田、世田谷区という地域は横穴墓の大密集地帯で、これまでに四〇〇基ほど確認されてい

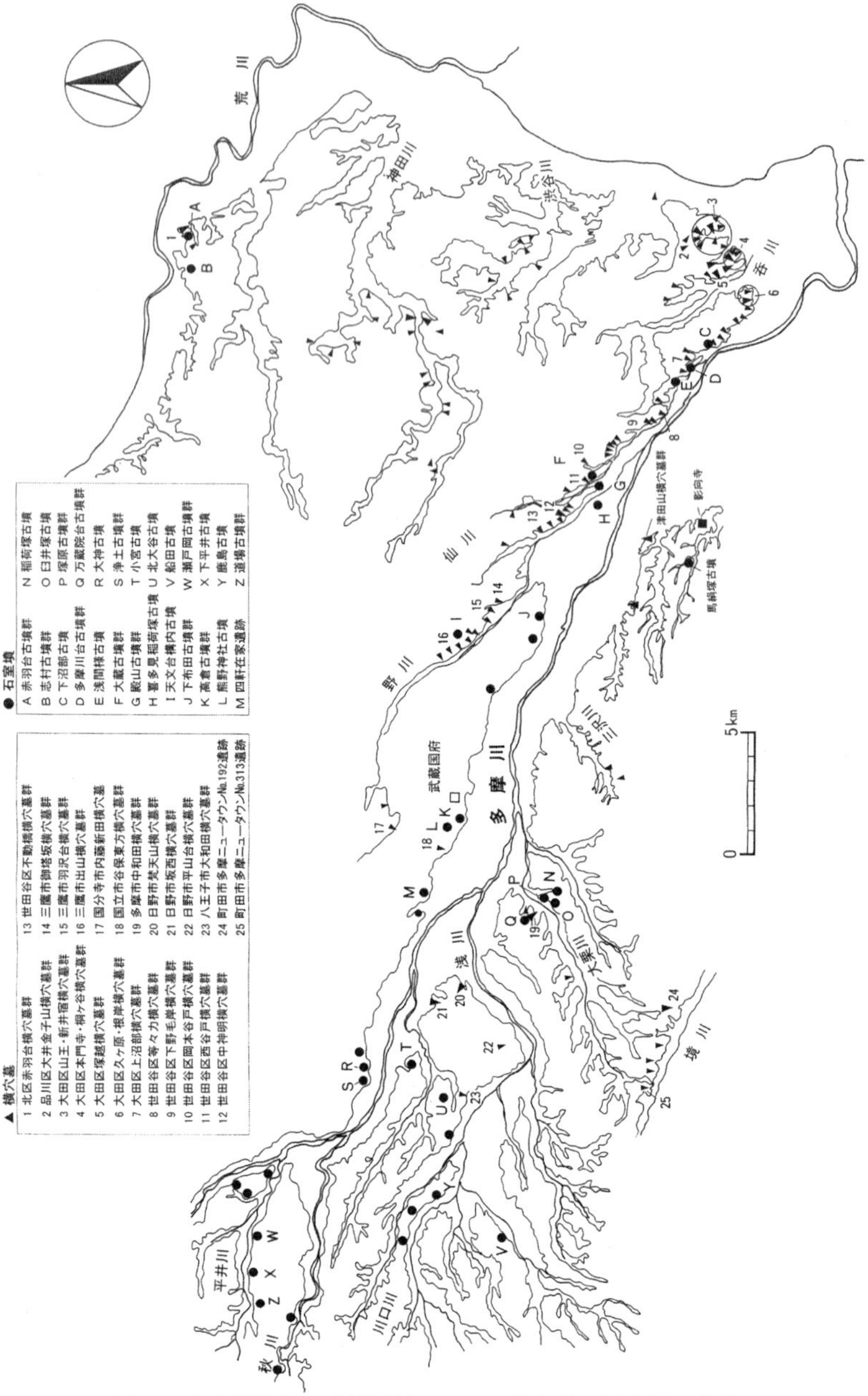

図10　多摩川流域・北岸地域における横穴墓・石室墳の分布

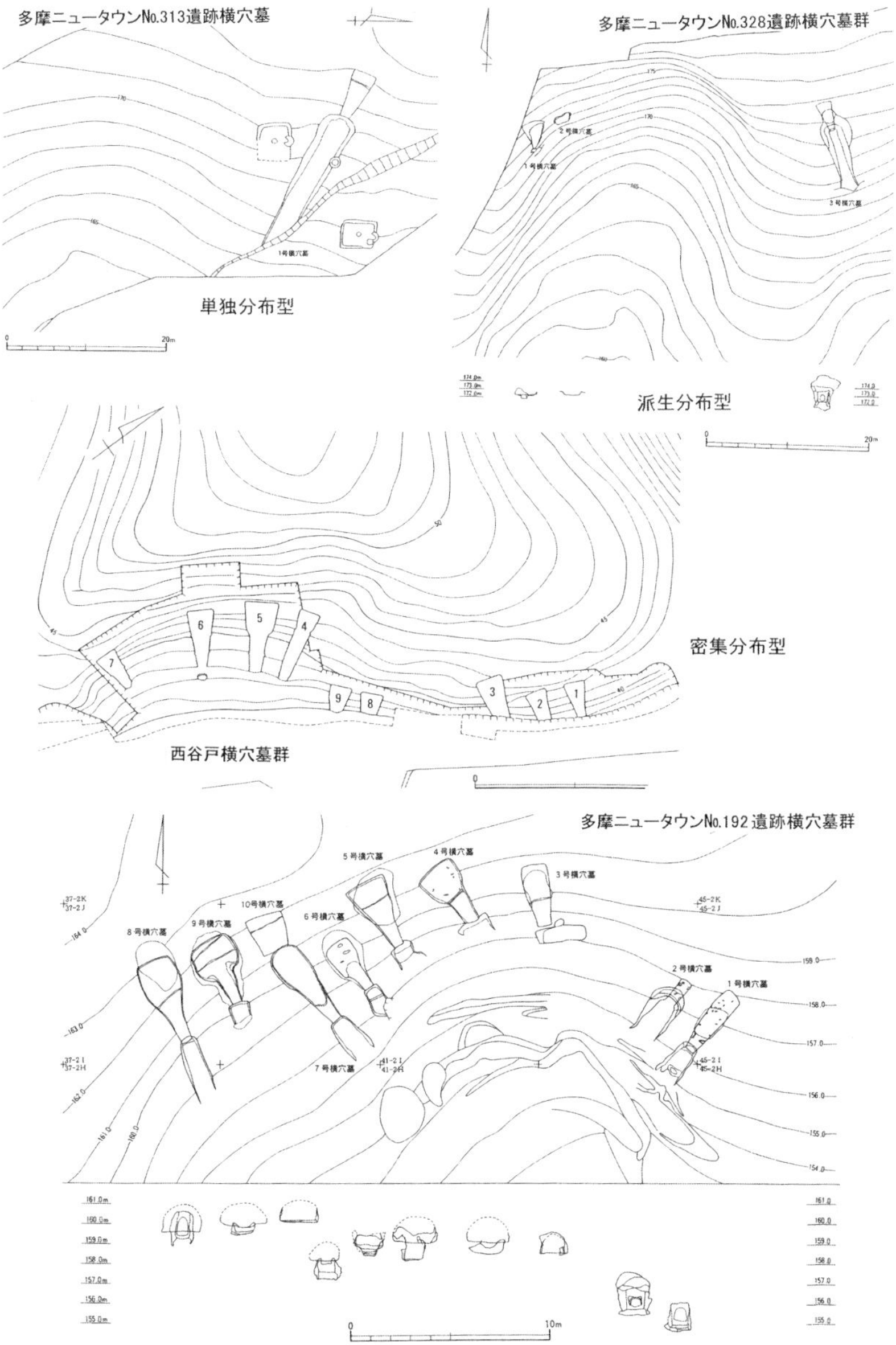

図11　横穴墓の分布形態

石積みをもつ横穴墓

加工石による羨門閉塞

河原石による羨門

図12　横穴墓の外部施設

切石羨門の外部構造

切石羨門の内部構造

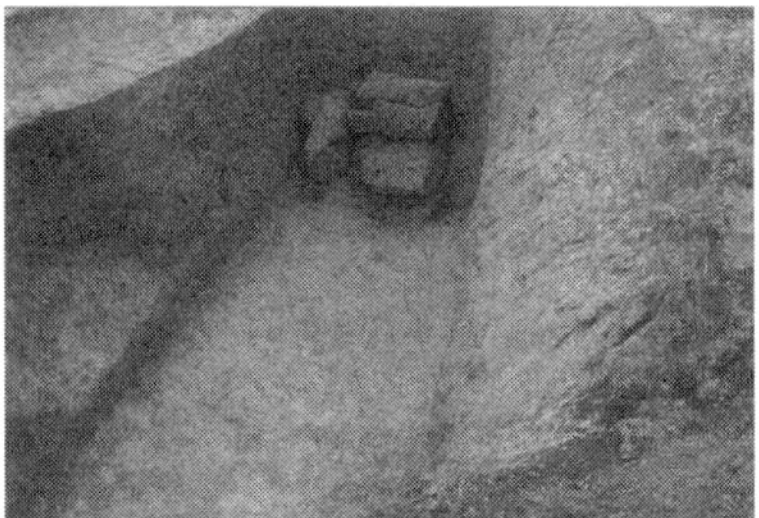

加工ローム塊による閉塞

図13　横穴墓の閉塞施設

ます。また、多摩川下流右岸の川崎・横浜市域でも、きわめて多くの横穴墓が確認されています。それから、北区の赤羽・渋谷区辺りにも多少分布します。多摩川をさかのぼっていきますと、野川流域や日野台地、多摩丘陵地内においても一定の範囲に顕著な分布がみとめられます。また、下流域の左岸台地上や中流域の段丘面などでは、石室墳も多く造られています。

分布をみるかぎり、のちの律令時代の豊島・荏原・多磨・橘樹郡の各領域にほぼ対応するような場所に、古墳群や横穴墓群が立地しているということがおわかりになろうかと思います。

つぎに、具体的に横穴墓の様相を見ていきたいと思います。もともと横穴墓というのは崖面に群集してあるわけですけれども、図11の多摩ニュータウン№一九二遺跡横穴墓群などにみるように、密集して分布している状態がわかります。これとは対照的に、一基のみ単独で分布するような多摩ニュータウン№三一三遺跡の例などもあります。周辺に他の横穴墓が築かれてなくて、これ一基だけが存在しているわけです。しかも非常に特異な造りをしており、多分、池上先生は「墓の上部に墳丘があったんだろう」とおっしゃるのではないかと思います。残念ながら上の部分は削られていて、墳丘はわからなかったのですけれども。

それから、この横穴墓の外部施設はきわめて特徴的です。横穴墓の地域性を考えるうえで、外部構造が非常に大事だろうと思われます。図12の写真はいずれも多摩地域の横穴墓です。上段の横穴墓は羨門外部、墓前域の両側に石積み施設をもっています。見た目、明らかに横穴式石室を意識したという以外に、ほかにこれに類するようなものはないのです。こうした例から、おそらく、当初は横穴墓構築の思想の中に、横穴式石室の構造を意識して造るということがあったのだろうと考えられます。

そこで、羨門をどのように封鎖したのかということですが、図12の下段の写真、左がさきの石積みをもつ横穴墓ですが、ある程度加工した石を門のように造って、内部を板石で封鎖するものです。それから、右下の三鷹市出山三号墓のように、加工していない河原石を羨門部にアーチ形に積み上げて、内部を小ぶりの礫で充塡するという例もあり

←多磨郡域の横穴墓奥壁

荏原郡域の横穴墓奥壁→

図14　横穴墓の奥壁

ます。石積みを有する横穴墓の中にも、右上の日野市梵天山四号墓のように、自然石を積んで閉塞施設としたものがあり、多摩地方の横穴墓の地域的な特性かと思われます。

つぎは、荏原郡にある大田区あるいは世田谷区周辺の横穴墓の事例です。この地域における横穴墓の外部施設、閉塞施設はちょっと変わっています。すなわち、凝灰質砂岩切石による羨門構造を持っているわけです。図13の右上の写真を見ていただくとわかるのですが、非常に精巧な切石により、羨門の天井部と側壁を造って、内部にも封鎖用の切石を重ねて積む手法がとられています。通常これらの羨門は二重構造をもっていて、この地域ではこうした事例がきわめて多いのです。

先ほどの多摩地方における、自然石を使うものとは明らかに構築方法が異なるわけです。これは構造上、非常に大きな差だと思われます。

それから、左下の写真が羨門を内部から見たところですが、洞窟のように内部を掘削してから、外側から切石で封鎖している様子が見られます。さらに、右下の写真は品川区金子山横穴墓における封鎖施設ですが、これは

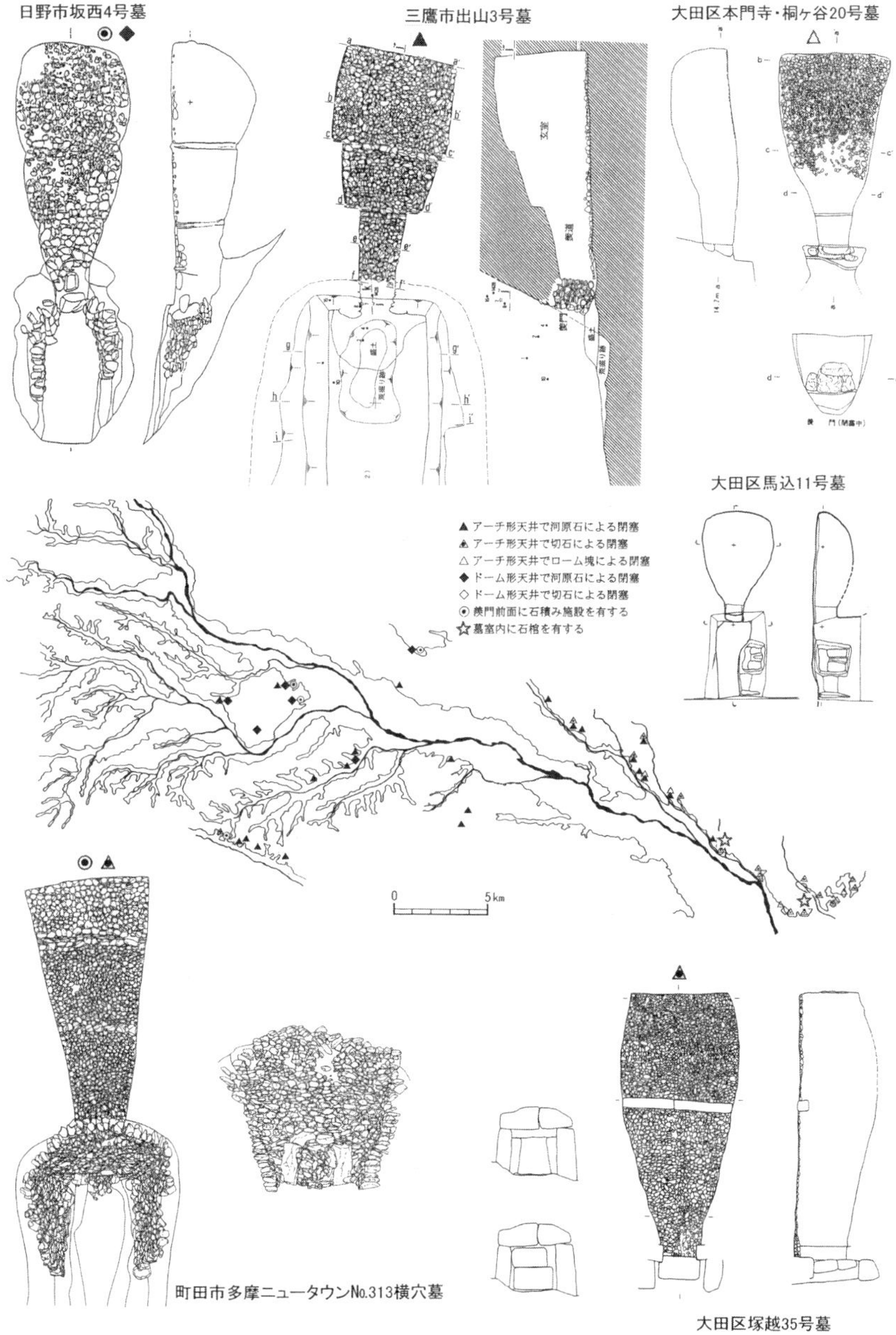

図15　多摩川流域における横穴墓の諸形態

関東ローム層の塊りを切り出して、あたかも石のように方形に加工して封鎖用に使っています。これもほぼ、切石羨門のある地域に重なるようにして分布している閉塞方法ですから、石材を得られなかった人たちが、石材の代わりとして封鎖に使ったということではないかと考えられます。

横穴墓内部の構造ですが、図14の左の写真が多摩の中・上流域の三鷹市出山三号墓という横穴墓の奥壁ですが、これは比較的背が高いのです。壁はわりあい垂直に立ち上がって、天井はアーチ形を描きます。

それから、右の写真が大田区の山王周辺の横穴墓ですが、この地域では天井部のアーチ形が比較的急です。側壁から天井への持ち送りがきれいなアーチ形を示しておりまして、このタイプが荏原郡を代表する典型的な横穴墓ではないかと考えられるもので、これらは横穴墓の地域性をものがたっています。

そこで、こういった横穴墓がどういう変化をするのかということにつきまして、私なりに作成したのが図16です。これは一五年ほど前に、池上先生と二人で「関東横穴墓遺跡検討会」において、東京の横穴墓について報告した際に作成したものを、そのままずっと使わせていただいています。

図16は多摩川の下流域左岸に位置する大田区、世田谷を中心とした横穴墓がどういう変化をしているかを模式的に表わしたものです。分類指標としては、墓室の平面形態を主として、それがどういうふうに細分化されるのかを示しています。考古学は分類の学問ですので、分類した上でそれがどのように変遷したのかを表わしています。

内部構造の変化をみる上で重要なことは、墓室内がどのように区分されているのか、あるいは区分されていないのかという点にあります。そこに注目して変化の過程を見ていただければと思います。

それから、こういった横穴墓の造られた年代を決定するうえで、時期区分というものが必要になります。これが出土遺物からどういうふうに判断できるのかということで、大まかに三期に区分したわけです。簡単に言いますと、この地域の横穴墓の形態は、A型墓室と呼ぶ方形を基本とした横穴墓と、羽子板のような、徳利を半裁したような形のB型墓室が多くみられます。A型墓室は羨道と玄室が明瞭に分けられますが、B型墓室は区分が曖昧です。実はこの

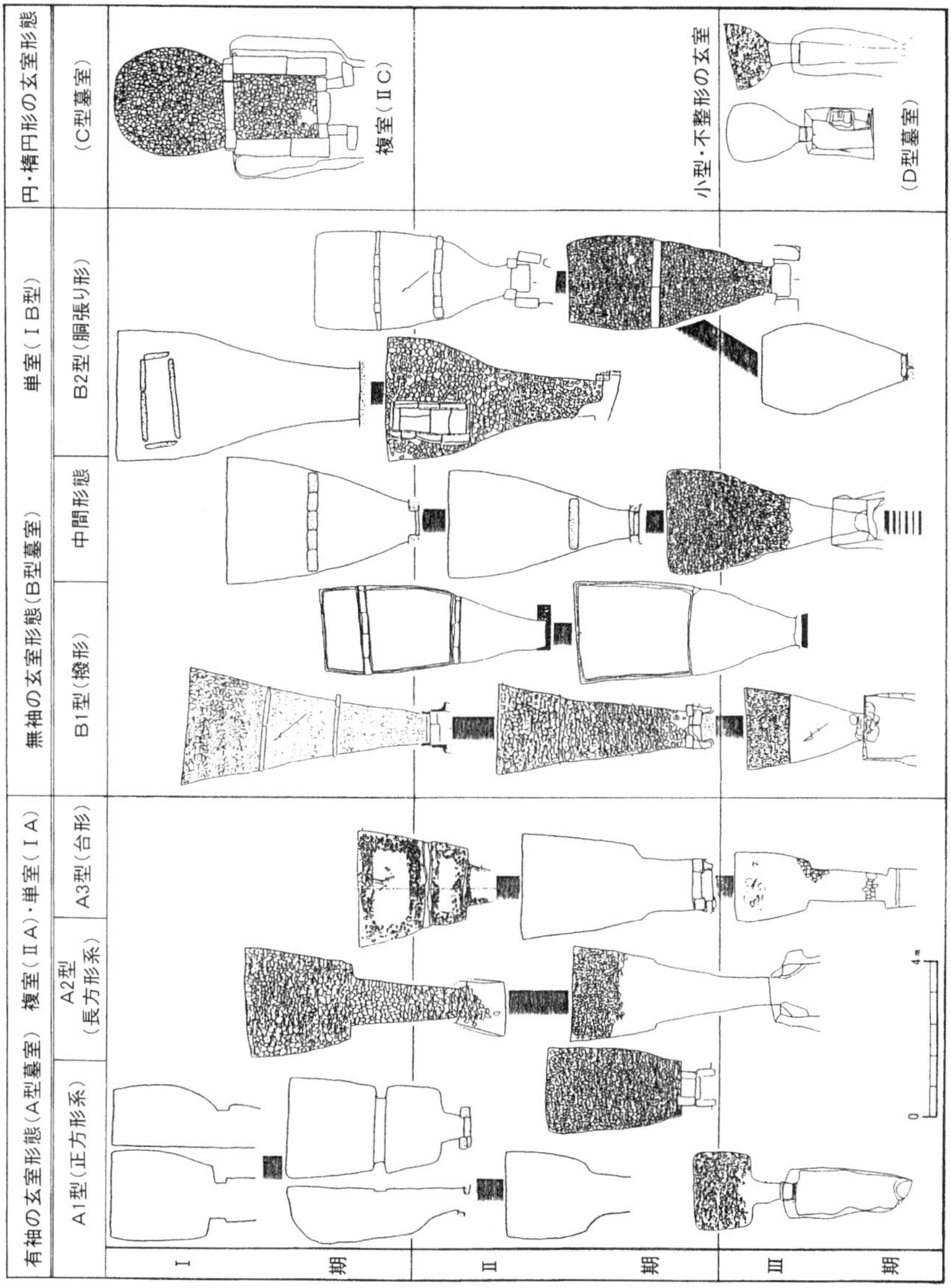

図16　多摩川下流域左岸における横穴墓の分類と変遷

B型墓室の方がこの地域の普遍的な横穴墓形態になっているわけです。このほかにC型墓室というのがありますが、これは世田谷区の下野毛岸三号横穴墓で発見されたものですが、先ほどの府中市熊野神社古墳と同じような胴張り複室プランを持っている玄室で、たいへん注目されるものです。

この横穴墓の玄室部分はロームを掘り込んで造っているのですが、外側は石室のように石を積んでいます。ですから発見された当初は、これは横穴式石室と横穴墓が合体したような構造だというような表現が使われたわけですけれども、こういったタイプのものも存在します。

また、D型墓室としたものは、不整形で小さい横穴墓でありまして、大体これぐらいの規模になりますと、何回も埋葬することができないのです。ですから、一度埋葬しても、追葬時には前葬者を外に出さなければ埋葬できないような、粗略な小さい横穴墓といえます。

そういう中で、それぞれの形態の横穴墓がⅠ期からⅢ期に向かって少しずつ変化していることがわかります。細かな変化は別にしても、B型墓室を例に挙げれば、古い横穴墓というのは例えば奥に石棺を置いてみたり、あるいは切石で玄室を分けたりと、墓室を区分するという発想が強いことが窺えます。それで、新しくなるに従って、その区分原理がだんだん崩れてきて、ほとんど段差を持たない床面になってきます。真平な床面に変わっていくということで、内部を区画する部分というのはだんだんなくなってくるんだろうと思われます。しかも、全体としては小規模化してくるわけです。大形のものからだんだん小形化していって、最後は小さな横穴墓に変わってくるという流れで理解しておりますが、これはおそらく埋葬様式の変化と関連する現象と考えられます。

余談になりますけど、かつて赤星直忠先生という神奈川の横穴墓を研究された方がおりまして、要するに、横穴墓の墓室というのは、A型のような四角い横穴墓からB型のような徳利半裁形や、あるいは撥形を呈する横穴墓に変化するとおっしゃっていたのですが、必ずしもそうではないと考えられます。つまり、その地域で横穴墓が発生したのではないとしたら、そういった変化というのは必ずしもそうはいかないだろうと思われます。つまりいろいろな形の

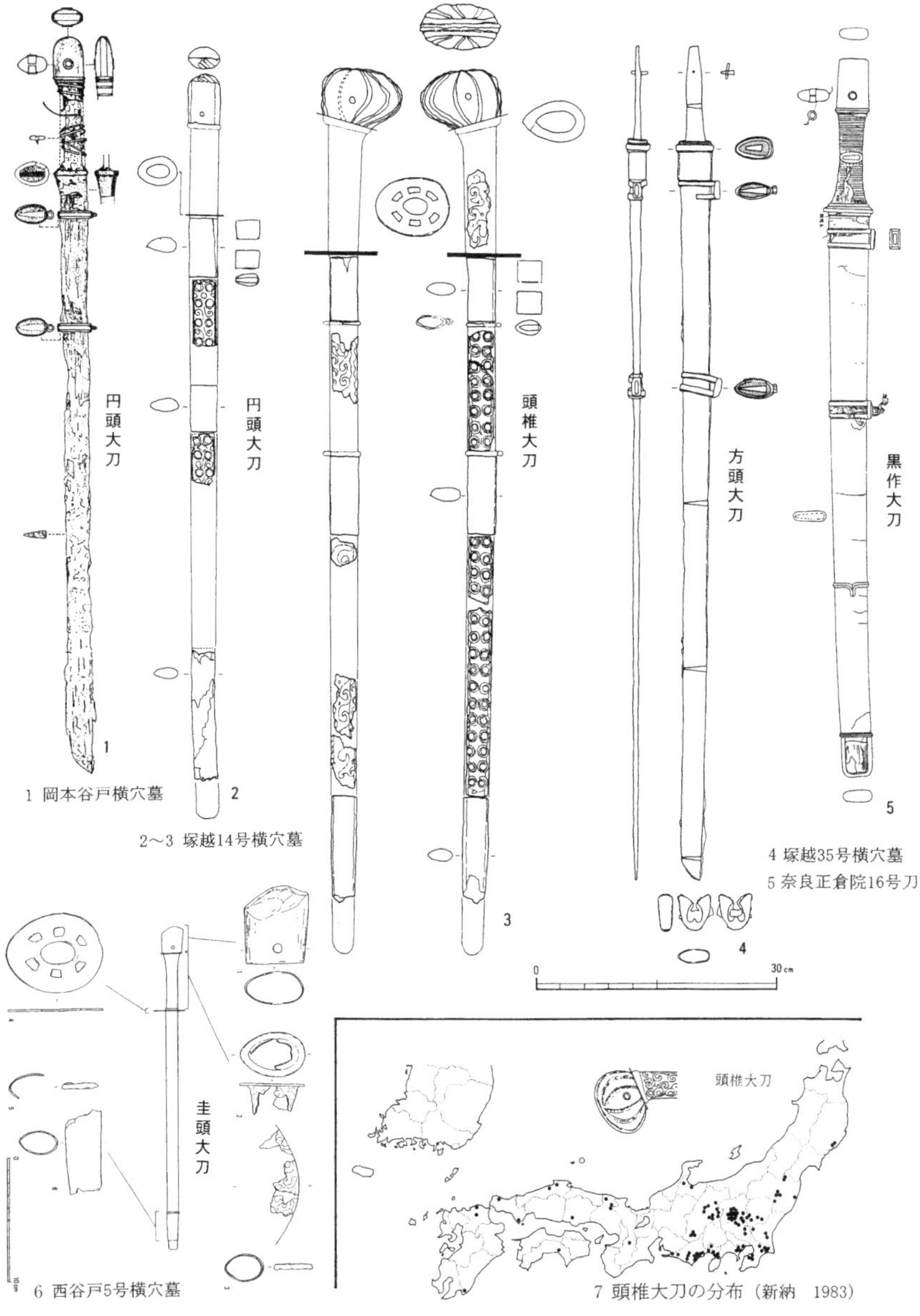

図17　横穴墓出土の拵え・装飾付大刀

横穴墓が様々な地域から入ってきて土着化して変化するのだから、その地域だけですべて完結するものではないだろうということです。

出土土器などを中心とした年代観については、Ⅰ期というのは概ね六世紀末から七世紀の前葉です。Ⅱ期というのが七世紀の中葉から後半のちょっと古い段階までです。Ⅲ期というのは、七世紀末から八世紀にかけてと想定されます。この時期はちょうど、横穴墓制が衰退していく時期にあたります。

それでは次に出土遺物についてみていきます。

今回の展示にも出品されていますが、大田区の塚越一四号横穴墓から金銅装の二口の大刀が見つかっております。図17の2が円頭大刀で、3が頭椎《かぶつち》大刀です。頭椎というのは、拳を握ったような形をしていることから付けられた名称です。この二種類の大刀を装飾付大刀と呼んでいますが、これがなぜか高塚古墳ではなく横穴墓から出土しております。

それから4が同じく塚越横穴墓群の三五号墓から出ている鉄装の大刀です。鞘尻金具の形式からみて、おそらく方頭大刀と考えられるものです。よくよく見ると、刀身の鐔に近い所と真中に近い所に足金物を持っています。これは腰に下げて佩用するための金具を付けているのですが、いわゆる双脚足金物と言っております。5に挙げましたように、正倉院様式の大刀と最近言っていますが、奈良正倉院に収蔵されている黒作大刀の系譜につながるものであろうと考えられます。官人的な色彩をもつ佩用者の性格が考えられるのではないかと思われます。

図17の7に頭椎大刀の分布図を示しましたが、この種の大刀は概ね東国地域に多いのです。とくに上野とか信濃、それから駿河、そして関東の南部、上総などに多くみとめられます。さらに、その分布域が比較的限定されるという性格を持っています。あとでちょっとこの辺についてお話したいと思うのですが、本来ならば、前方後円墳などの被葬者が所有していてもおかしくないものなのです。それが、何故、横穴墓の被葬者が持っていたのかということは、きわめて重要なテーマであろうと思います。

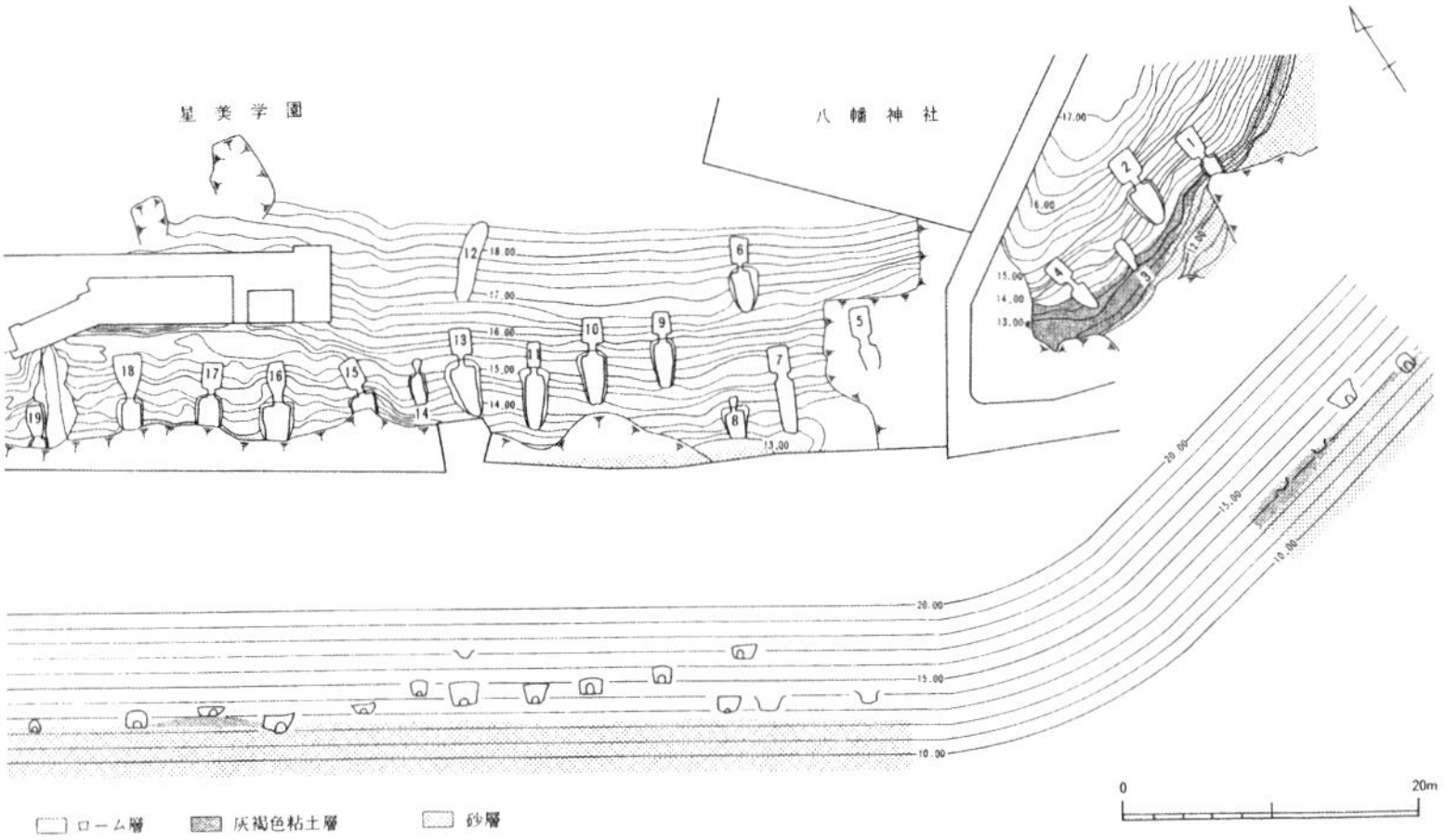

1表　赤羽台横穴墓群埋葬人骨の個体数・年齢・性別表

号墓	幼　児	小　児	青　年	壮　年	熟　年	その他	合計
1	1体		(女) 1体	(男?) 1体		成人断片骨	4
2	歯			(男) 1体			2
5	歯					成人断片骨	2
6				歯と骨細片			1
8				(男) 1体			1
9	1体						1
10	1体	脛　骨		(男) 1体	(女) 1体		4
11				(女) 1体			1
12				(男) 1体			1
13	1体			(男) 1体		年齢不明の断片骨	3
15	1体		歯	(男) 1体			3
16			1体				1
17			歯と骨細片				1
18		2体	1体	(女) 1体	(男) 1体	幼又は小児　2体 年齢不明　2体	9
19				(女) 1体			1
合計	7	3	5	11	2	7	35

1．1号墓　追葬形態

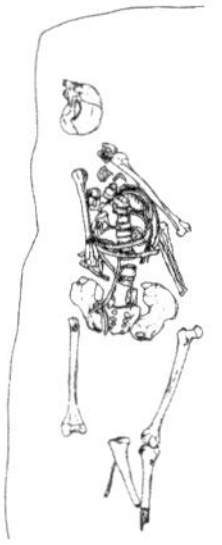

4．11号墓　単体埋葬

2．10号墓　複数集骨形態

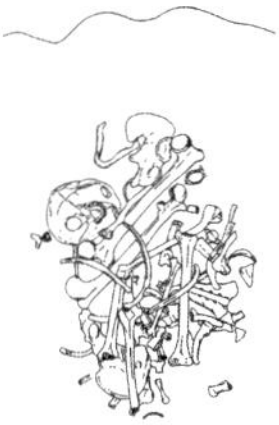

5．13号墓　単体集骨形態

3．18号墓　集積形態

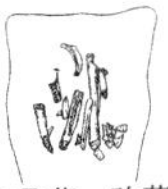

6．8号墓　改葬形態

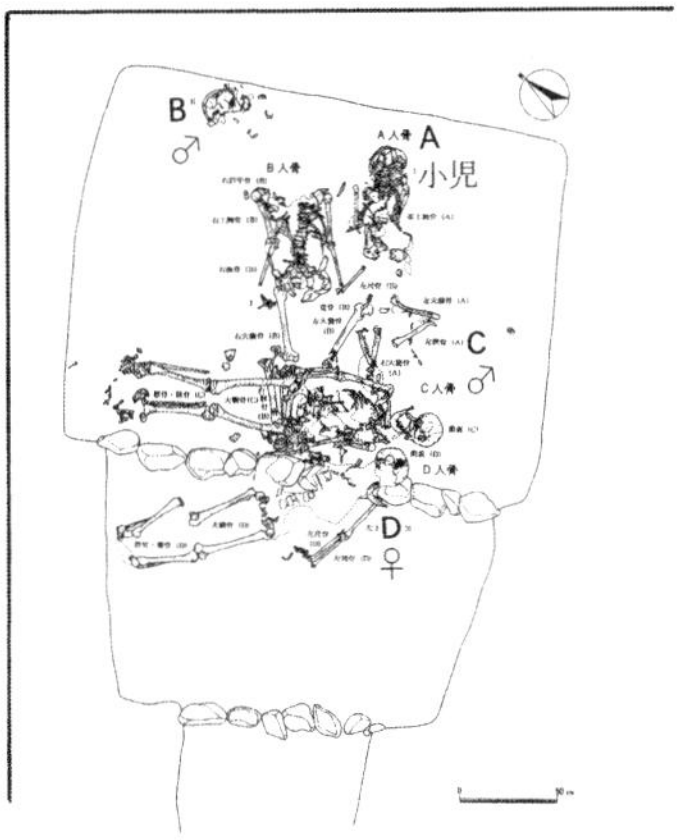

7．出山3号墓の埋葬状態

図18　赤羽台横穴墓群の埋葬形態

次に、墓としての横穴墓のあり方について少し見たいと思いますが、図18は私が学生時代に調査しました北区の赤羽台という横穴墓群です。

東北新幹線を通すにあたって、その地下にトンネルを掘らなければいけないということで、事前調査された遺跡ですが、そこの地域に横穴墓が当たってしまったのです。北側が荒川というか、新河岸川になりますが、その南側の谷の斜面から横穴墓が見つかり、全部で一九基が確認されました。

横穴墓に埋葬されている人骨を見ますと、基本的に一体だけしか埋葬されていないものと、複数埋葬されているものの二種類があります。ところが、この赤羽台横穴墓群に関しましては非常に面白い例があり、単体の埋葬でも全く動かされていないような状態の人骨と、一五号墓のように複数の遺体が二次的にまとめられている例がありました。

それから、図18―6の八号墓を見ていただくとわかると思うのですが、横穴墓自体非常に小規模なものです。おそらく、成人男性だとそのまま入れられないような、奥行が五〇～六〇センチで、幅が四〇～五〇センチくらいの小さいものです。その中にすでに骨になった状態の人骨が収められていました。このような墓は改葬墓と考えられ、骨化した遺骸を収めるための横穴墓であることがわかりました。

そこで、埋葬人骨のあり方を見ますと、埋葬遺骸の属性比率を出したところ、幼児・小児が全体に高い値を示します。これは乳幼児の死亡率が非常に高かったことが窺えます。横穴墓群全体で約三五体検出されましたが、そのうち幼児とか小児が二九%を占めます。男性が二三%、女性が一四%、そして性別や年齢が不明で鑑定できない個体が三四%ということで、単純に言えば、少し女性が少ないのかなという印象をもちます。それから、複数の埋葬の組み合わせを見ましても、例えば男性と子供の組み合わせは三例あります。ところが女性と子供の組み合わせは確認されませんでした。しかし、男女と子供というのは三例あったわけです。それから、単体の埋葬に関しても、男性、女性ともに二例ずつあるのですが、男性の場合は先ほど見たように、改葬されたものなのです。

これは何を意味するのかといいますと、それぞれ同じ墓室にどういう人が葬られていたかということを考える際の一つの材料になると思うのですが、実際人骨同士の類似性を山口敏さんという形質人類学者に鑑定していただいたところ、複数個体が入っている横穴墓の中で、その類似性が確認されたものは二例のみです。一例は全く類似性がないと。だけど、二例については、男女、あるいは男性同士とか女性同士とかそういう部分では類似性があると鑑定されています。

これを総合的に考えますと、もしかしたら同じ墓に葬られている人たちは、基本的には血縁関係にある人たち。ということは、配偶者は含まない可能性があるということなのです。

これは九州地域の横穴墓の研究で、基本的には一つの横穴墓に葬られている人たちは、父系の血縁原理に基づくという結果が出ているわけですけれども、それに近い状態なのかどうかということです。

しかし、赤羽台横穴墓群で注目したいのは、動かされずにたった一体残されてしまった人骨です。それから改葬された人骨。いずれも単体ですが、この人骨はなぜ他の人骨と交ざらなかったのだろうかということが問題になるのです。そういった点についてはＤＮＡ鑑定を経なければいけないのですが、今のところこの残された人骨とか、どこかに入れられた人骨は、その家族の中では非血縁関係にあった人たちではないかと推測しています。つまり、外部の集団から入ってきた人たちではないか。何らかの理由で亡くなった後、出身地に戻れなかった人たち。ですから、集団の中で、逆に血縁が薄い人たちがそのまま墓に残されてしまった可能性があるのではないか。あるいは、どこかに改葬されてしまった可能性があるのではないかというふうに想像できます。

そういったことが今後、横穴墓被葬者の性格を研究するうえで、一つの材料になっていくのではないかと思われます。

最後になりましたが、図19はあきる野市の瀬戸岡古墳群に関するものです。模型がロビーに展示してありますが、調査時の状況をちょっとお話したいと思います。この古墳群は多摩川最上流の平井川の流域にありまして、四〇基から五〇基ぐらいが分布していまして、七世紀代に形成された群集墳です。

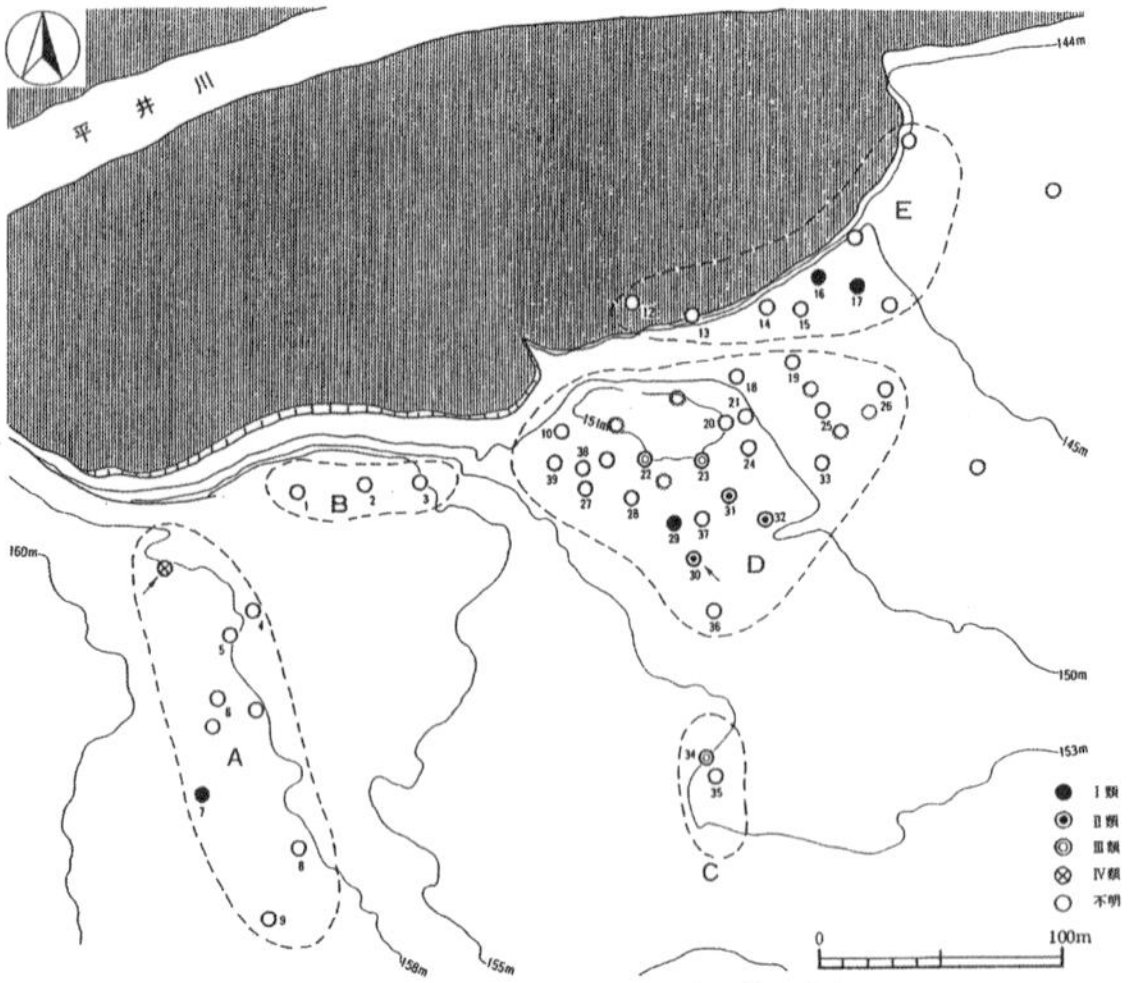

1 あきる野市瀬戸岡古墳群の分布・群の設定

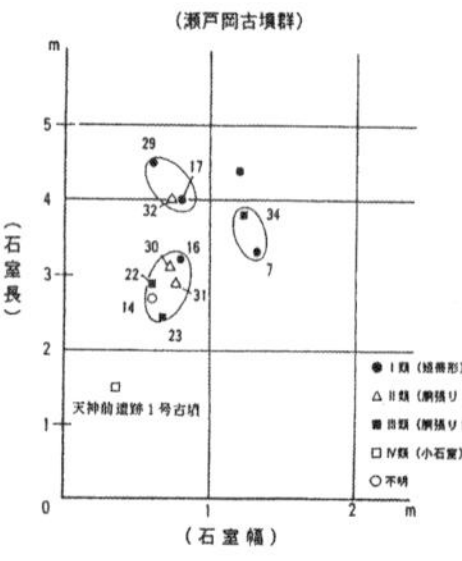

2 瀬戸岡古墳群の規模

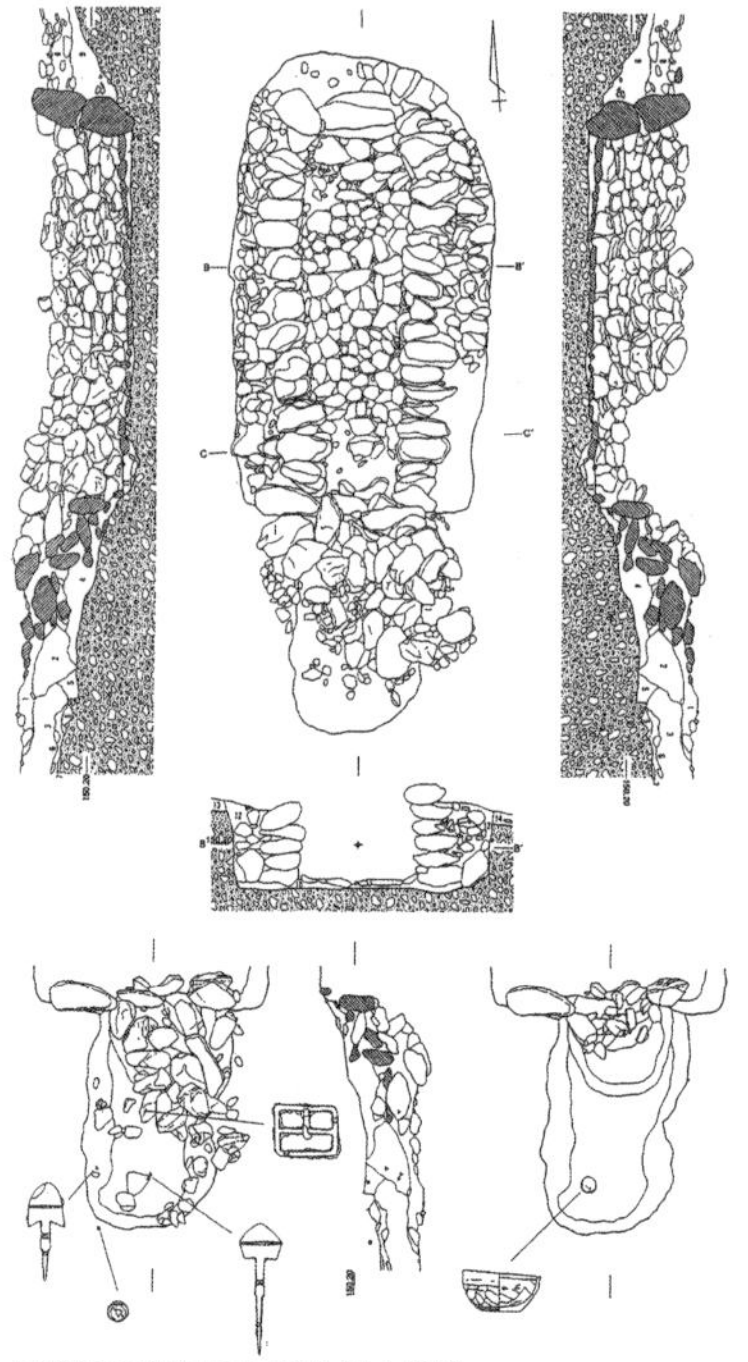
3 瀬戸岡30号墳石室・遺物出土状態

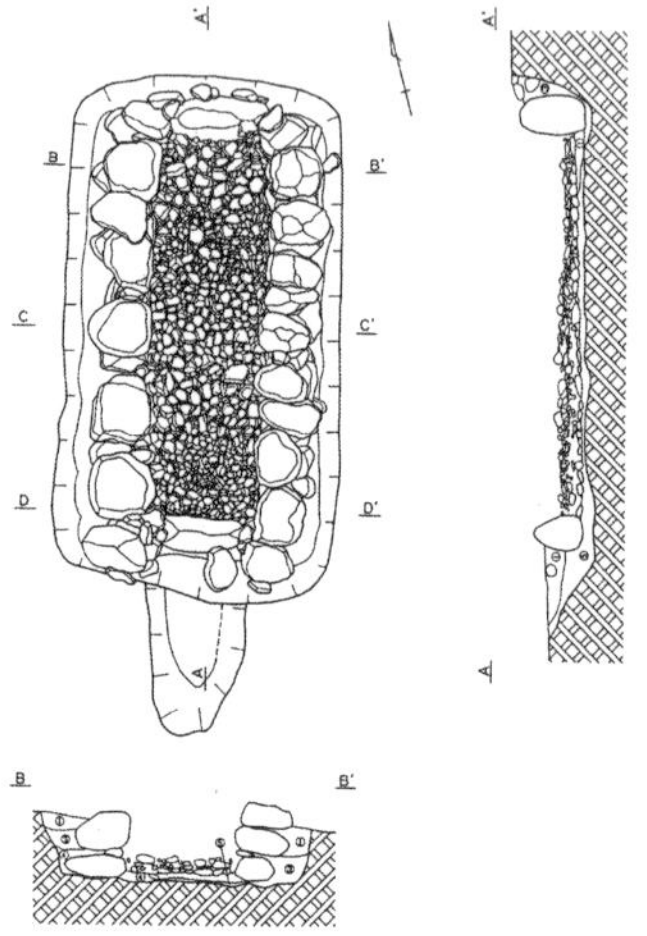

4静岡県富士見市船津L－209号墳石室

図19 瀬戸岡古墳群と東海地域の石室墳

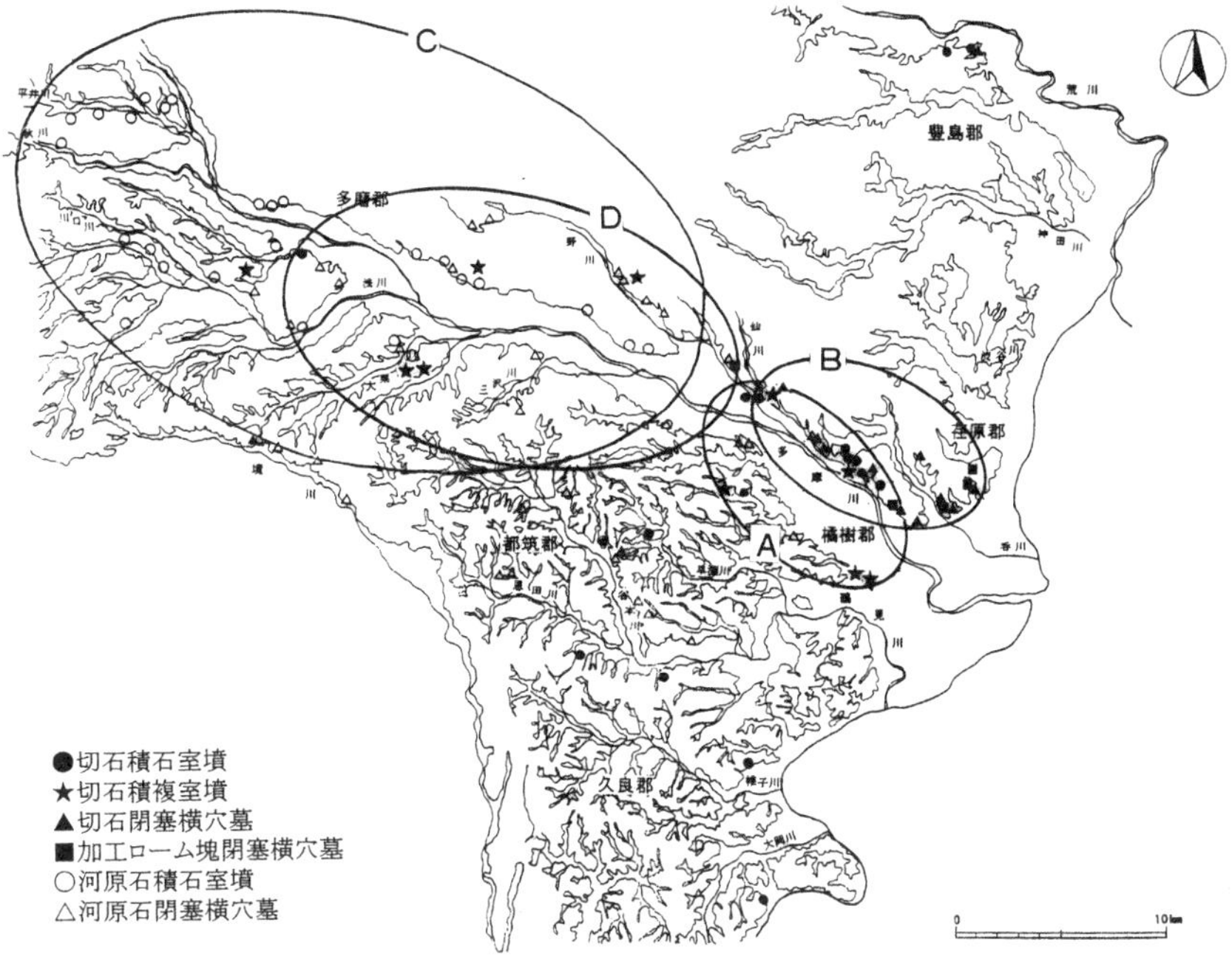

図20　石室墳・横穴墓の属性と分布域

北側を平井川が流れていて、草花丘陵が迫っております。三〇号墳は、低い段丘上に立地しています。石室の入口部の河原石を取りましたところ、遺物が下の図のような状態で出土しました。

つまり、ここが埋葬する際にはずされて遺骸を運び入れる通路になるのではないかと考えられたわけです。基本的には横穴式石室なのですが、すべて地表面から下に造っているものです。いわゆる半地下式構造と言われているもので、墳丘はほとんど認められませんでしたが、かつては、小さな墳丘があったと言われております。これに類似する石室は、静岡県富士市船津古墳群にみるように駿河湾周辺にもあります。

こうした群集墳はおそらく、性格的には横穴墓群ときわめて近い関係にあるものと思われます。

図20はB切石を使った横穴墓の分布域と、それから、A切石を使った横穴式石室の分布を比較したものですが、これらがほぼ重なることがわかります。それから、D河原石を閉塞に使った横穴墓の分布域と、C河原石積みの横穴式石室の分布もほとんどオ

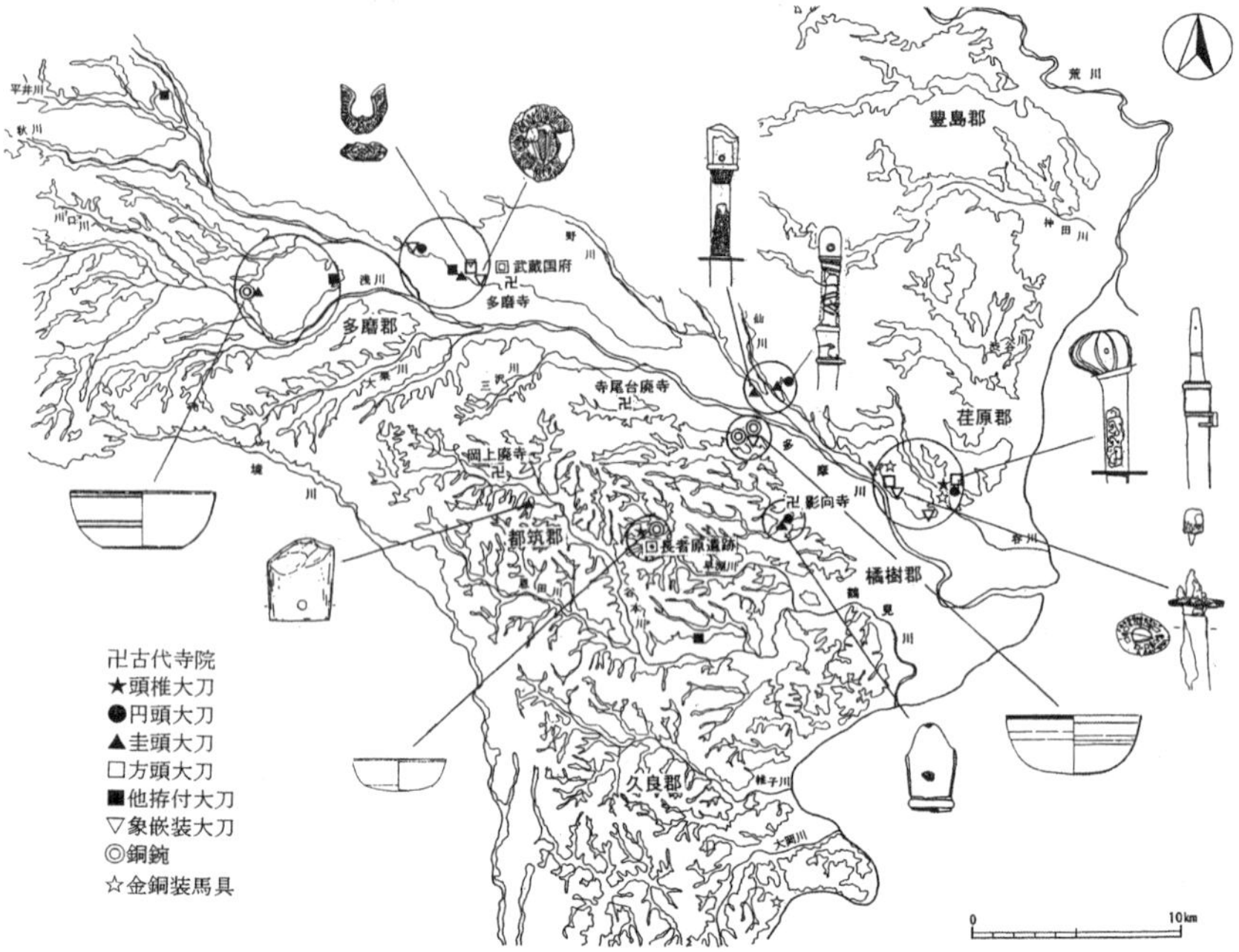

図21　副葬遺物の種別分布と核地域

ーバーラップしています。

これに、先ほど来問題になっている複室を持つ切石積石室墳である熊野神社古墳や稲荷塚古墳、対岸になりますけれども馬絹《まぎぬ》古墳などをプロットしてみますと、普通は河原石積みの石室しか造らないような地域に、突如、切石だけを使った石室が出現する状況がみられ注目されます。これを見ると一目瞭然で、この石室形態は一種のステータスです。通常の古墳の造り方と全然違うのだということを見せ付けるというか、そういうものをここから感じとることができます。

これに装飾付大刀、金銅装の塚越横穴墓で出土したような大刀であるとか、あるいは象嵌を持つ鉄刀、あるいはそれなりに特殊な意味を持つと思われる大刀および銅鋺などの分布を合わせてみますと、なおはっきりするわけであります。図20を見ますと大体こういったものが出てくる地域には、前提としてそれなりの石室墳ないしは群集墳があるということがわかってきまして、基本的には荏原郡から多磨郡に向かってだんだん集約されてくる。要するに、地域が統合される過程で、畿内系とされる文物がその地域にだんだん集まってくるという現象が窺えるわけで、これがもしかしたら武蔵国府の成立につながっていくのかなというような印象を受けます。

ですから、多磨郡でもおそらくこのあり方を見ると郡単位というよりも、むしろ郷の領域でその中心が存在する可能性というのがあるのかなと思います。

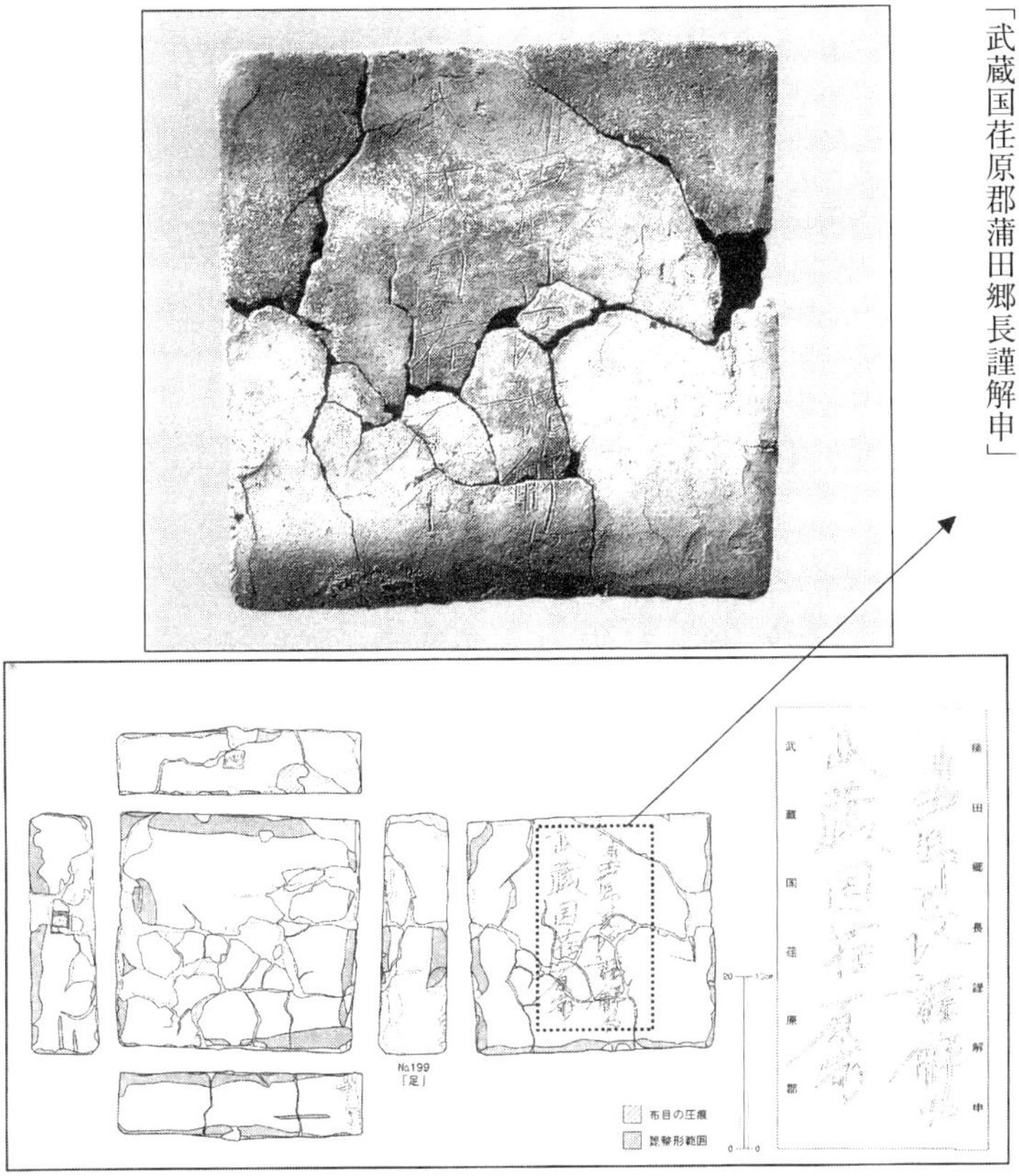

図22　稲城市瓦谷戸窯跡群Ａ号窯出土『解文塼』

さらに、相模の国でもこういった装飾付大刀の分布というのは認められるわけですが、やはり狭い地域に集中する傾向が窺われます。ですから、もしかしたら、郷程度の単位でこういったものが伝承される、あるいは代々受け継がれるという性格を持っているのではないかと思います。

図22の写真は、坂詰先生が団長で調査された稲城の瓦谷戸窯跡から出てきた塼《せん》です。国分寺を造る時に焼かれたものですが、ここに「武蔵国荏原郡蒲田郷長謹解申」という字が彫られたものが出てきました。とい

1 東国初期横穴墓の型式(池上2000)

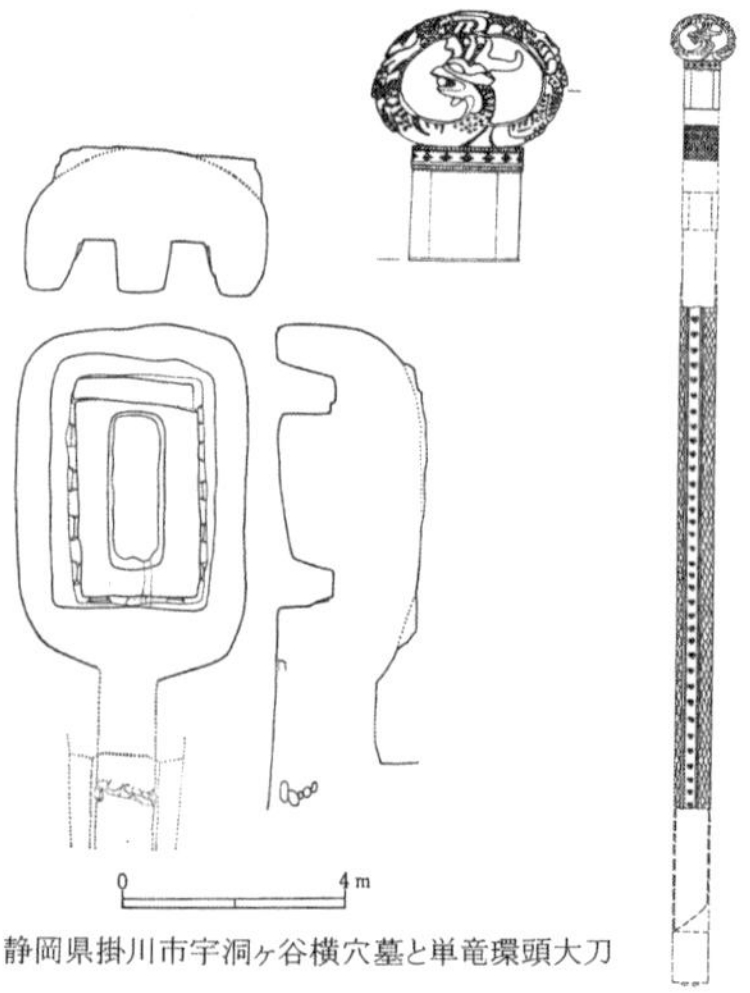

2 静岡県掛川市宇洞ヶ谷横穴墓と単竜環頭大刀

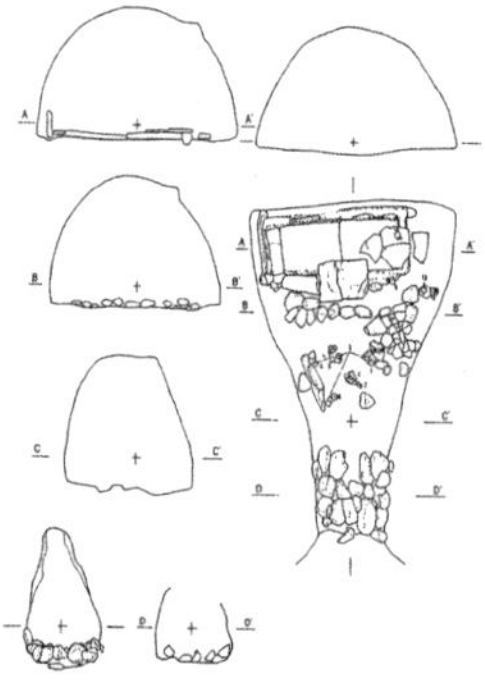

3 静岡県菊川町杉森D-5号墓

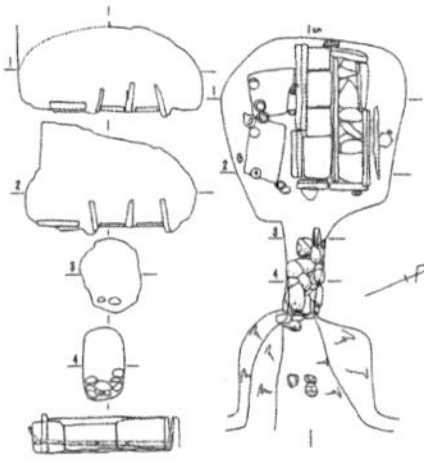

4 同西宮浦2号墓

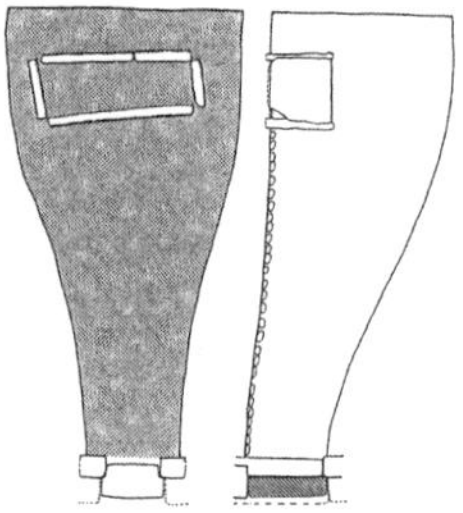

5 大田区久ヶ原11号墓

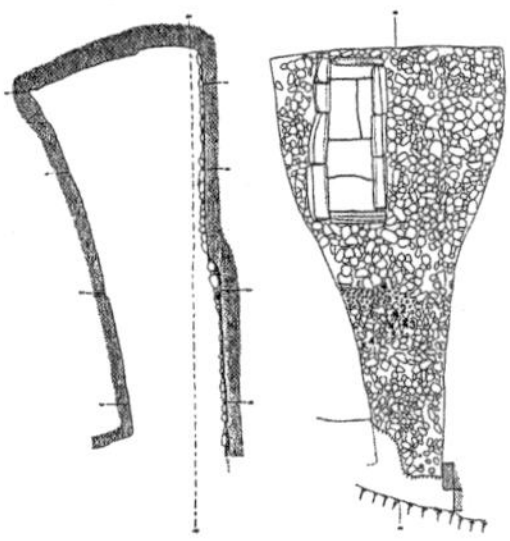

6 等々力2号墓

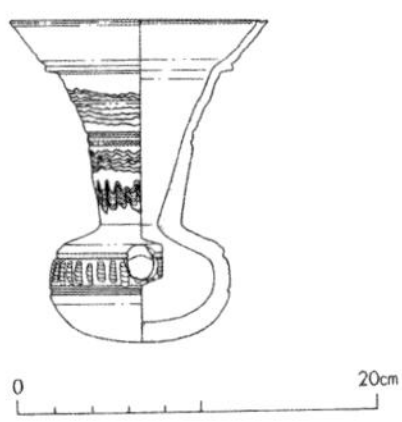

7 川崎市久本7号墓・出土土器

図23 多摩川流域の初期横穴墓と東海地域の横穴墓

うことは、八世紀の半ばぐらいには、確実に荏原郡の蒲田郷（現在の大田区東南部）長がいたのです。ということは、荏原郡の中で例えば塚越横穴墓群や山王横穴墓群を営んだ集団の中に、のちの郷長クラスにつながる集団がいて、その後発展していった可能性をものがたる重要な資料であります。

最後に図23についてです。多摩川流域の横穴墓というのは、いったいどこから伝播したのだろうかということです。結論から言いますと、多摩川のとくに下流域、川崎市津田山周辺の横穴墓も含めて考えますと、内部に石棺を持っていたり、装飾付大刀や銅鋺を持っていたりするようなグループが、非常に早い段階で東のほうにやってくるわけです。それが恐らく多摩川の下流域の一部に最初定着いたします。例えば、東海地域の横穴墓とこの地域の初期の横穴墓を比べてみますと、同じように造付式の石棺を持っていたり、組合式石棺を持っていたりということもありますので、恐らくダイレクトに東海以西の地域から多摩川の下流域に入ってくる集団というのが存在して、そこからまた派生的に、在地のそれぞれ地域の特性を持った横穴墓が継起的に造られるのだろうと考えられます。

それがのちの律令体制の郡司とか郷長とかの有力な豪族層につながっていく可能性があるのだろう、ということを最後に申しまして私の発表を終わらせていただきたいと思います。

池上　ありがとうございました。私などはとても考えつかない重要な、とくに装飾付大刀とか、それを踏まえたお話をしていただきました。続きまして、岡崎さんよろしくお願いします。

四　東京の古墳の保存と活用

岡崎　東京都教育委員会の岡崎と申します。よろしくお願いいたします。先ほどから考古学的な、学術的な発表が続いていますが、私は、東京の古墳の保存と活用ということでお話をさせていただこうと思います。

遺跡はもともと土地にあるものですから、本来はその土地で、その場所で保存されるのが大原則ですが、東京というなにぶん世界にもまれな開発のスピードの速い地域で、その場所に残すというのはなかなか難しいことであります。

先ほどお話がありましたが、すでに明治三十二年に坪井正五郎先生が時の知事に、芝丸山古墳についての保存の意見書を出すというようなことがありまして、長い歴史があって東京でかろうじて公園とか神社の境内、あるいは個人のお宅もありますが、そういう所で残ってきたという経緯があります。

それでいろいろ行政的な手続きなどして保存をしてきたという経緯がありまして、文化財保護法が昭和二十五年にできますが、その第一条にすでに「保存と活用を図る」という目的が定められています。また、第二条ではすでに古墳が文化財の定義の中にきちっと明記されております。

そういう意味で、東京では古墳が墓であることから早くから文化財として認められ、保存されている所の大半が公共用地ですね。それから、寺社。先ほどの熊野神社の発表がありましたが、かろうじて神社の境内であったがために残っていたという、極めて幸運な古墳だったかなというふうに思います。また、個人の所有地ですね。それと、若干ですが、学校の一角に残っているというようなものもありまして、たまたまこの発表をするので、私は緊急に都内で保存状態のよい古墳を改めて見直してきました。

遺跡を保存するには、本来はいじらないで残しておくのがよいのですが、活用となりますと、遺跡の年代、性格、先ほど皆さんの発表でもかなり細かい年代、あるいは背景、それから特徴などの発表がありましたが、保存し活用するにはある程度の調査が必要になります。

それでいて、保存もするんですが、活用となると一部を発掘し、言い方は悪いですが、遺跡を部分的に壊していかないと内容が明らかにされないので、皆さんにいろいろな面で活用していただくということにはならないという、極めて矛盾した部分がでてきます。

それで、都内でその保存とか活用のための調査が行なわれるというのは、年に一、二件ですかね、大変少ないです。全国的に見てもさほど多くない。大半が開発などに伴う事前の調査で、調査が終われば報告書を作成し、遺跡は調査の終了以降に破壊されてしまうという極めて厳しい状況があります。

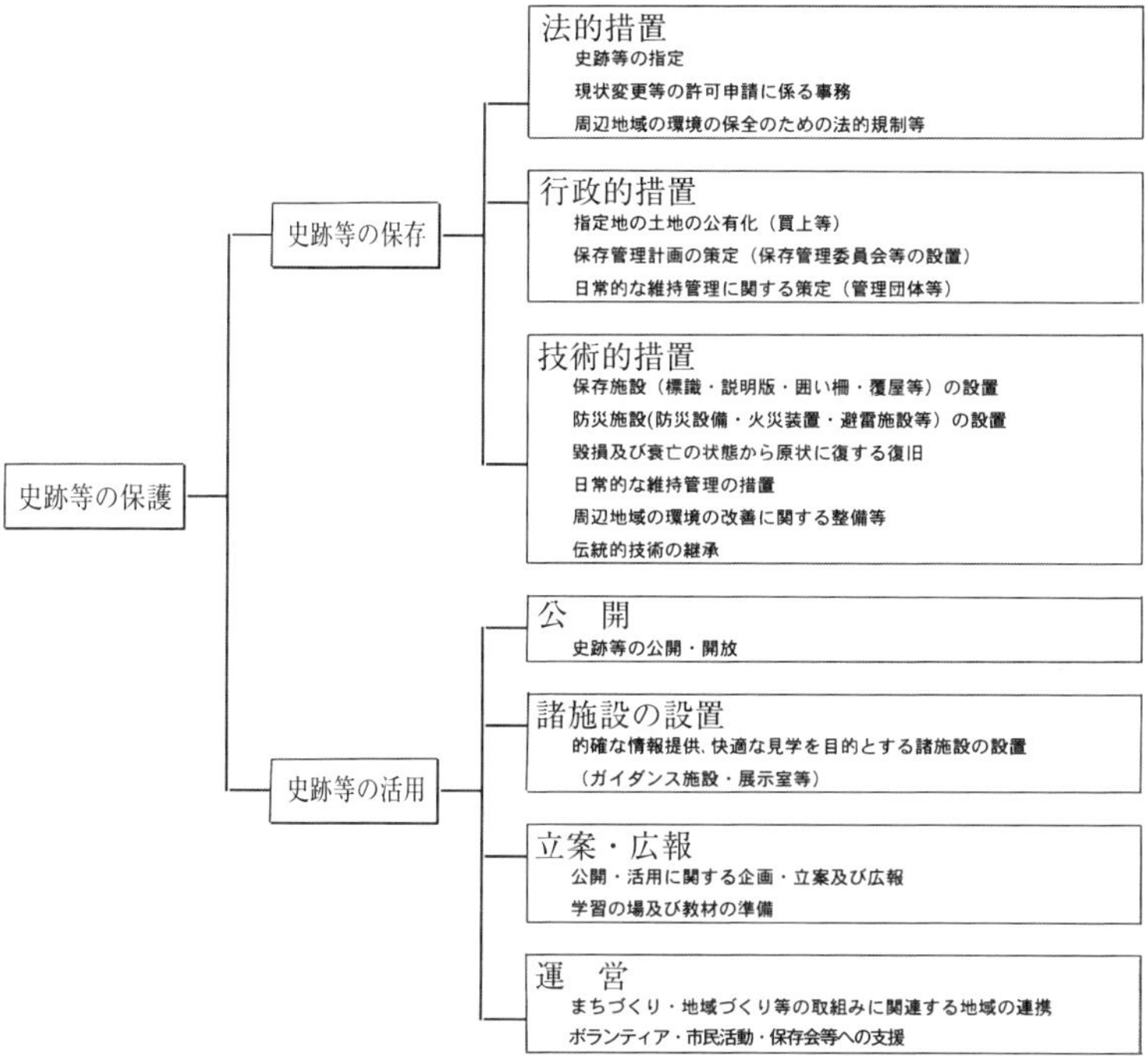

＊ 史跡整備の在り方に関する調査研究会・文化庁文化財部記念物課(2004年)
「史跡等整備のてびきー保存と活用のためー【総説編】」を一部改変掲載

図24　史跡の保存と活用の概要

保存を行なう場合には、当初からきちっと保存検討委員会などを作って、委員会の中で調査範囲を必要最低限になるべくとどめられるような調査方法を考えながら進めていくという方法で今現在は行なっています。とくに文化庁からは厳しく、なるだけ現状を維持するようにという指導がなされておりまして、いろいろ文化庁のほうからアドバイスをいただきながら進めていくという現状があります。

そこで、史跡などの保護ということで、図24に「保存と活用」の概要を掲げてみました。これは保存し活用していくという保護の両輪のようなものでして、法的な措置としては、「史跡等への指定」があります。先ほど報告がありました府中市の熊野神社古墳も東京では数少ない遺跡の一つで、この七月の後半に国史跡の指定がかないまして、今後は整備・活用が行なわれます。委員会が立ち上がりまして、その検討が始められて、これから平成二十年度末ぐらいまで、それの整備事業が行なわれるようです。それから、行政的なものとしては、やはり指定をして、できるだけ史跡の公有化を図るということで、国などの補助金制度もありますから、それを活用していただいています。

また、保存管理計画の策定についても国の補助金制度がありますので、これを活用して、進めていくということです。

それから、技術的な措置ですが、保存の施設ですね、防災ですとか、日常的な維持管理。残すのもいいんですが、その後のアフターケアは大変難しい。ずっとお金がかかるというようなこともありまして、それぞれ自治体で補助などしておりますが、大変苦しい状況にあります。

次に、公開としては史跡公園ですとか遺跡公園。東京では何といっても、多摩川台古墳群という田園調布の一角にある素晴らしい公園と古墳群が保存と活用されている一押しの場所かと思います。今日、ご来場の皆様の中にもかなりの方があの辺を散策されて、いろいろ古墳時代に思いを馳せられたことかと思います。そういう場所を造っていくということです。

この公園の中には公園の管理事務所がありますが、あそこに素晴らしいガイダンス施設がありまして、古墳の説明をする資料などが展示してありまして、まさに一つの模範的な施設となっています。

ただ、ちょっと欲を言うと残念なことに施設の案内板が出ていないんです。今までわれわれは展示施設があることがわかっていますのですんなり行けるんですが、今回は見学者の目線でということで少し歩いてみましたら、本当は多摩川の駅前に表示が出ていれば一番いいんですね。あそこからスタートして、それから入口にもこういう施設がありますという看板がでていたらわかりやすいと考えて帰ってきました。

次に、広報などもまだまだ足りないなというふうに思っています。最近の運営ですが、まちづくりですとか地域作りということでの住民の方々との連携が重視されてきています。昨年も全国遺跡環境整備会議が宮崎県の西都原《さいとばる》考古

多摩川台古墳群に付設された古墳展示室

等々力渓谷三号横穴墓

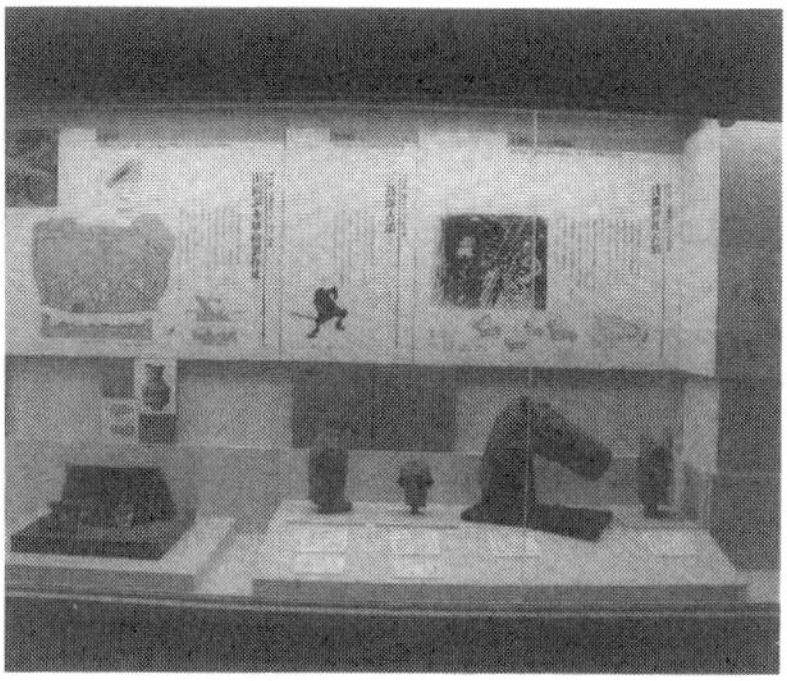

出土品の展示

横穴墓羨門

亀甲山古墳の説明板

亀甲山古墳の現状

図25　多摩川台古墳群の遺跡公園

表1　古墳の国指定史跡・東京都指定史跡一覧

平成17年10月現在

No.	国・都	遺　　跡　　名	所　在　地	所有者及び管理責任者
1	国	亀甲山古墳	大田区田園調布	大田区まちづくり推進部(管理団体)
2	史跡	武蔵府中熊野神社古墳	府中市西府町	宗教法人熊野神社
1	都	亀　塚	港区三田	港区土木部
2	指定	芝丸山古墳	港区芝公園	都建設局
3		宝莱山古墳	大田区田園調布	大田区土木部
4		多摩川台古墳群	同	同
5		野毛大塚古墳	世田谷区野毛	世田谷区建設部・世田谷区教委
6		等々力渓谷三号墳横穴	世田谷区等々力	同
7		御岳山古墳	世田谷区等々力	（宗法）満願寺・区土木部
8		白旗塚古墳	足立区竹ノ塚	(宗法) 白旗神社(白旗塚史跡公園)
9		出山横穴墓第八号墓	三鷹市大沢	個人
10		西谷戸横穴墓群	町田市三輪町	町田市教育委員会
11		坂西横穴墓群	日野市神明上	日野市教育委員会
12		兜塚古墳	狛江市中和泉	狛江市教育委員会
13		稲荷塚古墳	多摩市百草	恋路稲荷神社奉賛会代表
1	都	鶴木大塚古墳	大田区雪谷大塚町	個人
2	旧跡	北大谷古墳	八王子市大谷町	都住宅供給公社
3		下三輪横穴	町田市本町田	(宗法) 妙福寺
4		大塚古墳	あきる野市雨間	あきる野市
5		瀬戸岡古墳群	あきる野市瀬戸岡	個人·都建設局·あきる野市教委

博物館で開催されました。昭和五十年代に各県で風土記の丘構想がありましたが、だいぶ状況が変わってきて、この辺で再度保存と活用を見直さなければいけないというような、さまざまな現状報告がありました。遺跡整備の見直しもそうですが、活用面での見直し、それから管理や運営面でもボランティアなどの参加をいただいてもっと活発に活用していきたいというような発表がありました。

次に遺跡としての古墳ですが、古墳というのは地上に塚状に築かれておりまして、一番わかりやすい。皆さんでも、都内では難しいですが、地方に行きますとこんもりした小高い塚は大体古墳ということでわかりやすいです。

先ほど、関東大震災のあとに鳥居先生が見た古墳は極めてよく見えたというようなお話もありましたが、そういう意味で高塚である古墳は非常に見やすい。かたや、横穴墓は崖の傾面に横穴をうがってそこに遺体を葬ったということで、対照的です。

そこで私も遺跡数を調べてみましたら、東京都内の古墳・古墳群、横穴・横穴墓群として登録されているものが四三〇カ所ほどありました。その中から都内で指定されているものを表1に挙げました。国史跡が二つですね。亀甲山古墳と武蔵府中熊野神社古墳。それから、東京都の指定が一三、旧跡が五カ所あります。それと、区市町村では一一カ所。一番多いのは世田谷区で五カ所あり、大田区は一つ。それ以外には、先ほど谷口さんのお話にもありました柴又の八幡神社古墳です。これも指定されています。

次に、分布を見ますと武蔵野台地の東縁、多摩川流域では上流から下流まで分布が見られます。それから、東部の低地帯ですね。下総と武蔵国の間をつなぐような重要な場所に古墳があります。

保存されている古墳というのは、先ほどもお話しましたが、いろいろ法的な措置をし、保存を図ってきております。

保存と活用についての現状を四つに分けてみました。まず現状で保存されているものとしては、大田区の亀甲山古墳です。説明板がありまして、古墳の墳丘などについて書いてあります。ただ、山が荒れて墳丘のシルエットが見えないんですね。本当はシルエットが見えますと、「あ、こういうシルエットだと何世紀だな」という一つの特徴もあるんですが、そういう意味では草刈りなどをして墳丘の形が見えるようにしたら、もう少し皆さんにわかりやすくなるのではないかと感じました。

次に、芝丸山古墳です。これもあまり手を加えておりません。芝公園の一角の一番高台の上に残っています。次に、多摩川台古墳群ですね。この亀甲山古墳から宝莱山古墳までの間は大田区ですべて現状に近い状態で保存・管理し、大きくは整備しておりませんけれども、きちっと案内板などがでていまして、それを見ながら見学するのによい場所となっています。

それから、御岳山古墳というのがあり、これは世田谷区のある寺院が所有していますが、これも現状に近い状態で残されている古墳です。

次に、整備が図られたものとしてまず最初に同じく世田谷区に所在します野毛大塚古墳が挙げられます。平成元年から四年かけて保存と整備が行なわれまして、再度の調査をした結果多くの成果が得られた古墳です。解説板なども付いています。約半分以上ですが復元整備がされ、葺石それから埴輪を立て並べた整備がなされています。墳頂部には埋葬施設が四カ所確認され、きちっと墳丘上に埋葬施設が表示されていて、副葬品が出土した状況などの絵が入っ

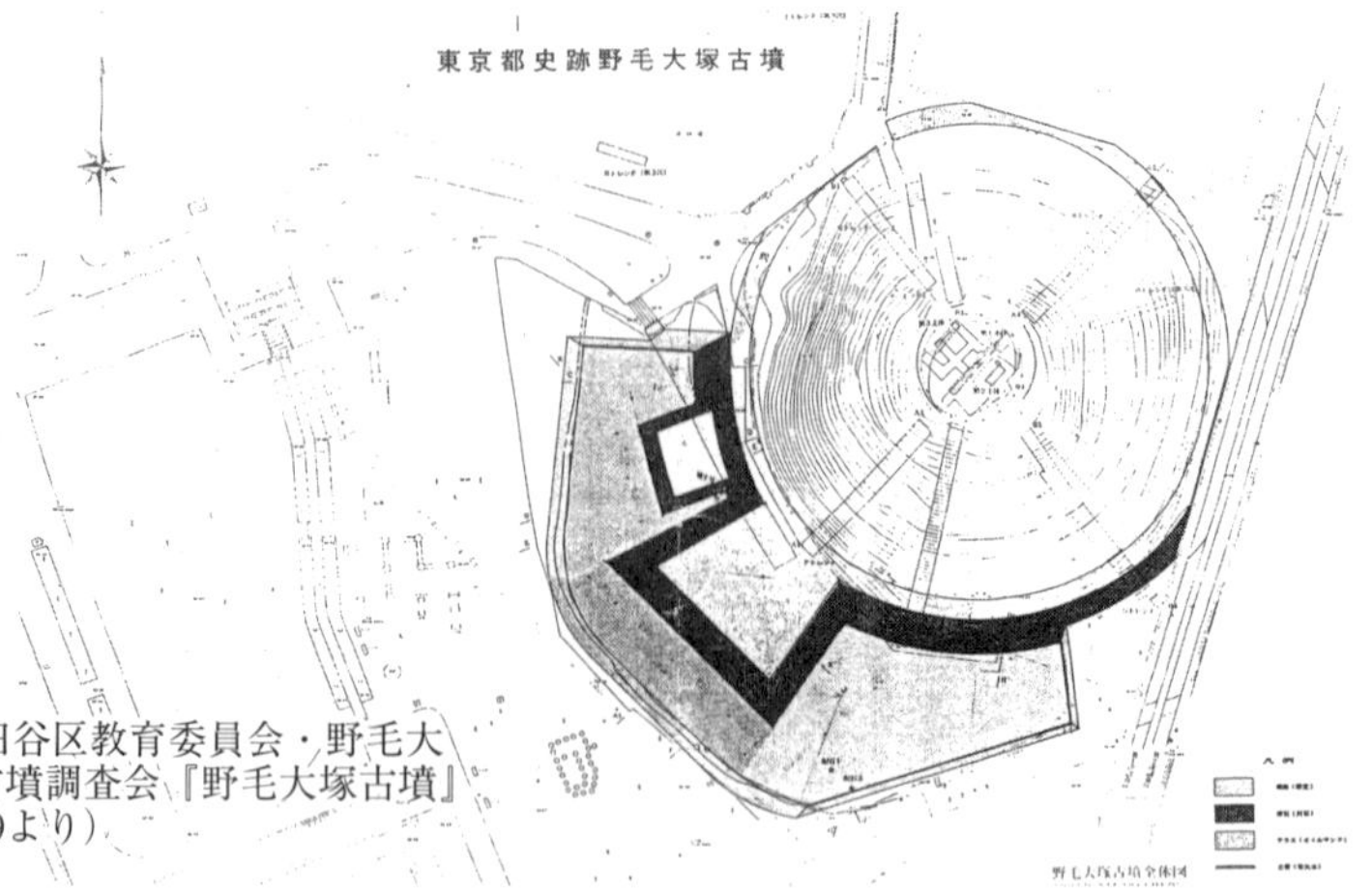

（世田谷区教育委員会・野毛大塚古墳調査会『野毛大塚古墳』1999より）

野毛大塚古墳標識・説明板

埴輪の復元設置状況

前方部復元状況

墳頂部埋葬施設の表示

図26　野毛大塚古墳復元整備図と古墳の現状

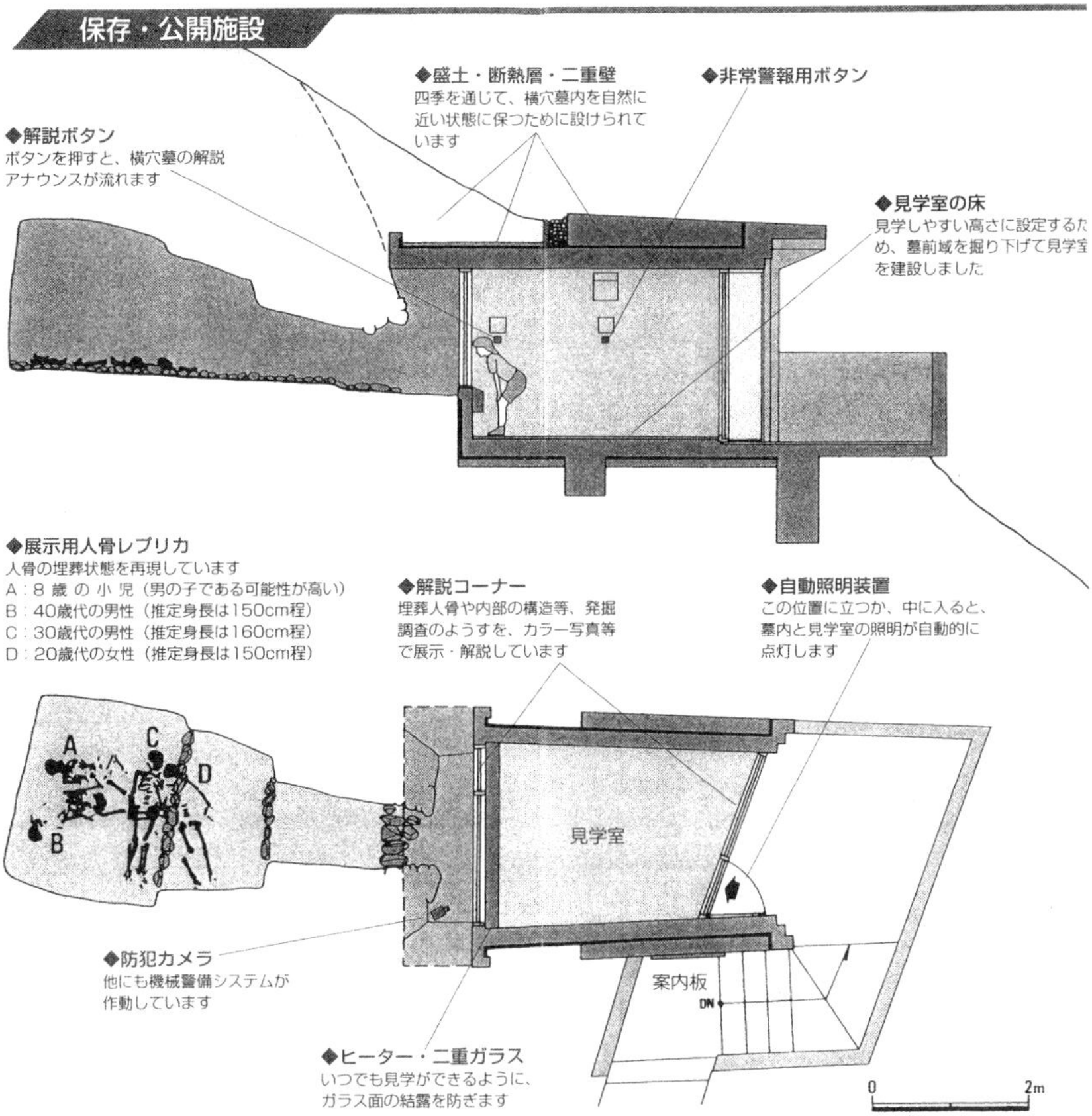
保存・公開施設
◆盛土・断熱層・二重壁
四季を通じて、横穴墓内を自然に近い状態に保つために設けられています
◆非常警報用ボタン
◆解説ボタン
ボタンを押すと、横穴墓の解説アナウンスが流れます
◆見学室の床
見学しやすい高さに設定するため、墓前域を掘り下げて見学室を建設しました
◆展示用人骨レプリカ
人骨の埋葬状態を再現しています
A：8歳の小児（男の子である可能性が高い）
B：40歳代の男性（推定身長は150cm程）
C：30歳代の男性（推定身長は160cm程）
D：20歳代の女性（推定身長は150cm程）
◆解説コーナー
埋葬人骨や内部の構造等、発掘調査のようすを、カラー写真等で展示・解説しています
◆自動照明装置
この位置に立つか、中に入ると、墓内と見学室の照明が自動的に点灯します
A
B
C
D
見学室
◆防犯カメラ
他にも機械警備システムが作動しています
案内板
DN
◆ヒーター・二重ガラス
いつでも見学ができるように、ガラス面の結露を防ぎます
0
2m

図27　出山横穴墓の案内
（『出山横穴墓群８号墓保存・活用施設　利用案内』三鷹市教育委員会より転載）

ていましてわかりやすくなっています。ただ、これも一〇年以上たっていまして、少し見づらくなってきているところがあります。

それから、出土遺物に大変素晴らしいものが多く、都の指定有形文化財（考古資料）となっていますが、その説明がないのがちょっと残念です。

以上のことから説明板と同時に、多分皆さんも見学された時に、これ以外の出土品の情報はどこにあるんだということを知りたくなると思うんですね。そういうときの案内が不十分ではないかと思って帰ってきました。

次に、出山横穴墓ですね。これは三鷹市にあります。これもなかなかよい保存・公開施設で、図27にあるような覆いを前段に設けまして、横穴墓の中の様子を見ることができる大変素晴らしい施設です。ただ、場所がちょっと不便な所にありまして、少しわかりにくいかなと思いますが、これも都内の横穴墓の保存状況を見るには非常に参考になる施設だと思います。

それと世田谷区の等々力渓谷にも自然環境のよい所に横穴墓が点在し、その一角をちょっと見えるようにしているんですが、もう少し工夫が必要であると見て帰ってきました。一応、中は見えるんですが、暗かったりして様子がよくうかがえないのが残念です。

以上、活用が図られているという事例をあげましたが、まだまだ東京は全国のレベルから言ったら非常に少ないという結果になっているかと思います。そういうことで文化庁から、もう少し保存と活用に東京都は力を入れるべきであると最近ご指導をいただいているところです。

また、大半がどうしてもその場所に保存できない状況ですが、そこでもう二〇数年以前からですか、現地に残せないものを型取りをしてほかで活用しようという方法が採られてきています。この展示会で、あきる野市瀬戸岡《せとおか》三〇号墳の型取を都教委でずっと保管しておりますが、大きいものですから、ちょっと展示するとか、あるいは移動させるといっても大変なんですが、今回こちらの館のお計らいで、皆様に披露できることは私も大変うれしく思っております。写真、図面などでなくて、本物に近いものであるということで、石室というのはこういうものなのかと、視覚的にきちっととらえていただけるわけで、私は非常によい方法であると考えております。

また、北区の赤羽台遺跡でも型取りを作っておりまして、これは北区飛鳥山博物館に保管されております。去年の今ごろ展示会を開催した時に活用していただきました。調査時には経費がかかり大変だなと思いつつ作成しましたが、あとでこういう使い道もありますので、覚えておいていただければと思います。

それから、本物を移築するという方法がありまして、都内では少ないんですが、国立市の四軒在家《しけんざけ》という古墳群がありまます。区画整理の事業に伴って調査がされ、たまたま一角に公園を作る予定がありましたので、その公園の中に石室を移築をしてわかりやすく整備をしている事例があります。

私も以前から興味があったんですが、今回行って見て参りました。そんなに広い面積ではないんですが、きちっと説明が表示されていまして、「出土資料については、くにたち郷土文化館へどうぞおいでください」というような表示もありまして、これだったら文化館まで一五分ぐらいの距離ですから資料とあわせて活用していただけて大変よいのではないかなと思っています。見学中に子供たちがいてよい遊び場になっていましたけれども、これも公園ということですから、こういう利用もあるのかなというふうに見て帰ってきました。

東京では保存するのはなかなか難しい面もありますが、私は個人的にはこのような方法もよいのではないかと思います。

図28　復元された四軒在家古墳群

例えばその古墳がなくなった場所に、かつて古墳があったことをそこに表示することです。大田区の扇塚はマンション建設で壊れてしまったのですが、そのマンションの一角に碑を立てて表示を残していただいたということで、都市の事例の一つとしてよいと思います。

例えば、丸の内に将門塚というのがあるんですが、特定はできないんですけど、ずっと碑が建っていまして、文化財ということでそのままにしてありますが、あのような表示の仕方もあってよいと思います。

ざっと駆け足で説明しましたが、最後に今後の保存と活用のあり方ということですが、近年、なかなか行政体だけではできないので、住民の方々、あるいはボランティアの方々の参画をいただいて、いろいろな切口で保存と活用を図っていこうというような運動が、全国的に盛んになってきております。そういうことで、まだ東京では事例が少ないのですが、今日、発表の府中市の熊野神社古墳は、今ちょうど保存活用の検討委員会が行なわれておりますが、今後そういう方向でいけたら東京でも新しい方式が生まれるのではないかなと期待しているところです。

そういう意味でいろいろ自治体も保存と活用では苦慮しておりますが、皆さんとともに保存と活用を考えていけるような場所を作っていければというふうに考えています。これがほかの県ですと、けっこう地元の町内会の方がその古墳の掃除をしたりお祭りをしたりなど、管理と活用の事例も最近出てきていますので、東京でも不可能ではないなというふうに私は思っています。

池上　ありがとうございました。東京都の古墳の保存の現状と問題点と今後の保存のあり方についてまとめていただきました。

五　後期の古墳

池上　今、五人の方に東京の最新の古墳の情報、およびその整備状況についてお話いただいたわけでありますけれど、江口さんに終末期古墳の問題を話していただきたいと思います。

とくに、さっき松崎さんがおっしゃったことですが、荏原郡から多磨郡へと勢力の中心は徐々に移動したというかたちで熊野神社古墳が出てくるんだとおっしゃっているんですけれど、熊野神社古墳の基盤をどういうふうにとらえるのかということをお願いします。

江口　松崎さんは非常に重要なお話をされたと思います。多摩川流域を中心とした主な切石積横穴式石室という図10の中で、多摩川の上流が八王子市北大谷古墳、多摩市稲荷塚古墳、同じく臼井塚古墳、それから三鷹市の天文台構内古墳と熊野神社古墳が、多摩川の中・上流域の切石積の石室墳になります。間違いなくこれらが有力墳と言えるかと思います。

それから、下流域では、多摩川の対岸、川崎市の馬絹《まぎぬ》古墳が有力墳です。これらが複室構造で二室、玄室と前室の二室構造の石室の古墳です。

熊野神社古墳は、これらの古墳の中では、八王子市の北大谷古墳とよく似た形態の石室です。先ほど松崎さんがおっしゃったように、各地域で有力墳が展開し、その一つが熊野神社古墳であることは間違いありません。しかし、八王子市の北大谷古墳や多摩市稲荷塚古墳は、墳丘の盛土が熊野神社古墳のように、しっかり積まれていません。さらに熊野神社古墳は石室下の掘り込み地業や上円下方墳であること、玄室から出土した富本銭と同じ七曜文の鞘尻金具などから、他の切石積横穴式石室墳とは大きく異なる古墳です。さらに、多摩川左岸の後に国府が置かれる地に造れた点も重要です。

それから、今回スペースの都合上表を載せられませんでしたが、府中市周辺の横穴墓は府中市にはなくて、国分寺市や国立市のほうに少しあるだけです。多摩川下流域の横穴墓と高塚古墳の分布をみると都内の区市町村でその関係が明確に分かれます。大田区、世田谷区周辺は横穴墓が非常に多くて高塚墳が少ない地域です。これは日野市などもそうです。逆に、府中市とか調布市、国立市では、高塚墳が多く横穴墓がほとんどない。多摩川下流域は非常に段丘が発達していますので、横穴墓が造りやすい。逆に高塚古墳は造りにくいという自然・立地環境の要因も大きいと思います。このように、古墳時代後期から飛鳥時代にかけて、地域的な横穴墓と高塚墳との関係も注目すべきと思います。

在地社会の中で見れば熊野神社古墳もその地域の一つの有力墳と位置づけられますが、上円下方墳という墳形、しっかり積まれた墳丘と掘り込み地業、七曜文の鞘尻金具の出土などから、地域の有力墳から一歩抜きん出ていることは間違いありません。

池上　ありがとうございました。もう少し広い意味で熊野神社古墳の位置づけをやって欲しかったのですけど、とくに胴張り石室は多摩川の上流域しかありませんので、下流域の石室は基本的に胴張りを持たないんですよね。野本さん、その辺をお願いします。

野本　六世紀代に横穴式石室が多摩川下流域に入ってきます。従来は六世紀の後半と言われていたんですけれども、先ほど松崎さんが言われたように横穴墓の出現の波及の経緯ですね。それから静岡とか、そういういわゆる東海系の流れというものを考えているんですけれども、多摩川下流域に横穴式石室が出現するのは、六世紀の第2四半期ぐらいなんですね、要するに半ばよりも前の時期です。

これは正確にいうと発掘調査された資料ではないんですけれども、西岡二八号墳という円墳ですね。ただ、鹿角製刀子と六鈴鏡を伴う横穴式石室と確認されただけなんで、横穴式石室が静岡でやはり六世紀の第2四半期から出てくる。もちろん関東で最も古いのは、六世紀初頭の前二子古墳という前方後円墳で群馬県の細長い形の横穴式石室なんですけれども。

多摩川下流域左岸では、前に言われたように六世紀後半というのではなくて、静岡とか東海のいわゆるそういう系譜を考えると、やはり胴張りじゃなくて長方形というか、石室は胴の張らない系譜です。

もちろん発掘調査した例でいきますと、多摩川台一・四・五・七・九号墳、これらの古墳を最初に発掘された考古学者が明治大学の後藤守一先生ですね。この発掘調査は多摩川台公園が昭和二十八年都立公園になった後に、武蔵野

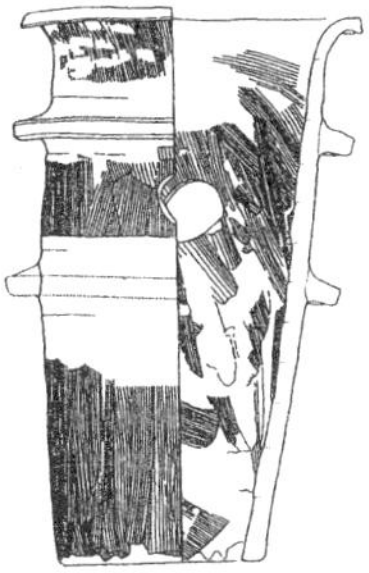

1 新居里古墳（西岡32号墳）普通円筒

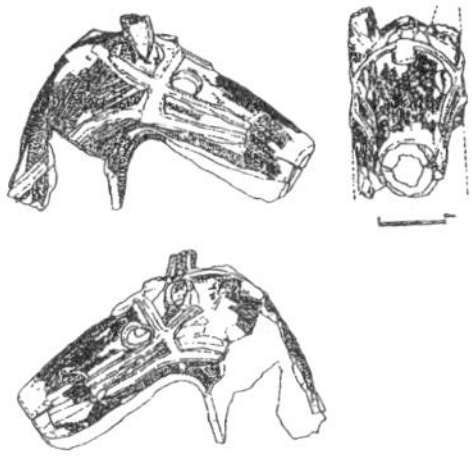

2 馬（浅間神社古墳）

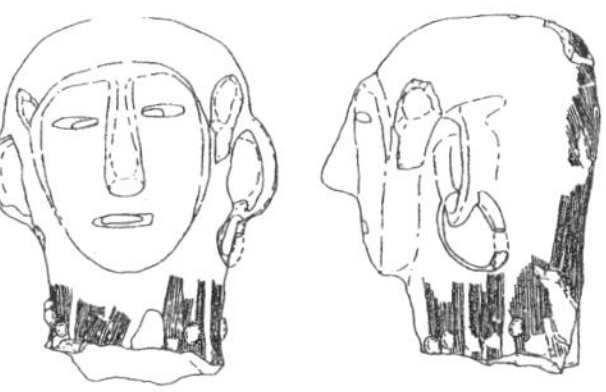

3 人　物（浅間神社古墳）

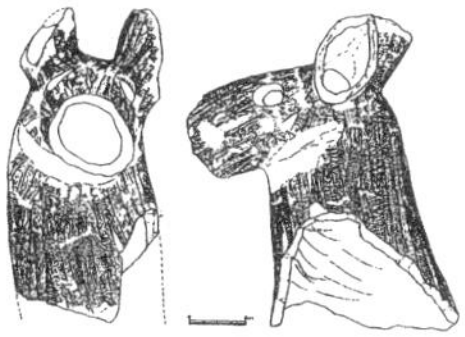

4 鹿（浅間神社古墳）

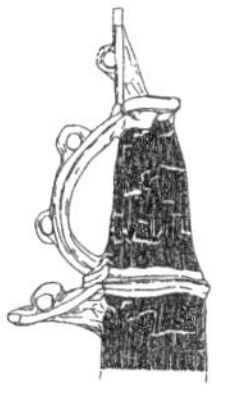

5 大刀形埴輪（観音塚古墳）

6 人　物
（観音塚古墳）

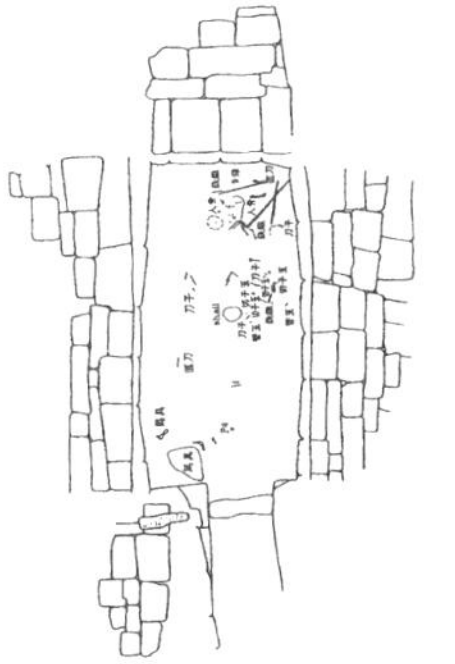

7 石室（観音塚古墳）

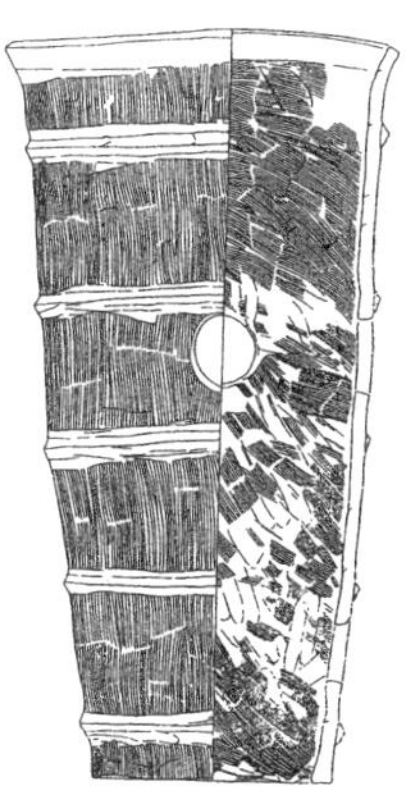

8 円筒埴輪（観音塚古墳）

図29　多摩川下流域古墳出土の埴輪

郷土館の資料収集の一環として、昭和三十二・三十三年に多摩川台一・四・五・七・九号墳の主体部を掘った時に胴の張らない石室が確認されています。

また、昭和二十二年、和島誠一先生と市原壽文先生が発掘調査された観音塚古墳の資料を再検討すると、やはり観音塚古墳の横穴式石室（図29—7）は胴の張らない石室ということで、やはり多摩川下流域左岸は上流域の胴張り石室とは違い、胴の張らない石室が素直に東海から来るようなものと考えるのが自然かと思っています。

池上　ありがとうございます。今、在地の有力者の墳墓と言われる高塚古墳の横穴式石室の形が上流と下流で違って、その系統を説明していただいたんですけれども、七世紀代になると、在地の有力古墳とともに横穴墓が出現してきます。松崎さんが説明された通りに、それぞれのちの郡領域程度で特徴的な違いがあるということでありますけれど、装飾大刀を絡めると、さらにその下の郷程度の特徴的なまとまりがあるとおっしゃってますから、郡と郷をまずそれぞれの勢力基盤の違いですね、それを高塚古墳を踏まえてどうお考えでしょうか。

松崎　この問題は、非常に難しいと思うのです。郡の領域というのはある程度はわかっているのですけれども、郷の領域となりますと、なかなかここまでが何々郷でというのがわかりづらい（ちなみに『和名類聚抄』によると、荏原郡では九、橘樹郡では五、多磨郡では一〇の郷名が知られています）。ただし、七世紀段階において、この多摩川流域では郡領域を統括するような首長墓の存在はあまり顕著とは言えません。

先ほど江口さんが言われたことはもっともで、多摩川の中・上流域はほとんど高塚古墳で石室墳が主体で、横穴墓群はそれほど多いとは言えません。そして、唯一大規模な群集墳の形態を採るのが、多摩川の上流域の平井川にあります瀬戸岡古墳群なのです。

瀬戸岡古墳群が横穴墓群と似ているというのは、まさに密集性をもって一カ所にかなり多く造られている点にあります。それに対して、八王子の浅川流域とか川口川流域とか、そういう所は単独の石室墳しか造られていないのです。ということは、もともと郡とか郷の領域の中でも、高塚を造る集団と横穴墓を造る集団自体の違いだけではなく、石室墳においても一基や二基造るような性格を持っている集団と、瀬戸岡古墳群のように群集規模の大きなグループもあるわけです。瀬戸岡古墳群に関しては、外から入ってきた集団と私は考えております。また、横穴墓に関しても、東海地域以西からある程度入ってくる集団というのが横穴墓の形態や、横穴墓の性格を規定する要因となった可能性もあるかと思います。そういった意味で高塚古墳と横穴墓の差というのは、単なる墓制の差だけじゃなくて、おそらくそれを持ち込んできた集団、あるいは在地でそれを採用した集団の違いというのがあって、おそらく郡の領域ではなくて、もう少しローカルな地域の開発にかかわった集団の差ということになるのかもしれません。

もちろん、集団の生産基盤はそれぞれ異なるということでありますし、石室墳を造る文化とか横穴墓を造る文化を保持したグループが、少なくとも、この多摩川流域においては郷程度の領域で展開するのかなという印象があります。それが七世紀の後半以降、そういう集団をうまい具合に統治機構に組み入れていって、一種の社会統合を目指したのが律令国家体制であり、天武朝以降の律令体制へ向かっていく一つの地方支配のあり方ではないかと考えるわけです。

池上　ありがとうございました。横穴式石室の出現の可能性としては六世紀前半だと。それから、普及するのは六世紀後半代でありまして、一段階遅れて横穴を掘るという墓制が広がるわけであります。谷口さんのお話では、古墳が低地の所は埴輪を伴って出現してくるということでありますけれど、品川で埴輪が確認された、この地元の林町の古墳を含めて何かお願いします。

谷口　先ほど時間がなく説明できなかったこともありますので、補足させていただきます。私の図5を見て下さい。Aとした旧武蔵国豊島郡の低地のエリアですね。ここでは今のところ古墳や当該期の集落は見つかっていないのですが、北区中里貝塚で円筒埴輪片などが出ております。古墳そのものは見つかっていないのですが、調査地点の近辺に古墳があった可能性は高いと言われています。埴輪の年代は、五世紀末から六世紀初めと位置づけられていますが、少なくとも六世紀の前半には古墳が造られている可能性がある地域です。

それから、Bとしたエリアは旧武蔵国足立郡に属しますが、そこでは六世紀前半頃の埴輪が出土しており、その頃から古墳が造られていることが考えられます。

それに対して、古隅田川、隅田川以東のCとした旧下総国側では、今のところ六世紀前半の古墳は認められておらず、六世紀後半から古墳が築かれることをまず押さえておきたいと思います。

なぜそれを強調したかといいますと、東京低地は陸化して弥生時代の終わり頃から古墳時代の前期に集落が営まれるようになります。弥生時代以降、武蔵野台地と下総台地の間に新しくまだ開発されていない土地が現われたわけです。そこにどのような勢力が開発に当たるのかというと、台地の人たちが下りて開発をしているという単純な状況ではないらしいのです。そこにどういうふうな勢力が開発に入ってくるかというと、東京低地の遺跡からは東海系をはじめとした外来系の土器が多く出ていることから、東海地方など他地域の人たちが入り込んで低地を開発するという動きがあったと考えられます。それが中期になりますと、先ほどお話したように、AとBというエリアでは遺跡は見つかりますが、なぜかCというエリアでは空白になってしまう。後期になると、Bは継続していて集落や古墳が認められるが、Aでは古墳の存在の可能性はあるものの開発の状況があまりわからない。Cでは再び集落が営まれ古墳が造られるようになるが、その動きは柴又八幡神社古墳と法皇塚古墳の関係から下総台地南西部の影響下に開発が進められる。その後の話をしていないのですが、古墳の形成からすると、Bとしたエリアはすくなくとも古墳時代後期でも六世紀前半から古墳が築かれている。Aはまだ不明確ですが、六世紀前半に古墳が築かれていた可能性が考えられるのです。それに対して、Cでは南蔵院裏古墳の年代が鍵となりますが、現状では六世紀後半の古手という時期を考えております。としますと、A・BとCとでは古墳の築かれる時期に同じ後期でもCの方が若干後出になるという時間差が生じることもあり得るのではないかと思っています。不確実な状況で断定的にはいえませんし、些細な問題かもしれませんが、Cのエリアは埴輪で見られるように、隅田川以西の旧武蔵地域ではなく、旧下総地域との関連がうかがえることと合わせ、私は注目したいと思っております。

それから、こちらの品川区林町の古墳でも生出塚の埴輪が供給されているということが確認され、今回の展示でもそのことが解説されております。先ほど、私が指摘した芝公園の古墳の埴輪も含め、生出塚埴輪窯の資料が武蔵野台地東部でも増加しつつあるのが現状です。しかし、今のところ東京低地においては生出塚埴輪窯の製品は見つかっておりません。下総台地の法皇塚古墳にはあるのに……。将来的に東京低地でも確認される可能性はありますが、現状ではないということです。なぜなのでしょうか、古墳の格式というものでもあるのでしょうか、興味深い問題と思います。

それからもう一つ、品川区や周辺地域でわかってくれば面白いと思うのが石室の石材のことです。先ほどお話ししたが、いわゆる房州石といわれるものを使った石室を持つ古墳の存在です。東京低地では、古墳かどうかはわかりませんが、柴又八幡神社古墳以外に葛飾区の立石様や荒川区素盞雄神社の瑞光石も房州石です。東京低地や低地を臨む下総・武蔵野両台地にも房州石の石室や石材が認められているので、旧武蔵国荏原郡地域にも存在するのかどうか知りたいところです。今後の調査の進展が期待されるわけです。

池上　ありがとうございました。六世紀の後半代に北武蔵産の埴輪がこの辺り、あるいは多摩川を飛び越えて川崎、あるいは最近横浜のほうでも確認されているようであります。それまで武蔵の国全体を通じて房州石の供給もあるんですけれども、それまで五世紀、六世紀の武蔵の国全体を通じたものの動きなどというのは顕著でなかったように思います。その前は、有名な『日本書紀』の安閑天皇元年、閏十二月の条の武蔵国造の反乱の話があるわけでありまして、その辺に一番詳しいのは野本さんですから、甘粕先生の二十数年前ではなくて、その後の調査の資料を踏まえた最近の見解を少し聞きたいと思います。

野本　私は甘粕先生の弟子（私の親友の對比地秀行さん）の弟子みたいなもんですけれども、甘粕先生の「武蔵国造の反乱」を最近の埴輪と古墳の考古学的調査・研究を踏まえながら、五、六世紀代の北武蔵と南武蔵の関係を多少考えて見たいと思います。

「武蔵国造の反乱」とは、『日本書紀』に書かれた西暦五三四年に起こった武蔵国造の地位を、北武蔵に本拠を置く

前方後円墳と古墳群

前方後円墳を伴う古墳群

荏原郡　浅間神社古墳、田園調布観音塚古墳、多摩川台１号古墳と多摩川台古墳群（６世紀末～７世紀中頃）

豊島郡　摺鉢山古墳と上野台古墳群（５世紀末～６世紀後半）

前方後円墳を伴わない古墳群

荏原郡　鵜の木・久が原古墳群、堤方権現台古墳群、野毛古墳群、大蔵古墳群、大井古墳群

豊島郡　芝丸山古墳群、下戸塚古墳群、遠藤山古墳群、塔山古墳群、飛鳥山古墳群、十条台古墳群、田端西台通古墳群、赤羽台古墳群、志村・小豆沢古墳群

多磨郡　喜多見古墳群、狛江古墳群、下布田古墳群、上布田古墳群、高倉古墳群、白糸台古墳群、塚原古墳群、青柳古墳群、四軒在家古墳群、下保谷古墳群、七ツ塚古墳群、平山古墳群、浄土古墳群、瀬戸岡古墳群、道場古墳群

葛飾郡　立石古墳群（南蔵院裏古墳、立石古墳、熊野神社古墳）、柴又八幡神社古墳

足立郡　伊興古墳群（白幡塚古墳、白旗塚古墳、摺鉢塚古墳）

河川と古墳群

武蔵野台地における前方後円墳の出現時期と首長墓の系譜

４世紀代　前方後円墳の時代

５世紀代　帆立貝形古墳の時代

６世紀代　前方後円墳と横穴式石室の時代

地域首長墓の変遷と前方後円墳

荏原郡　扇塚古墳→宝莱山古墳→亀甲山古墳→野毛大塚古墳（帆立貝形古墳）→天慶塚古墳→八幡塚古墳→御岳山古墳→狐塚古墳→浅間神社古墳→庵谷古墳→田園調布観音塚古墳→多摩川台１号墳

豊島郡　芝丸山古墳→５世紀代？→摺鉢山古墳→？

葛飾郡

足立郡

笠原直使主と南武蔵を本拠に置く同族の小杵が争った記事のことです。この争いとは、南武蔵の小杵には上毛野君小熊が味方し、それに対して北武蔵の笠原直使主は大和朝廷に応援を求めたことで、小杵は大和朝廷に誅されてその見返りに笠原直使主は武蔵国にある四処を屯倉として大和朝廷に献上したという、大和朝廷が地方豪族の争いに介入して地方進出を裏づける根拠とされる史料です。

これまでの考古資料でいきますと、従来は「武蔵国造の反乱」は遺物とくに石製模造品と鈴鏡が毛野と南武蔵にともに多く分布するとか、大型前方後円墳や大型円墳の築造が四・五世紀の南武蔵から六世紀の北武蔵へと移動する考古学的現象を『日本書紀』に書かれた「武蔵国造の反乱」に当てはめて言われてきました。

最近では埴輪の問題が関わるようになりました。埴輪の問題とは、埴輪工人集団が上毛野から南武蔵へ派遣されて、南武蔵で埴輪を製作したのか、それとも上毛野で製作された埴輪が搬入されて南武蔵の古墳に樹立されたのかということです。これを解き明かすことが出来れば、かなり上毛野と南武蔵の緊密な関係が立証できるのかなということをちょっと考えているんです

平成十六年夏、狛江市にあります土屋塚古墳がマンション建設で調査されまして、墳丘上に祠がありますので主体部は地中レーダ調査のみで掘らなかったんですけれど、墳丘裾の周溝から外側にかけて発掘調査されました。

周溝を発掘しますと、五世紀の半ばぐらいの和泉式土器とともに大量の円筒埴輪が出土しました。この埴輪が大変古い埴輪で、この埴輪がどこで製作され焼かれたのか、どの埴輪工人が作ったかということを含めまして、世田谷区の寺田良喜さんが群馬県太田市とその周辺の埴輪を、多摩川中・下流域の埴輪の胎土とか埴輪の作り方などを比べてみました。その結果、上毛野の埴輪工人のランクで真ん中から低いほうのランクの工人集団が派遣されて、多摩川中・下流域で埴輪の窯を築いて焼いたのではないかと。要するに、搬入したものではないらしいんです。

なぜそういうことを言ったかといいますと、やはり「武蔵国造の反乱」というのは五三四年に起こった武蔵国造の地位を北武蔵と南武蔵の同族が争った六世紀前半の事件なんです。ということは、その前の五世紀の時代に甘粕先生が言われた石製模造品とか鈴鏡の分布、それから四世紀、五世紀代に多摩川の下流域に大古墳が築かれて、それが六世紀代になると没落して小さな前方後円墳や中小の円墳が築造され、逆に北武蔵のほうがいわゆる巨大な前方後円墳などが多く造られていくという考古学的事実が反映しているとされています。

象徴的には、埼玉稲荷山古墳という前方後円墳が辛亥銘鉄剣の西暦四七一年以降の築造とされる五世紀後半から、埼玉古墳群の築造が開始されて北武蔵に大型の前方後円墳が築造される。それに比べて南武蔵には五世紀後半にはこれといった前方後円墳はおろか大型の円墳も見られません。

五世紀前半代に上毛野の埴輪工人が派遣されて、多摩川中下流域左岸の狛江とか野毛に埴輪窯を築いて埴輪を生産

したのではないか。つまり、五世紀代は南武蔵と上毛野の首長には同盟的な関係にあったのではないだろうか。これらのことは、やはり巨視的に見た場合に甘粕説は復活する可能性が高いなと。いわゆるダイナミックに歴史を考えると、北武蔵の比企《ひき》と埼玉《さきたま》の争いという小地域間の問題ではなくて、やはり『日本書紀』に書かれた記事は、すべてうそではなく国造制に関する史料的事実をある程度反映している可能性が高いかなと思われます。

別に私は甘粕先生の弟子の弟子だから言うわけではないですけれども、今まで言われた石製模造品や鈴鏡だけではなくて埴輪製作工人やその工人集団の派遣問題とか古墳の築造問題を含めると、やはりある程度「武蔵国造の反乱」は信憑性がないわけではない。もちろん東国の国造制の成立は六世紀後半と思われますが、その背景は案外当っていると思っています。上毛野の埴輪製作工人集団の多摩川中流域への移動問題を考えると、五世紀中頃から始まる狛江古墳群を再評価しなければならない新たな研究段階に入ったといえるのではないでしょうか。

それから、前方後円墳と古墳群の関係です。南武蔵の荏原郡と豊島郡および多磨郡では、前方後円墳を伴う古墳群と円墳だけで形成される古墳群があります。荏原郡では六世紀初頭に前方後円墳の浅間神社古墳から始まって、多摩川台一号墳にそして多摩川台の円墳群へと七世紀前半までずっとつながっていく。豊島郡の場合には、六世紀前後の前方後円墳の摺鉢山古墳から上野台古墳群の円墳群へとつながるであろう。多磨郡では四世紀末に築造された前方後円墳の砧中学校第七号墳以降は、五世紀、六世紀になっても、この地域は砧古墳群、喜多見古墳群や狛江古墳群、下布田古墳群、上布田古墳群など、前方後円墳を伴わないのです。あと、葛飾郡とか足立郡というのは一応入っていますけれども、一応この辺は前方後円墳が伴わなくて円墳群のみということになります。

今日は「東京の古墳を考える」というテーマですが、実は品川の古墳にも前方後円墳があったのです。かつて徳川美術館館長が発掘調査された大井林町二号墳の墳丘図を見直すと、古墳の埋葬施設が二つ重なっています。これを見ますと、粘土槨とその南に石棺らしきものもある。これは明らかに埋葬施設が二つあるんです。ただ、前方部の向きがちょっと違うんですよ。徳川館長のいうように向きが違っていたんじゃないかということです。どういうふうに違ったかというと、56頁の図2では前方部が右側に描かれていますけれども、本来前方部は四五度右斜め上を向いていたのかなと。また、この古墳は、はじめから一つの古墳じゃなかったんです。明らかに古墳が重なっていたんです。

このような古墳は、多摩川台一号墳とか観音塚古墳のように、五世紀代に築造された古墳の墳丘部を削平して、その墳丘を取り込んで一つの前方後円墳に造り変えているんです。ですから石棺と粘土槨が同時に見られるんです。この図には前方後円墳の主体部は出ていませんね。ここに恐らく粘土槨と石棺いわゆる組み合わせ式の石棺ですが、これは野毛大塚古墳では、中心主体部が粘土槨でとなりが箱式石棺なんです。そういう関係が大井林町二号墳の粘土槨と石棺にもいえるのです。つまり、前方後円墳に造り変える前の埋葬施設（粘土槨と石棺）であって、これを取り込んで新しく前方後円墳を造っている。この前方後円墳の主体部は恐らくもうなくなっていますけれども、六世紀代にはこういう前方後円墳があったということを、この図面は示しているんじゃないかなと思います。ですから、大井古墳群は前方後円墳を伴う六世紀代の古墳群というふうに考えるわけです。

今言っている大井林町二号墳ですが、これを前方後円墳とすると、大井古墳群はやはり六世紀の前半ぐらいに前方後円墳が築造されたあとに、仙台坂の円墳群がつながっていくと思います。

最後にまとめとしまして、さっき多磨郡には前方後円墳が四世紀末に出現して、それから、五世紀代、六世紀以降ですね、そして七世紀代に古墳群、いわゆる円墳群が造られます。在地の有力首長がいたわけです。ところが多磨郡には在地の有力首長がいたかどうかわかりませんけれども、やはり荏原郡とか豊島郡には前方後円墳という在地の有力首長がいたかどうかわかりませんけれども、力首長がいないということで、新しい支配勢力が入りやすかったという側面があったのかなというふうに前方後円墳を伴う古墳群と伴わない古墳群から考えられるんじゃないかと考えています。

池上　ありがとうございました。実際に自分の調査した事例を踏まえて、古い資料ですけれども、その古墳の解釈をしていただきました。

もう時間がなくなってきたんですけれども、やはりきちんとした調査をしてこそ資料が増えるわけでありますから、最後に岡崎さんに、東京都の立場からその辺を少し言っていただきたいと思います。

岡崎　そうですね。だいぶ昔にやられた調査でも、もう一度きちっと再評価をする必要性があるというような発言がだいぶありましたので、これを踏まえてきちっと再調査をして、そして新しい研究成果に基づいての保存・活用ということが必要ではないかと思います。

私どももだいぶ課題を抱えていまして、昔この辺りにあったろうということで範囲や内容を特定しないで指定をしたものがかなりあるんです。それを旧跡と呼んでいますが、それを遺跡の範囲などを確定して史跡に替える作業をちょうど始めたところでして、その中にいくつかいろいろな時代のものが入っていますので、その辺も踏まえながら考えていかなければいけないと思います。

それから最近は区市町村の方も、いろいろと管理と活用の考え方も変わってきましたので、その辺の情況を整理して保存と活用に力を入れて皆様の見学に耐えられるような整備を図っていかなければいけないと思っています。

また、昨今、史跡をもっと広い視野から見て観光的なスポットにしてはどうかという考えも坂詰先生から提唱されまして、これについても東京というのは地の利がよい所ですし、都知事も「日本人は外国へ旅行に行くのではなくて、外国人の旅行者をもっと受け入れろ」というような観光プランというものを作っております。そういうものも視野に入れながら、大都市東京にもこういう遺跡があるというような宣伝もしていかなければいけないのかなと思って整理をしていくと、次のまた活用の面が出てくるのではないかと思っていますので、今後とも努力をしていきたいと思います。

なかなか現実的には財政難でして、苦しい部分もあるんですが、それはさておき、やはり常に保存と活用ということを念頭において進めていきたいと思っています。今日お集まりの方々にもそういう面では、いろいろなところでご協力やご支援をいただければと思います。

最後になりますけれども、昨年『新 東京の遺跡散歩』というポケットサイズの遺跡案内を東京都教育委員会で作りましたので、ぜひこれを活用していただければと思っております。

また、もう八年目になるのですが、東京文化財ウィークということで、こちらの館にも文化財の案内とマップなどを置かせていただいておりますが、そういうものを利用して文化財や遺跡の見学をしていただければと思います。

池上　ありがとうございました。本日一時から品川歴史館の内田さんをはじめとして五人の方に発表願って最新の東京の古墳の調査事例を報告していただいたんですけど、やはり従来の古墳研究を見て見ますと、東国の古墳なんかはほとんど問題にされない場合が多いと、私はそう感じております。できたら東京としても、『埼玉の古墳』同様の事典と言えるぐらいのきちんとした古墳の内容をまとめた本を作っていただけたらと思います。

本日、古墳の始まりから終わりまで四百年以上あることもありまして、あまりまとまりもなかったかと思いますけれども、発表された先生方、どうもありがとうございました。（拍手）

プレ講演1

多摩川流域の古墳

池上　悟

今、ご紹介をいただきました立正大学の池上です。今日はここに参っておりません館長の坂詰先生が、「今度品川歴史館で東京の古墳企画をやるから、多摩川流域の古墳について話しなさい」ということを言われました。資料を作って参りましたので、これに従って述べたいと思います。坂詰先生が東京の古墳展をお考えになった一つの要因は、昨年、東京の府中で、上円下方墳という変わった墳形の熊野神社古墳を坂詰先生が団長として調査されましたので、お考えになったのかなと思います。私も調査に関係しておりましたので、若干触れたいと思います。

一　前方後円墳と天皇陵

日本の考古学では旧石器時代、それから縄文、弥生時代の次に古墳時代というふうに時代を区分しているわけでありますけれど、いつごろからそういうふうに言われたかというと、一番古い文献を探しますと、明治二十九年、三十年ということになります。「日本の古墳時代」という論文がありますから、そのくらいからそういうふうな時代分けがされてきたかと思います。

古墳というのは、簡単に言えば、その地域に住んでいた有力者のお墓、大きなお墓であります。全国にどのくらいあるかというと、正確なところはわかりませんが、一般には概数で一〇万から一五万基だろうといわれています。いまだに地方で山刈りをすると、古墳がたくさん発見されます。でも、よく根拠を考えると、どこでだれが言ったかというのはちょっとあいまいなんですけど、大体そのぐらいだろうと言われています。

その中でとくに注意されるのが前方後円墳です。前が四角で後ろが円ですから「前方後円」という名前が付いてますと、そういうふうに説明します。それと他の変わった形は、前方後方墳という、前も四角で後ろも四角という古墳がありまして、併せて、約五、二〇〇基と数えられております。

その中でも前方後方墳は、三五〇基から七〇基ぐらいだろうと、四〇〇基いかないぐらいです。だから、前方後円墳というのは引き算すると大体四、八〇〇基、そのくらいでありますけれど、常に古墳を語る場合には、前方後円墳を中心に行なわれております。前方後円墳が一番有力者のお墓として採用されて造られたとされています。

その中でも、同じ形ですと、あとはどこが大きいかという話になります。日本国内で一番大きな古墳が集中している所は近畿地方で、とくに奈良県、大阪府の辺りでありますから、そこに古墳時代の中心があったんだということになります。このため、概説も基本的には近畿地方の話で全部終わる先生もいます。しかし、地方にも多くの古墳があるわけでありまして、地方があってこそ、中央もそれを基盤として発展があったんだという意味においては、それぞれの地方の古墳もしっかり研究しないといけないんですけれど、そういう研究は少ない現状であります。

図1は、『山陵志』という、これは江戸時代の文化五年、西暦一八〇八年に蒲生君平という方が、読んで字のごとく「山陵」ですから、これは天皇の陵墓を対象としてまとめた本で、この時に初めて「前方後円」という用語が使われております。蒲生君平の名は、この本をおまとめになった研究者としての名前でありまして、本名は下野の宇都宮の商家の出身の、福田秀実さんです。近江国蒲生郡出身の蒲生氏が会津入封の前に一時宇都宮を領しておりまして、その関係で自分はその子孫だという伝え方もあって蒲生を名乗っておられたようであります。

私達の高校生のころ、寛政の三奇人、高山彦九郎とか、とくに江戸時代において天皇への崇敬が篤かった人を三奇人というふうに習ったものですけど、最近の日本史の教科書には載っておりません。こういうふうに、とくに、幕府ではなくて、天皇に対しての崇敬が篤かったということで、明治になってから蒲生神社が建てられて、宇都宮に顕彰されております。

江戸時代のそういうふうな変わった人でありましたから不遇であり若死にして、谷中の臨済宗の臨江寺にお墓があります。都の旧跡になっております。蒲生君平は水戸学を学んでおられまして、水戸学の藤田幽谷が、その墓碑銘を選ばれております。

『山陵志』というと、歴代の天皇の陵墓がどういうふうになっているか、当然ながら、これは律令制がしっかりした古代の奈良、平安時代の前半ぐらいまでは管理がしっかりしていたわけでありますけど、それからだんだんどの天皇の陵墓がどこにあるかというのは、不明になり、とくに中世になりますと、お城なんかにも改変されておりまして、わからなくなってしまっております。しっかり歴代の陵墓も確定しなければいけない。民間でそういうふうな動向が起こって参ります。それに押されて幕府も元禄とか享保とか、小規模な修理を行なって現在に至っているわけであります。

幕府が行なった歴代天皇陵の修理としましては、幕末の文久二年から、直接担当したのは宇都宮の戸田藩が今の何億円かをかけて、神武天皇陵だけで二、三億というふうに計算されていますけど、そういうふうに整備したこともあります。たまたまそれが、蒲生君平が宇都宮の出身ということもあるんですけれど、併せて、蒲生君平は東の国の人ですけれども、西のほうでも陵墓研究が盛んになり、そのような研究を基にして、幕末に幕府が修理したということであります。

蒲生君平の陵墓の研究は、初めて歴代の天皇陵の変遷を明確にしたというものです。簡単に言えば、柩を運ぶための車「宮車」をまねて、前方後円墳というかたちの由来を考えたということです。「山陵の旧制」、古い制度はこうだよ、「山陵の変制」、変わった制度でありますから、これが新しい制度だよ、そういうふうにまとめられております（図1）。

『山陵志』のはじめには変遷の概略をまとめてあります。「上古は大朴にして山陵の制未だ備わらず」と全部読むと考古学の授業になってしまうから読みませんけれど。「瓊杵氏」、ですからこれは大八洲の水穂国に高天原から天降

山陵志

古之帝王其奉祖宗之祀而致仁孝之誠也郊以配乎天廟以享乎祖配乎天則作之靈時至尊至嚴禮弗敢瀆說在神祇志享乎祖則立之大宮以置祝宰百世弗毀特報其有盛徳丕烈者焉如伊勢及賀茂八幡廟是也而其餘各就山陵以時將常典有事而禱告於是諸陵寮之職治部省管之掌喪祭之禮供幣之數及陵戸名籍與其禁令而正其兆域脩其垣溝度其所職其有儀則延喜韓將之歳終也由名而求實起于薦新可知矣頒農神稲荷其取成熟之義可以徵矣故曰山陵猶宗廟也苟無有之則臣子何仰焉淳和帝臨崩遺詔令薄葬不置山陵中納言藤原吉野諫云爾臣子惟仰乎此而祀焉則其禮隆矣律謀毀山陵謂之謀大逆與居八虐之一焉則其刑重矣是王者之以孝治天下所由而基也胡其可不畏敬哉上古大朴山陵之制未備瓊杵氏炎見氏彦波瀲武氏邈矣三陵皆在日向國自大祖至乎孝元猶就丘隴而起墳焉自開化其後蓋寢有制及垂仁始備下至于敏達凡二十有三陵制略同焉凡其營陵因山從其形勢所向無方大小高昇長短無定其為制也必象宮車而使前方後圓為壇三成且環以溝延暦十一年以廢太子早良為祟勅謝之其冢下置溝勿使穢瀆溝也因知諸陵之溝亦其故然也壇不必三成舉其凖言之夫其圓而高者如張蓋也頂為一封即其所葬方而平者如置衡也其上隆起如梁輈也前後相接其間稍昇而左右有圓丘倚其下壇如兩輪也及至後世民睹之而莫能識焉猶號曰車冢蓋亦以是也凡陵側之地必有三五丘冢乃視之陵頗小而班列其前後左右此蓋當時所陪葬者也其狀皆圓則人臣墓制亦從可知然其象宮車不必為帝陵也何者其類間有之而以其非史及諸陵式之所載莫審為何物疑是皇后皇子若重臣別勅所許或帝王改葬而其故陵尚存也自用明至于文武凡十陵特變是制但圓造之穿治玄室於其內而築之以塋覆之以巨石石棺在其內南面故其戸南向而累石為之羨道其制嚴密既已如是是以不復環之以溝也班鳩大子治壽藏于河内磯長即是制也當時大子自負聰明有才藝居作者之聖於舊章多所變替乃若山陵蓋亦然歟諸陵式載大子磯長墓大子傳暦徳然艸並言其治壽藏焉大子者用明帝之子而山陵變制自用明始是大子好

図１　『山陵志』と付図

った、その時のご先祖です。その子が「炎見氏」、その子が「彦波瀲武氏」であり、山陵は皆、日向にあることになっていると、そういうふうに書いてあります。この子が大祖すなわち神武天皇であります。だから、江戸時代は「そんな古いところはよくわからないよ」とはっきりお書きになっておりますけど、これが明治時代になりますと、これらの陵墓はあるはずだということになりまして、三陵を宮内省で指定しております。それが今に至っているようであります。

ここでは、「大祖より孝元に至る、なお丘隴に付きて」、ここはまだ適当に造っていたんだと、神武天皇から孝元天皇に至るころですね。それから「開化よりその後」ですから、九代開化よりずっとつながっていって、一一代の垂仁天皇頃から整備され始めて、三〇代の敏達天皇までの「二十有三陵」というのは、その制度がほぼ同じであって、そのところに「必ず宮車《きゅうしゃ》を象りて前方後円ならしめる」と、前方後円に造るんだよ。だからこの理解は、亡くなった方をお墓に運ぶその車、乗せる車に見立てて、こういうふうな前方後円墳という変わった形が造られたんだ。一番高い所が遺体を葬る所だ。そういうふうなことをお考えになったというところです。

図示された古墳の形は、古墳の変遷で言えば、これは最盛期の古墳です。最盛期の平地に造った大きな古墳。例えば仁徳陵古墳は最大で、四八六メートル。中期の、五世紀代の大きな古墳を見立ててお考えになったということであります。

山陵というのはいつから変わるかというと、敏達の次の用明天皇、「用明より文武に至るおよそ十陵、特にこの制度を変え、ただこれを円く造りて中に玄室を造る」ということです。円墳の中に横穴式石室を造って、中に石棺がある、そういうふうなところを言っております。

天皇陵は、今は宮内庁の管理で中に入れませんけど、宮内庁に専門職員がいて、その石垣の補修とかの調査をきちんと今はやるようになってきております。しかし江戸時代までは大半の古墳の中には入れたんだろうと、そういう記録をもって天皇陵というか、近畿地方の大きな古墳の研究というのは進められております。一応ここで蒲生君平がまとめられたように、古い所は不明であるけれど、垂仁天皇から敏達天皇までは前方後円墳であって、それから用明天皇から文武天皇まで、これが円墳に変わるんだということになります。

ここで言われているのは、現在の研究から言ってもほぼ正しいと思われます。ほぼ正しいというのは、平安時代の文献に「何とか天皇のお墓はここにありますよ」と書かれています。それを確認してその変遷を考えると、前方後円墳から円墳になる。今の研究でも、一応、敏達天皇までは前方後円墳であって、その後は、蒲生君平は「円墳」と言っていますけど、今ではそれから方墳に変わると、それから八角形墳に変わる。そういうふうな研究が行なわれてきております。

ですから、常に古墳の研究というのは前方後円墳、わずか一五万基中の三パーセントぐらいですね、それを中心に研究されてきているんだということがあるかと思います。

二　前期から中期の古墳

多摩川流域を中心とした、前期から中期にかけて大きな前方後円墳を中心に分布図を作ってみました（図2）。基本的には多摩川の流域の北側に宝莱山古墳と亀甲山古墳という一〇〇メートル級の古墳がありまして、その間には後期古墳がずっとあります。今、公園内で整備されています。昭和の三十年代に大塚初重先生、あるいは吉田格先生などが武蔵野文化協会で調査されております。

この二つの大きな古墳と、それから八二メートルの野毛大塚古墳というような大きな古墳があります。

それから、多摩川の反対側の川崎市側に、加瀬の白山古墳と日吉の観音松古墳という七〇から八〇メートルクラスの前方後円墳があります。二、三〇年前には宝莱山古墳が四世紀後半で亀甲山が五世紀の初頭、それから野毛大塚古墳というのは五世紀中葉から後半だというふうに、『日本の考古学』（一九六六年）には書いてあったんですけど、最近はそんな年代ではありません。古墳の発生がいつかということになりますと、三世紀の中頃だろうと。ここ四、五年でほぼそういうふうに言われるようになってきました。だから、少なくとも五〇年は古くなってきたんだということがあります。

それは古墳の年代を決めるのは、中国とか朝鮮の墳墓と違って、掘ってみてもそこにだれをいつ葬ったかということが記してある墓誌が日本の古墳からは出てきません。百済の武寧王陵のように、「五二三年に亡くなりました」とちゃんと書いてあればいつの時代に造られた古墳かというのがわかるんですけど、それがわからないので、ほかの方法で年代を決めています。考古学独自の方法じゃ年代はわかりません。順番はわかります。どれが古くてこういうふうに変わったんだよ。形の違い、年代の違いというのを、相対的な意味で、どっちがどっちよりも古いかというのはわかるんですけど、それが西暦の二五〇年か二〇〇年かというのはわかりませんので、それはもっぱら放射性炭素とか理化学的な方法、あるいは、最近は年輪が一年に一個ずつ形成されるんですけど、その厚さがその時の環境によっ

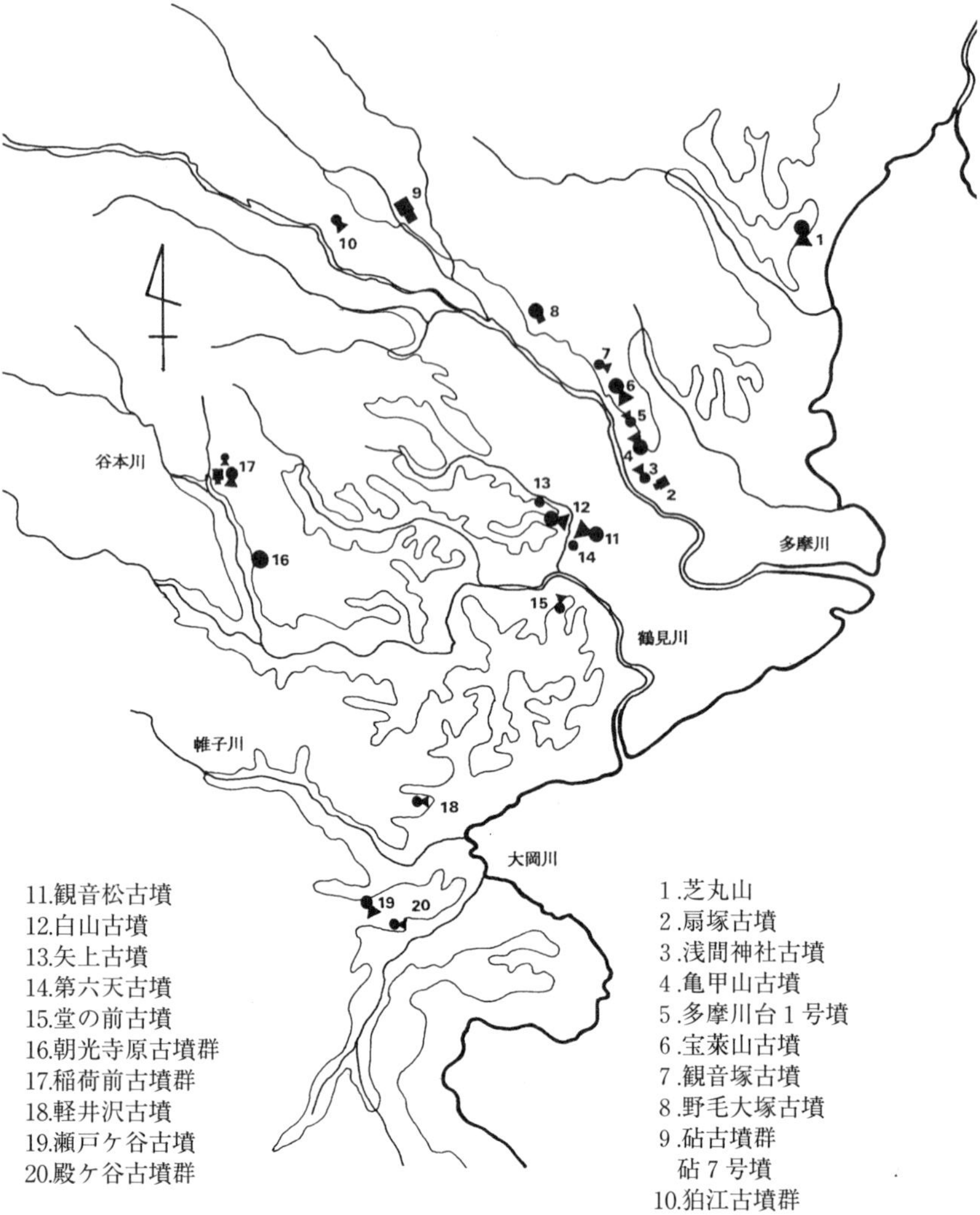

11.観音松古墳
12.白山古墳
13.矢上古墳
14.第六天古墳
15.堂の前古墳
16.朝光寺原古墳群
17.稲荷前古墳群
18.軽井沢古墳
19.瀬戸ケ谷古墳
20.殿ケ谷古墳群

1.芝丸山
2.扇塚古墳
3.浅間神社古墳
4.亀甲山古墳
5.多摩川台1号墳
6.宝莱山古墳
7.観音塚古墳
8.野毛大塚古墳
9.砧古墳群
砧7号墳
10.狛江古墳群
亀塚古墳

図2　南武蔵の前期～中期の古墳分布図

てそれぞれ違う点を利用するような研究方法、すなわち年輪年代学を併せて研究しておりまして、大体二五〇年ぐらい、三世紀の中葉には古墳は発生したんだろうと考えられています。

そうすると、「魏志倭人伝」に「邪馬台国の女王卑弥呼が景初三年に魏の都に使いを遣わした」という記録があるわけでありますけれど、私達の学生時代には、これは弥生時代の話だから古墳には関係ないというふうになっていたんですけど、二五〇年ごろには卑弥呼が死んでいるという話ですから、卑弥呼は古墳に葬られたかもしれないというふうな話になってきております。

実は研究史を振り返ると、明治の頃にはそういう論争がありました。笠井新也とか古い先生方は、そういう論争をされていたわけでありますけれど、百年たって元に返ったという、そういうふうなところもあるかと思います。だから、この辺りの古墳の出現年代も、可能性としては三世紀の後半代はじゅうぶんあり得るというような年代観が今、出てきております。確かに古墳から出てくる土器だけでは、土器はどこの影響で作られたか。この辺の土器は、これは東海系の、いわゆる伊勢湾辺りの影響で作られたんだよという系譜はわかりますが、土器も年代幅がありますから確実ではありません。土器だけ見ると三世紀後半代のものは関東各地でも古墳から出ております。

しかし、関東の人は慎重ですから、基本的には四世紀の初頭頃が古墳の出現と考えています。あと十年もすると大きく変わってきてしまうと思いますけど、今、一応は四世紀の初頭ぐらいだろうと考えられています。

地域の支配者だった人のための大きなお墓というのは、これは弥生時代でもあるわけです。そうすると、弥生時代の終わりはいつか、弥生時代の終わりは古墳時代の始めです。それが三世紀の中葉とすると、二世紀の終わりから三世紀の前半には、もう七、八〇メートルクラスの大きなお墓というのは出現しています。すると、それと古墳との違いはどこにあるかということになります。だから、そのような三世紀の前半代の大きなお墓も含めて「古墳だ」というふうに捉えると二世紀の末まで古墳の年代は遡るわけであります。

一応、全土的なある基準にのっとって造られた大きなお墓をもって、いわゆる古墳と呼んでおります。その前は古

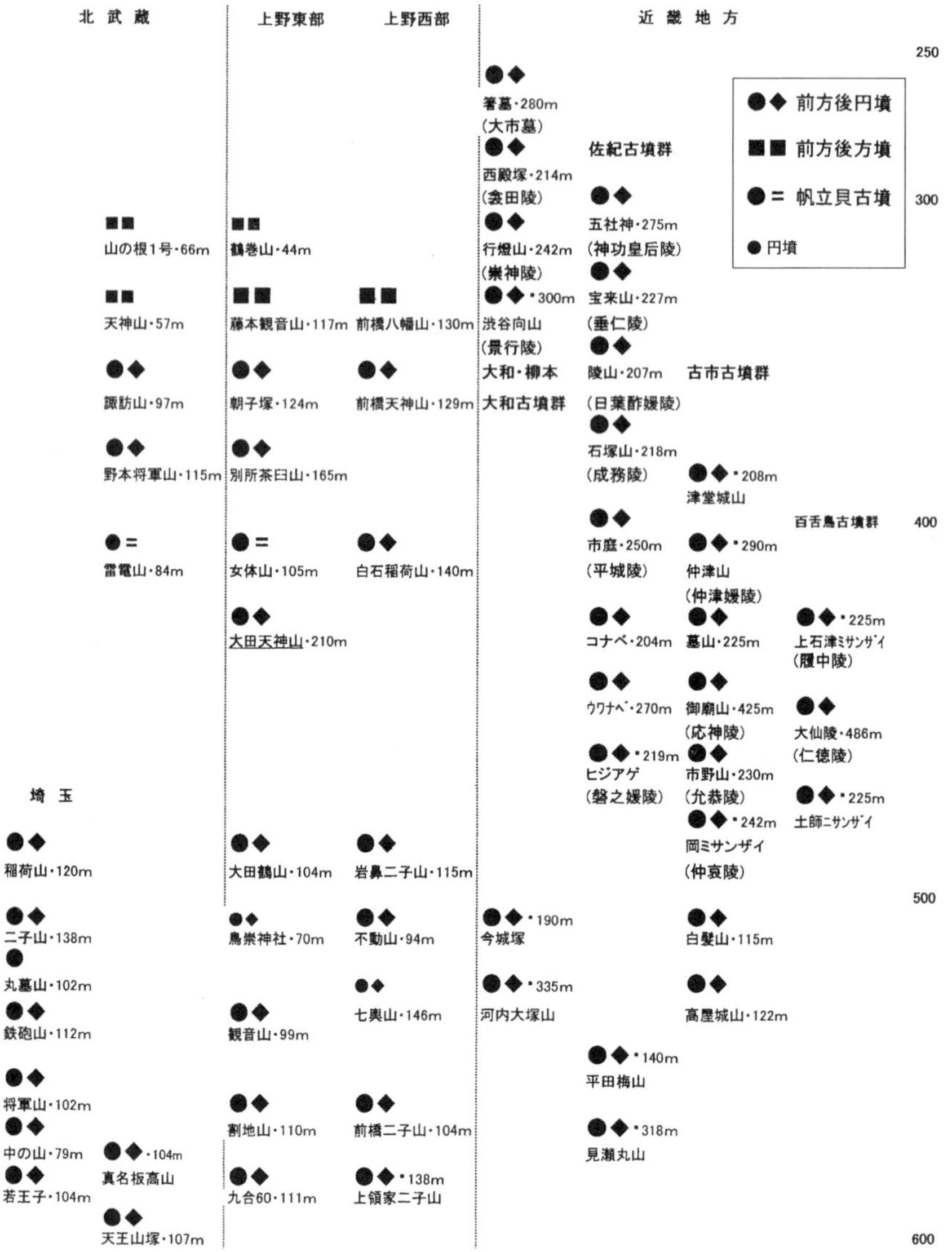
北武蔵
上野東部
上野西部
近畿地方
250
300
400
500
600
前方後円墳
前方後方墳
帆立貝古墳
円墳
山の根1号・66m
天神山・57m
諏訪山・97m
野本将軍山・115m
雷電山・84m
鶴巻山・44m
藤本観音山・117m
朝子塚・124m
別所茶臼山・165m
女体山・105m
大田天神山・210m
前橋八幡山・130m
前橋天神山・129m
白石稲荷山・140m
箸墓・280m
(大市墓)
西殿塚・214m
(衾田陵)
行燈山・242m
(崇神陵)
・300m
渋谷向山
(景行陵)
大和・柳本
大和古墳群
佐紀古墳群
五社神・275m
(神功皇后陵)
宝来山・227m
(垂仁陵)
陵山・207m
(日葉酢媛陵)
石塚山・218m
(成務陵)
市庭・250m
(平城陵)
コナベ・204m
ウワナベ・270m
・219m
ヒジアゲ
(磐之媛陵)
古市古墳群
・208m
津堂城山
・290m
仲津山
(仲津媛陵)
墓山・225m
御廟山・425m
(応神陵)
市野山・230m
(允恭陵)
・242m
岡ミサンザイ
(仲哀陵)
百舌鳥古墳群
・225m
上石津ミサンザイ
(履中陵)
大仙陵・486m
(仁徳陵)
・225m
土師ニサンザイ
埼玉
稲荷山・120m
二子山・138m
丸墓山・102m
鉄砲山・112m
将軍山・102m
中の山・79m
若王子・104m
・104m
真名板高山
天王山塚・107m
大田鶴山・104m
鳥崇神社・70m
観音山・99m
割地山・110m
九合60・111m
岩鼻二子山・115m
不動山・94m
七輿山・146m
前橋二子山・104m
・138m
上領家二子山
・190m
今城塚
・335m
河内大塚山
平田梅山
・140m
・318m
見瀬丸山
白髪山・115m
高屋城山・122m

主要地域の古墳編年

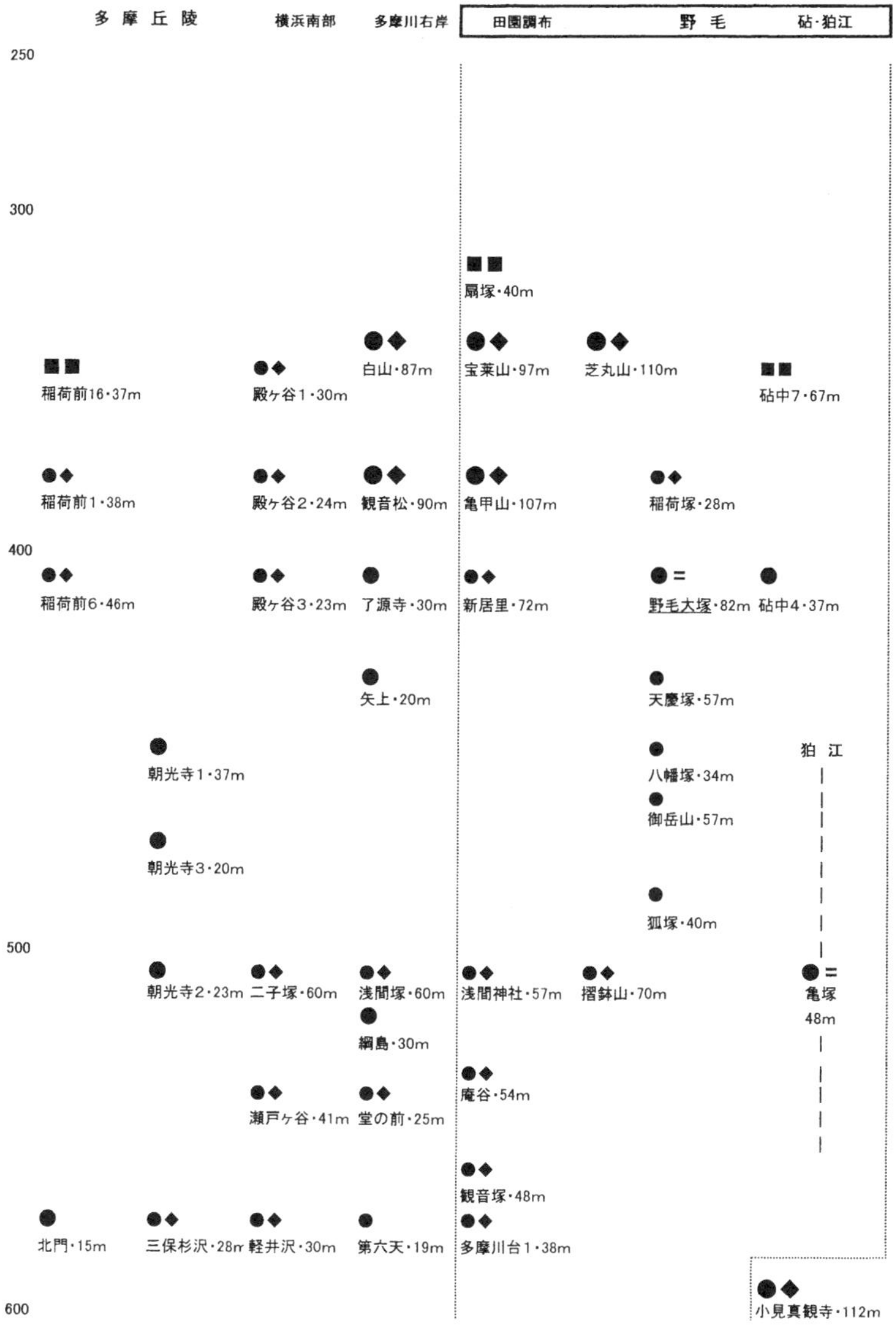

多 摩 丘 陵
横浜南部
多摩川右岸
田園調布
野 毛
砧・狛江
250
300
400
500
600
扇塚・40m
稲荷前16・37m
殿ヶ谷1・30m
白山・87m
宝莱山・97m
芝丸山・110m
砧中7・67m
稲荷前1・38m
殿ヶ谷2・24m
観音松・90m
亀甲山・107m
稲荷塚・28m
稲荷前6・46m
殿ヶ谷3・23m
了源寺・30m
新居里・72m
野毛大塚・82m
砧中4・37m
矢上・20m
天慶塚・57m
朝光寺1・37m
八幡塚・34m
狛 江
御岳山・57m
朝光寺3・20m
狐塚・40m
朝光寺2・23m
二子塚・60m
浅間塚・60m
浅間神社・57m
摺鉢山・70m
亀塚
48m
綱島・30m
庵谷・54m
瀬戸ヶ谷・41m
堂の前・25m
観音塚・48m
北門・15m
三保杉沢・28m
軽井沢・30m
第六天・19m
多摩川台1・38m
小見真観寺・112m

図3　南武蔵を中心とした

墳とは言わないで「墳丘墓」だと、そのように呼んで区別しております。全国的にはほぼ三世紀の中ごろ、関東においてはほぼ三世紀と四世紀の境頃に古墳は出現したと、今は語られているようであります。その古墳自体もさかのぼる可能性も言われておりますから、あと十年もすると三世紀後半になってしまうかもしれません。一応、西暦三〇〇年ぐらいの四世紀初頭頃に、この地域に大きな古墳ができてきたんだというふうなことが言われております。

その辺の順番は図3にあります。右左に小さな字で二五〇とか、三〇〇とか四〇〇とか書いてあります。考古学者得意の大体の目安の年代が付いています。これは絶対的というものではありません。新しい資料が出るとすぐ変わりますから。古墳に年号は書いてありませんので、大体目安としての西暦年数です。

西暦年数をいつから使っているかというと、これは大正時代から古墳の年代を表わすのは西暦を使っております。京都大学で日本で初めて考古学の講座を開かれた濱田耕作先生が古墳の研究をされて以来、「何世紀の古墳」というふうに言われてきております。

当時ですから日本紀元で表わしてもいいはずですけど、そういうふうには表記していません。大体四世紀とか、そういうふうに言っております。田園調布とか野毛とか狛江とか、この辺りの多摩川の北岸の古墳の年代は、古くても四世紀の初頭。宝莱山古墳は九七メートルですが、土器から見ると三世紀に遡る可能性があると言われております。以前は亀甲山古墳は四世紀の終わりから五世紀の初頭頃の年代であろう。だから、分布から見ると多摩川の両岸にある古墳は別の古墳群だろう、そういうふうに言われておりました。多摩川の北側、荏原郡側は可耕地はありませんが、呑川とか下流域は沖積地がありますので、これは墳墓だけ川の北側に造ったんじゃないか。大体河原からしか見えませんよね、古墳は。反対側は山ですから見えないんです。そうすると、多摩川の沖積地、およびその流れ込む中小河川を生産基盤にして、とくに東京湾から川口に行く、そのような立地を選んで、古墳が造営されており、北岸と南岸の古墳群を併せて一系列だという考え方もできます。

もう一度図2を見ていただくと、大きな古墳は多摩川の川崎側で二基（観音松古墳、白山古墳）、北側で二基（亀甲

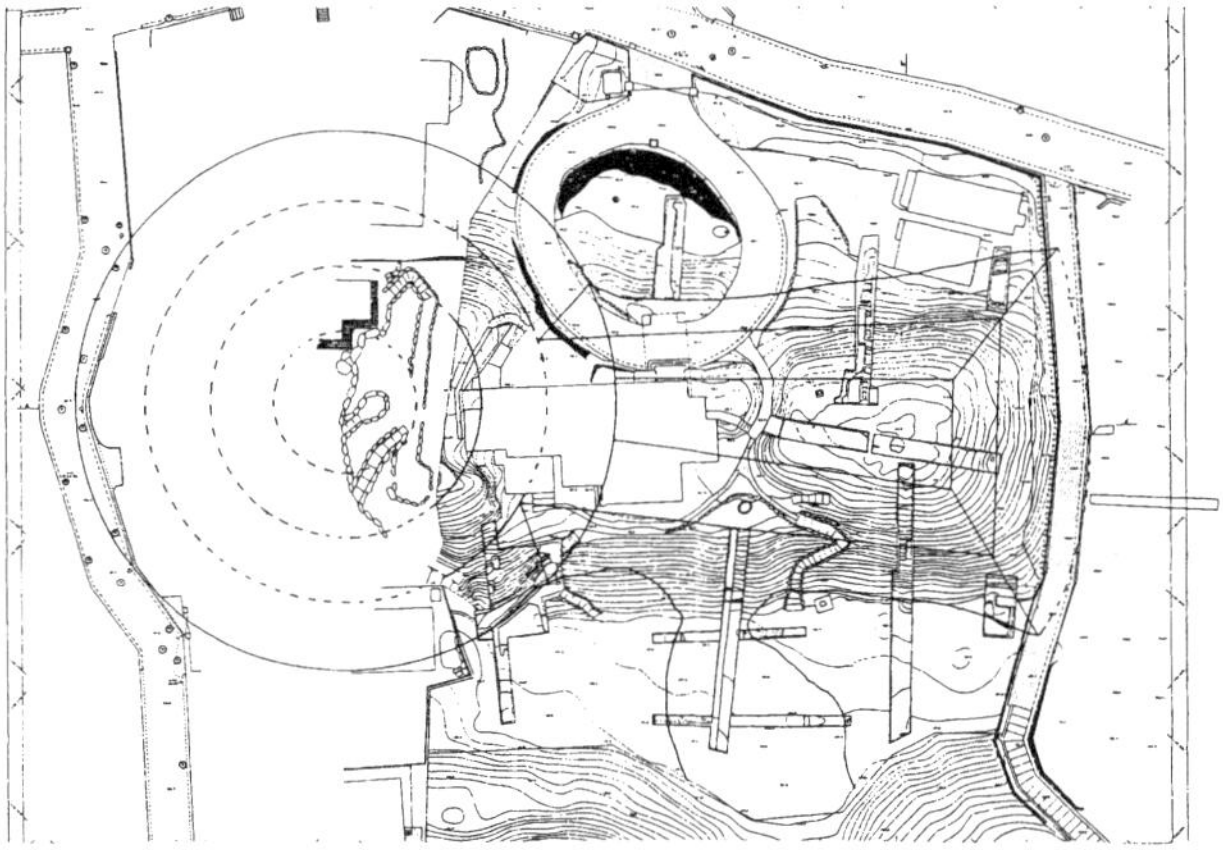

宝萊山古墳

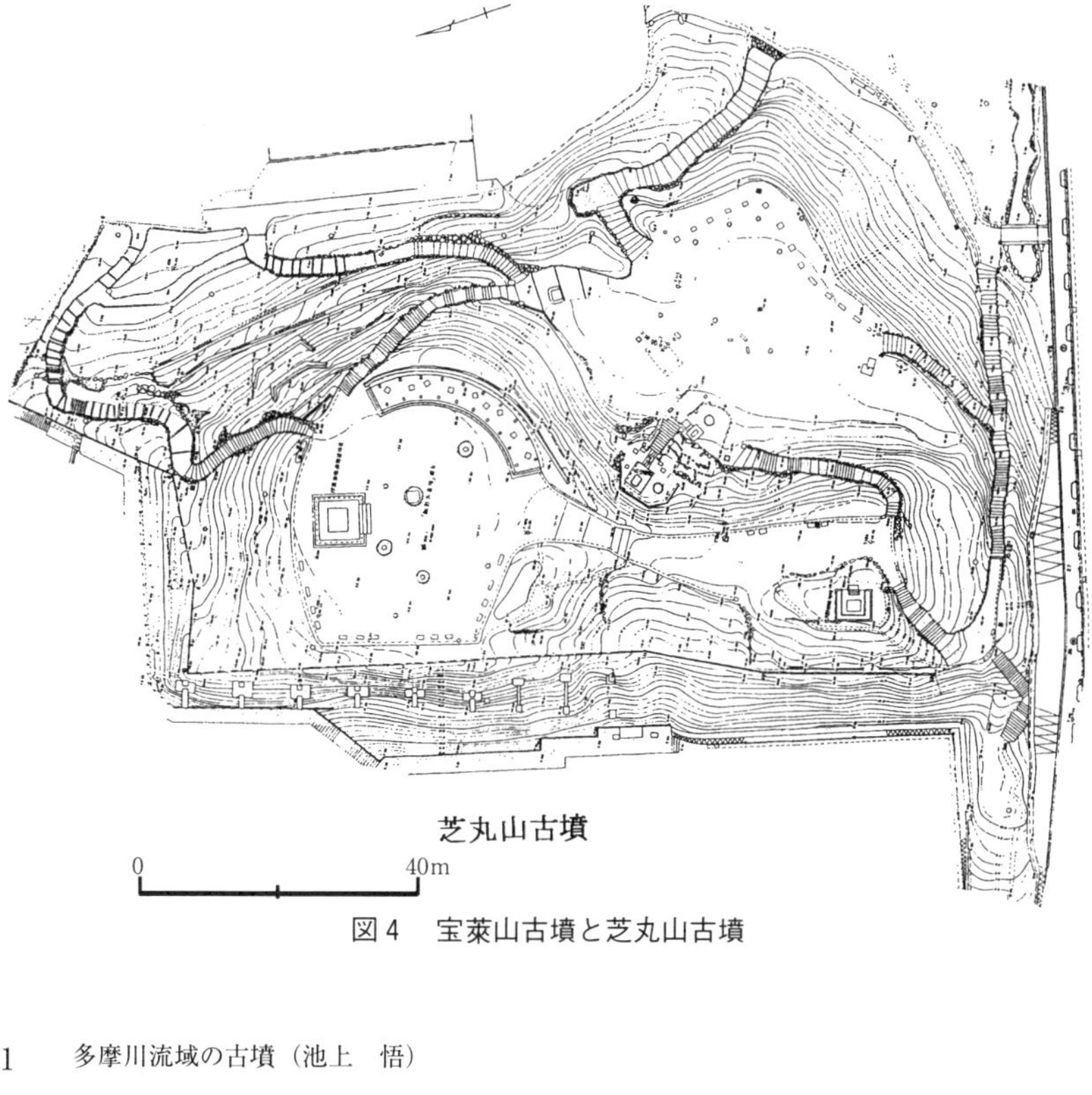

芝丸山古墳

図４　宝萊山古墳と芝丸山古墳

山古墳、宝萊山古墳）です。さらに、東京タワーのところに芝丸山古墳があります。

芝丸山古墳（図4）は、西側が削られております。これも以前は五世紀の前半の年代だと言われておりました。しかし最近は、これは古い古墳で、四世紀前半だというふうに考えられています。

そうすると、多摩川の南で二つ、北側で二つ、この芝丸山古墳も入れて三世紀から四世紀、五世紀の初頭にかけて、一系列として造られたものではなかろうというような意見も出てきております。

芝丸山古墳の調査は、明治三十年に、明治時代を代表する考古学者であった坪井正五郎が調査されております。その時に大きな一二の石が並んで出てきました。深さは六尺か四尺ですから、一メートルちょっとのところで出ています。それは何か。江戸時代にはすぐ隣が徳川将軍家菩提所である浄土宗の芝増上寺ですから、基礎としてその関係の塔か建物を建てたんだろうと考えられております。すでにこの古墳の埋葬施設は壊されておりました。

併せて周りに小さな円墳が十数基ありまして、これも調査しております。これは横穴式石室でした。坪井正五郎の当時の考察としては、全部併せて応神天皇のころの五世紀代だ、そういうふうにお考えになっていたわけです。しばらく前は五世紀代だと言われてたんですけど、丸山古墳には埴輪が伴っておりません。

西日本のほうは古墳の発生以来弥生時代の伝統を受けて埴輪を伴うわけです。関東のこの辺りの一番古い埴輪は四世紀の終わりぐらいからでないと出てこない。埴輪がないからそれより古いだろう。そうすると、四世紀代の古墳になります。このように理解されてきております。

宝萊山古墳（図4）は、旧松平邸に所在しますが、これも今、半分壊されておりまして、古い時期に一部の遺物、および粘土で遺体を覆った施設が見つかっておりまして、それらから考えられているわけであります。その後、墳形確認調査が行なわれ、宝萊山古墳は、前方部の先端がちょっと外側に張り出しております。これが三味線の撥の形に似ているので「撥形」と言います。このように外に張り出すものは西日本の古墳から言いますと、古い時期に多い。そういう意味で四世紀の一番古いところに位置づけられております。

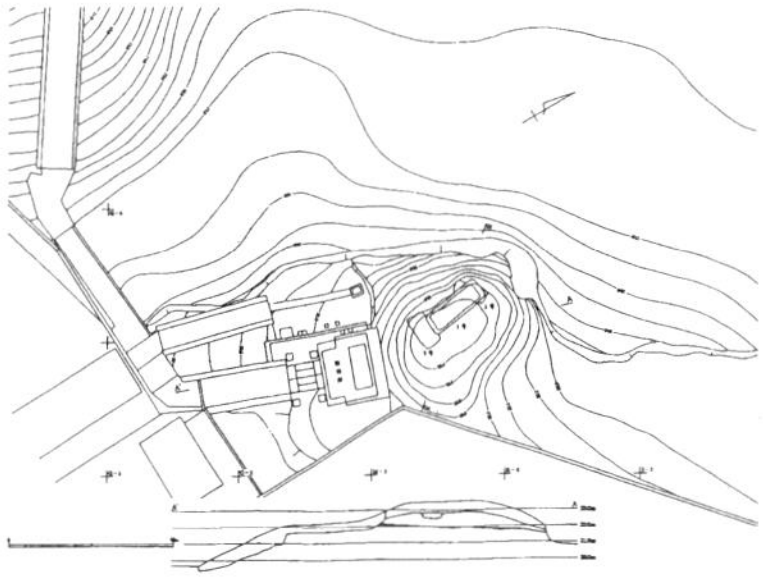

扇塚古墳

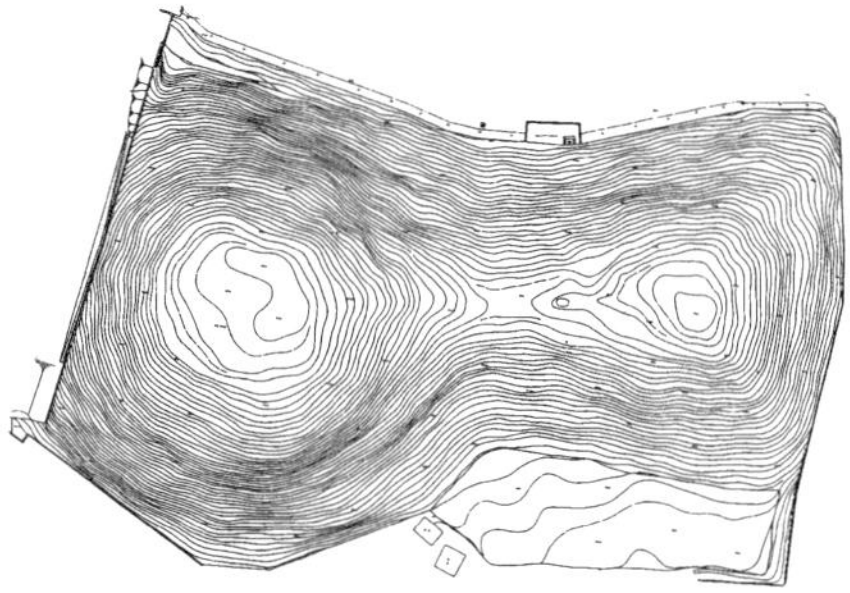

亀甲山古墳

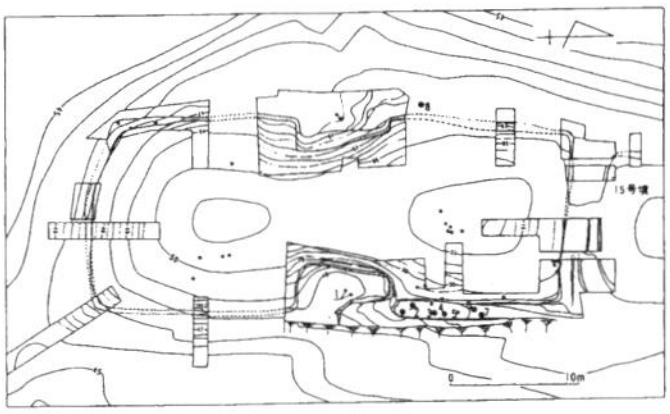

稲荷前 16 号墳

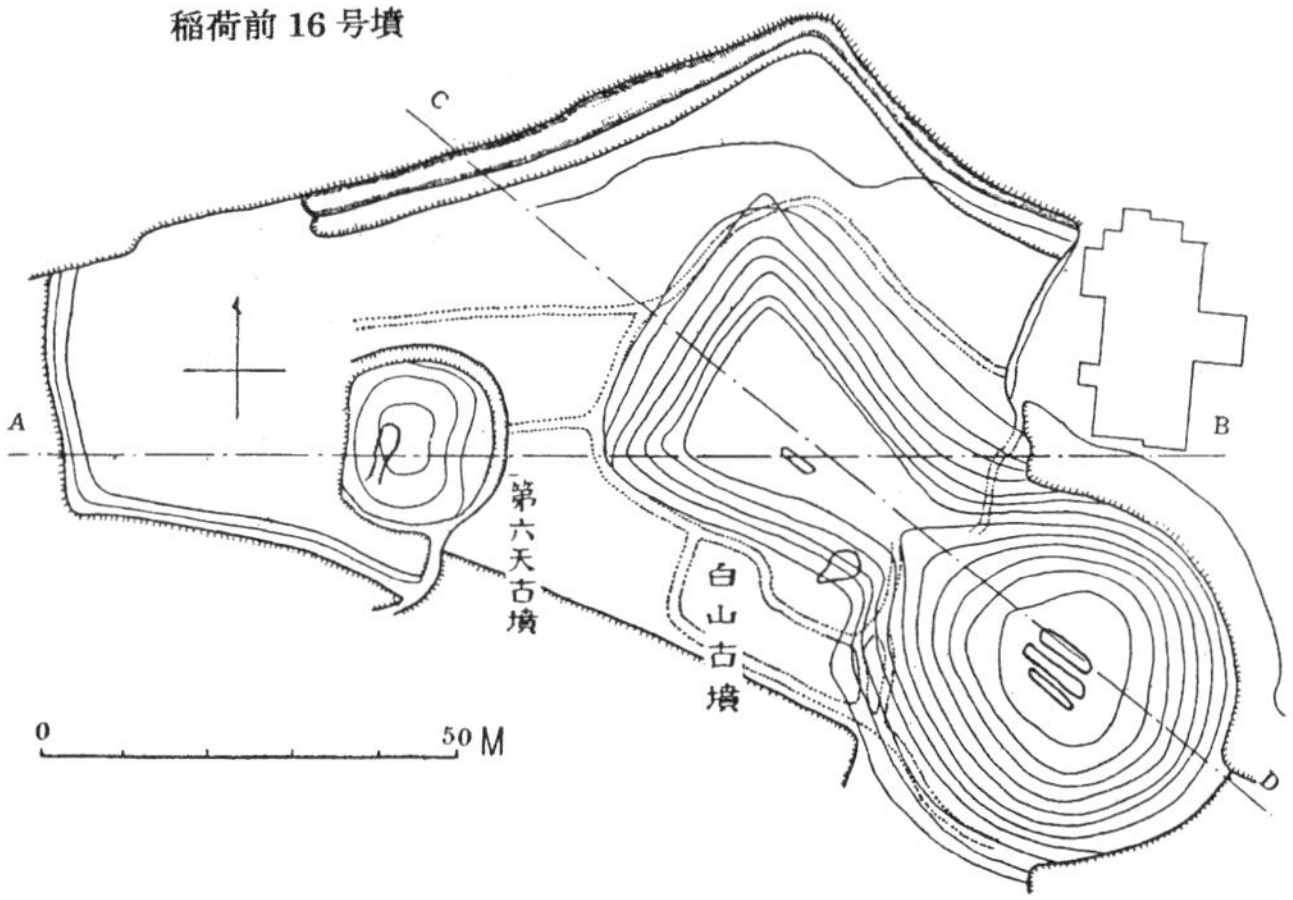

図5　扇塚古墳、亀甲山古墳、稲荷前16号墳、白山古墳

あと、川崎の加瀬白山古墳と日吉観音松古墳ですけど、白山古墳は戦前の昭和十二年に慶應義塾大学で調査しておりまして、図5のような図面があります。前方部に一基、後円部に三基の遺体を収めた施設があります。これが全長八七メートル。その隣に第六天古墳、第六天が祭られていた古墳ですけど、横穴式石室としては、この辺りでは一番古い。そういうような古墳があります。

亀甲山古墳は、墳丘が残っておりますけれど、調査されておりませんので内部の状況はわかっていません。もう一基、稲荷前一六号墳というのは横浜の丘陵部にありますけれど、これは前方後方墳の変形だといわれております。前方後方墳にしてもちょっとおかしいのですが、一応前方後方墳としています。全長三七メートルです。

それから、最近の調査で所在が明確になったのが、扇塚古墳です。大田区の多摩川寄りの所にあるんですけど、明確ではありません。丸い古墳の前に神社が位置していて、この部分が前方部だろうと思われています。墳丘はやや角張っており方形とも考えられ、前方後方墳の可能性があると言われている古墳であります。これらが代表的な前期古墳であります。

多摩川流域には川崎市側も含めてこのような大きな古墳が集中しております。あと、前期古墳がどこにあるかというと、鶴見川が横浜の丘陵部を流れており、それぞれ早渕川、谷本川、恩田川に上流の方は分かれるんですけど、谷本川流域、田園都市線の市が尾駅の北側の所に稲荷前古墳群というのがあります。これは前期以来の前方後方墳から前方後円墳に変わった、そういうふうなところであります。一六号墳が前方後円墳で、全長三七メートルです。

横浜市の朝光寺原古墳群は曹洞宗の朝光寺というのがありまして、昭和四十年代の前半にその裏の朝光寺原という所を宅地開発しました。その時の調査で円墳三基がみつかりましたが、五世紀の後半から六世紀の前半ぐらいの年代です。

こういう所にあるんですけど、それぞれ、やはり地域の中心には大きな古墳、その下には小さな古墳、それから前方後円墳の下には前方後方墳、そういう一定の序列のもとに古墳というのは造られたようです。

関東の古い所を見てもらうと、前方後円墳ではなくて前方後方墳から始まっております。最初から前方後円墳は造られなかったんだというように理解されております。前方後円墳と前方後方墳はどこが違うのか。それは、ずっとその墳墓のもとを辿っていきますと、弥生時代にどこで中心的にそのもととなる墳墓を造っていたのかという違いに関係します。

前方後円墳というのは、丸いお墓に前方部がくっついて、前方後方墳というのは、四角いお墓に前方部がくっついたという形ですけど、前方後方墳は、今の伊勢湾周辺の辺りで弥生時代の終わりぐらいに発達した墳墓に源流があると考えられます。

前方後円墳の起源はどこかというと、近畿地方から瀬戸内の東側、岡山辺りも含めて、吉備、それから畿内、あの辺りで弥生時代の終わり、三世紀前半代ぐらいに盛んに造られたものであります。古墳時代になったときに、前方後方墳というのは二番手の墳形として位置づけられたと考えられています。

関東の古墳の大半は、まず、前方後方墳として造られた。それが一世代、二世代置いたら、前方後円墳という古墳も造れるようになった。そういうところであります。

それは何を反映しているかというと、近畿地方ですと、日本で一番大きな古墳があれば、それが一番の、大王のお墓だと言われております。それはどこにあるかというと、一番古い所、三世紀の後半から四世紀の前半代にかけては、奈良盆地の東南部、「大和・柳本古墳群」という所です。

ここに有名な古墳があります。今一番古い、大きな古墳というと、箸墓古墳。宮内庁書陵部の整理は、「倭迹迹日百襲姫命大市墓」ということになってますけれど、これが一番古い。

四世紀の後半になると、奈良盆地の北に大きな古墳が造られるようになる。それが佐紀《さき》盾列《たたなみ》古墳群でありまして、二〇〇メートルクラスがずっと造られております。

五世紀になると大きな古墳はどこで造られるか、これは大阪のほうです。河内の古市古墳群と、それから和泉の百舌鳥古墳群です。応神天皇陵が恵我藻伏崗陵で誉田御廟山古墳。大仙陵古墳は仁徳天皇陵で、最大の古墳であり、百舌鳥耳原中陵という名前で『日本書紀』に地名説話で出てきます。

奈良盆地の東南から奈良盆地の北に行って、それから河内平野に出て、それから一時摂津高槻に行って、また奈良盆地の中央部、南のほうに帰ってくるというのが大王墓の流れでありまして、それが考古学的に合っているかどうかは別にしてそれぞれが天皇陵として指定されています。天皇が実在したかどうかというのも別なんですけど、一応そういうふうに宮内庁で指定されています。

そのおかげでもって、いまだに保存されているという面もありますが、中に立ち入れないから、何かよくわからない。もっと先にゆっくり調査すればいいんじゃないかと、関東にいると私なんかはそう思うんです。西日本の人はそうじゃありませんね。何とか墳丘の中を掘らないまでも調査したほうがいいんじゃないかと、そういうふうなところがあります。

古墳はそれぞれの地域にずっと継続して築造されており、「畿内の五大古墳群」とか言われています。古墳造営集団は大王墓を造れなくなっても古墳は造っているんです。ですから、初期大和政権といっても、これは畿内の有力豪族の連合だろう。その時代時代にどこが中心的な立場に立ったか。そのような違いで、中心になったときに一番大きな古墳が造れるんだろう、そういうふうなことが言われております。

そうすると、それを反映して、地方もいろいろ変わってくるということがあります。奈良盆地の北の勢力と関係していた地方の豪族が、体制が替わって河内のほうが中心になるときには見捨てられる。新体制を支えた地方の勢力が別にまたいるわけでありますから、それが今度は中央から地方を見ると重要視されて、大きな古墳、一番進んだ形の前方後円墳を造ります。前方後円墳といっても、時期ごとに形が少しずつ変わっていくわけであります。やっぱり中央と密接な関係があった所だけ最新の形を採り入れることができたんだろう。見捨てられた所は一〇〇メートルが五〇メートルになって、古い形のお墓を造っていると、そのような研究がされてきております。

だから多摩川流域では、四世紀までは大きな古墳が造られているんですけど、五世紀の初頭に野毛大塚古墳が、帆立貝式になって少し制限されています。

関東最大の古墳は上野東部の太田天神山古墳、五世紀前半の二一〇メートルです。これは地域勢力がまとまって大きな古墳を造った。大きな古墳を造ると、その下のそれぞれの地区では、大きな古墳が造れなかった。そういうこともあるようです。だから、地域内、および地域と中央との関係で、古墳の大きさ、形というのが徐々に変わっていると言われております。

五世紀代は、「巨大古墳の世紀」と言われている時代であります。一番日本で大きな古墳が造られたのが五世紀代です。それが造られた時には地方においては大きな古墳は造られていないというのが今の考えです。それが六世紀代になると、この辺りを含めた武蔵の国の中ですと、今度は行田の埼玉《さきたま》古墳群。ここは一〇〇メートルクラスの古墳がずっと造られ続けます。古墳時代の代わりに「前方後円墳の時代」という言い方もあります。古墳の発生以来、ほぼ二五〇年頃からいつまで造られたかというと、大体六〇〇年頃までです。

七世紀から古墳時代じゃなくなるかというと、今度は違う形の古墳を造って、七世紀代は古墳時代だと考古学者は言ってますけど、古代史研究者はそんなことは言いません。「飛鳥・白鳳時代のほうがいい」というふうに言っております。併せて「飛鳥時代の古墳」というような言い方もあります。ただ七世紀になると前方後円墳というのは造られなくなった古墳時代だということです。

この時にどうして埼玉古墳群にいきなり一〇〇メートルクラスの大きな古墳が出現してくるのかということが問題となります。多摩川北岸の古墳は、中期はずっと野毛大塚以来、大体五〇から四〇メートルの円墳ないしは帆立貝式、そのくらいのものです。このクラスは北武蔵にもあります。

埼玉古墳群の同時期並行で見ると、六世紀前半代の埴輪を伴うこの辺りの古墳は、大きくても、ここ一〇年ほど前に確認された浅間神社古墳で約六〇メートル。多摩川台一号墳で約四〇メートル、そのクラスですね。これは大きな

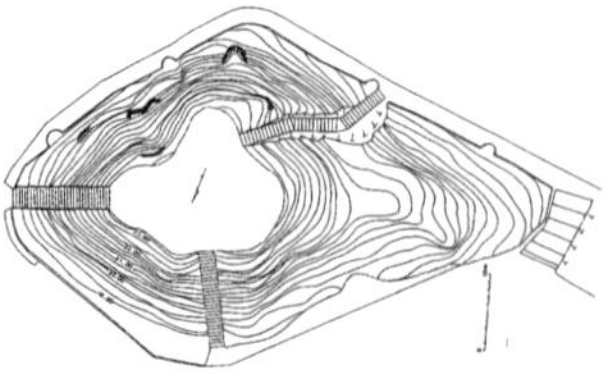

擂鉢山古墳

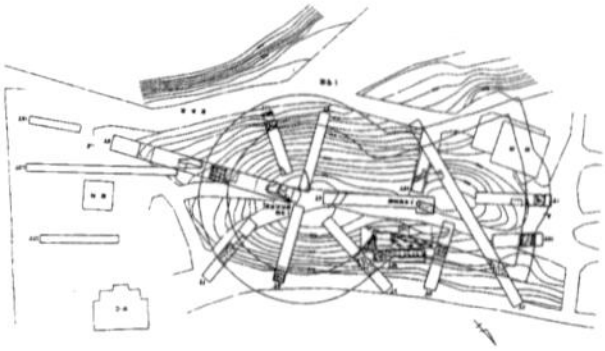

多摩川台１号墳

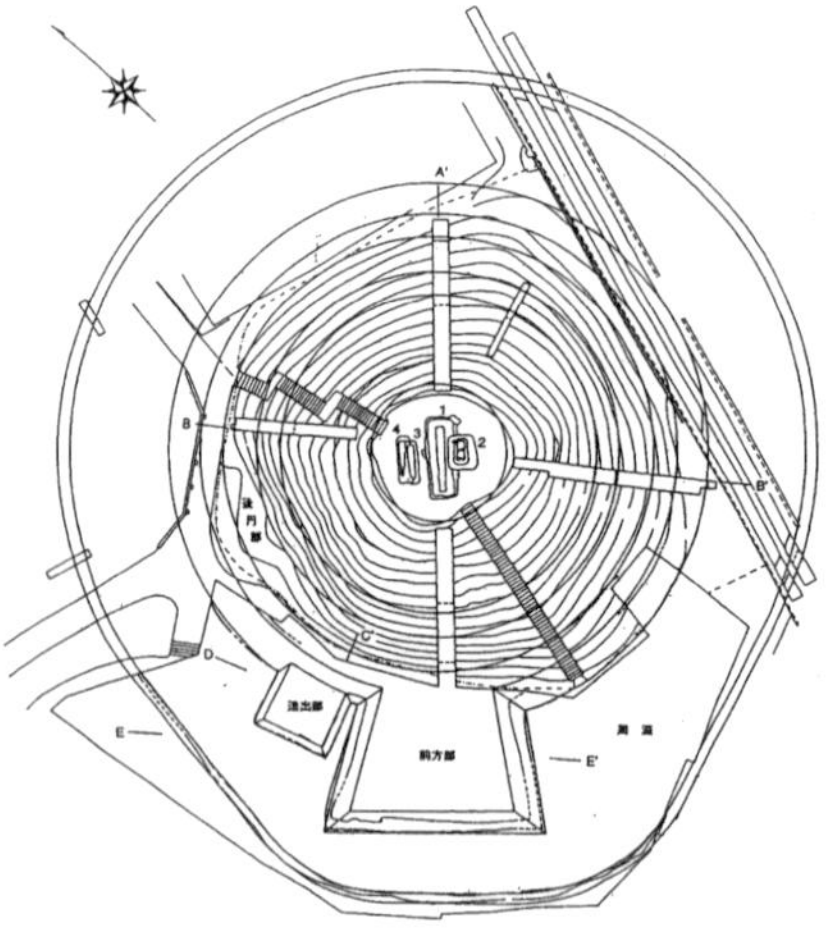

野毛大塚古墳

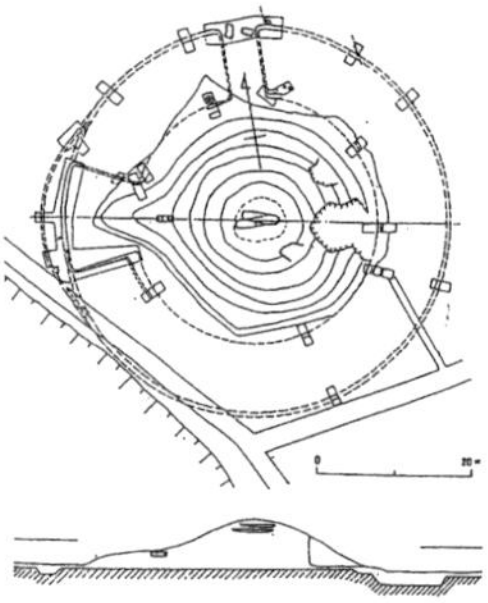

亀塚古墳

図６　野毛大塚古墳、亀塚古墳ほか

武藏國造笠原直使主與同族小杵相爭國造經年難決也小杵性阻有逆心
高無順密就求援於上毛野君小熊而謀殺使主使主覺之走出詣京言狀朝庭
臨斷以使主爲國造而誅小杵國造使主悚憙交懷不能黙已謹爲國家奉置横
渟橘花多氷倉樔四處屯倉◎是年也太歳甲寅

辛亥年七月中記乎獲居臣上祖名意富比垝其児多加利足
尼其児名弖已加利獲居其児名多加披次獲居其児名多
沙鬼獲居其児名半弖比
其児名加差披余其児名乎獲居臣世々為杖刀人首奉事来至今
獲加多支鹵大王寺在斯鬼宮時吾左治天下令作此百
練利刀記吾奉事根原也

図７　『日本書紀』安閑紀と埼玉稲荷山古墳鉄剣銘文

差だと思います。だから、武蔵の国全体を代表するような古墳群が埼玉にあって、この辺の六〇メートルから四〇メートルクラスは、この辺りの地域をまとめた、その程度の古墳だろうというふうなことが言われております。

図6に野毛大塚古墳（全長八二メートル）を載せております。

摺鉢山古墳は上野公園の中にある古墳で、墳形は周りの道路その他で変形されておりますけど前方後円墳だろうと思われます。掘っていませんが、六世紀前半だろう。それから多摩川台公園の中にある、昭和三十年代の調査では一号、二号というふうに分けられていたんですけど、今は併せて前方後円墳となっています。これは横穴式石室を持っていますけど、六世紀の終わりぐらいだろうというふうに考えられます。

狛江市の亀塚古墳、これも昭和三十年代に國學院大學の大場磐雄先生が調査されて、有名な金銅製の冠とか中国製の鏡とかが出ました。四八メートルの大きさで、これも一応帆立貝式の前方後円墳というふうに言っています。

野毛大塚古墳は多摩川下流域の北岸の、東京都側の五世紀初頭の一番大きな古墳で、帆立貝式の古墳です。図をよく見ると、1、2、3、4と四角い囲いがありますけれど、これは四回埋葬されたということです。従来知られていたのは、二番目の箱式石棺です。これは石材で四角く囲ってその中に遺体を収める。その石材はこの辺りではなくて房州石と言われていますから、千葉県のほうから運んできたんじゃないかというふうに言われています。ここから滑石製模造品が多数出土してまして、今は東京国立博物館に収められています。従来は五世紀の中頃から後半代だと考えられていました。滑石製模造品というのはどこで集中的に使われていたのか。これは群馬県地域であります。

図7は『日本書紀』の安閑天皇の条に記載されている武蔵の国造の反乱伝承を伝えたものです。「武蔵の国造笠原の直の使主、同族の小杵と国造の職を相争いて」というのがあります。一番最後に、「この年、太歳甲寅」、甲寅は五三四年と考えられています。そうすると六世紀前半となります。

これは武蔵の国造の職を巡って同族の笠原の使主と小杵が争って、一方は「上毛野君小熊に助けを求めた」。群馬県の豪族に助けを求めた。他方は中央に走り出て、大和朝廷に訴え出た。その結果として、大和朝廷に訴え出た方が

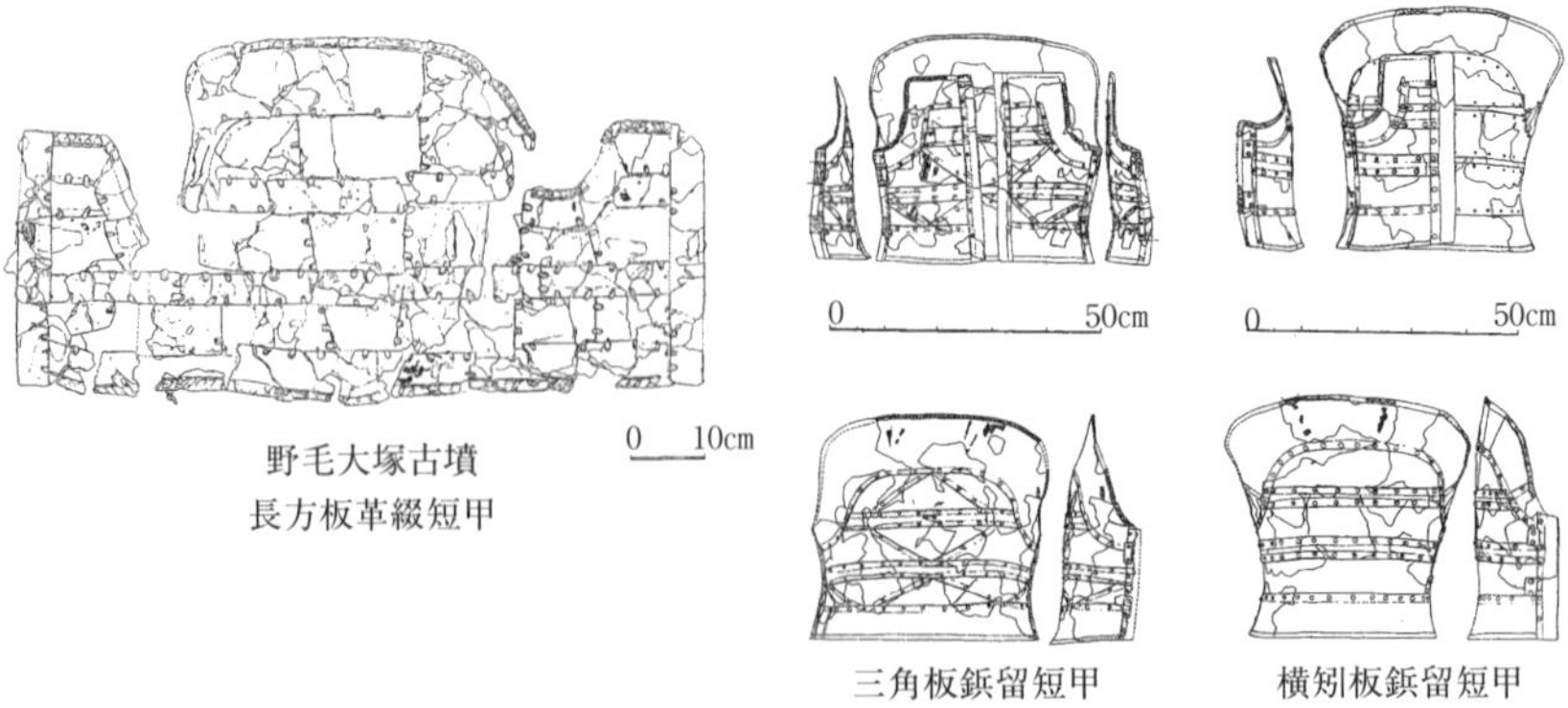

図8　野毛大塚古墳と御岳山古墳出土の短甲

国造職として任じられたと書かれています。それに伴って、国造に認められたほうは、「横渟、橘花、多氷」、あるいは多摩、「倉樔の四處の屯倉を献上した」という記録があります。

この文献記録に窺われる武蔵の国造の反乱というのは古墳の様相に反映しているんじゃないかというふうに考えられたのが甘粕健先生で、昭和四十年代から言われてきていることです。

ただ、最近の調査で、野毛大塚古墳というのは、最初の埋葬が粘土槨でして、そこから出ているのが長方板革綴短甲。短甲というのは身を守るための武具で頭には冑、それから下には草摺《くさずり》を着け、ちょうど剣道の防具みたいなものです。それが年代的には図8の左から右の方に変遷するわけであります。

最初は、方形板を革で綴っている。大田区の御岳山古墳では、三角形の板を、これは鋲で留めている。その次は、横矧板という長方形の板を、鋲で留めている。そういうのが出ております。

これらは前方後円墳から円墳に変わった時期とみられます。稲荷山古墳から出た鉄剣の銘文には「辛亥の年、七月中記す」というようにあります。これを今では四七一年というふうに考えています。そうすると五世紀の終わりとなります。ちょうどそのころ、南武蔵の古墳が小規模になる時期に北武蔵の埼玉古墳群が造り始められるから、抗争に敗れた勢力の基盤が南武蔵のこの辺りだろうというふうに言われていたわけであります。

当時はまだ六世紀の全長六〇～四〇メートルの前方後円墳の存在というのは知られていなかったわけですが、ずっと連綿として古墳は造営されています。最近はとくに六世紀の終わりぐらいになりますと、北武蔵、埼玉の鴻巣辺りで作った古墳に並べる埴輪が、この多摩川台の古墳や、二〇〇四年の暮れの確認ですと、横浜市の鶴見川流域の山の中の古墳、そういうところにも埴輪が来ていますから、六世紀の一番終わりの時期というのは、武蔵全域で広域の連合体制ができた時代だろうと思います。

この国造の職を争って、その後に四カ所に屯倉、中央直轄領を置いたという。その地域の名前からすると、これは南武蔵だろうからというところで北と南の対立だというように考えられていたわけであります。多摩川流域の古墳も従来考えられていたほど極端な落ち込みはないということから考えると、この屯倉の設置というのは古墳造営にはそれほど関係がないんじゃないかと思われます。八世紀代の記事ですから、屯倉の設置記事を除けば、同族争いというのは、北武蔵の中だけで行なわれたんじゃないかというふうな意見もあります。

とくに埼玉古墳群ですね。北武蔵の真ん中に書いてありますが連綿と、一二〇メートルの稲荷山古墳に二子山古墳の一三八メートル、丸墓山古墳は円墳ですけど一〇二メートルというふうになるわけです。丸墓山古墳も、以前は一番古く位置づけられていたんですけが、今は大体三番目に置くようです。

ここで、最終時期になると、一〇〇メートルクラスの古墳が、ほぼ横並びで三基、四基築造されており、埼玉の中心勢力は落ち込んでいるんです。小見真観寺古墳というのは、真言宗智山派のお寺の境内にあるから真観寺古墳なんですけど、これが一一二メートル。これは埴輪を伴っておりません。真名板高山古墳と言うのがあります。これは埴輪を伴って一〇四メートル、それがすぐ近くに天王山塚古墳一〇七メートル。埼玉古墳群の若王子古墳一〇四メートル、中の山古墳は七九メートルに規模が落ち込んでいます。従来、埼玉の一カ所に集中して古墳を造っていたのが、最終末にはそれが分散して、これを支えた勢力は少なくとも四つ、一〇〇メートルクラスの古墳を造ったというふうな事実があります。あるいはこの古墳のあり方や、丸墓山古墳は円墳でなければいけないのか、そういうふうなところで先の安閑紀の記事を結び付けると、従来は、太歳甲寅は五三四年というふうに言われていたんですけど、それは六世紀中葉かもしれないし、干支ですから六十年でもう一回巡って、五九四年で六世紀の終わりぐらいだというふうにお考えになる方もおられます。

三　鏡と古墳

ここで鏡の話をしますと、この辺りですと、白山古墳から三角縁神獣鏡が出ております。三角縁神獣鏡というと、古墳の一番古いところの代表的な古墳からほとんど出てくるという重要なものであります。島根県神原神社古墳出土鏡は大体直径が二二、三センチで、魏の一尺というのは二四センチほどですけど、大体それに近いものです。

卑弥呼が魏に使いを送っているんですけど、魏の年号がある鏡が出た古墳というのは、図9にあるように九基が今のところ知られております。山口県の竹島古墳は正始元年で二四〇年だと言われています。この年号は、卑弥呼が使いを出した二三九年の翌年の二四〇年、改元しています。使いが帰ってきた年の年号を書いたものです。神原神社古墳というのが一九七二年に調査されて、二〇〇二年に大きな報告書が出ました。これが二三九年で「景初三年」と書いてあります。

それから兵庫県の森尾古墳は古い調査で方墳です。これも正始元年。それから最近ですと、平成になってから京都府といっても丹後のほうですが太田南五号墳。青龍三年というと景初の前の二三五年。また、景初四年という、京都府の広峯一五号墳があります。景初四年という年号は、中国には実在しません。景初三年の次だから翌年は四年になるだろうという見込みのもとに作ったんだろうというふうに理解されています。

それから、大阪府の和泉黄金塚古墳。日本で最初に確認された「景初三年」(二三九年) 鏡なんですけど、画文帯神獣鏡という鏡が出ています。

それから図には出ていませんが、確信はないんですけど、宮崎県あたりで出たであろうというこれも景初四年鏡。

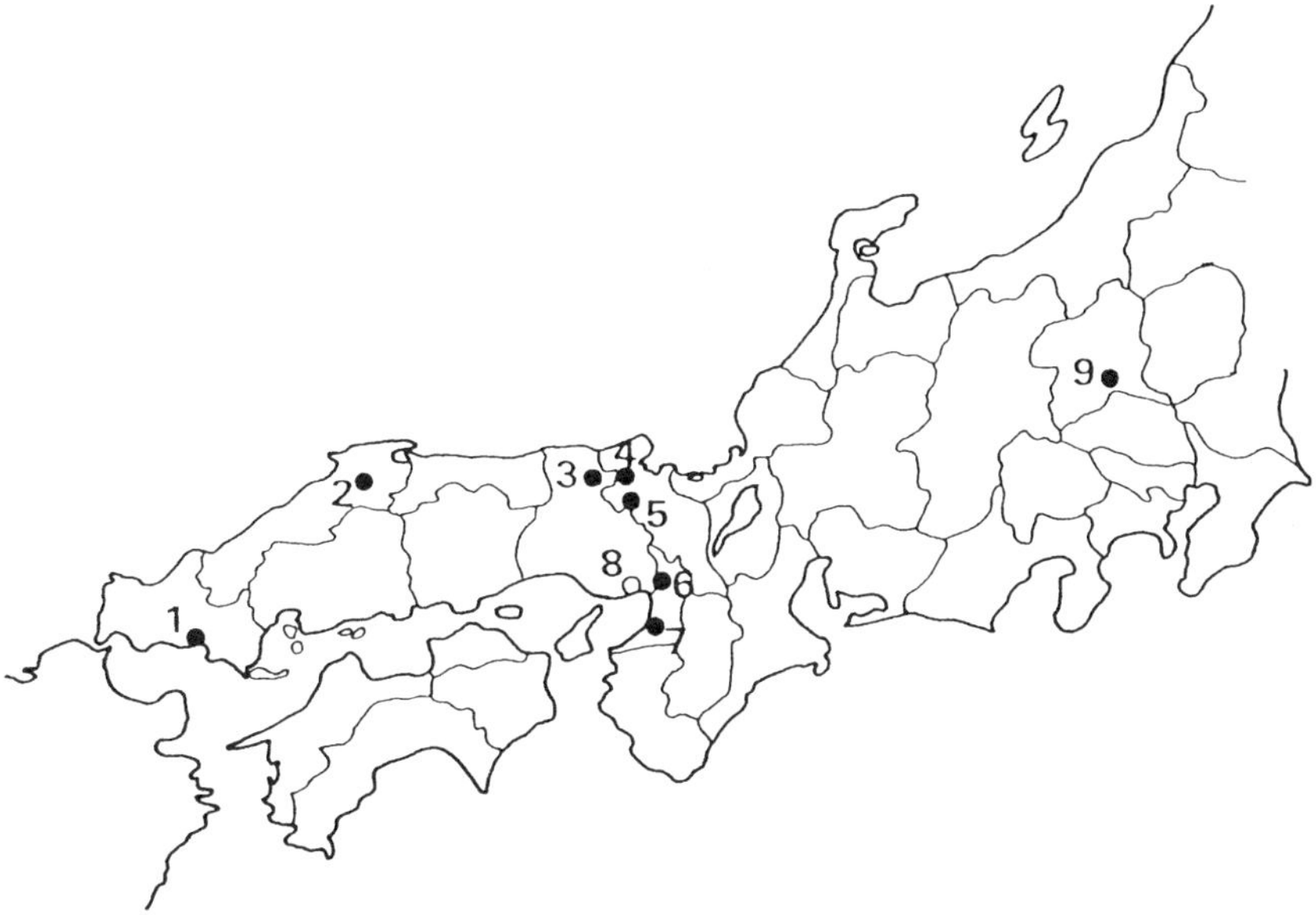

1～山口県・竹島古墳　前方後円墳（56m）明治21年　三角縁神獣鏡（正始元年）
2～島根県・神原神社古墳　方墳（29×25m）昭和47年　三角縁神獣鏡（景初３年）
3～兵庫県・森尾古墳　方墳（35m）　大正６年　三角縁神獣鏡（正始元年）
4～京都府・太田南古墳　方墳（18×12m）　平成５年　方格規矩四神鏡（青龍３年）
5～京都府・広峯15号墳　前方後円墳（40m）昭和61年　斜縁盤龍鏡（景初４年）
6～大阪府・安満宮山古墳　方墳（23×17m）　平成９年　方格規矩四神鏡（青龍３年）
7～大阪府・和泉黄金塚古墳　前方後円墳（85m）昭和26年　画文帯神獣鏡（景初３年）
8～兵庫県・辰馬資料館（宮崎県）　斜縁盤龍鏡（景初４年）
9～群馬県・蟹沢古墳　円墳（12m）？　明治42年　三角縁神獣鏡（正始元年）

図９　魏・紀年銘鏡出土地分布図

それから、群馬県でも明治時代に出土した蟹沢古墳というのは、よくわからないんですけど、正始元年です。そういうふうなものが出ております。

弥生時代だったら関係ないんですけれど、景初三年も正始元年も、卑弥呼が魏に使いを送った年と帰ってきた年であります。そういうことで意味があるだろう。だから、古墳出現の上限は可能性としてはここまで行くんだ、最近はそういうふうに言われております。以前はそうは言われておりませんでした。卑弥呼が「特に汝の好物を賜うなり」でもらってくるわけですが、五尺刀二口、銅鏡百枚、真珠鉛丹各五十斤とか、いろいろな織物とともにそういうふうなものをもらってくるわけです。

当時は、もらってきた鏡は、畿内某所に一括保存していたんだ。その後ある一定の期間を経てから、各地の同盟有力者に配っていったんだと。だから遡っても二八〇年頃だというふうに考えられていたんですが、最近はもらった年まで古墳の上限はいってもいいんじゃないかと、それだけで四〇年の差がありますからね。そういうふうに考え始められています。

その中で一番よく銘文が整っているのは、神原神社古墳です。何で島根県の一辺二五メートルと、三〇メートルにすぎない小さな方墳からこういうふうな重要な鏡が出るのか。確かに「畿内の大古墳を掘っていないから、そういうふうな年号鏡は地方から出るんだ」と言ってしまえばそうなんですけどね。それにしても古墳の規模からしては大したことないが、これが邪馬台国連合を支えた範囲だというふうなことも言われるんですけど、ちゃんとした説明はされたことがないです。地方の小さな古墳から出る率が高い。そういう傾向があります。

三角縁神獣鏡といっても、全体で五二〇枚ぐらい出ています。それは年代幅があります。卑弥呼の時にもらってきたのは、その中のごく一部だろうと。こういうような年号を書いてある鏡はもらってきたかもしれない。そういうように言われているわけでありますけれど、三角縁神獣鏡については、これは中国産かそうでないかというのは今でも論争が続いております。一回はもらってきても二回目はないだろうという考え方もできます。

景初四年鏡も含めて基本的には同じ工房で造った、同じ職人が造ったから似たような文章になっているんだろうと言われています。この大阪府の和泉黄金塚古墳の画文帯神獣鏡が一番簡略化した銘文でありました。一番整っているのが神原神社古墳だと言われております。

三角縁神獣鏡はいろいろ種類があるわけで、型によって五〇種類ぐらいあるんですけど、この辺りでいくと、加瀬の白山古墳から獣文帯四神四獣鏡という鏡が出ております。ですから、これは少なくとも、そこに葬られている人は、近畿地方の中枢と密接な関係があって、それでもらったと。そういう立場の人がここに葬られているんだと考えられます。

基本的には、前・中期、六世紀代の古墳まで、古墳を掘ると鏡が出てくるわけでありまして、鏡によって生前の社会的な地位が反映されているんだろうと、そういうふうな考え方もあります。大きな古墳は相応に、小さい古墳はそれほど地域、あるいは中央との関連でも身分は高くなかったんだろう、そういうふうなことが考えられております。

関東だと六〇メートルクラスでも直径一〇センチぐらいの鏡しか出ません。大体そうですね。宝莱山古墳鏡も一〇

埼玉県・稲荷山古墳

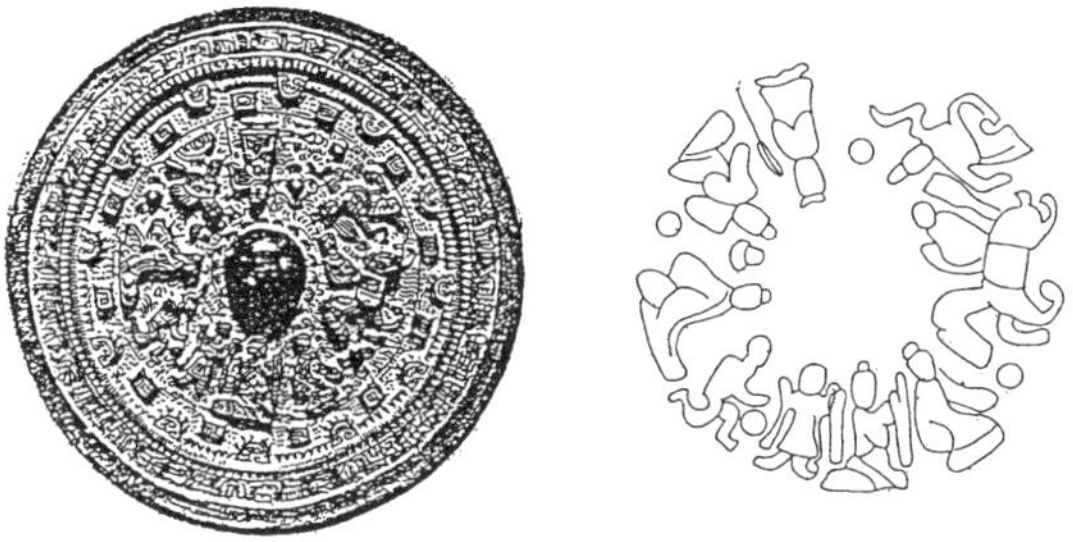

和歌山県・隅田八幡神社蔵

東京都・狛江亀塚古墳

図10　紀年銘鏡と関東出土の鏡

センチぐらいの銅鏡です。日本列島で作った鏡ですけど。西日本のほうに行けば、一辺三〇メートルの古墳でも直径一〇センチぐらいの鏡が出ますからね。やはり地域の格差も甚だしいと、そういうふうなところがあります。

また違う種類の鏡がありまして、稲荷山古墳からは画文帯神獣鏡というのが出ています。狛江市の狛江古墳群は、現状で四七基ぐらい確認されているんですけど、元は一〇〇基ぐらいあっただろうといわれています。五世紀後半から六世紀前半代にかけて、ちょうど稲荷山古墳が造られたぐらいの時期に二、三〇メートルの古墳がずっと造られて、その中の一番中心的な古墳が亀塚古墳の四八メートルになります。そこから出てきた鏡が、神人歌舞画像鏡です。

この鏡の文様をわかりやすく描くと、一一人の図像があるわけで、それをまねて作ったのが日本史の教科書に必ず出てきます、銘文が書かれている和歌山県の隅田八幡神社所蔵の画像鏡です。中国製をまねて作った鏡です。まねる時にあまりうまくなかったんで、亀塚鏡は図像単位が一一あるんですけど、隅田八幡鏡は九に減っている。全体を見て文様を割り付けないからこういうことになったわけであります。

重要視されているのは、この「癸未年八月」です。稲荷山古墳が見つかる前は、日本語表記の一番古いところ、日本史の教科書には必ず載っていたものでありますけれど、最近は稲荷山古墳のほうが古いということになりました。だから、これが大体五〇三年ぐらい、六世紀の初頭だろう。今は神社に所蔵されているんですけど、出土した古墳はわかりません。

四　後期の古墳

後期古墳の多摩川流域の分布というのは図11に示しております。二重丸で示していますのが軟らかい切石を切り組んで、それで石室を造っている古墳で、ほぼここの範囲では全域に展開しております。多摩丘陵部分から、多摩川台古墳群、それから、世田谷の大蔵とか喜多見辺りですね。

横穴墓も多数ありまして、横穴式石室よりも横穴墓のほうがこの地域は多いです。多摩丘陵辺りで確認されている

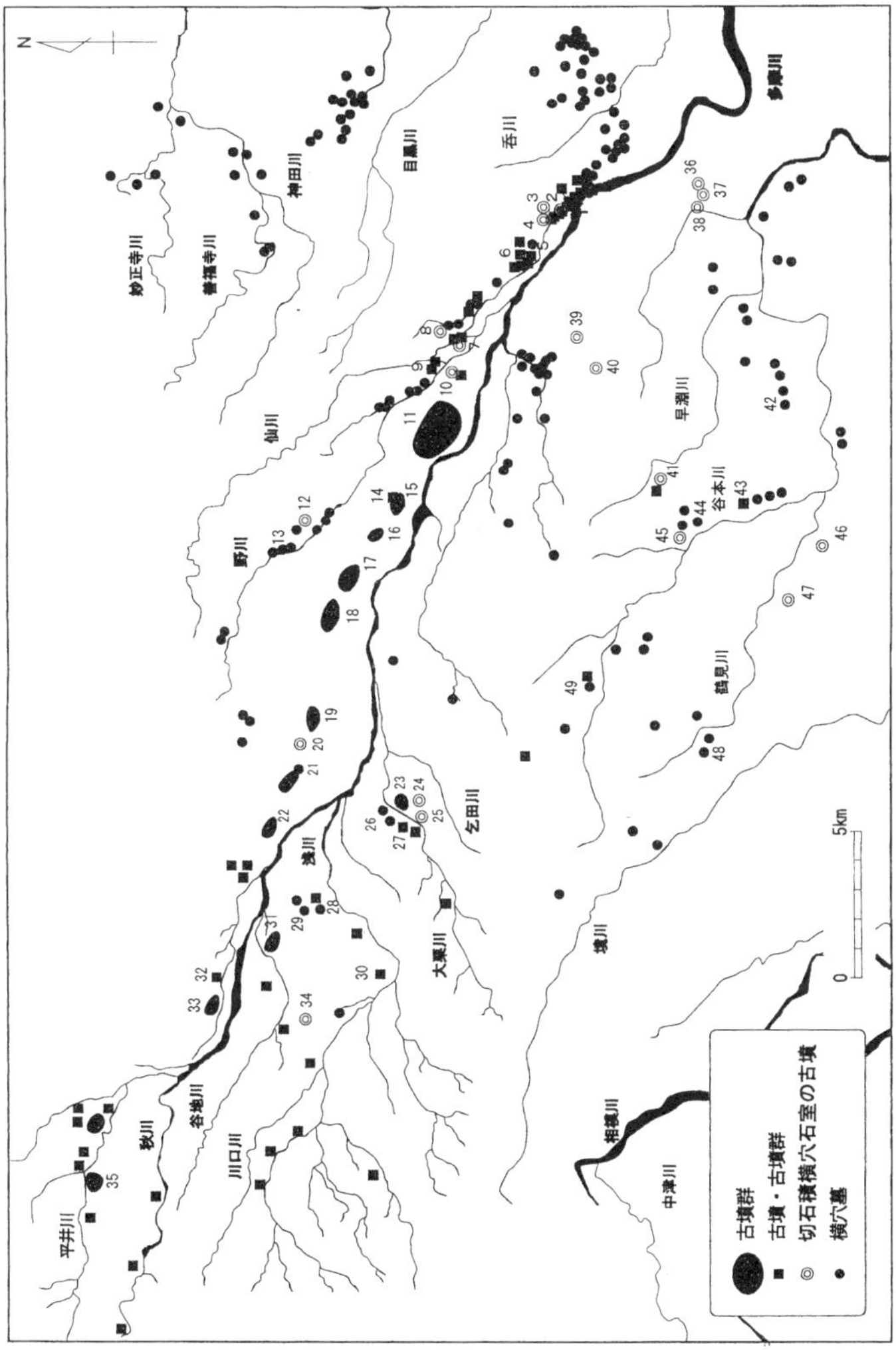

1. 大田区多摩川台古墳群
2. 大田区多摩川台５号墳
3. 大田区観音塚古墳
4. 大田区浅間様古墳
5. 世田谷区等々力渓谷横穴群
6. 世田谷区野毛古墳群
7. 世田谷区殿山１号墳
8. 世田谷区大蔵１号墳
9. 世田谷区砧古墳群
10. 世田谷区喜多見稲荷塚古墳
11. 狛江市狛江古墳群
12. 三鷹市天文台構内古墳
13. 三鷹市御塔坂横穴墓群
14. 調布市狐塚古墳
15. 調布市下布田古墳群
16. 調布市下石原古墳群
17. 調布市飛田給古墳群
18. 府中市白糸台古墳群
19. 府中市高倉古墳群
20. 府中市熊野神社古墳
21. 国立市下谷保古墳群
22. 国立市青柳古墳群
23. 多摩市塚原古墳群
24. 多摩市稲荷塚古墳
25. 多摩市臼井塚古墳
26. 多摩市中和田横穴墓群
27. 日野市萬蔵院台古墳群
28. 日野市梵天山横穴墓群
29. 日野市坂西横穴墓群
30. 日野市平山古墳群
31. 日野市七ツ塚古墳群
32. 昭島市経塚下古墳群
33. 昭島市浄土古墳群
34. 八王子市北大谷古墳
35. あきる野市瀬戸岡古墳群
36. 川崎市加瀬第９号墳
37. 川崎市加瀬第３号墳
38. 川崎市第六天古墳
39. 川崎市法界塚１号墳
40. 川崎市馬絹古墳
41. 横浜市赤田谷古墳群
42. 横浜市東方横穴墓群
43. 横浜市朝光寺原古墳群
44. 横浜市市ヵ尾横穴墓群
45. 横浜市稲荷前古墳群
46. 横浜市三保杉沢古墳
47. 横浜市北門古墳群
48. 横浜市熊ケ谷横穴墓群
49. 町田市能ヶ谷横穴墓群

図11　南武蔵の主要後期古墳と横穴墓分布図

のは川崎市とか横浜市、あるいは町田市を入れて大体五〇〇基です。北側は目黒区とか大田区、世田谷区を入れて大体三〇〇基確認されています。かつては確認されているその倍はあったんだろうと考えられます。

川原石を用いた横穴式石室というのは、どの範囲に分布しているかというと、基本的にはこの図の15番以降です。11が狛江古墳群ですから、ここにはありません。調布市から府中市、それから国立市、それから左側の最上流域の35番というのが有名な瀬戸岡古墳群ですけれども、ここまでです。この範囲の、とくに多摩川の北側、一部この南側の日野市、多摩市にもありますが、その辺りを中心に造られております。時期的には大体六世紀の終わりから七世紀代いっぱいだろうと。ほぼ一〇〇年ぐらいにわたって造られております。

横穴墓は、どこが早く造られたかというと、多摩丘陵のほうが早いです。六世紀の終わりから、大体これもまた七世紀代いっぱいまでです。

調布市、あるいは野川流域、これは三鷹市ですけれども、横穴墓があります。また日野市、多摩市にもあります。この辺りは七世紀に入ってから横穴墓が造られています。だから、横穴墓と石室墳というのは、同時代に造られているところであります。

下流域では、石室というのは大田区辺りにけっこうありますけれど、これは切石を使って六世紀の後半代からあるというふうに言われていまして、前方後円墳でも造られています。

次の図12は同じ地域に違った種類の埋葬施設があるんだというものです。同じ地域で同じ時代に埋葬施設が違ったものがある。それは何を示しているかというと、そこに葬られている人の階層差を埋葬施設に現わしているんだろう。そういうふうに言われています。

スライドに出した万蔵院台古墳群のすぐ斜面の下に中和田横穴墓群というのがあります。これは年代的に一部重なります。中和田横穴墓群は七世紀の終わりまで造営されますが、石室墳は七世紀の前半代で終わってしまいます。坂西横穴墓群も大体そんなものです。

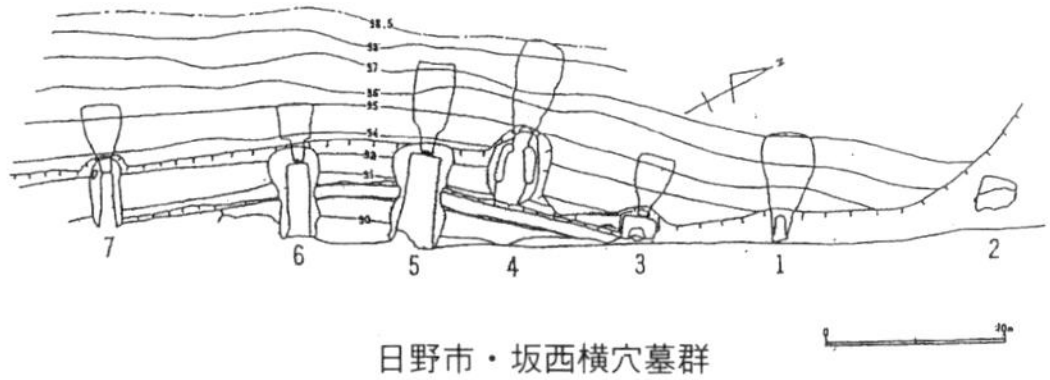

日野市・坂西横穴墓群

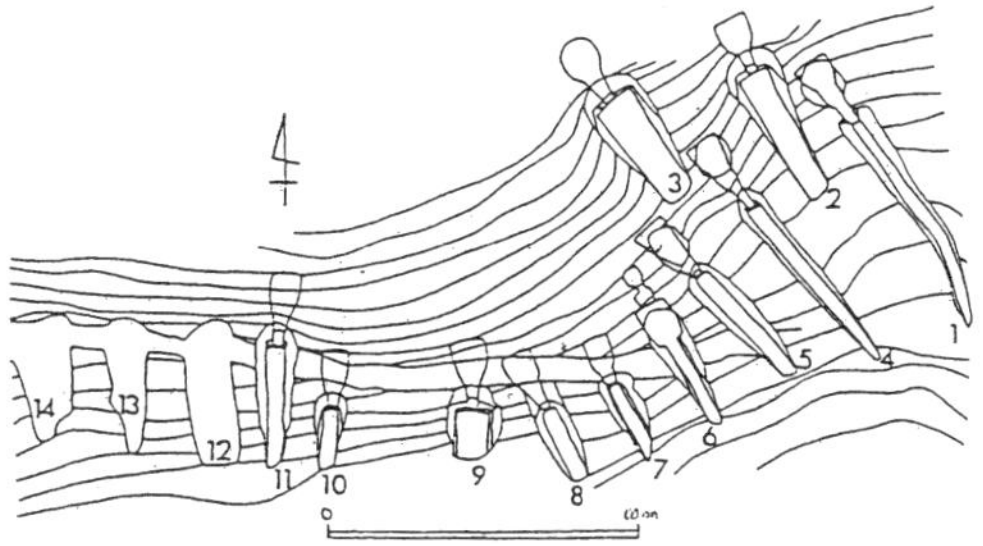

多摩市・中和田横穴墓群

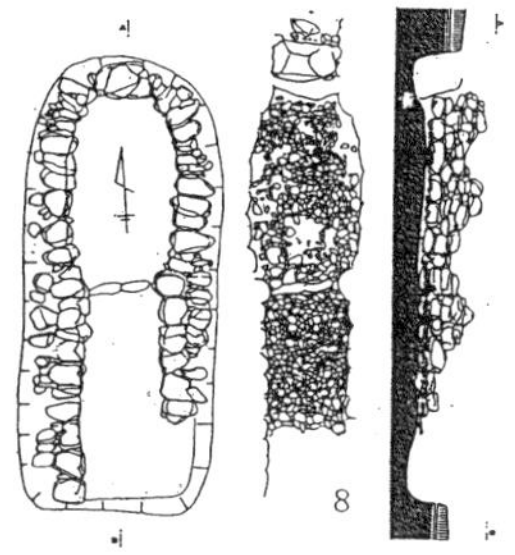

日野市・万蔵院台１号墳〔100分の１〕

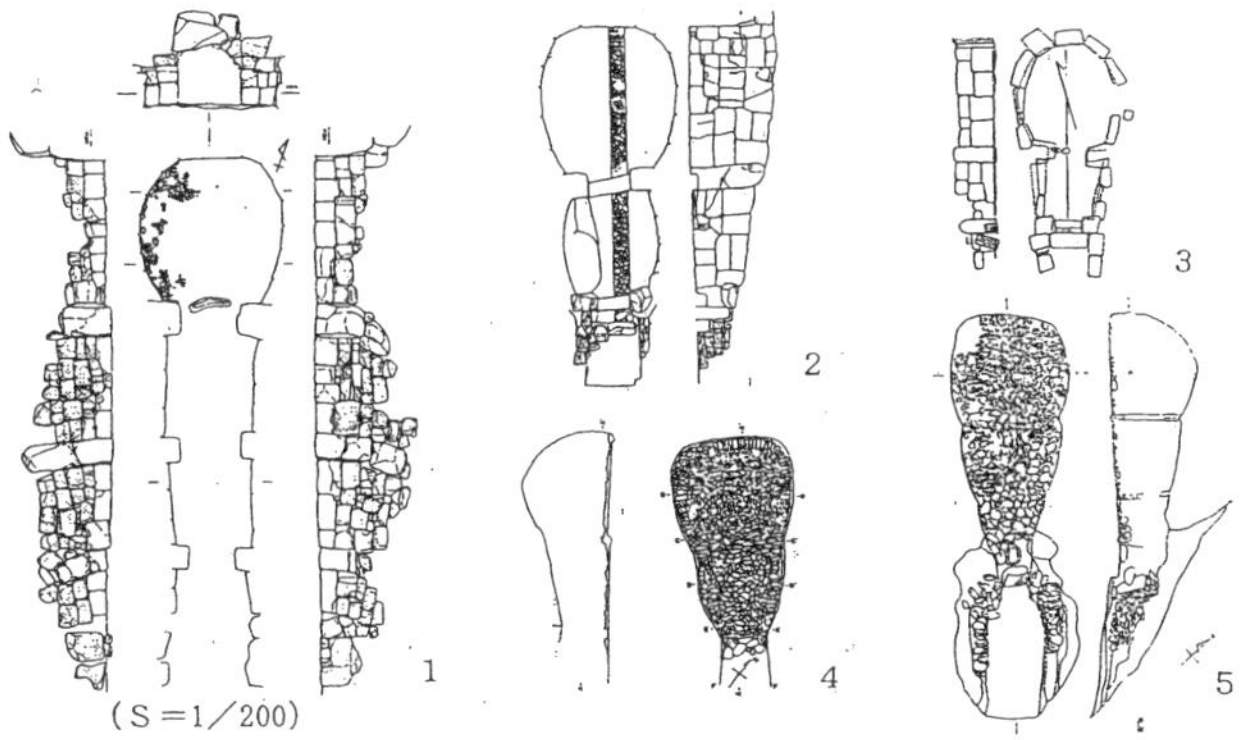

（S＝1／200）

１～八王子市・北大谷古墳　２～多摩市・稲荷塚古墳　３～多摩市・臼井塚古墳
４～日野市・梵天山３号墓　５～日野市・坂西４号墓

図12　多摩地方の古墳と横穴墓

この地域における最も重要な古墳というと、稲荷塚古墳、臼井塚古墳という古墳です。これは切石を使った胴張りの横穴式石室で、墳丘を有するものです。三〇メートルから二〇メートルぐらいの規模です。古墳で、地域の一番の有力者のお墓であって、二番手が川原石の石室墳だろうと思われます。三番手が横穴墓。そういうふうな位置づけで造られた古墳です。

稲荷塚については、これは八角形墳だという意見もありますけど、それを断定するほど墳丘が残っていないのでよ

坂西横穴墓群墓道

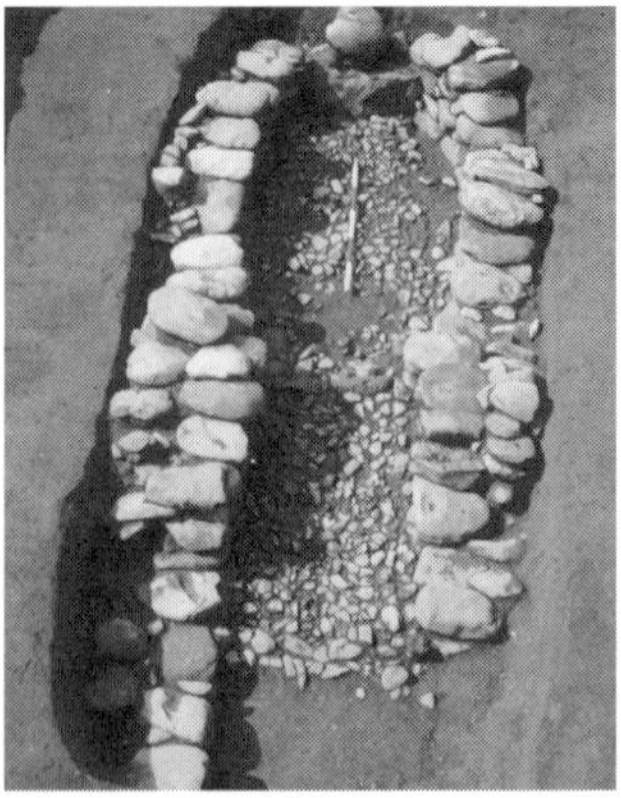

万蔵院台第1号墳石室

平山第2号墳石室

中和田第2号横穴墓

梵天山第4号墓

図13　多摩地方の横穴墓と古墳石室

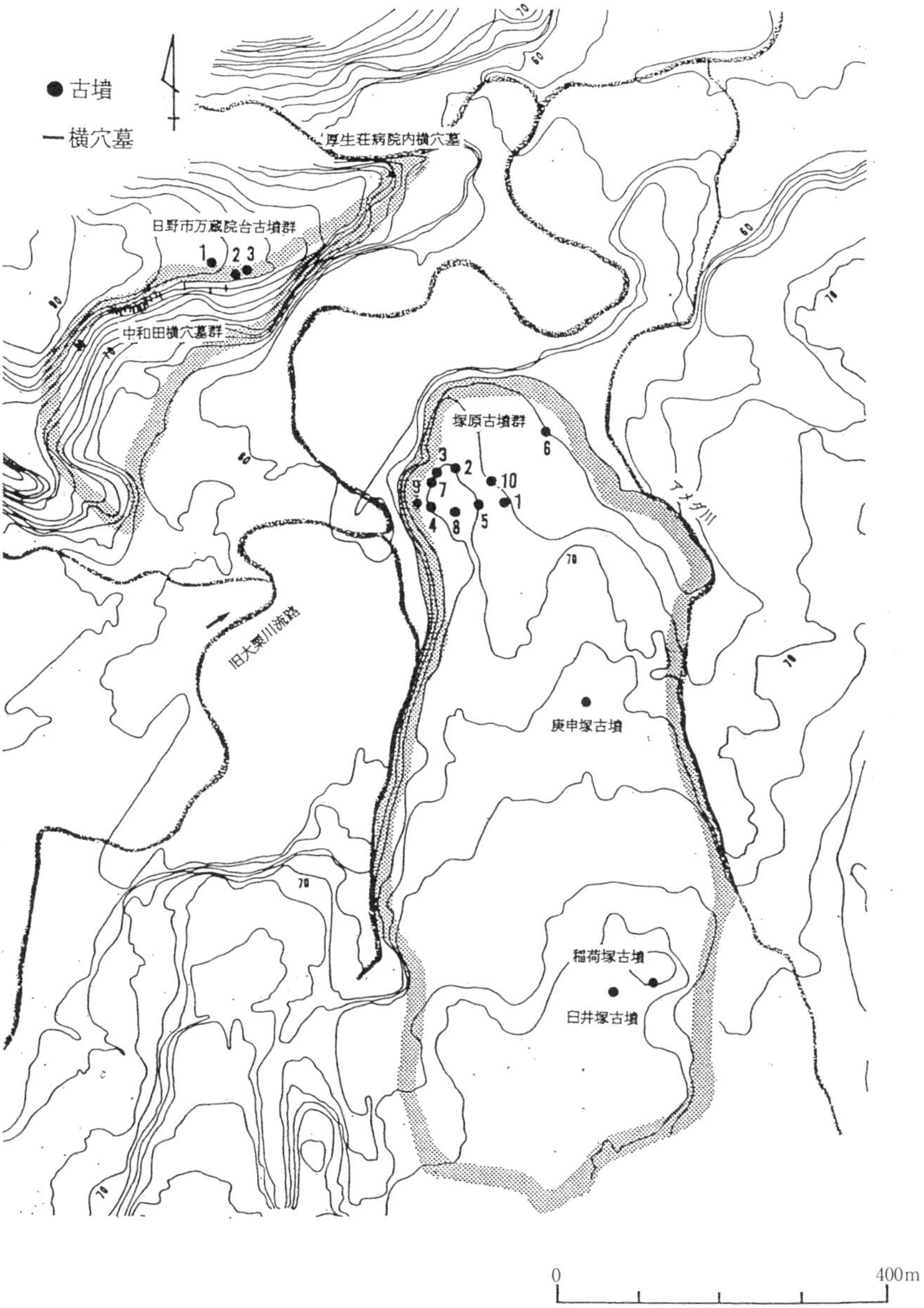

図14　日野市、多摩市域の古墳分布図

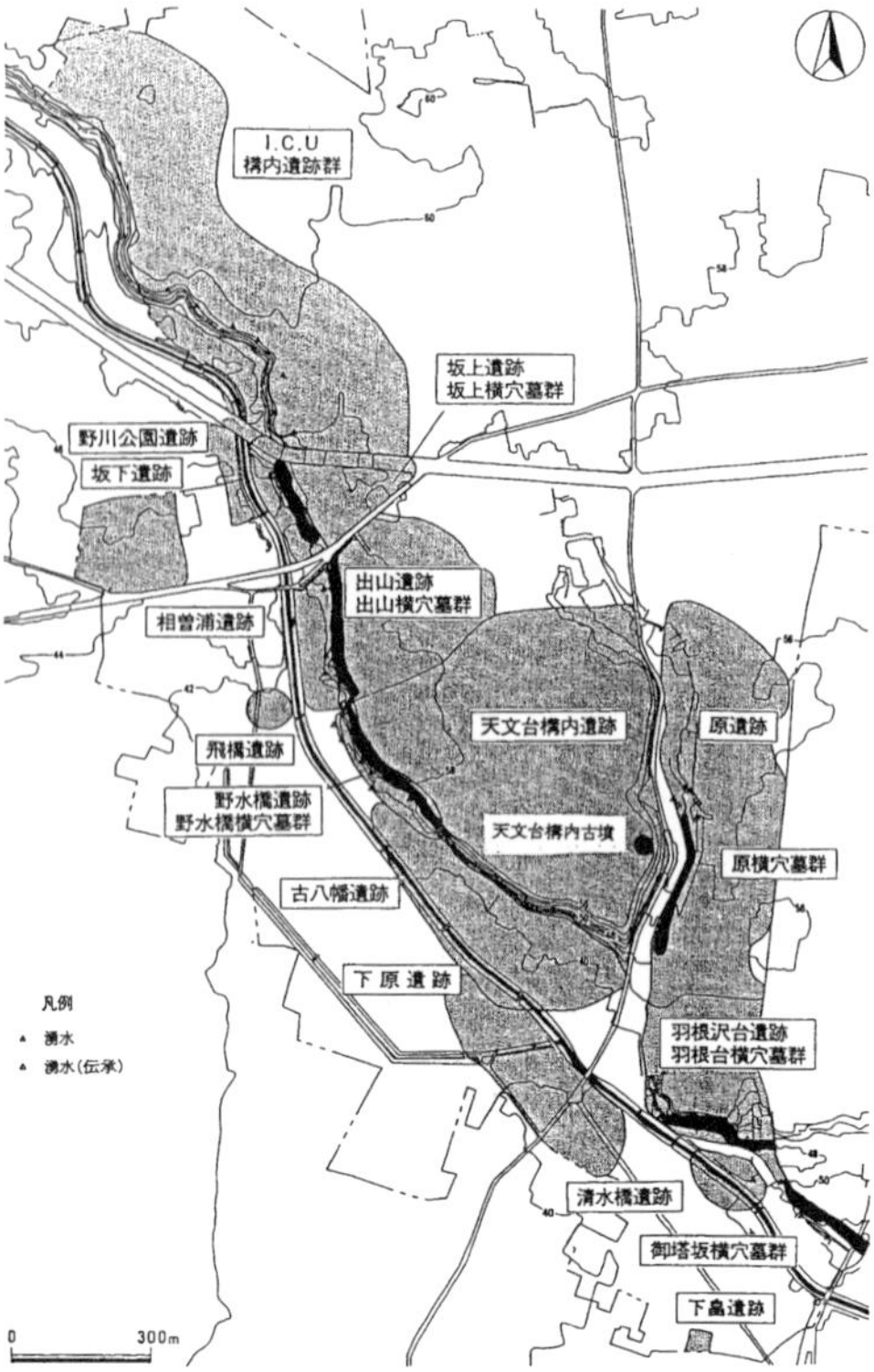

図15　三鷹市の遺跡

くわかりません。年代的には、これはすでに埴輪を伴っておりませんし、七世紀に入るか、六世紀の終わりか、というようなところです。それから七世紀になると一気に古墳が出てくるということは、その時期に地域開発が進んだものと理解されます。この基盤集落はどこかというと、大栗川の下流域に、落川・一ノ宮遺跡という遺跡があります。ちょうど府中の対岸になりますけれど、ここが基盤集落だろうというふうに考えております。

図15は、三鷹市の辺りが典型的に横穴墓と高塚古墳との関係がうかがわれる例であります。崖線沿いに野川が流れております。天文台構内に古墳が一基残っております。昭和四十年代に調査されておりまして石室が中にあります（付参照）。これも軟らかい切石を使って組み立てた石室でありまして、前が羨道《せんどう》、奥が玄室でありますけど、玄室が五角形の平面形をしております（図16）。何でこんな変な形なのかというのは、これはもともと丸い胴張りをまねて、その最終の形です。埼玉県の西原古墳群の辺りにもこういうような形がありまして、年代的には七世紀の中頃ぐらいだろうというふうに考えられる資料です。遺物は出ていません。

その墳丘が左にあります。二〇〇四年に測量をやり直した図でありますから、これも円形が基本でありますけど、裾は削られた結果かもしれませんが、一部角張って見えないこともない。掘ってみないと最終的にはわからない。そ

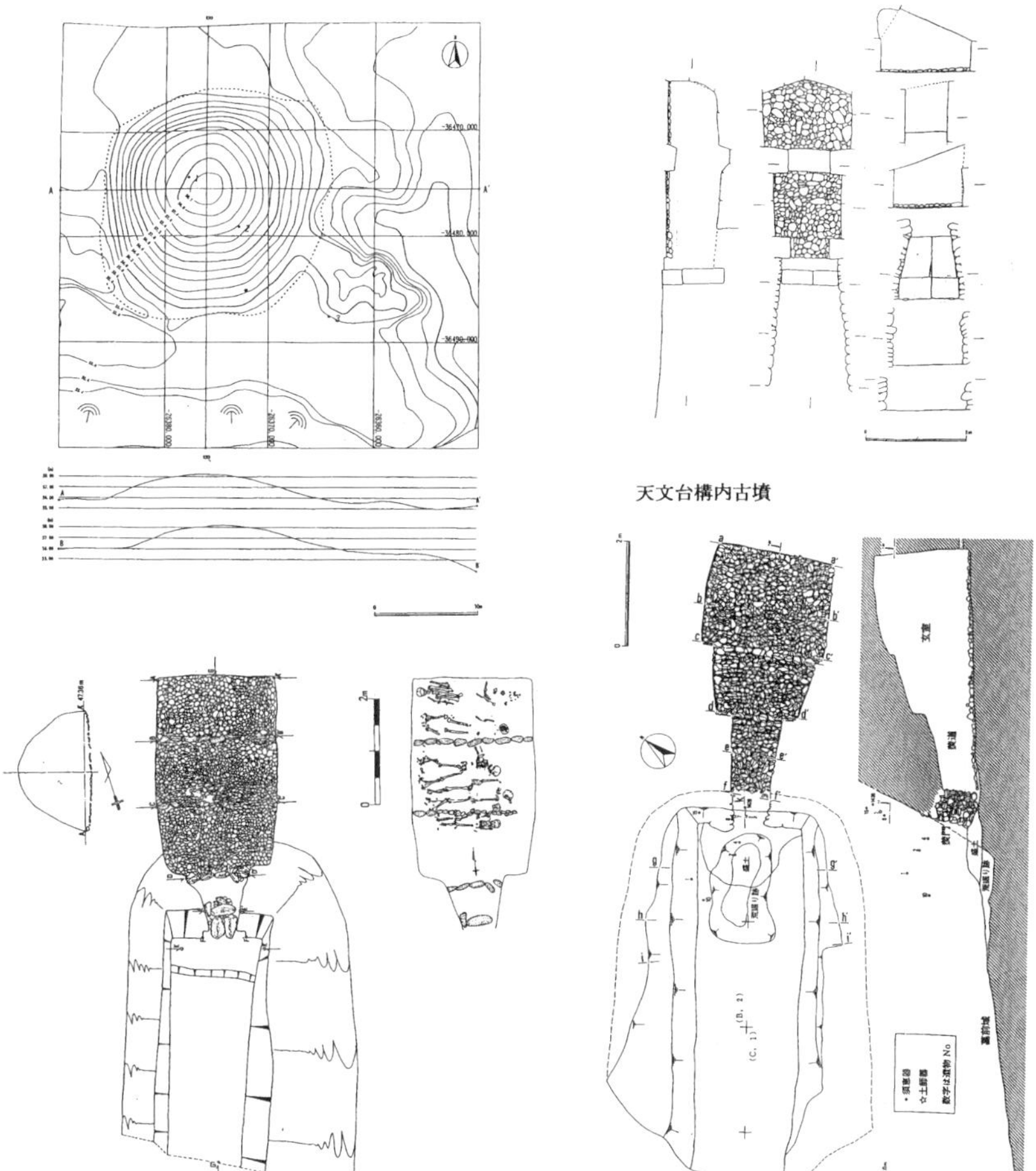

図16　三鷹市の古墳・横穴墓

ういう意味ですけど、一応円墳としてみれば二四メートルぐらいはあるというのがわかります。

分布図でみると、その中心の谷沿いに天文台構内古墳がありまして、その周囲に横穴墓群が六群あります。御塔坂、出山、あるいは羽根沢台とかです。

図16に羽根沢台三号墓の平面図がありますけれど、これも長方形の平面を基本とした、中を二つぐらいに区切るものでありますから、胴張り複室石室の次期の七世紀の中葉から後半代の形だろうと思われます。

そうすると、このあたりに横穴墓が造られる時期は、ほぼ七世紀の中葉に天文台構内古墳にここの集団の最上位の人を葬って、それを支えた集団のお墓としての横穴墓が、大体ここに七〇基ほど確認されておりますから、そのくらいの集団がここに墓地を造っております。ただ、そこにお墓を造るということは、そこに住んだ証拠もなければいけないんですけれど、台地上では旧石器時代の遺跡しか出ませんが、下の台地上で若干古墳時代の集落があると最近調査されてきております。だから、七世紀前半代に活躍した人が七世紀中頃に亡くなって、その子供ぐらいの世代まではここに七〇基ほどの横穴墓を造ったんだろうと思われます。

一つの横穴墓に何体葬るのかというと、ここにたまたま四体ぐらい出土した例があります。羽根沢台三号墓です。

この辺りでは七世紀の中頃を過ぎると、あまり大した副葬品は入れていません。まず、装飾品はなくなります。ガラス玉みたいなものですね。あるいは武器もあまり入れていないのがあります。群集する古墳は軍事集団のお墓だという考え方もあります。とくに六世紀代から七世紀前半代にかけての高塚古墳を中心とした、いわゆる群集墳です。円墳を中心として、十数メートルの規模で横穴式石室を造ったのが一定地域に集中しているあり方が認められます。「群集墳」と呼んでいます。それは基本的に武器を副葬品の特徴としておりまして、武装した集団のお墓だというふうに考えられるわけであります。

横穴墓も一応それと同時並行に、一定個所に何十基と群集しているわけですが、時期が新しくなると武器は持たない。土器一個あればいいほうです。とくに関東辺りの横穴墓はそういう特徴があります。

これと同じことはほかの所でも言えるわけでありまして、多摩丘陵の主要な所に切石を使った横穴式石室をもつ高塚古墳というのがあります。稲荷前古墳群がそうです。円墳で胴張りの石室がありまして、その周りに横穴墓がありま す。周辺にも横穴式石室の古墳と横穴墓が組み合わさって分布していることが確認できます。

横穴式石室が造られる段階では、いわゆる胴張り石室と長方形の石室の違いがあるわけです。それは分布の上ではどこかというと、多摩川台古墳群は、長方形の石室しか造っていません。六世紀の終わりから七世紀の中頃ぐらいまでですが。それとおなじ造り方をしているのが、横浜市の北門古墳群、三保杉沢古墳ですね。ともに埴輪を伴っている段階でありまして、その埴輪は北武蔵から来ております。多摩川台の古墳に伴う埴輪も北武蔵から来ています。この長方形グループだけが、とくに埴輪を強調すると北武蔵の勢力との結び付きが強いといえます。

胴張り石室というのはどこにあるかというと、多摩川の南岸の川崎市の辺りですね。これは先ほどの安閑元年の条では「橘花郡」、あの辺りです。それから胴張りは図11の23、24、25の辺りになります。多摩丘陵を通じて、中流域まで行くとさらに増えている。その一連の流れとして熊野神社古墳も胴張りの石室となっています。

同時期の横穴式石室に長方形と胴張りがあって、さらに、新しい時期には正方形平面形も出てきます。

図17の資料が、多摩川流域の高塚墳の群集のあり方を示したものです。多摩川台古墳の右側にあるのは亀甲山古墳で、その左手にもと一号墳、二号墳と言っていた全長二八メートルの前方後円墳。それからずっと連なっております。恐らくこれは二家族ぐらいの累代的な墓域だと思います。この地域の支配者的な立場にあった人のお墓だろうと思います。

それから、上布田、下布田古墳群というのが、二〇基ぐらいあります。大体石室は六世紀の終わりから始まります。古墳群自体は五世紀代から始まっています。五世紀代というのはまだ横穴式石室ではなくて、穴を掘って遺体を入れた木棺の周囲を粘土で固めるというようなやり方をしているものです。

あと、同じく調布市の飛田給古墳群です。府中崖線のそばで、下が多摩川の沖積地というような所を選んで、ずっ

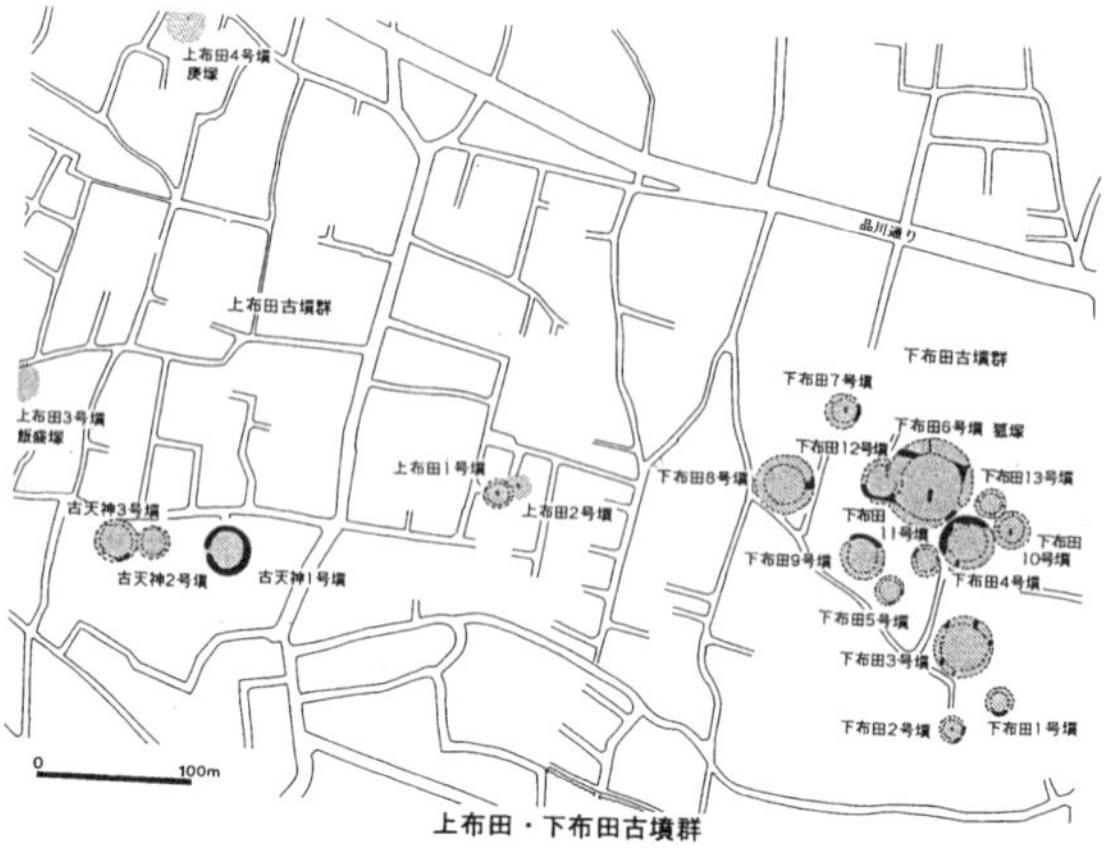

上布田・下布田古墳群

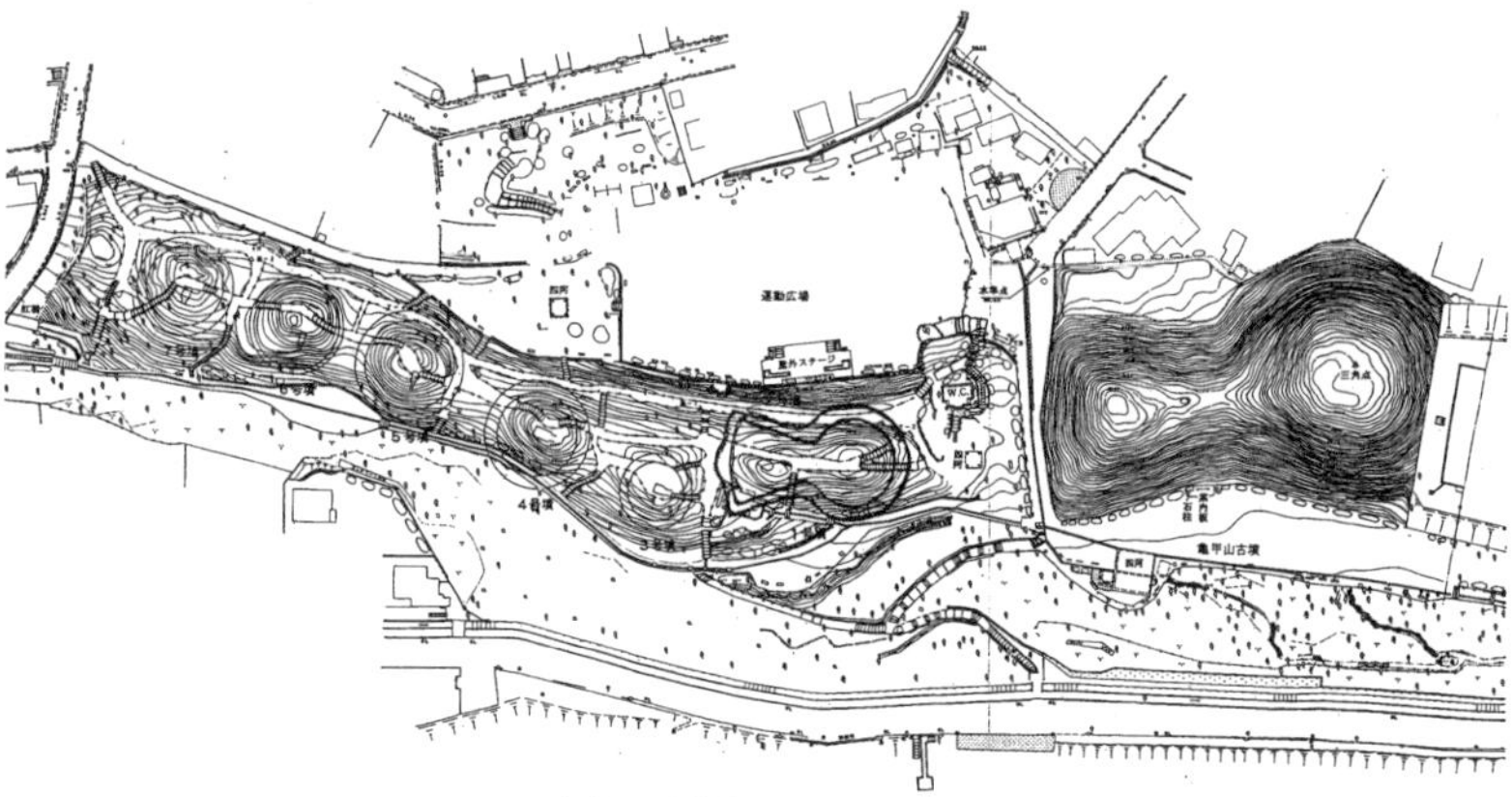

多摩川台古墳群

0 50m

図17　上布田・下布田古墳群と多摩川台古墳群

と造っています。一番北側で最近調査されたのが、国立市の青柳という所です。

図18は前方後円墳からちょうど方墳に切り替わる時期の各地の有力な古墳を並べてみました。

埼玉は小見真観寺古墳が一一二メートルです。埴輪を伴わない段階から、その次には直径七四メートルの円墳の八幡山古墳、それから地蔵塚に続くのではなかろうかというふうに言われています。

群馬の場合は総社古墳群が有名ですが、前方後円墳のあとに方墳が三基、愛宕山、宝塔山、蛇穴山古墳という順番に造られております。前方後円墳が造られなくなると、地域の有力な古墳は方墳です。二番手が円墳です。そういうときには、例えばとくに千葉のほうで顕著ですけど、五つのグループが前方後円墳の七〇メートルぐらいの古墳を造っており、七世紀になって方墳時代になると、その中の一つのグループしか方墳を造っていません。あるいは、群馬も総社古墳群しか方墳は造っていません。このような古墳の造り方の規制があります。

それで、南武蔵のあり方ですけれど、七世紀のこの辺りの有力な古墳というのは下流域には今のところありません。ここに挙げているのは、稲荷塚古墳は大体三八メートル、北大谷古墳三二メートル、臼井塚はよくわかりません。熊野神社古墳三二メートル。こういうふうな古墳が多摩丘陵を含めて分布しております。

赤田古墳群、下麻生古墳群というのは、これは横穴墓と一体となって造られた、そのグループを統括する立場ぐらいの人のお墓でありまして、二〇メートルぐらいの横穴式石室を持つ古墳です。

図19に、この辺りの胴張りの石室をあげてみました。何事も造るときには基準の長さというのがあるわけでありまして、石室もそうです。あるいは古墳の墳丘自体もそうだろう。人によっていろいろな考え方がありますけれど、何かの基準がないときちんとした構造物というのは造れないのは当たり前でありますから、ここ三〇年ぐらいの研究では、一応「長さが時代と共に違ってきている」というようなところは、一応意見の一致は見ているかと思います。

基準となる長さは、古い所は三五センチに近い、尺度の名称で言うと高麗尺だというふうなところがあります。七世紀代になると、以前は「大化の改新以後は」というふうに考えられていましたけど、いわゆる唐尺ですね。あるい

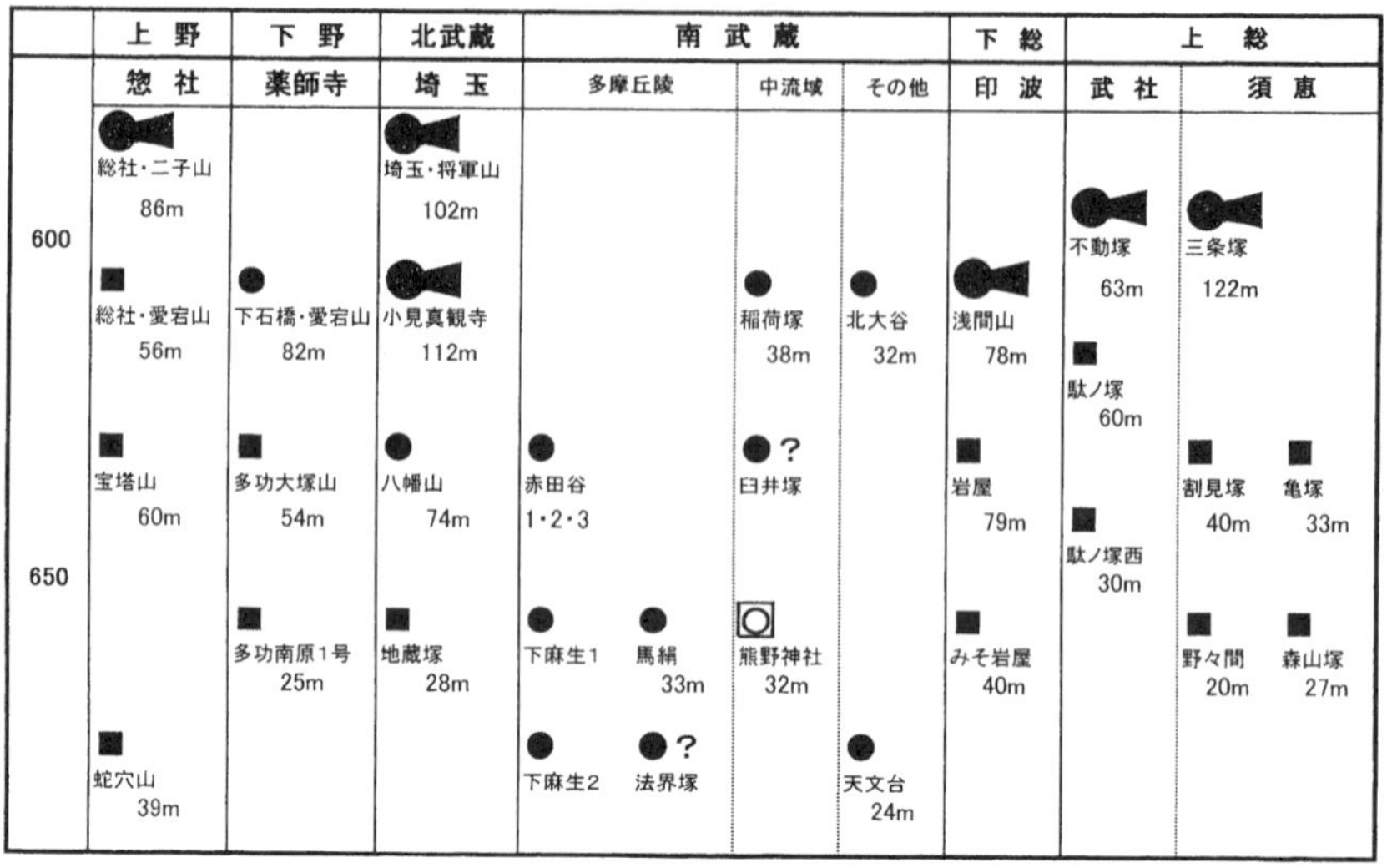

上野
下野
北武蔵
南武蔵
下総
上総
惣社
薬師寺
埼玉
多摩丘陵
中流域
その他
印波
武社
須恵
600
650
総社・二子山
86m
埼玉・将軍山
102m
不動塚
63m
三条塚
122m
総社・愛宕山
56m
下石橋・愛宕山
82m
小見真観寺
112m
稲荷塚
38m
北大谷
32m
浅間山
78m
駄ノ塚
60m
宝塔山
60m
多功大塚山
54m
八幡山
74m
赤田谷
1・2・3
臼井塚
岩屋
79m
割見塚
40m
亀塚
33m
駄ノ塚西
30m
多功南原1号
25m
地蔵塚
28m
下麻生1
馬絹
33m
熊野神社
32m
みそ岩屋
40m
野々間
20m
森山塚
27m
蛇穴山
39m
下麻生2
法界塚
天文台
24m

図18　関東地方終末期主要古墳編年図

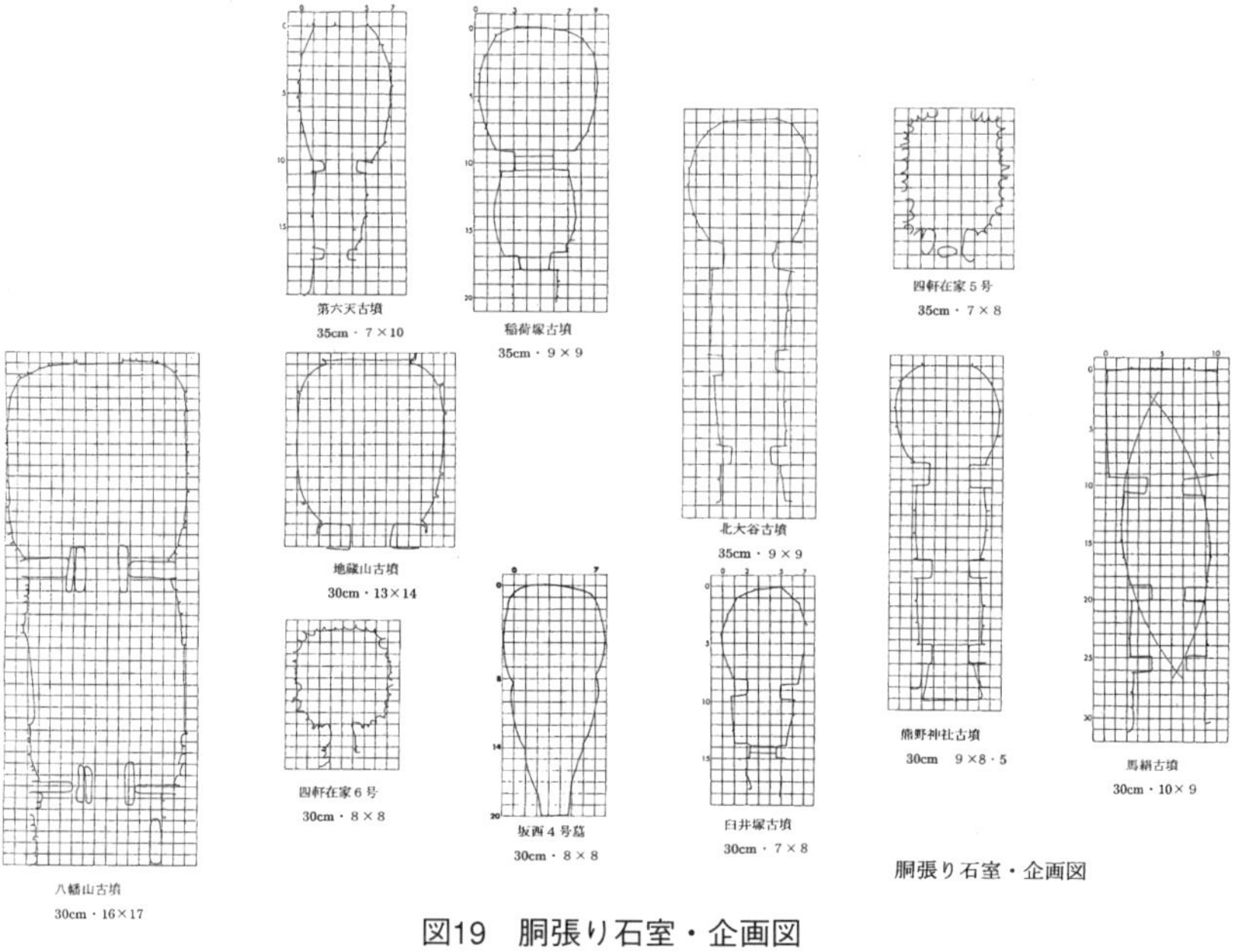

第六天古墳
35cm・7×10
稲荷塚古墳
35cm・9×9
北大谷古墳
35cm・9×9
四軒在家5号
35cm・7×8
八幡山古墳
30cm・16×17
地蔵山古墳
30cm・13×14
四軒在家6号
30cm・8×8
坂西4号墓
30cm・8×8
臼井塚古墳
30cm・7×8
熊野神社古墳
30cm　9×8・5
馬絹古墳
30cm・10×9
胴張り石室・企画図

図19　胴張り石室・企画図

は天平尺でもいいんですけれど、大体三〇センチぐらいの長さです。そういうふうに切り替わることが確認できます。六世紀代の古いほうは、これはまた短い。晋尺という二四センチぐらいの長さです。それから三五センチになって三〇センチに変わっています。

三〇センチも三五センチも、あるいはもう一つ二五センチというのもあるんですけど、みんな五の倍数ですからどこかで合ってしまいます。このうちで、きちんと説明ができる基準長は、大体こんな変遷かというところです。

上円下方墳で有名になりました熊野神社古墳は、こういうふうに見てみると、三〇センチの長さで検討すると玄室の企画は九×八・五となります。半端ですが、こうなります。

熊野神社古墳の丸い奥室と、ちょっと胴の張った前室の長さを足すと、一番大きな八幡山古墳の玄室の長さに一致します。こういうようなところで八・五という企画が出てきたのかなと思います。

この時期になりますと、坂西第四号墓というのは斜面に掘った横穴墓なんですけど、これも胴張り複室の形を倣ねて造っています。四軒在家第六号墳というのは、川原石を積んで造った国立市の高塚古墳ですけど、これも一応胴張りの形をまねて造っています。

一つの地域において最上位、それから上位、中位、そういうふうな一つの基準の形があって、それが墳墓の形を違えて、穴を掘って、川原石を積んだり切石を積んだりして造っていると、そういうふうなところがこの中では確認できると思われます。

前方後円墳から方墳に変わってきて、中には円墳もあるというのが今の説明です。したがって、埼玉古墳群の周辺にある八幡山古墳というのは、その規模から言って武蔵地域の最大の石室です。群馬県を代表する総社古墳群は、これよりも大きい古墳です。下総にはさらにそれより大きい岩屋古墳七九メートルがありますけれど、八幡山古墳は武蔵の国の範囲を代表する最有力の古墳であったんだろうと思われます。このあとに熊野神社古墳というのが造られていったのではなかろうかと思われます。

五　天皇陵の変遷

地方の古墳はこのような変遷を辿りますけれど、中央の一番有力な古墳というのは天皇陵です。天皇陵の変遷はどういうふうになっているかを考えてみたいと思います。一五年ほど前に白石太一郎さんが佐倉に来られまして、それから言われ出したことでありますけど、前方後円墳から方墳になって、その次に八角形墳で終わるんだ。大王墓あるいは天皇陵というのはこのような変遷となります。

継体、安閑、宣化、欽明、敏達、用明、崇峻、推古という順番です。継体天皇が二六代目ですが、そのあとどこまでが前方後円墳かというと、敏達天皇陵までです。五八五年にお亡くなりになっております。陵墓名は磯長谷にあるから、磯長の中尾陵です。磯長というと、大阪府の「近つ飛鳥」です。一一三メートルの前方後円墳で、関西の方の研究だとこれでいいだろうと言われています。中を掘ってないから、違うも何もないんですけども。これは蒲生君平も「それでいいだろう」といっています。

用明天皇は、陵は磯長にあります。この天皇から方墳になります。五八七年に亡くなられておりまして、用明陵は六〇×五八メートルです。

崇峻天皇陵は、赤坂天王山古墳だろうと考古学的に言われているもので、四三×四〇メートル。推古天皇陵は磯長山田陵で六〇×五八メートル。石室が二つあると言われています。舒明天皇は、敏達天皇の子の押坂彦人大兄皇子の子で、六四一年にお亡くなりになっておりまして、奈良県の舒明天皇陵は八角形墳だろうというふうに言われています。

以降は、天武・持統合葬陵、あるいは草壁皇子の束明神古墳、それから文武天皇陵はすべて八角形墳として造られています。文武天皇陵は、今、指定されている古墳ではなくて、中尾山古墳で、束明神古墳というのは、草壁皇子のお墓だろうというふうに言われています。

図20　天皇陵の系譜

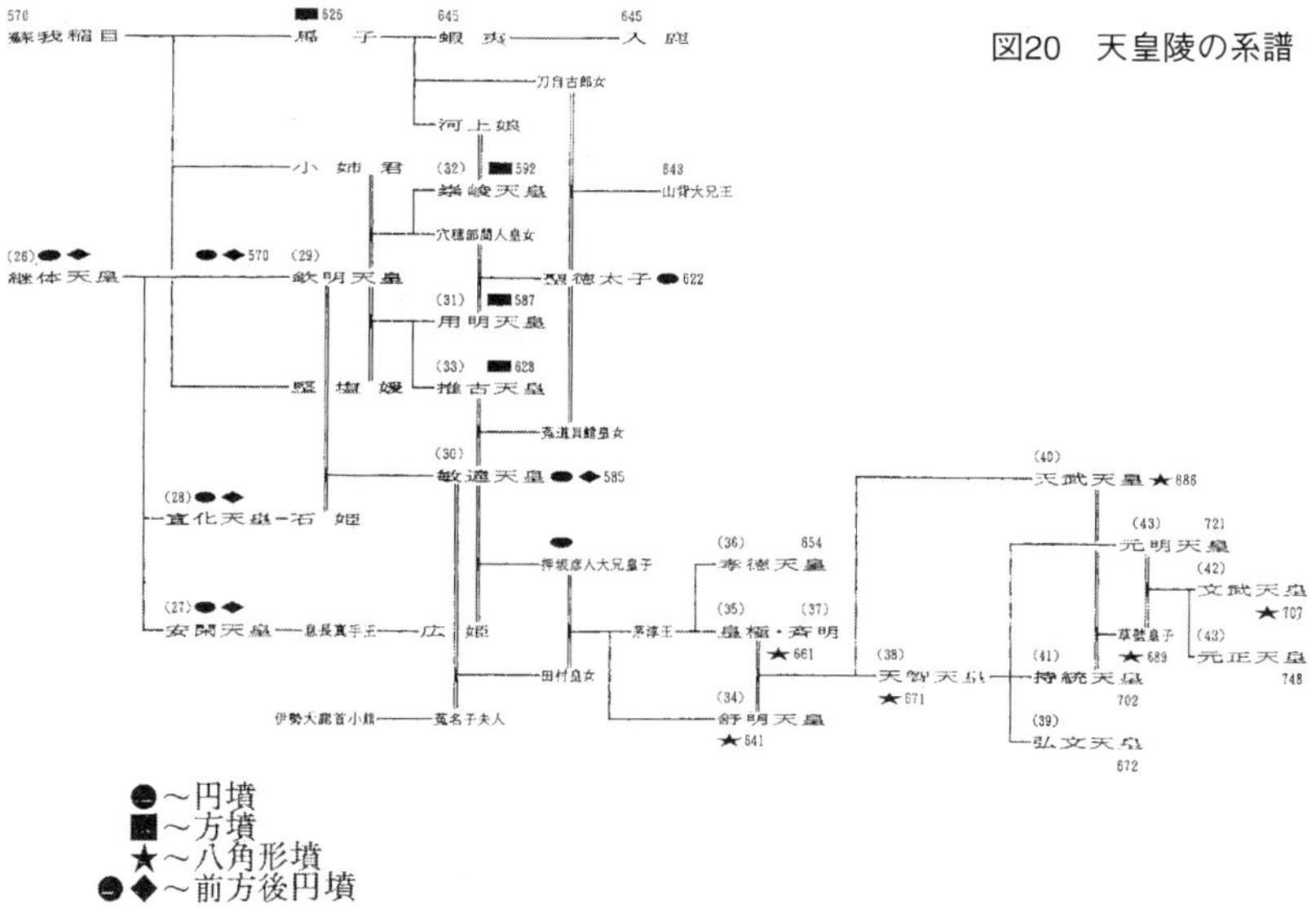

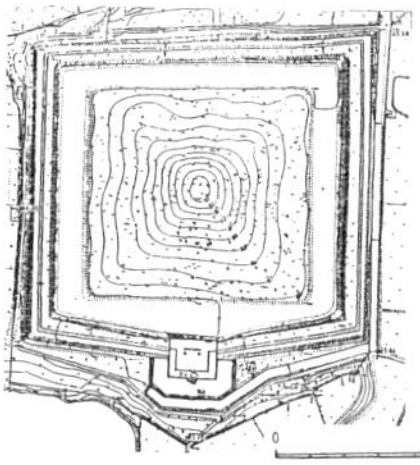

春日向山古墳（用明陵、大阪府）

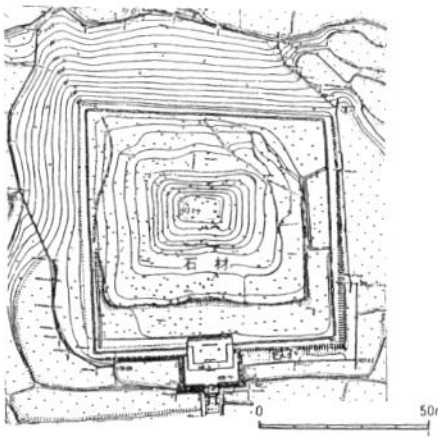

山田高塚古墳（推古陵、大阪府）

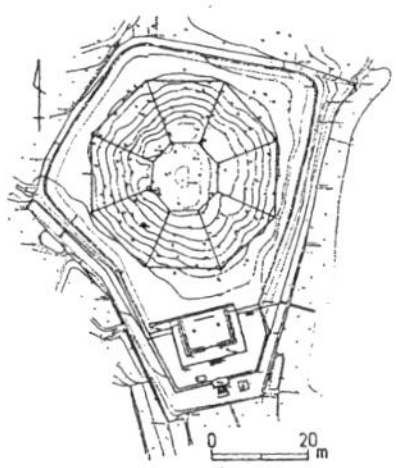

野口王墓古墳（天武・持統陵・奈良県）

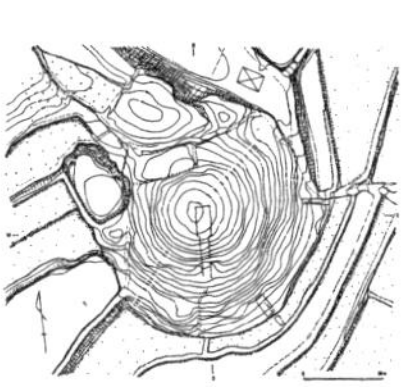

牧野古墳

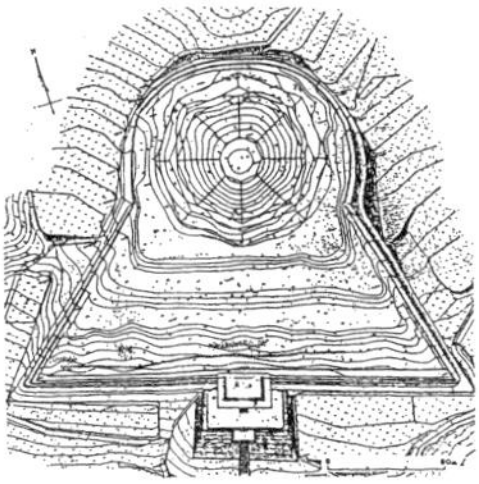

段ノ塚古墳（舒明陵、奈良県）

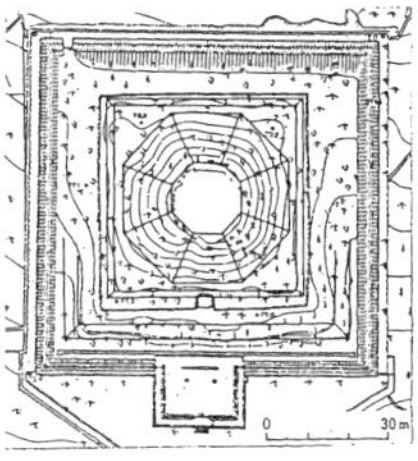

山科御廟野古墳（天智陵、京都府）

図21　天皇陵

叡福寺古墳はだれのお墓かというと、用明天皇の子供の聖徳太子のお墓だというふうに言われてきております。六二二年にお亡くなりになっています。このお墓の前に叡福寺というお寺があって、古墳を供養しているから、明治時代以来これは磯長墓という聖徳太子のお墓だろうというふうに言われてきていたわけです。しかし最近これは、そうではなくて孝徳天皇のお墓じゃないかというふうにも言われております。孝徳天皇陵は、指定されている磯長陵ではないという意味です。

そう考えると聖徳太子のお墓はどこかということになるんですけど、磯長谷にはその候補になる古墳がほかにもまだある。そういうようなところであります。

一応、この天皇陵も含めた畿内の中央の古墳というのは、ほぼ六世紀の終わり、欽明、敏達天皇を最後として前方後円墳の築造は中止して、それから方墳に移って、舒明天皇以降の七世紀中葉から八世紀初頭にかけて、八角形墳を造るようになったということです。

だから、上円下方墳というのも、八角形墳というのも、このような流れで出現してくるので、さかのぼっても七世紀中葉だろうと思われます。上円下方墳として全体が確認されて、内部主体まできちんと調査されたのは東京都府中市の熊野神社古墳だけです。部分的にはそのほかの古墳も調査されておりますけど、そういう意味で指定の価値があるということです。

各地で七世紀になると六〇から七〇メートルクラスの古墳がその地域を代表する古墳として造られるわけですけれど、その後は律令制度に移っていくわけです。それと直接的には古墳のあり方は関連しない。関連する地域もありますけど、しない地域もある。ほかの要因で国府の立地とか、そういう所が選ばれたのではなかろうかというふうな考え方もあります。

確かに、その後の武蔵国府は府中につくられているわけでありますから、そういう意味ではその時期の一番大きい古墳があってもいいわけでありますけど、とても八幡山古墳にはかないませんので、別の要因で、とくに立地、交通、そういう面で場所というのが選ばれて造られてきたのではなかろうかと考えられます。

二時間ぐらいで古墳の発生から終わりまでやるのは無理があるんです。（笑）少しスライドを入れて、一応概説をやってみました。以上で終わります。（拍手）

挿図は各古墳の報告書、および『多摩川流域の古墳時代』多摩地域史研究会、二〇〇二年、野本孝明「多摩川下流域の古墳」『多摩考古』第三五号、二〇〇五年をもとに作成した。

付 三鷹市・天文台構内古墳の調査

池上　悟

一　天文台構内古墳の調査

東京都三鷹市の国分寺崖線沿いの天文台構内に所在する古墳は、昭和四十五年度に三鷹市史編さん委員会により発掘調査が行なわれた（註1）。しかしこの時の調査成果は墳丘の測量図は公表されていたものの長らく学界に報告されることはなかった。

平成四〜六年度に東京都教育委員会が、東京都文化財審議会委員である坂詰秀一立正大学教授を団長とする調査団に委託して実施した、多摩地区に所在する古墳の確認調査の報告書によって公表され、本古墳の内容が明確になったのは平成七年になってからであった（註2）。

従前には顕著な高塚古墳の所在が周知されていなかった、多摩川北岸の北多摩地区における軟質凝灰岩の切石を使用した横穴式石室を顕著な墳丘内に構築した古墳は、周辺に展開する多数の横穴墓の存在と関連して、極めて重要な資料と認識されるものであった。

また、平成十五・十六年度には、隣接する東京都府中市域の西端部の多摩川沖積地を臨む府中崖線縁辺に所在する武蔵府中熊野神社古墳の調査が行なわれ、軟質凝灰岩の切石を使用した横穴式石室を内部に構築した、全国的にも類例の少ない上円下方墳の所在が明確となった（註3）。

後代の武蔵国の中枢の地における特異な墳形の熊野神社古墳の確認は、近隣の地における類似した横穴式石室を有する天文台構内古墳の資料的価値を一層高めることとなった。

三鷹市教育委員会は如上の状況に鑑み、平成十六年十二月には墳丘の測量調査、平成十八年二月には横穴式石室の全容把握を目的とした調査を、三鷹市遺跡調査会および立正大学考古学研究室の協力のもとに実施し、相応の成果を挙げることができた。なお、速報にあたり、三鷹市教育委員会の資料を借用し、現場調査の指導者のひとりとして、以下に報告する。

二　古墳の概要

昭和四十五年度の調査により明確となった天文台構内古墳は、東西二〇メートル、南北二五メートルの規模の墳丘であり、河原石を使用して両側壁を構築した台形平面を呈する墓前域の奥に、軟質凝灰岩の切石を使用した羨門を有する一辺一二〇センチ規模の方形平面の羨道、玄門を有する幅一七〇センチ、長さ一三〇センチの規模の玄室からなる単室構造の横穴式石室を内部主体として構築したものとして理解されていた。

墳丘裾は北および西側は直線的であり、東および南側は曲線を呈しており、一見方墳とも看取できる状況であるものの明確ではない。また南北の石室の主軸に合わせて掘り下げられ土層断面図が作製されたものの、石室と墳丘との関連が不分明であった。

ところで、新たな墳丘測量により確認できた墳丘規模は、南北二一・五メートル、東西二二・三ｍであるが、この三六年間に古墳の南側には天文台の施設設置に伴う残土が厚さ二メートルほどで堆積されており、南北の規模は従前の二五メートル規模に迫るものと思われるところである。

再調査により明確になった横穴式石室の内容は、河原石を使用した墓前域と軟質凝灰岩の切石を使用した複室胴張り構造の横穴式石室であり、地区首長墓としての古墳の内部主体の類例を増加させるものとなった。

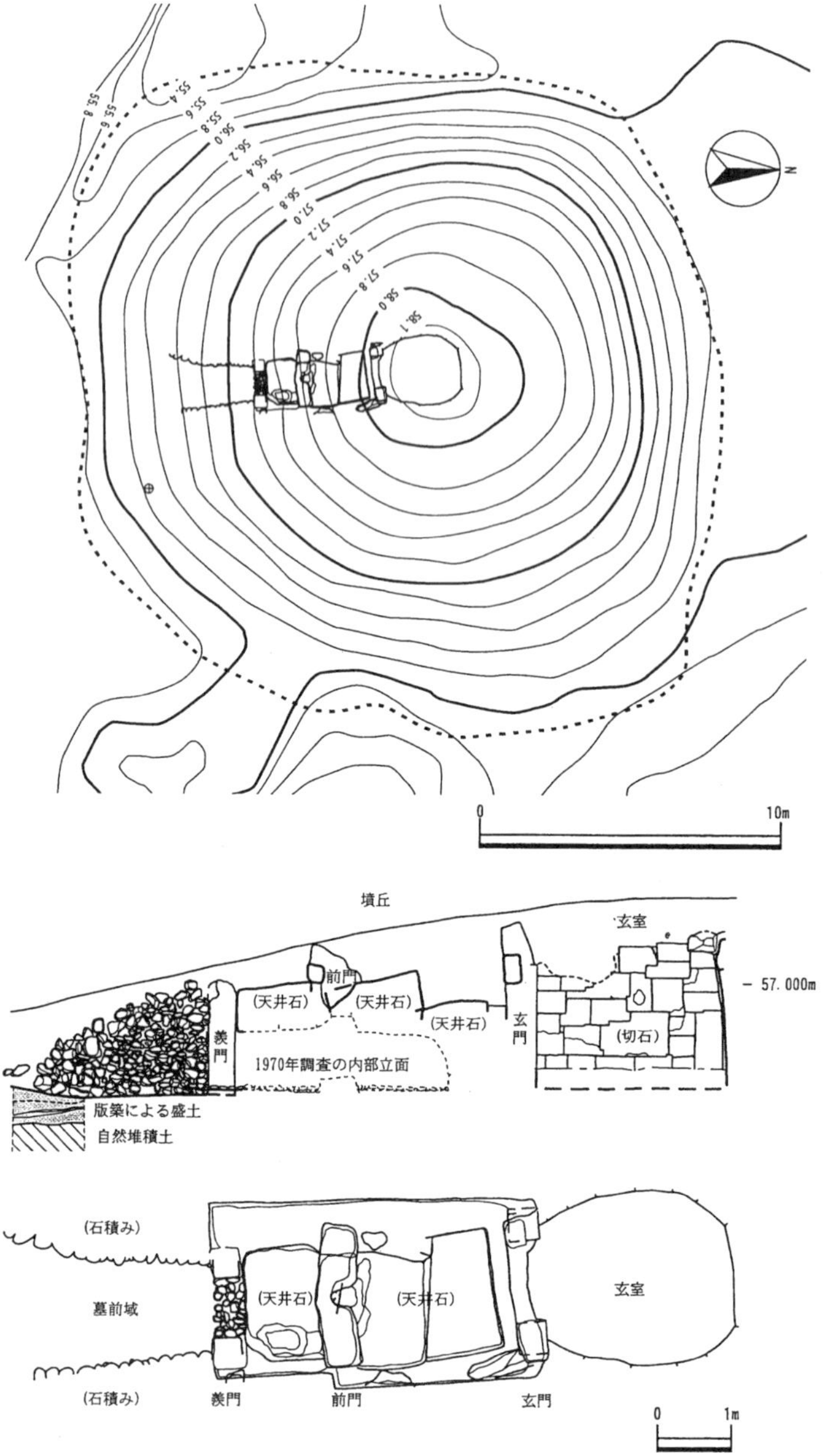

三鷹市・東京天文台構内古墳

再調査により明確になった横穴式石室構造を、昭和四十五年度の調査で確認されたところと比較すると、墓前域・羨道と前室の前半部が確認されていたものと判断することができる。切石の閉塞石を取り外し横から調査を進めた結果として、天井石の落下により奥側の調査ができなかった故の単室構造の石室の確認であったものと思われる。

今回の石室部分の調査は、墳丘上部から掘り下げての確認であったため、天井石が遺存していた羨道および前室部分の石室内部の再調査は行なわなかった。羨道部は幅一〇〇センチ、横方向の長さ一五〇センチの一枚石で覆われており、前門の楣石は幅五〇センチ、長さ一九〇センチの規模で崩落は著しいものの遺存していた。前室は前後二枚の天井石で覆われていたが、石室入口側に崩壊した結果として玄門との間には二〇センチほどの間隙が生じていた。前室部分の奥側の天井石で幅一一〇センチ、長さ一六〇センチの規模であり、従前確認されていた羨道との規模の差異に対応する石材の使用状況が確認できた。

玄室部分の天井石は、すでにすべての天井石が崩落して下位に岩塊として堆積した状況であった。前回の調査においては明確に存在が把握されなかったこともあり床面までは掘り下げられてはいなかった。したがって副葬品の遺存も想定されるところではあったものの、石室構築材としての石材が脆弱である点に鑑み調査後の保存をも考慮して、短期間で臨んだ今回の調査においては石室の全容が確認できた成果をもって、床面から二〇センチ上位で掘り下げを中止して再度の調査に備えることとした。

確認できた石室規模は、長さ三〇〇センチ、前幅一六〇センチ、奥幅一一〇センチ、奥側の石積みの高さ一五五センチを測る墓前域、楣石は遺存しなかったものの幅四〇センチの羨門の前側から、同じく幅四〇センチの玄門奥までの長さは四四五センチ、玄室長さ二五〇センチ、玄室最大幅は二三二センチであり、羨門入口から玄室奥壁までの総長は六九五センチとなる。

玄門は両側の門柱石と、この上に横架した状態の楣石がかろうじて遺存していた。想定される玄室床面からの高さは二二〇センチを測るものであり、奥側および側壁も遺存状態が良好であった部分は同様の高さを確認することができた。

三　古墳の年代と被葬者像

天文台構内古墳からは、これまでのところ遺物は確認されていない。したがって今のところ古墳の構築時期は専ら横穴式石室の石室構造から想定するほかはない。

東京都多摩地区における類似した構造の横穴式石室は、多摩市・稲荷塚古墳、八王子市・北大谷古墳、府中市・熊野神社古墳で確認されている。しかしながら、いずれの古墳からも構築時期を決定するに足る遺物の出土は確認されていない。ともに埴輪が樹立されていない点から、これら胴張り構造の石室の上限年代として七世紀初頭を想定することができる。また下限年代としては、近時詳細な調査が実施された特異な墳形としての上円下方墳である府中市・熊野神社古墳で想定される七世紀中葉を考えることができよう。

とくに河原石を両側に積み上げる台形平面の墓前域の様相は熊野神社古墳石室に酷似するところであり、門構造を伴う羨道・前室・玄室の複室構造も一致している。三基の類似構造石室の中では、熊野神社古墳石室に近い様相と確認できる。しかしながら墓前域の前端部にて掘り下げ確認した石室基盤の状況は四〇センチほどの地業であり、熊野神社古墳の一五〇センチとは顕著な差異として認識されるところである。

従前より、出土遺物の僅少な東国石室墳の構築時期の推定には石室企画が問題とされてきた。この視点で多摩地区所在の四石室を検討すると、北大谷古墳石室は三五センチを基準長とする玄室幅・長さともに三五センチ×九、羨門までの石室全長は三五センチ×二六の九一〇センチとなる。稲荷塚古墳石室も同様に三五センチを基準長とする企画が想定され玄室規模は同じく九×九であるが、北大谷古墳とは異なって玄室と羨道からなる単室構造であり、全長は三五×一八の六三〇センチとなる。近時注目される成果を挙げた熊野神社古墳石室は、三〇センチを基準長とする玄室幅九、長さ八・五、全長は三〇センチ×二六の七八〇センチである(註4)。

これらの三古墳に対して天文台構内古墳石室は、玄室床面までの掘り下げが終了していないこともあり若干の齟齬を来たすものの玄室幅・長さともに三〇センチ×八の二四〇センチを意図したものと考えることが可能であり、全長は三〇センチ×二三の六九〇センチを意図したものと理解できる。

武蔵国南部の多摩川上流域という小地域に限定すれば、七世紀初頭頃に八王子市・北大谷古墳、七世紀中葉に府中市・熊野神社古墳が、基準長を三五センチから三〇センチに変換しながらも全長に顕著に窺われるようにほぼ同様の石室企画を継続して構築された地域の最高首長墓として継起的に築造された点が確認される。これら二古墳に従属する地域二番手の古墳として稲荷塚古墳と天文台構内古墳を位置づけることができ、三五センチ基準長段階は複室と単室構造の差異として考えられる。また三〇センチ基準長段階では多摩市・稲荷塚古墳の直系の次期古墳としては単室構造の臼井塚古墳を想定することが可能であり、複室構造では規模の違いとして相対的に単室石室墳の上位に位置づけることができよう。

すなわち天文台構内古墳は、七世紀前半〜中葉における地域二番手の古墳として、直接的には国分寺崖線沿いに展開する七群六八基の横穴墓群(註5)を統括する立場にあった人物を被葬者として築造されたものと考えることができよう。

(註1) 三鷹市史編さん委員会『三鷹市史』一九七〇年
(註2) 多摩地区所在古墳確認調査団『多摩地区所在古墳確認調査報告書』一九九五年
(註3) 府中市教育委員会『武蔵府中熊野神社古墳』二〇〇五年
(註4) 池上 悟「南武蔵・多摩川流域における横穴式石室墳の展開」『立正史学』第九九号、二〇〇六年
(註5) 三鷹市教育委員会ほか『御塔坂横穴墓群Ⅰ』二〇〇六年

プレ講演2　東京低地の古墳

谷口　榮

こんにちは。ご紹介いただきました谷口と申します。よろしくお願いします。今日、私がお話するテーマは「東京低地の古墳」と題しまして、東京低地という低地帯に営まれた古墳の話をいたします。あまり東京低地という用語に馴染みがないと思います。まず私が採り上げる東京低地とはいかなるところなのか、つまりお話をする舞台についてはじめに説明をさせていただきたいと思います。

一　東京低地と考古学

川向こうの鬼

図1は、東京東部の地形の様子を示した地形図です。中央に広がる低地帯が東京低地です。東京低地の範囲を簡単に申しますと、西側の武蔵野台地と東側の下総台地に挟まれた低地帯で、北側は埼玉県との境、南側は海岸線までということになります。この範囲は、いわゆる皆さん方が一般的に認識されている東京の下町と言う範囲と同じ広がりを示しています。まず、東京の下町という範囲と東京低地が同じ広がりをもつということをご理解いただきたいと思います。

会場の中には、なぜお馴染みの「下町」という用語をタイトルに付けなかったのかと思う方もいらっしゃることでしょう。わざわざ聞き慣れない「東京低地」を用いることもないのにと。それには訳があるのです。下町という用語はなかなか用い方がむずかしいのです。

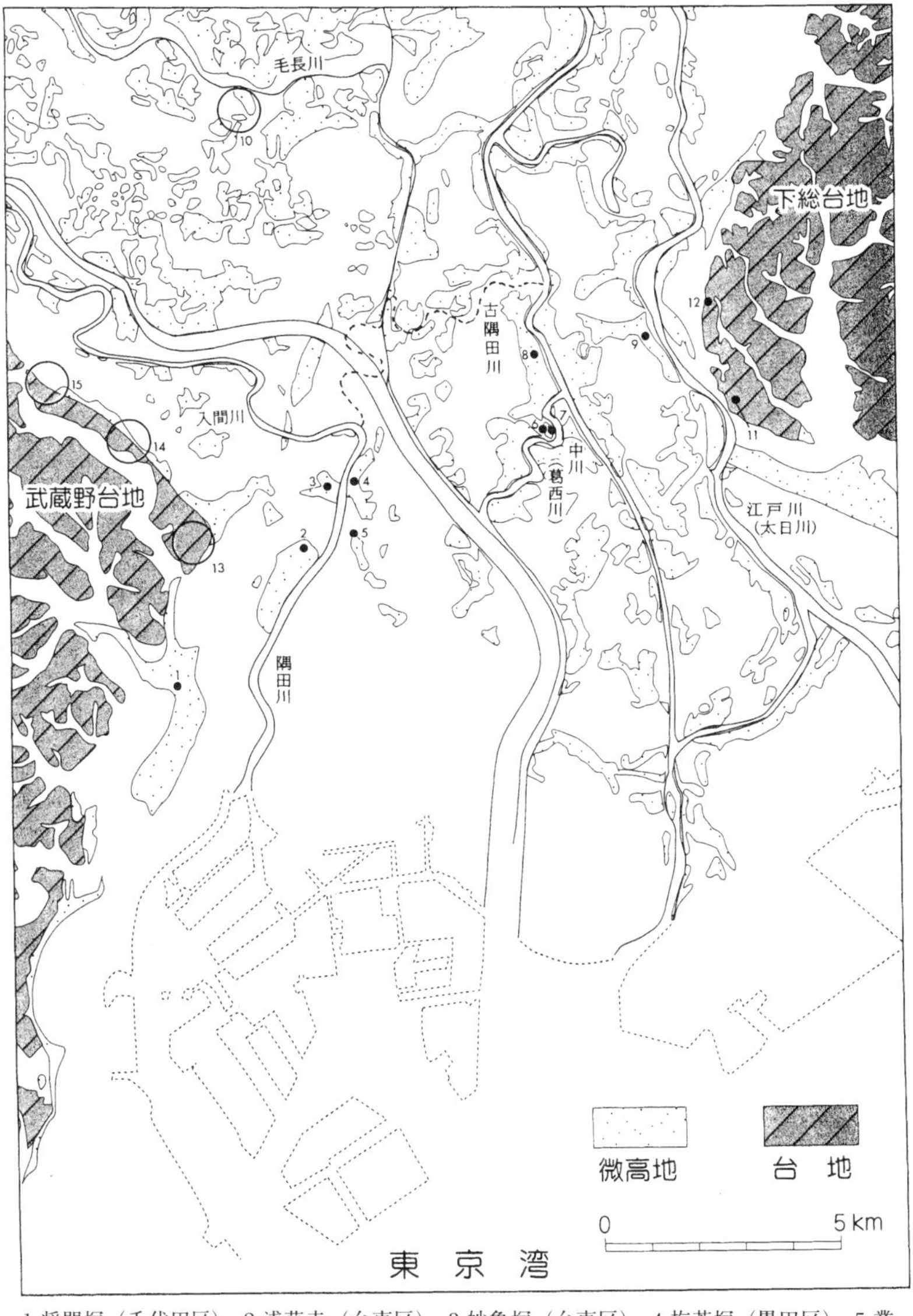

1 将門塚（千代田区），2 浅草寺（台東区），3 妙亀塚（台東区），4 梅若塚（墨田区），5 業平塚（墨田区），6 南蔵院裏古墳（葛飾区），7 立石熊野神社古墳（葛飾区），8 御殿山遺跡（葛飾区），9 柴又八幡神社古墳（葛飾区），10 伊興遺跡周辺の古墳群（足立区），11 法皇塚古墳（市川市），12 栗山古墳群（松戸市），13 上野台古墳群（台東区），14 田端西台通遺跡（北区），15 飛鳥山古墳群（北区）

図1　東京低地の地形と主な古墳分布図

なぜかといいますと、隅田川の西側にお住まいの方は、隅田川よりも東の地域を「川向こう」と言います。さらに「川向こうは鬼が住む所だ」と言うのです。私は、葛飾で生まれ、葛飾で育ったのですが、私は鬼だということになってしまうわけです。今日、鬼が話をしているということです。（笑）

私が鬼かどうかは皆様方にお任せするにしても、「川向こう」云々から隅田川という存在が境界性を持った存在であるということが理解できると思います。その背景には、かつて隅田川が下総国と武蔵国の境を成していたということが影響しているのではないかと、歴史に興味を持っている皆様方でしたらすぐに頭に浮かんだことと思います。

私がお話をしたいのは、隅田川以東は、川向こうと呼ばれ「下町ではない」と、およそ隅田川以西の方は思われているということです。しかし、面白いことに、葛飾はテレビや出版物の世界では、下町の代表格のひとつとして採り上げられる地域なのです。これには皆さんもご存知のように映画の影響が大きかったわけです。「葛飾が下町、冗談じゃない」という人に私は今でもお会いすることがあります。そもそも映画の設定自体を許せないという人もいるほどです。

私は、ここで「葛飾は下町なんだ」ということを力説するために来たのではありません。このような下町をめぐる問題を考えてみると、どうやら下町という範囲は、人によって認識が異なるということが重要なのです。歴史的に下町という地域を概観すると、徳川家康が江戸に入部して江戸城や城下の建設を行ないます。江戸時代のはじめは、隅田川以西の地域に町場が形成され、次第に周囲に広がりを見せてきます。幕末の頃の江戸は隅田川を越えて東岸地域まで江戸の市中に組み込まれます。時代とともに、江戸の町場が拡張し、下町と呼ばれる地域が広がりを見せるのです。

江戸時代の事に詳しい方がいらっしゃると思いますが、江戸の朱引図というものをご存知でしょうか。先ほども申しましたように、江戸の町場というのはどんどん広がっていきますから、どこまでが江戸の範囲かわからなくなってしまいます。そこで困ったのは奉行所です。奉行所の役人もどこまで取り締まっていいかわからないということで、幕府の中でも「江戸の範囲はどこまでなんだ」という問題提起がありまして、文政元年（一八一八）幕府は江戸の範囲を定め、線で示した絵図を作成したのです。その線が引かれている範囲を見ると隅田川の東の地域、現在の隅田・江東区域も組み込まれているのです。

災害と開発

それから、江戸時代の次の近代、明治・大正なのですが、この時期もどんどんどんどん隅田川の東の地域が開発されます。この開発というのは、宅地が増えていくというふうに簡単に思われがちなのですが、そこに災害というキーワードを用意する必要があります。近代において東京の町場が拡張し、下町の範囲が広がるというのは、災害との関係なのです。大正十二年に関東大震災がありまして、東京の中心部が壊滅的な打撃を受けます。そうしますと、そこで被災された方々が新しい生活の場を求め、隅田川以東、その時には荒川という放水路の工事が進んでおりましたが、この荒川沿岸地域に移ってきます。その時に、ただ家が増えていくだけではなくて、産業も一緒に移ってくるのです。大きな工場だけでなく、小さな工場もたくさん営まれるようになります。

それからもう一つ災害と開発との関係でお話をしますと、今年は戦後六〇年の年に当たりますが、先の大戦によって、東京の町場が拡張していきます。東京大空襲が物語るように再び東京は大きな災害に見舞われました。とくに下町と呼ばれる地域の被害が甚大だったのですが、荒川放水路よりさらに東の地域に空襲の難を逃れて人々が移ってきました。葛飾区や江戸川区などの地域は明治以降の人口推移を見ますと、二つのピークが認められます。それは関東大震災と終戦の後です。

このように災害によって東京の町場、下町は拡張して、さらにその波は高度経済成長によって劇的に加速されたわけです。江戸の町場も考えて見ると火事や地震などの災害によって拡張していったわけです。私が言いたいのは、江戸、東京は時代とともに町場が発達し、下町という範囲がだんだん広がりを持ってくるということなのです。大きく言えば、江戸の下町と東京の下町とでは範囲が異なるのであって、細かく言えば、江戸の下町も時代とともに広がり、東京の下町も同じように明治・大正・昭和と下町の範囲が東へ東へと延びていくのです。

下町と東京低地

そうしますと、私が例えば「下町の古墳」と題してお話をしようとする時に、必ずいつの時代の下町を舞台とした話なのかということが常に問題となってくるわけです。江戸時代の前半の下町ですか、江戸時代後半の下町ですか、明治ですか、昭和になってからですか、というようにです。「下町」を冠して何か研究をしようとしたときには、その下町の時期をきちんと決めておかないと範囲があいまいになってしまうのです。そういう意味では、下町というのは、歴史研究を進める上では範囲を表わす用語としてなかなか取り扱いが難しいということが言えるわけです。

そこで、何かよい方法、用語はないのかということで考えたのが地理学で使っている「東京低地」です。現在、一般的に知られている東京の武蔵野台地以東の低地に広がる下町地域、その地域を地理学の方は東京低地と呼んで研究しています。この東京低地という用語を使って研究をしていこうと私は考えてみたわけです。人によって、また時代によって認識の異なる下町を使うことは変な先入観をも与えかねません。下町を使わなくとも、東京低地というのは今の下町の範囲とほぼ同じ広がりを持つものだと思って下さい。

海と洪水

先ほど、先入観と申しましたが、この先入観ほど厄介なものはないようです。私は小さい頃から葛飾や下町は「昔は海だった」ということを大人から聞かされていました。ほとんどの人は疑いもなくそのことを鵜呑みにしています。というのも、今は工事現場をフェンスで囲いますが、つい最近までは、簡単に工事が覗けました。地下の掘削をしていると、二、三メートルの所から砂とともに貝が出てくるのです。そういう光景を日常的に見ていますから、海だったという印象が刷り込まれるわけです。

それからもう一点、この地域特有のイメージと言うものがあります。図1を見てください。河川が集中していますね。この地域には、隅田川、荒川（荒川放水路）、中川、新中川（中川放水路）、江戸川のほか、今は細流となっていますが古隅田川と呼ばれる川などが流れていました。

ここで注意しておきたいのが中川です。地元では江戸時代に開削した川として認識されています。近世の研究者もそのように思っている方が多いようです。ご覧のようなクネクネした流れも人工的に造りだされたものだと思っているのです。このことを詳しく話をするだけで一講座できますので、簡単にしますが、葛飾区に都立の水元公園があります。そこに小合溜井という溜井が江戸時代に造られます。それに伴って享保十四年（一七二九）に中川が開削されたと思われているのです。しかしそれは誤りです。このことは色々な場でお話したり、書いたりしているのですが、中川と江戸時代に呼ばれた川は江戸以前から流れていた川です。小合溜井を造る前にこの中川筋を堰き止めて亀有に溜井を造りました。この時に川としての役割が停止します。この亀有の溜井が後に廃止され、新たに造られたのが小合溜井なのですが、この時に堰き止めた中川筋に再び水を注ぎ川として復活させたのが今の中川です。この時に、川筋に少し手を加えていますが、大きくは昔の流路に水が流れているのです。

中川が古代から東京低地を流れ、海に注いでいたことは、考古学や地理学を知っていればすぐにわかります。中川沿いに弥生時代末から古墳時代、さらに奈良・平安時代、中世の遺跡が分布しており、それらの遺跡が占地する自然堤防と呼ばれる微高地が形成されているからです。江戸時代に造られた川では、これらの時代の遺跡が営まれる自然堤防が形成されないからです。

図1の砂目で表わしたところが微高地です。南北方向に微高地が発達している場合は、河川によって土砂が運ばれて形成された自然堤防です。それに対して、少し東西方向に微高地が広がっている所がありますが、それはかつての海岸線などが退いていく途中に形成された砂州です。微高地には、大きく自然堤防と砂州の二つがあり、川と海岸付

近にできることを覚えておいていただきたいと思います。

さて、中川の話をしたのですが、この中川はかつて東京低地に注いでいた利根川の末流なのです。利根川は江戸時代に東遷して、関宿から銚子のほうに今は流れていますが、元はこの中川筋を流れていたと言うことも頭に置いておいてください。東京低地には、図1に見られるように自然の河川と人工的に開削した放水路が北から南へ流れ東京湾へ注いでいます。かつては利根川の本流もこの東京低地を流れて海に注ぐなど、河川集中地帯なのです。

私が何で東京低地の川の紹介をしたかというと、この東京低地と言われる所は河川集中地帯であるわけで、学校では「だから洪水が多い」というふうに子供たちに教えてしまうのです。そして、子供たちだけでなくて葛飾に住んでいる人は、戦後の幾度か洪水に見舞われた記憶もありますから、昔から洪水が多くて住みにくいところだと思っているのです。この洪水のイメージ、これがもう一つの先入観となっています。

葛西城は上流から流れてきた

昔は海で、歴史が新しく、洪水が頻発し、人の住みにくいところ、それが東京低地、いわゆる下町のイメージであり、先入観として頭の中に入り込んでいたわけです。ですから、この東京低地とよばれる地域の歴史研究というのは、文献史学的に見ても洪水で史料などは流されてしまっているとか、古い史料はないといった見方がなされていたようです。とくに考古学的研究は、古代の遺跡などないという見方が支配的で、あまり注目されていませんでした。

いかに私が生まれ育ったところの歴史研究が先入観に犯されていたのか、このことを物語る経験を私は中学生の時にしています。一九七〇年代の東京低地における考古学の研究の状況を如実に示すエピソードなので、ここで少し紹介してみましょう。中学の時に、普通の教科書とは別に葛飾区のことを勉強する副読本というのがあって、それには葛飾に遺跡があると書いてあり、遺跡の位置を示した地図も掲載されていました。葛飾に遺跡がないと聞いていたので、あるじゃないかと思って自転車をこいで訪ねたりしていました。しかし、行っても何もないのです。当たり前のことなのですが、畑だったり家が建っていたり。ちょうどそんなことをしている頃、中川右岸に葛西城という戦国時代の城があるのですが、その発掘調査があったのです。はじめは先生に連れて行ってもらったのかも知れませんが、何度か見学に行きました。フェンス越しに見る発掘の風景は中学生の私にとって、とても魅力的でした。もっと詳しく葛西城や遺跡のことを勉強したいと思って、当時、博物館はなかったので、図書館の二階にあった郷土資料室へ行きました。そこに行って、「葛西城のこととか、葛飾の古い遺跡のことを教えてください」とお願いしたのです。そうしたら、そこの職員さんは、私をなだめるように「君ね、葛飾には遺跡はないんだよ」と言うのです。そこで私は「堀や井戸、焼物などいっぱいいろいろなものが出ています」と言ったところ、「あれは流れてきたんだよ」と言うのです。（笑い）つまり発掘している葛西城跡も副読本に紹介されている遺跡もすべて上流から流れてきたもので元々葛飾のものではないと私に教えてくれるのです。

いやー参りました。そこで思い出したのは、一寸法師の話なんです。一寸法師はお碗に乗って上流からドンブラコ、ドンブラコと流れてきた。一寸法師の話からすると、焼物なんかが流れてくるのはありえるかもしれません。しかし、いくら出来が悪い中学の私でも、堀が流れてくるとか、井戸が流れてくるなんてあり得ないじゃないですか。そのくらいはわかります。城が地べたと一緒に流れてきたっていうことですか、葛西城というのは埼玉県にあったということになりますよね。そんなことはあり得ないわけですから。

そこなのです。怖いのは先入観です。私に葛飾の歴史を語ってくれた職員の人っていうのは、葛飾は昔海で、洪水が多くて人が住みにくい所だったという頭になっていますから、遺跡なんてあるわけないとはじから決めてかかっているのです。だから発掘されて様々な遺構や遺物が発見されても、ちゃんと評価できなくなってしまうわけですね。私はそこで思ったのは、葛飾とか低地の歴史の勉強をするには、文献もいいけれども考古学だなと思ったんです。地中から出てくるものからやっていかないと、その先入観を壊すことはできないなと思ったんですね。だから考古学から勉強しようと思ったのです。

二　鳥居龍蔵と東京の古墳

関東大震災と古墳

葛西城が発掘された一九七〇年代の東京低地における考古学を取り巻く環境はそのような状況でした。資料室の職員さんだけでなく、多くの方が同じようなことを思っていたのです。先入観によって東京低地には考古学的な研究がなかなか根付かなかったわけです。しかし、そのような状況の中でも先入観に犯されない人も少数ながらいました。葛西城発掘以前、それも戦前に東京低地に所在する遺跡は重要なのだと、きちんと位置づけて考古学研究を熱心に進めた方がいます。鳥居龍蔵という先生です。皆さんの中でも鳥居龍蔵先生のことを知っている方はいらっしゃると思いますが、考古学だけではなくて人類学とか、日本だけではなく大陸も含めて研究をなさった著名な先生です。

この鳥居先生が、とくに下町の遺跡について明治頃から昭和の初めにかけて精力的に調査をされています。その研究の中で一番私が強く印象に残るのは、関東大震災という大きな災害を東京の歴史を研究するうえで格好な機会ととらえて調査を行なったことです。関東大震災によって多くの尊い命が失われました。震災間もない廃墟となった東京市中を遺跡調査のために巡検するというのは何事かと思われる方もいらっしゃると思います。鳥居先生は著書『武蔵野及其周圍』の中で「震災後江戸気分を一掃された東京市所見」の項を設け以下のように述べています。

昨秋東京市の震災は殆ど全く下町を嘗め盡してしまつたが、之がために江戸を過ぎ去つて遠く昔の武蔵野に還つてしまつた。殊に月の明るい夜など、荒涼たる災害の跡を照らす光は實に物凄く感ぜらるる。更に又、下町卽ち沖積地と高臺卽ち洪積層との界が今回の災害によつてはつきり判つて來たのである。高い氣の毒な犠牲を拂つて得たものとして實に貴い材料であり事實である。(『武蔵野及其周圍』一九二三年、磯部甲陽堂刊より)

東京市中は、明治以降の近代化によって開発が進み、建物などが建ち並んで旧景や土地の起伏がわからなくなってしまいました。それが震災でつぶれたり、燃えたりしたために視界が開け、元々の土地の起伏が露呈されたわけです。

ことにこのような状況の中で、鳥居先生が注目したのは古墳なのです。

少し前置きが長くなりましたが、ようやく古墳の話にたどり着くことが出来ました。これから鳥居先生が主に震災後に行なった東京の古墳の研究から紐解いてみたいと思います。

東京の古墳研究というと坪井正五郎先生のことはよく知られているようですが、東京低地という場所に限らず、『武蔵野及其周圍』や『上代の東京と其周圍』に著わされているように東京の古墳の研究史の中で鳥居先生の業績というのも、学史的に欠かせない重要な位置を占めています。まずそのことを強調しておきたいと思います。ここでは主に鳥居龍蔵先生が書かれた『上代の東京と其周圍』を用いて東京低地の古墳についていくつか紹介してみましょう。

では図2をご覧下さい。これは将門塚です。祟りで有名なところです。ちょっと元の本の写真が悪いので見にくいかと思いますが、右寄りのところに祠が見えますでしょうか、小高い所にぽつんと据えられている様子がわかります。塚の回りには何もなくなっている状況なので塚状の高まりがよくわかります。鳥居先生は将門塚を古墳ではないかと書かれています。

次に図3・4を見てください。浅草寺境内の写真です。境内に弁天山があるのをご存知ですか、図3はその弁天山です。今でも行くと小高くなっていますが、この写真でも大きな土盛りの上に社殿が築かれているのがわかります。それから図4は現在の境内のどの場所かはわかりませんが、大木が燃えた後に伐採されたのでしょうか、二本の大木の根元を見てください。少し小高くなっていますね。鳥居先生は浅草寺境内のこの二つの写真についても古墳ではないかと記しています。

それから図5ですが、妙亀塚とか、妙亀尼塚と呼ばれているものです。これも古墳ではないかと紹介されています。今では、塚はコンクリートで固められていて、塚の上には板碑が祀ってあります。

これらの写真は、現在ではうかがうことのできない旧景を記録したもので、昔の様子を知る上で貴重な資料だと思います。この写真が掲載されている『上代の東京と其周圍』は昭和二年に刊行された本です。鳥居先生は、震災後の

図4　浅草寺境内の古墳の跡

図6　牛嶋業平塚

図2　将門塚と称するもの

図3　浅草寺境内弁天山古墳

図5　妙亀尼塚

東京市内の古墳を訪ね、カメラで写真を撮りながら調査されたようです。

また、鳥居先生は現地調査だけではなくて、江戸時代の諸本を丹念にめくりまして、その中から古墳に関する記述ですとか絵図などを探し出され調査されています。そのいくつかを紹介してみましょう。

図6は本所牛島の業平塚ですね。この塚は南蔵院のところにあったものです。南蔵院は業平山と号し、在原業平を祀る社があったところです。大岡越前守がお地蔵さんをお裁きする話がありますが、その「縛られ地蔵」もあったところです。南蔵院は震災によって現在は「縛られ地蔵」とともに葛飾区の水元に移っています。塚はすでに削平され現存していません。この業平塚の絵は『江戸名所記』に紹介されているものです。伝説では在原業平は隅田川で溺死し、ここに葬ったとされています。鳥居先生はこの業平塚も古墳ではないかということを指摘されています。

図7は『江戸名所記』に載る梅若塚です。芸能に詳しい方でしたら、「隅田川」という謡曲や「梅若丸」という歌舞伎をすぐに思い浮かべるかと思います。人買い商人に京から奥州へ連れていかれる途中、隅田河畔で病死してしまった梅若丸を葬ったのが梅若塚といわれています。この話には続きがあります。梅若丸を追いかけてきた母は、この隅田河畔まできて息子梅若丸がすでにこの世にいないことを知ります。母は悲しさのあまり心を乱して死んでしまうわけです。そのお母さんが葬られたとされるのが先ほどご紹介した妙亀尼塚ということになります。隅田川を挟んで両岸に伝説の梅若塚と妙亀塚が存在するのです。この梅若塚も古墳ではないかというふうにここに先生は書いております。

このほか、実物資料や現地の実測なども掲載されています。図8・9は葛飾区に所在するものです。図8は先ほどご紹介しました葛西城のところです。図に二つ丸い塚みたいのがあります。これが古墳ではないかということを先生は考えられておられます。塚が四角い土盛りの上にありますが、ここは御殿山という所でして、落城後に家康・秀忠・家光の三代にわたる御殿として利用されます。その御殿の主郭部が後に御座所として祀られたところです。

それから図9は、鳥居先生が取り上げた東京低地の古墳の中で唯一古墳の存在を裏付ける実物資料と思われるもの

図7　梅若塚

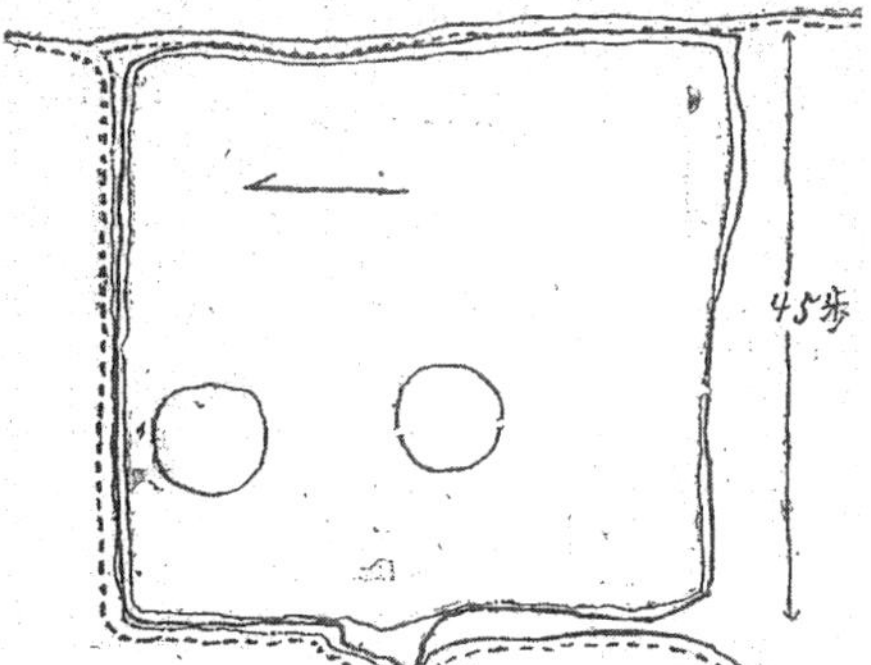

図8　青戸村御殿山

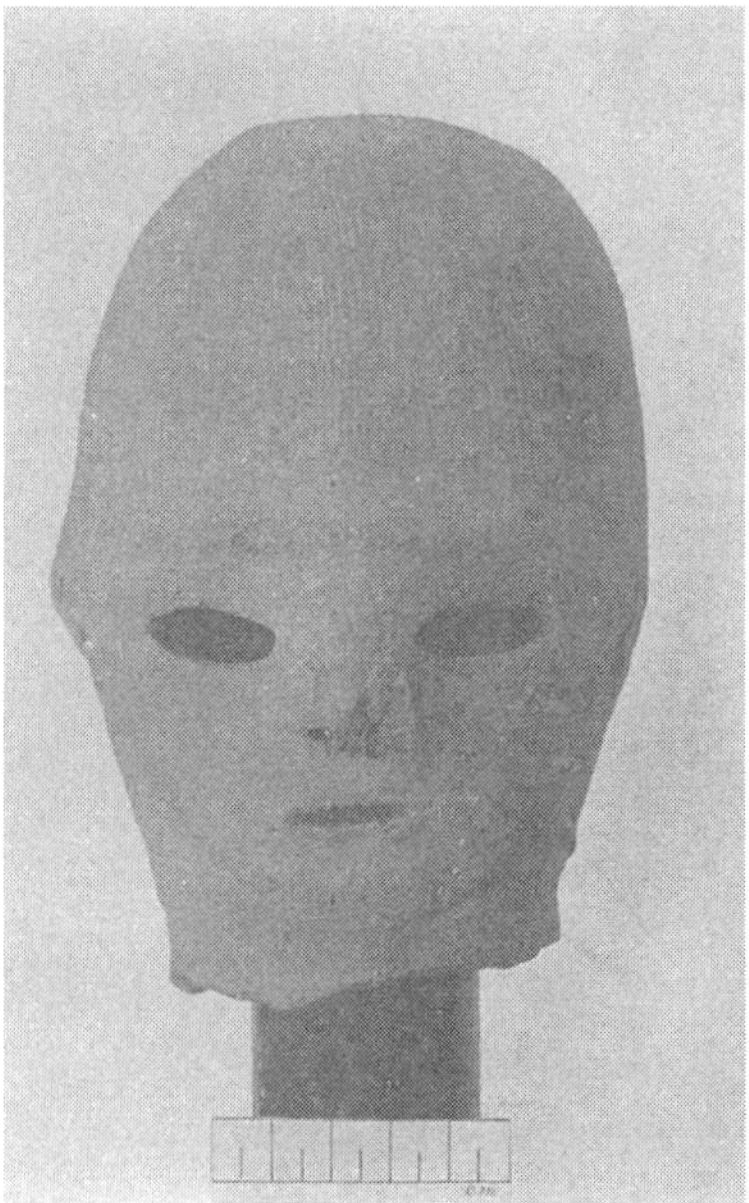

図9　立石村出土の埴輪

です。これは立石の南蔵院の裏手から採集されたもので、人物埴輪の頭部です。今でも東京大学に収蔵されており、私の勤めている博物館が開館する時に、その所在を確認し、レプリカを作成することができました。というのも鳥居先生の本にはこの写真が掲載されているのですが、古いことなので果たして実物が存在するのか皆目わからなかったのです。だめで元々、東京大学へ問い合わせしたところ、所在が確認できたわけです。この埴輪が出土したところは現在南蔵院裏古墳と呼ばれていますが、今は道路とマンションになっています。

古墳調査の方法とその後の研究

今、鳥居先生が古墳として紹介されたなかで東京低地に所在するものをいくつか取り上げて見ました。鳥居先生の古墳の研究方法は、最後に紹介した図8・9のような考古学的な手法以外に、大きく二つあったようです。ひとつは、関東大震災という未曾有の災害を逆手にとって、旧情を観察し、写真としても記録する。もうひとつは、『江戸名所記』などの江戸時代の地誌にあたるという、文献調査を行なっていることです。

今回、ここではご紹介していないのですが、東京低地の中で古墳ではないかと言われているものとしまして、鳥越神社があります。神社に蕨手太刀とか勾玉などの玉類が納められており、鳥居先生はここを古墳ではないかと紹介しています。しかし、それについては、ここ品川歴史館長の坂詰秀一先生が『台東区史』の中で、「古墳としてはまだ検討をしなくてはいけないのではないか」ということをご指摘されています。鳥居先生が紹介された東京低地の古墳のなかで学術的に調査されたものは意外と少ないのが現状です。南蔵院裏古墳は、埴輪が出てきたということで古墳だということがわかります。それ以外の紹介した古墳と考えられているものは、その後削平されて消滅したものや、調査されないまま今に至っているということで、果たして古墳かどうかということが、今もってわからないのがほとんどです。

鳥居先生が古墳と考えられたもののうち、例えば、図8の葛飾区御殿山の二つの塚は祠を祀るために土盛りをしたもので古墳ではないことがわかっています。震災を利用して東京低地に所在する人工的な土盛りを古墳ではないかと注目したのが『上代の東京と其周圍』が書かれた昭和二年の段階です。これらは先生のご指摘を踏まえ、発掘によって確認するという考古学的な調査を行なっていくことが必要だということです。

ちなみに、『上代の東京と其周圍』後の東京低地での考古学的な研究はようやく戦後の昭和二十年代になって進展を見せます。可児弘明さんが東京の低地部にも遺跡があるということを『考古学雑誌』(「東京東部における低地帯と集落の発達」上・下、第四七巻第一・二号)に書かれています。小規模な発掘調査もされているようですが、まだまだ具体的な遺跡の様相までわからない状況で、明確な遺構とかも見つかってはいなかったようです。

低地の遺跡の状況がわかるようになってきたのは、高度経済成長期以降ですね。昭和四十年以降に開発に伴いまして遺跡の調査がされるようになってからです。葛西城跡から古墳時代前期の竪穴住居や井戸の跡など、生活の痕跡が見つかってくるようになりまして、初めて東京低地もきちっと古代から生活の跡が刻まれているのだということがわかってきたわけです。

三 台地上の古墳

武蔵野台地東端の古墳

さて、ここで少し視点を変えて東京低地の古墳について考えてみたいと思います。東京低地の古墳を理解するうえで、低地だけ見つめていてもおそらく低地の古墳の様相といいますか、特徴などがわかりにくいのではないかと思うのです。ひとつには、東京低地の古墳の調査があまり為されていないという資料的な問題もありますが、少ないとはいえ後でご紹介いたしますが、東京低地に所在する古墳の出土遺物などから東京低地というエリアだけで片付けられる問題ではないこともわかってきています。東京低地の古墳を理解するには、低地を取り巻く台地の存在、つまり台地上の古墳や集落との関係をきちんととらえる必要があるのです。

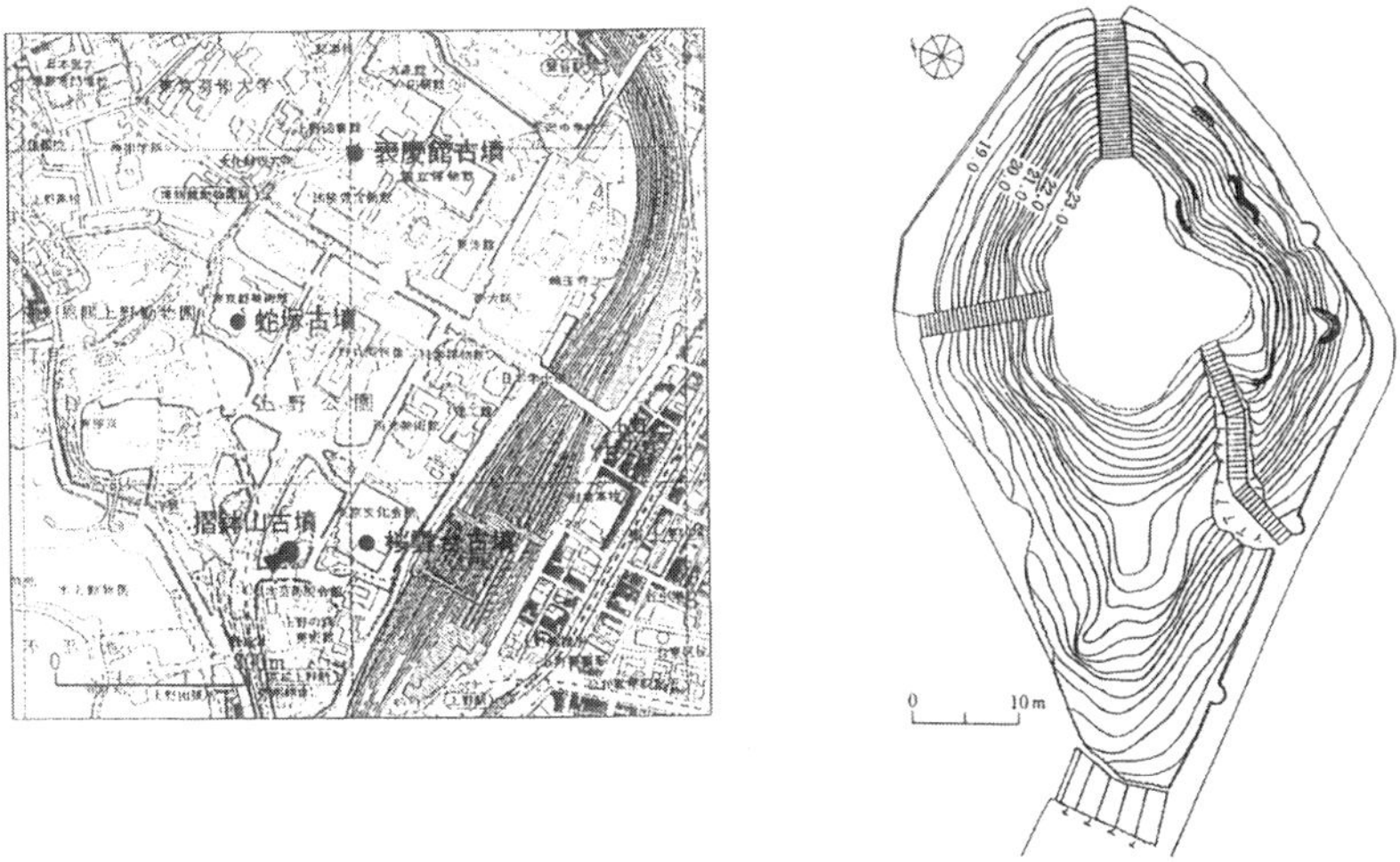

図10　上野台古墳群の分布図と摺鉢山古墳

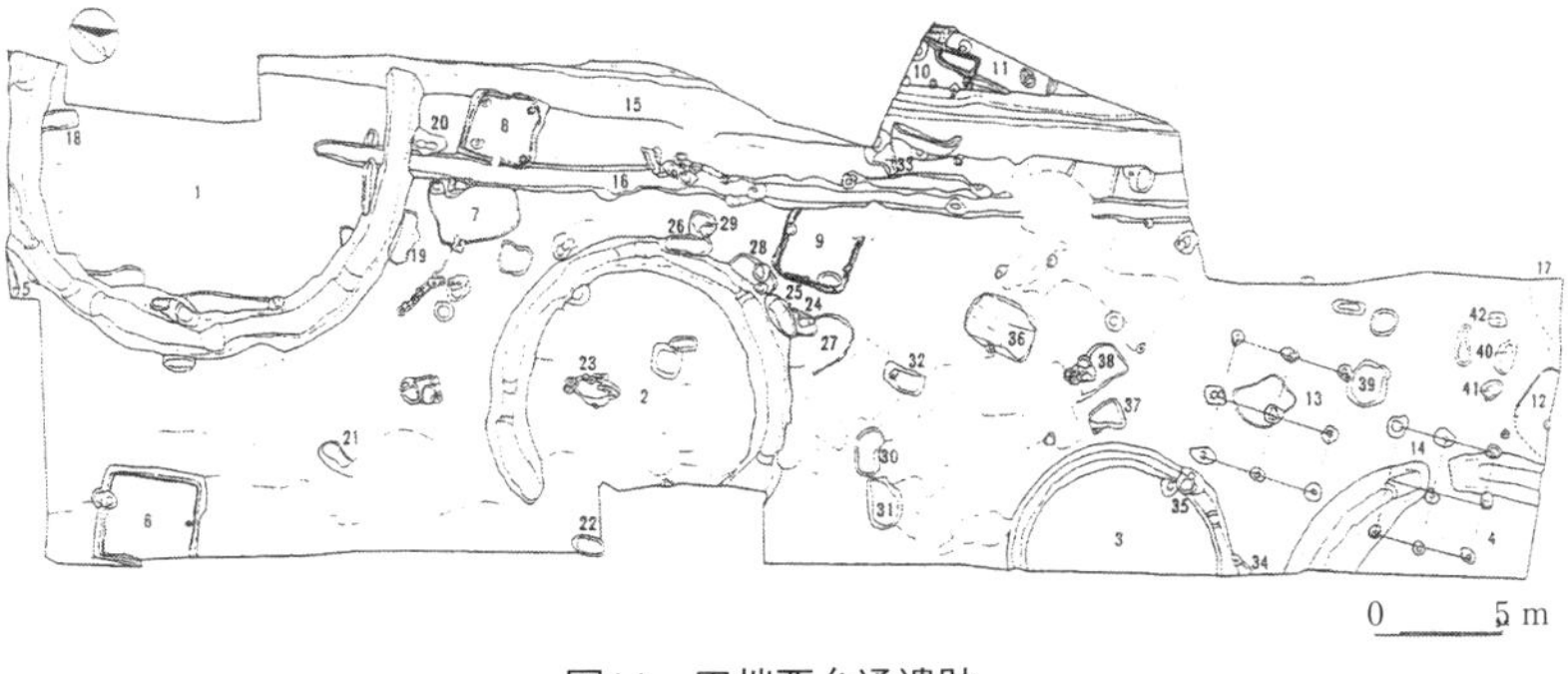

図11　田端西台通遺跡

資料の図1をもう一度見ていただきたいと思います。繰り返すようですが、東京低地と呼ばれるのは、二つの台地に挟まれた低地帯です。東に下総台地、西に武蔵野台地。まず武蔵野台地の状況から検討していきたいと思います。武蔵野台地といっても広範囲ですから、武蔵野台地の東のはずれ、東京低地を臨む所の古墳群を見てみましょう。

一つは上野の台地の所に古墳群があります。今でも一基立派な古墳を見ることができます。図10は摺鉢山《すりばちやま》古墳と呼ばれる古墳で、前方後円墳といわれています。ぜひ上野公園に行きましたら、確認していただきたいと思います。摺鉢山古墳以外にもいくつも古墳が築かれていたようですし、鳥居先生もいくつかの古墳の存在を指摘されています。例えば、東京国立博物館には上野の山の古墳から出た資料が収蔵されていますし、最近の美術館や博物館の工事に伴う調査によっても古墳の痕跡が発見されており、かなりの古墳群を形成してきたということがわかってきました。

次に、上野の山からもう少し上の方に目を移しますと、田端とか飛鳥山といった北区域に古墳が所在します。図11は北区田端西台通遺跡です。ここからは少なくとも四基の円墳が発掘調査によって確認されています。

私たちは、この図を見て古墳、厳密には古墳の跡ですが、古墳の存在を認識しますけれども、考古学に馴染みのない方ですと、「なぜ」「どうして」と思われることでしょう。古墳、そうですね、丸い円墳を造るとします。そうすると、塚の周りに溝をめぐらすのです。大きな前方後円墳などは水を溜めているところがありますよね。前方後円墳の場合は、溝というより大きな池になっていますが円墳などは古墳の周りに溝を掘って区画するので、古墳本体の土を盛った所が後世に削平されて遺体を安置する施設が失われても溝が残ることが多いのです。溝が残っていれば古墳だということがわかるのです。この図は、そういう意味で古墳のマウンドは残っていませんでしたが、周りの溝は残っていたので古墳だということがわかったのです。ちなみに、田端西台通遺跡の古墳の跡を見ると、真ん中やや左のほうに2と書いてある古墳の跡があって、丸い溝は連続しないで目の検査の記号みたいに左下のところで切れているのがわかると思います。この切れているところをブリッジと申しまして、古墳本体へ連絡する通路的なものと考えられています。

さて、図12は北区飛鳥山で最近調査された飛鳥山一号墳の横穴式石室の図面です。遺体を安置する石で築かれた施設のことを石室といいます。横穴式とは、横から遺体を納めるタイプのもので、追葬が可能です。かなり壊されていますが、凝灰岩の切石を用いた胴張り型の石室であったことを、調査をされた飛鳥山博物館の鈴木直人さんからご教示を受けました。飛鳥山公園には、五基の古墳の存在が確認されているようです。図示していませんが、五号墳も横穴式石室だったようです。飛鳥山公園は整備されましたが、一号墳は保存されています。上野公園の古墳もそうです

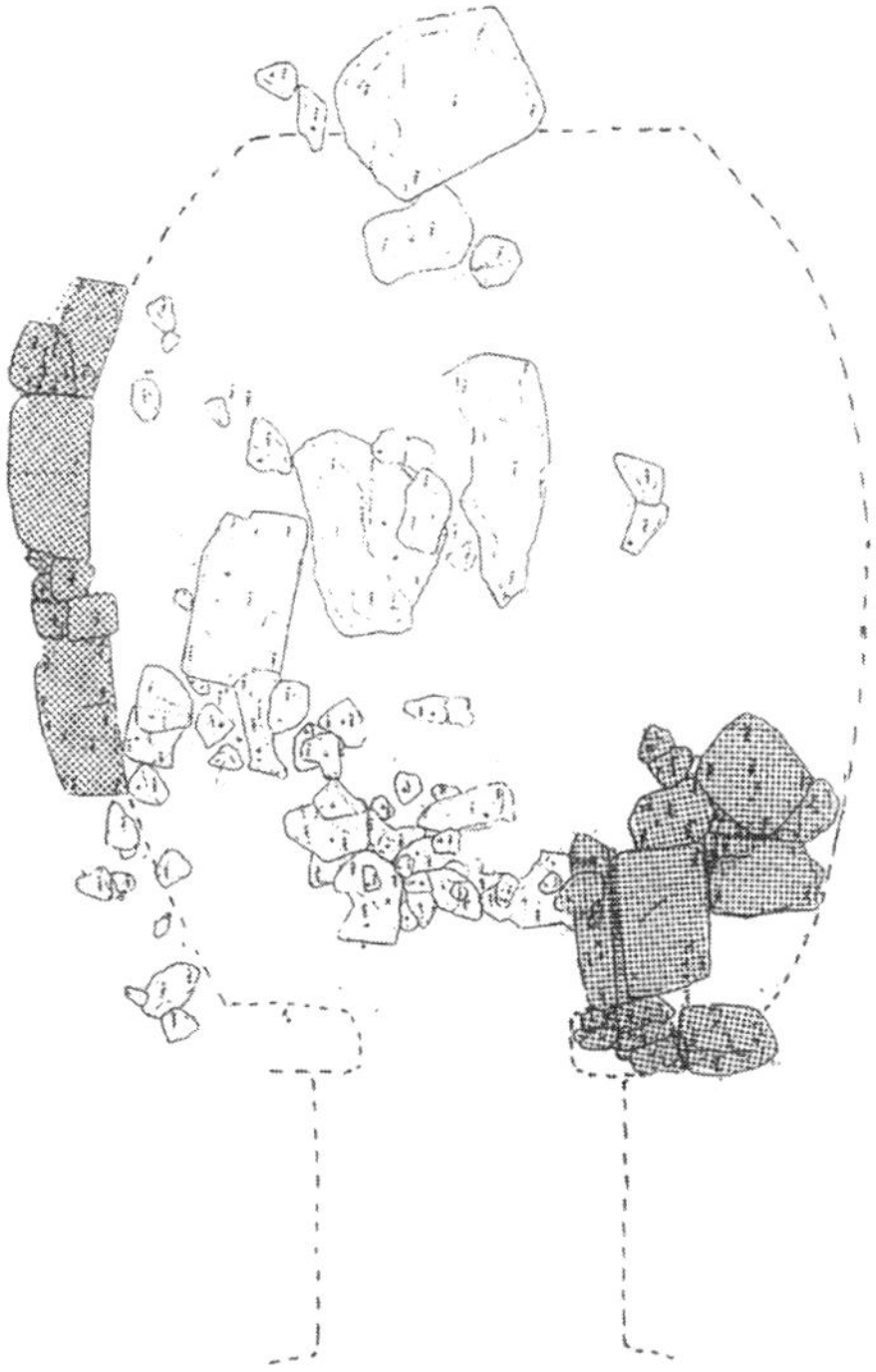

図12　飛鳥山１号墳

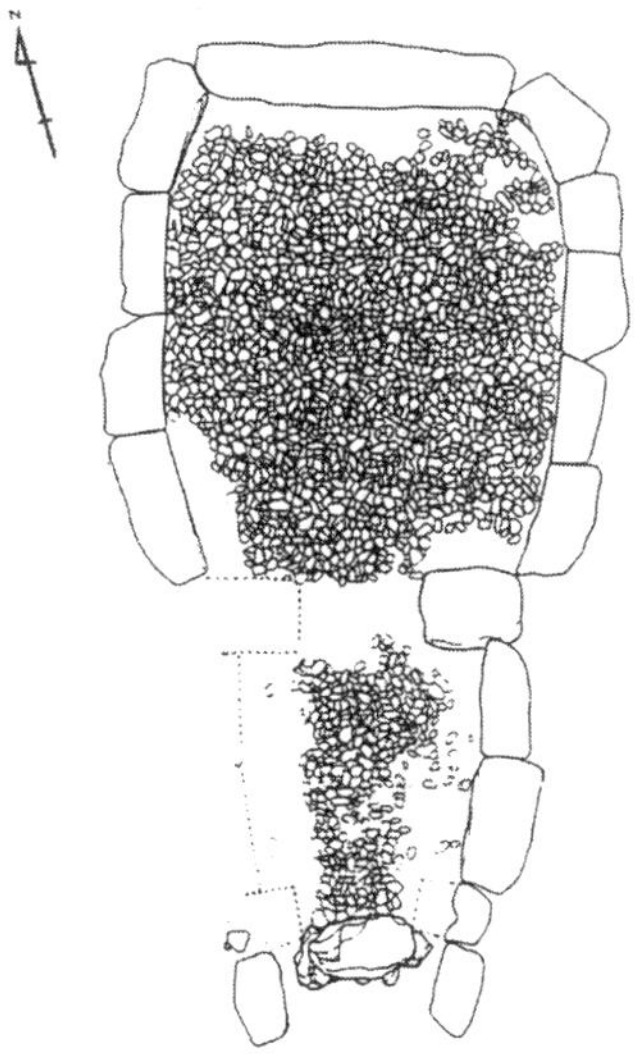

図13　赤羽台５号墳

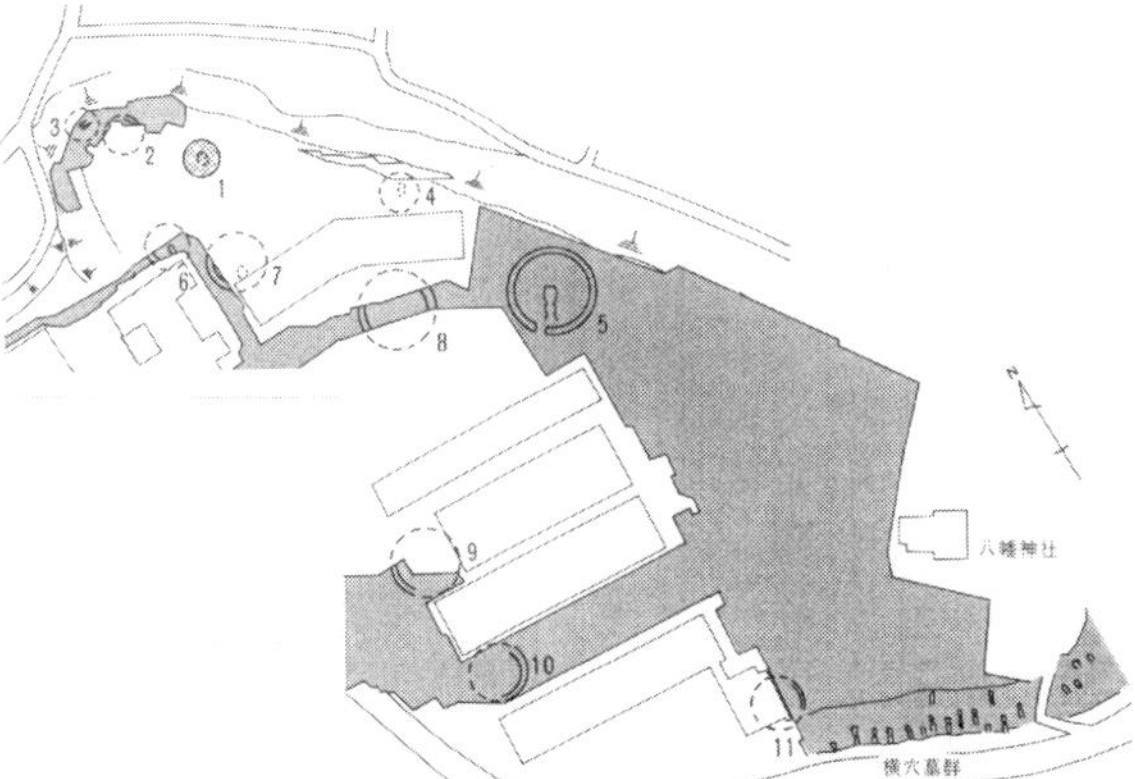

図14　赤羽台古墳群

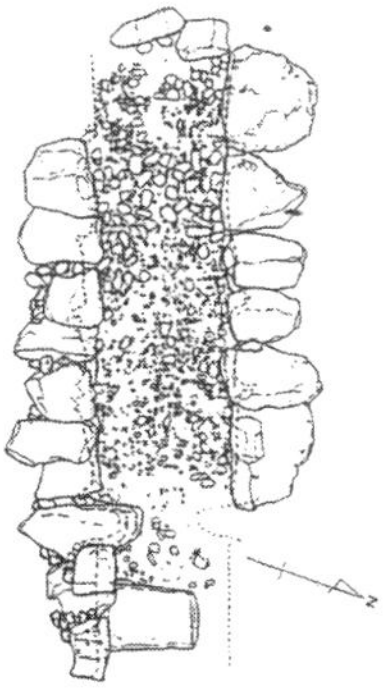

図15　赤羽台３号墳

が、花見の季節なんかにお出かけになったときは、花を愛で、飲食を楽しむだけでなく、ちょっとした土地の変化、起伏なんかにも注意していただくと面白いと思います。飛鳥山には博物館がありますので、併せて見ていただきますと、古代だけでなく飛鳥山の歴史なんかも知ることが出来ます。

それから、武蔵野台地の一番東縁の北の端、北東端になりますが、ここに北区赤羽台古墳群があります。星美学園と言う学校が建っていますが、そこの校内でも東北新幹線建設に伴う発掘調査が行なわれ、図14のような古墳群の存在が明らかになっています。埴輪のほか直刀、玉類などの遺物も出ていますが、ここでは石室についてご紹介したいと思います。図15は赤羽台三号墳の石室、図13は赤羽台五号墳の石室です。いずれも横穴式の石室で、五号墳の石室はいわゆる胴張りです。図示していませんが、赤羽台四号墳からも三号墳と同じタイプの横穴式石室が確認されています。石室の石材は、赤羽台三・四号墳が房州石とよばれるもの、五号墳が凝灰岩の切石です。石室の石材については後で取り上げますので、ここでは石の種類のみにとどめておきます。

このほか、資料を用意しておりませんが、北区十条にも十条台古墳群があります。三基の円墳と思われる古墳の跡が発掘によって発見されています。

これで上野から赤羽に掛けての武蔵野台地東端部の古墳を概観したのですが、鈴木直人さんによると台東区上野台古墳群、北区田端西台通古墳群、北区飛鳥山古墳群、北区十条台古墳群の位置関係について、「ある一定の間隔を持って分布している」と指摘されています。これら武蔵野台地東端部の古墳は、上野公園の擂鉢山古墳のみ前方後円墳で、後は現時点で発掘されたものについて見るとすべて円墳のようです。時期的には、擂鉢山古墳は発掘はされていませんが、六世紀代と考えられており、胴張りの石室を持つ飛鳥山一号墳と赤羽台五号墳は七世紀に入り、他の古墳は六世紀後半に収まるものと考えられるようです。

下総台地西端の古墳

武蔵野台地対岸の東京低地を見渡す下総台地西端の古墳の状況はどうなのかといいますと、また図1を見ていただきたいと思います。柴又に行ったことのある人、ちょっと手を挙げてください。多いですね。会場のほとんどの方が行っているという前提で話をさせていただきます。葛飾の柴又に帝釈天がありますが、帝釈天の裏手に江戸川が流れています。その江戸川の土手に立つと眼下に江戸川のうねりが見渡せ、川岸には歌で有名な矢切の渡しも所在します。土手の上からさらに目線をあげて左右を眺望しますと、左手、西になりますが、住宅やビルなどの建物が建ち並んでいます。建物の屋根を見ているとかなり凹凸がありますが、地べたは平らです。東京低地の東側にあたるわけです。この反対側の右手、東側を見ると、北側の上手から南側の下手にかけて、緑の壁がそびえたっているのが見えます。この崖が下総台地の西端であり、千葉県の松戸から市川地域にあたります。この東京低地を望む台地上に古墳群が分布しています。

どんな古墳が見つかっているかというと、まず松戸の方からいきましょう。図16を見て下さい。松戸に栗山という所がありまして、そこに古墳群が形成されています。古くは江戸時代に埴輪が発見されています。図16は伝世資料と書きましたが、男性の人物像の頭部です。江戸時代に見つかってから現在まで保管されていたものです。それから図17は、最近の調査で発見された資料です。左手のほうには人物埴輪の顔面の一部があります。その下に手の部分、そして右側は円筒埴輪で、一番上のものはかなり開いた形状ですが、朝顔形と呼ばれるものです。図16も含めまして、六世紀代の資料です。

次に、市川市の方に移りますと、図18は明戸《あけど》古墳です。これは里見公園の中にある前方後円墳で、今でも見学することができます。古墳の高まりをそのまま国府台城の土塁として利用しています。ちょっと歪な瓢箪形になっているのはそのせいです。右側が後円部、左側が前方部で、後円部の方に四角いものが二つ見えると思いますが、これが遺体を収めた石棺です。この石はいわゆる筑波石と呼ばれる石を使っています。六世紀代の古墳と考えられています。

それから図19は法皇塚《ほうおうづか》古墳。東京医科歯科大学のキャンパスにある前方後円墳で、今でも大切に保存されています。

この法皇塚古墳は一九六九年に発掘調査され、図22のような横穴式石室や武具・馬具などの多彩な副葬品が出土しました。私の資料では、石室の図面と形象埴輪の一部を載せています。図20は人物埴輪の頭部、図21は家形埴輪です。

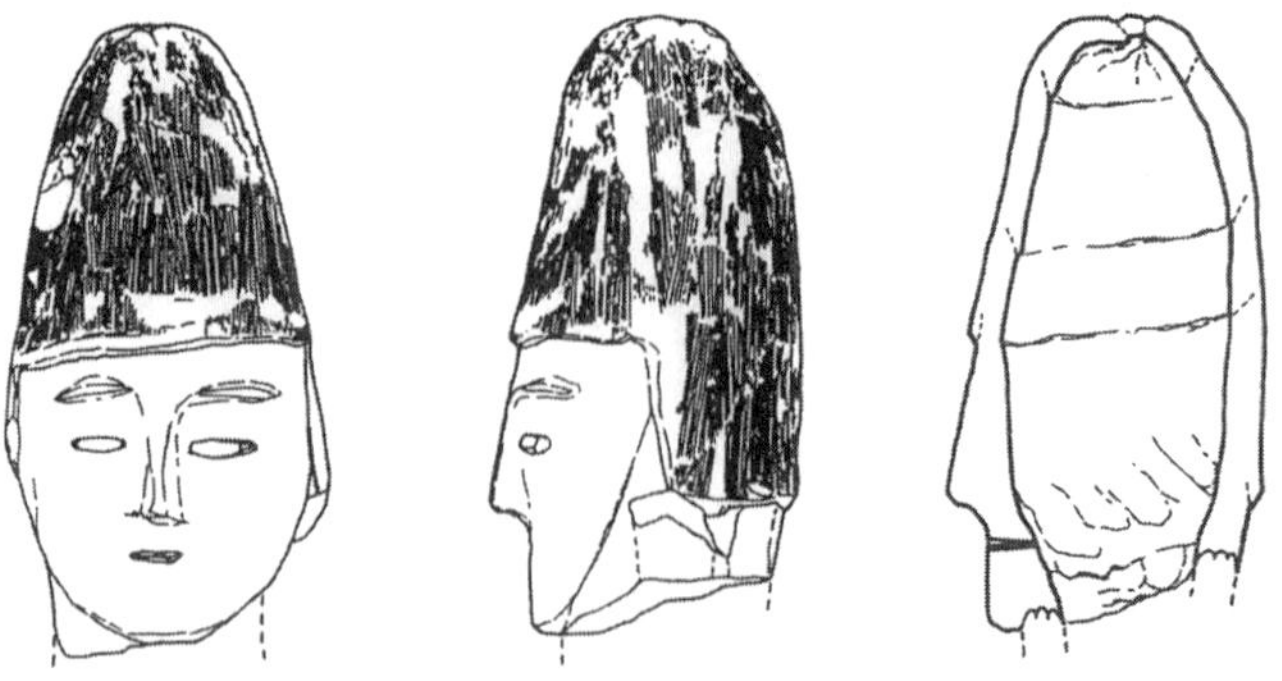

図16　栗山古墳伝世資料

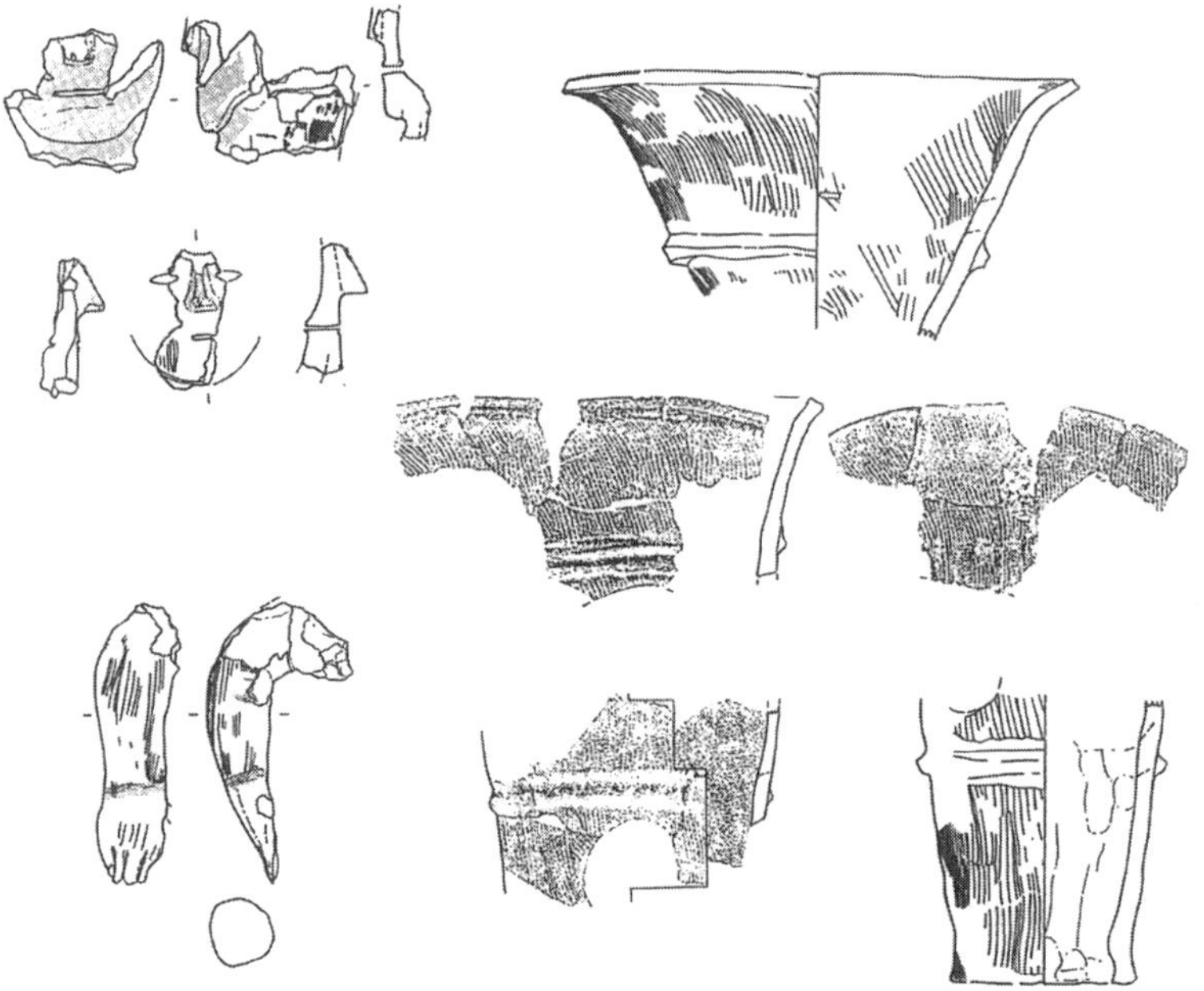

図17　栗山古墳出土埴輪資料

人物埴輪は、埼玉県鴻巣市の生出塚《おいねづか》埴輪窯から供給されたものだとわかっています。図示していませんが、円筒埴輪の中には下総型と呼ばれる下総地域で作られた埴輪も確認されており、武蔵地域と下総地域の埴輪がこの古墳に供給されています。

このほか、ここでは紹介いたしませんが弘法寺《ぐぼうじ》古墳なども所在しておりますし、最近行なわれた市川市内の台地の

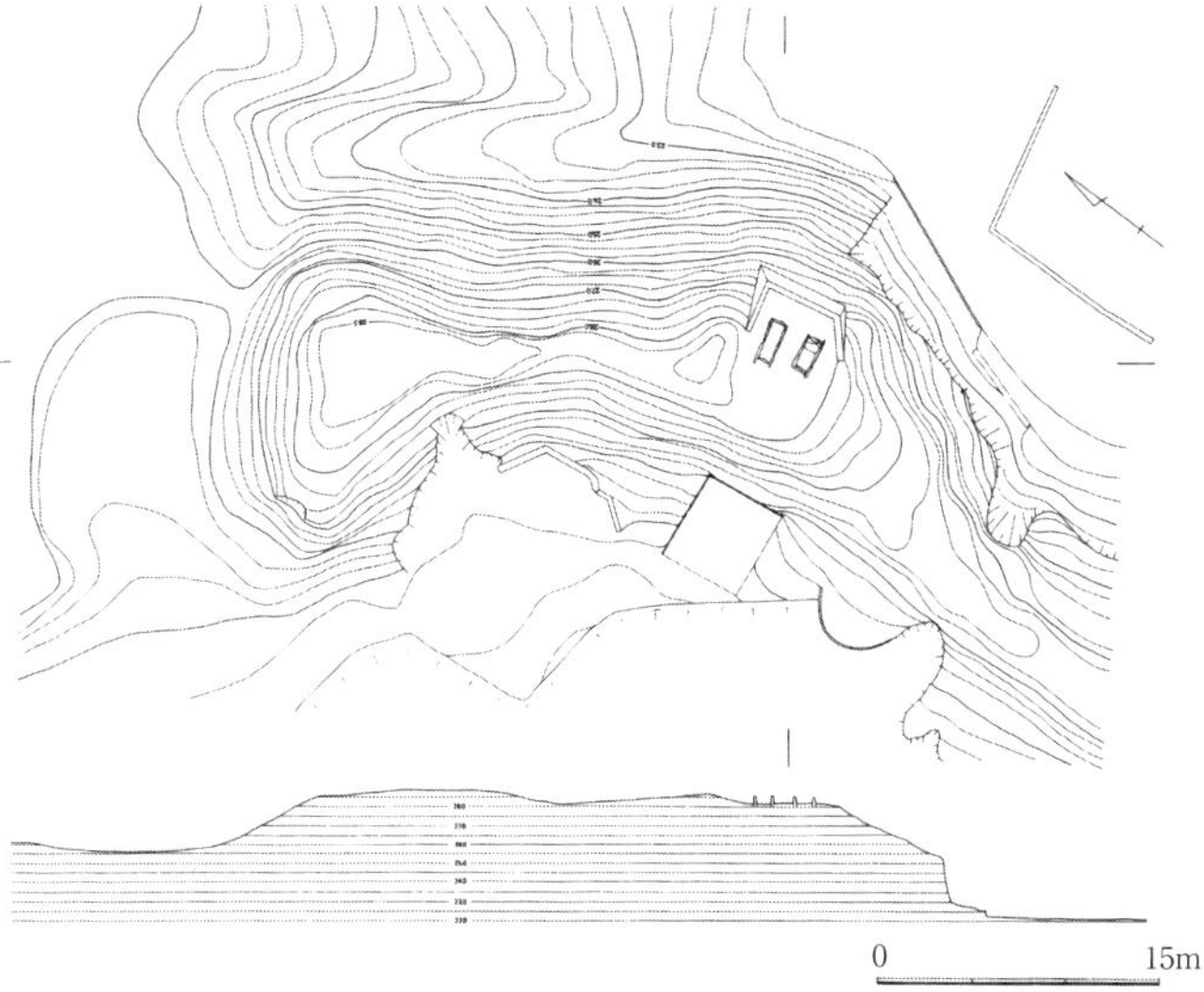

図18　明戸古墳実測図

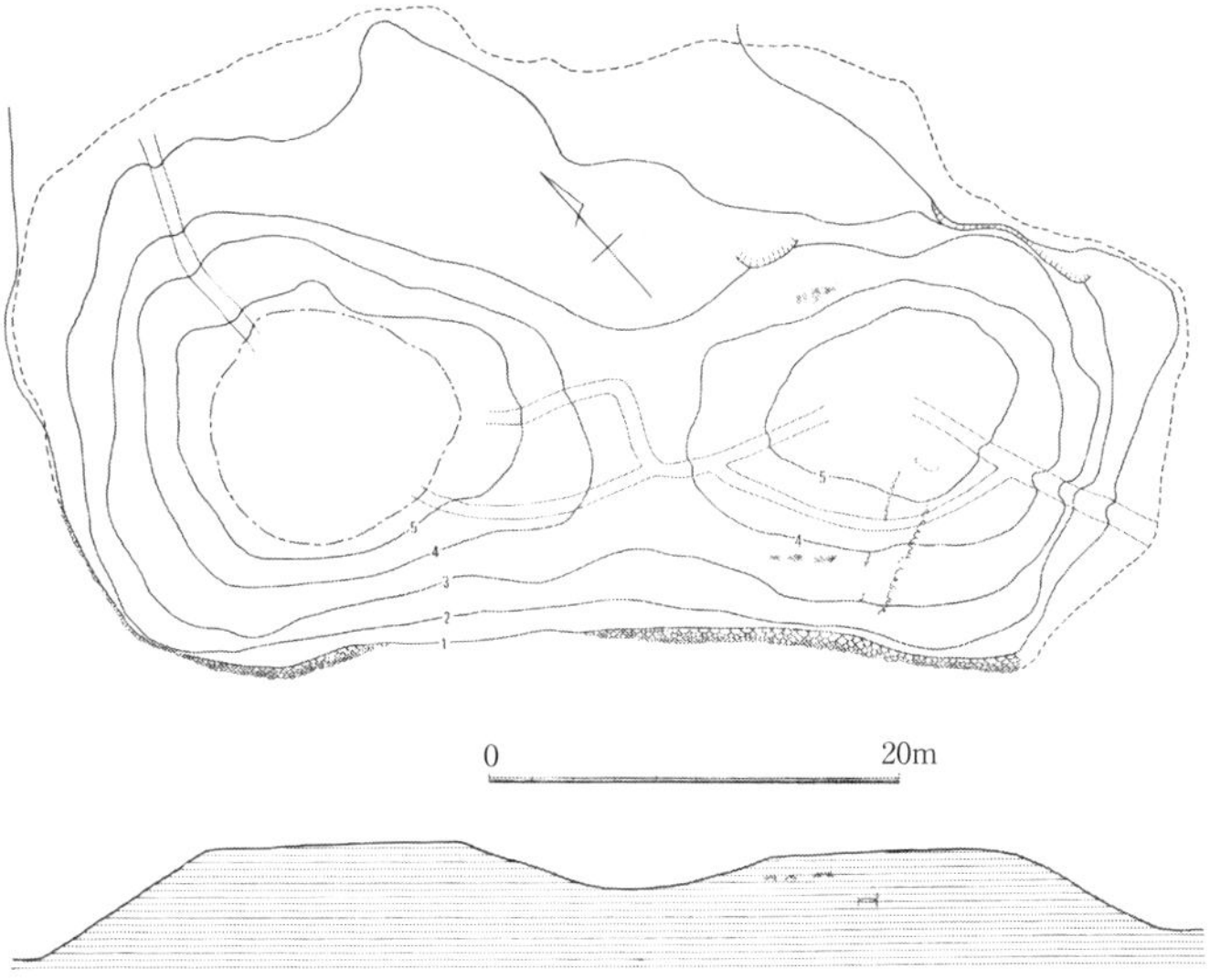

図19　法皇塚古墳実測図

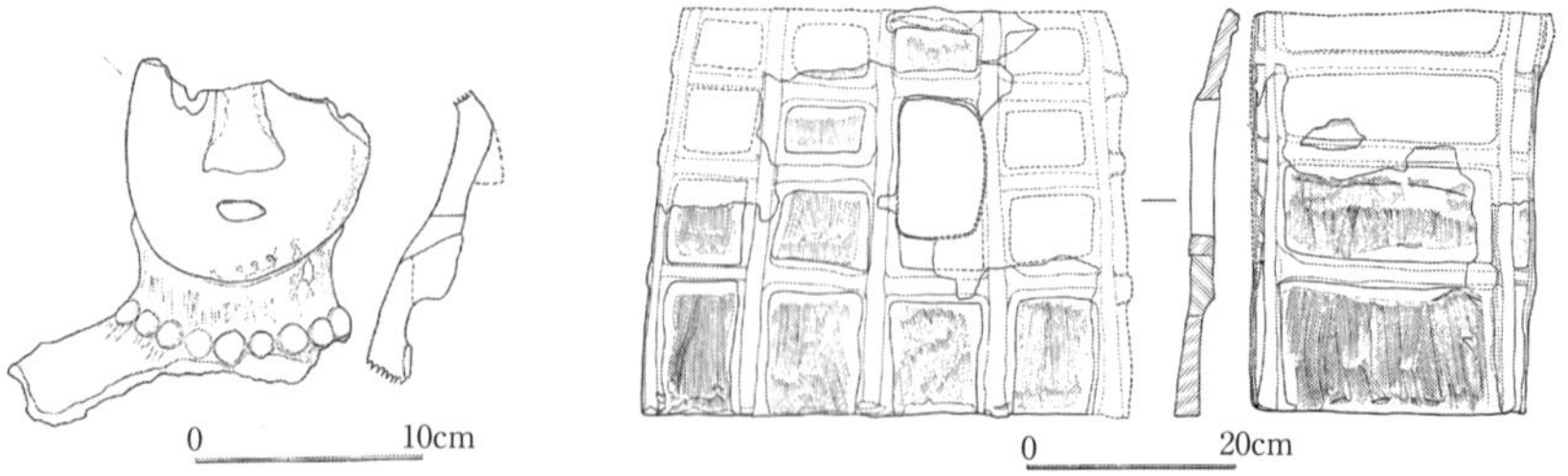

図20・21　法皇塚古墳出土埴輪実測図

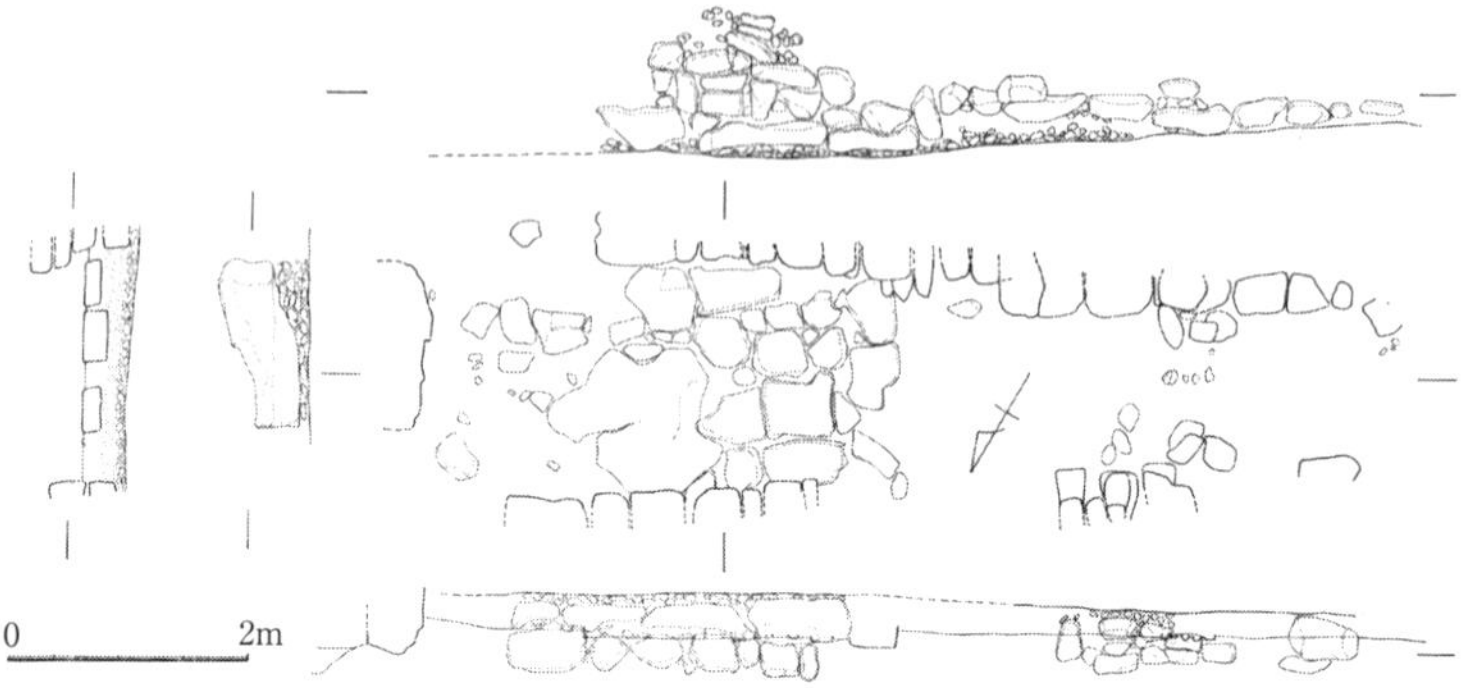

図22　法皇塚古墳石室実測図

縁辺部の調査でも古墳の跡なども見つかっています。松戸の栗山古墳群から市川の国府台に築かれた古墳は、弘法寺古墳は未調査で詳しい年代は不明ですが、大体六世紀の前半というより、後半に位置づけられると考えられます。

まことに大雑把な紹介ではありますが、以上のように東京低地を臨む武蔵野台地東端部と下総台地西端部の古墳を紹介いたしました。現状では双方とも大きく六世紀代、それも後半になって古墳群が形成されているようです。

四　低地の古墳

東京低地の東と西

東京低地の古墳の話をする前に、低地の古墳時代について大まかに述べておきたいと思います。古墳時代というのは、前期・中期・後期と分けられています。前期は私が学生の頃は四世紀頃といわれていましたが、今は少し古くなって三世紀の後半から四世紀となっています。中期が五世紀です。後期が六世紀から七世紀になります。東京低地の古墳時代を通観すると、今の隅田川筋を境に東京低地の西と東で様相が違うことがわかっています。四世紀は両方とも集落が確認されています。この時期の集落からは両地域とも東海系の土器をはじめとする外来系土器の出土が顕著です。ですので、単に弥生時代以降東京低地が沖積化して陸域ができたからということで、下総台地や武蔵野台地の人が低地に下りてきて生活や生産活動の場を求めたという簡単な状況ではなくて、主に東海地方の人々が東京低地の開発をしているという図式が見えてくるのです。

この古墳時代前期の次の中期になると様相がガラッと変わります。中期の遺跡は隅田川よりも西岸地域、東京低地の西部では確認されていますが、東岸地域、東京低地東部では中期の集落は確認されていません。空白期となってしまいます。後期になると隅田川よりも東岸地域、東京低地東部には集落が再び形成されます。しかし、東京低地西部、足立区域は除いた北区や荒川・台東区域からは今のところ明確な集落は確認されてはいないのです。この東京低地の西部と東部の境となる隅田川というのは、先ほどもお話いたしましたが、後の時代に武蔵と下総の境となる川です。この国の境となる隅田川を境にして、大きく見て、東と西では古墳時代中期、そして後期と同じ古墳時代の中でも様相が異なっているということを頭において置いてください。

私がなぜ東京低地の古墳時代、それも集落の様相の話をしたかというと、東京低地の古墳を考えるとき、東京低地に所在する古墳をひとつの地域として括ってしまうことに疑問を感じるからです。つまり、今お話したように東京低地の古墳時代を見ても隅田川を挟んで大きく東部と西部では、中期以降、様相を異にするわけです。とくに武蔵野台地東部や下総台地西部に古墳が築かれる後期においても、後で取り上げますが、東京低地東部には古墳が形成され、東京低地西部には今のところ古墳が見られないのです。東京低地での集落の展開と古墳の形成を考えようとすると、前期とは違って台地との関係にも注意する必要があると思うからです。

例えば、葛飾区の柴又八幡神社古墳は、台地上にある市川の法皇塚古墳との関係が注目されます。法皇塚古墳は、下総台地の南西部を治めた君主の墓と言われています。下総台地南西部には、古墳時代中期の君主的な古墳は見られません。後期に法皇塚古墳に代表されるような古墳群を形成します。そのような動きの中で東京低地の東部、葛飾や江戸川区域の開発というのがなされたのではないかということを考えております。その辺はこれから後半において、東京低地の古墳を説明する中で皆さんと考えて行きたいと思っています。

伊興遺跡周辺の古墳

それでは、これから東京低地に築かれた古墳の話に入りたいと思います。その前にお話しておかなければならないのが、東京低地にまんべんなく古墳の分布が見られるわけではないということです。現時点で明確に古墳だとわかっているものも限られていまして、今のところ広い東京低地の中で足立区と葛飾区に古墳の存在が確認されるだけで、他の区域は未確認の状態であるということです。

それでは、東京低地でも地域的には北部にあたる足立区域から取り上げたいと思います。東京低地でも足立区域は古墳時代の資料が豊富に出土しているところです。なかでも足立区には東京を代表する祭祀遺跡として有名な伊興《いこう》遺跡が所在しています。伊興遺跡は、地元の方が祭祀関連の資料を採集されたのが契機となって注目を集め、國學院大學の大場磐雄先生が調査されて、その名が広く知られるようになりました。現在では一部遺跡公園として保存されていますが、家が建ち並んで昔の面影はありません。私が北千住の高校に通っている頃、三〇分ほど自転車を転がして訪れた頃には、畑が多く、拾いきれないぐらい土器片がいっぱい落ちていました。日が暮れるまで畑の中を拾い歩いたものです。ここでは伊興遺跡ではなく、古墳に限ってお話をさせていただきます。図23を見ていただきますと、伊興遺跡やその近くに古墳が築かれているのがおわかりになると思います。白旗塚古墳群と伊興遺跡内の古墳ということで、分けて描かれていますが、大きく見れば伊興遺跡の所に一つの古墳群が形成されているというような言い方が出来るかと思います。六基の古墳が記されていますが、残念ながらこの古墳群はきちんとした調査もされないまま、東京都の史跡となっている白旗塚古墳以外は削平されてしまい詳細は不明となっています。

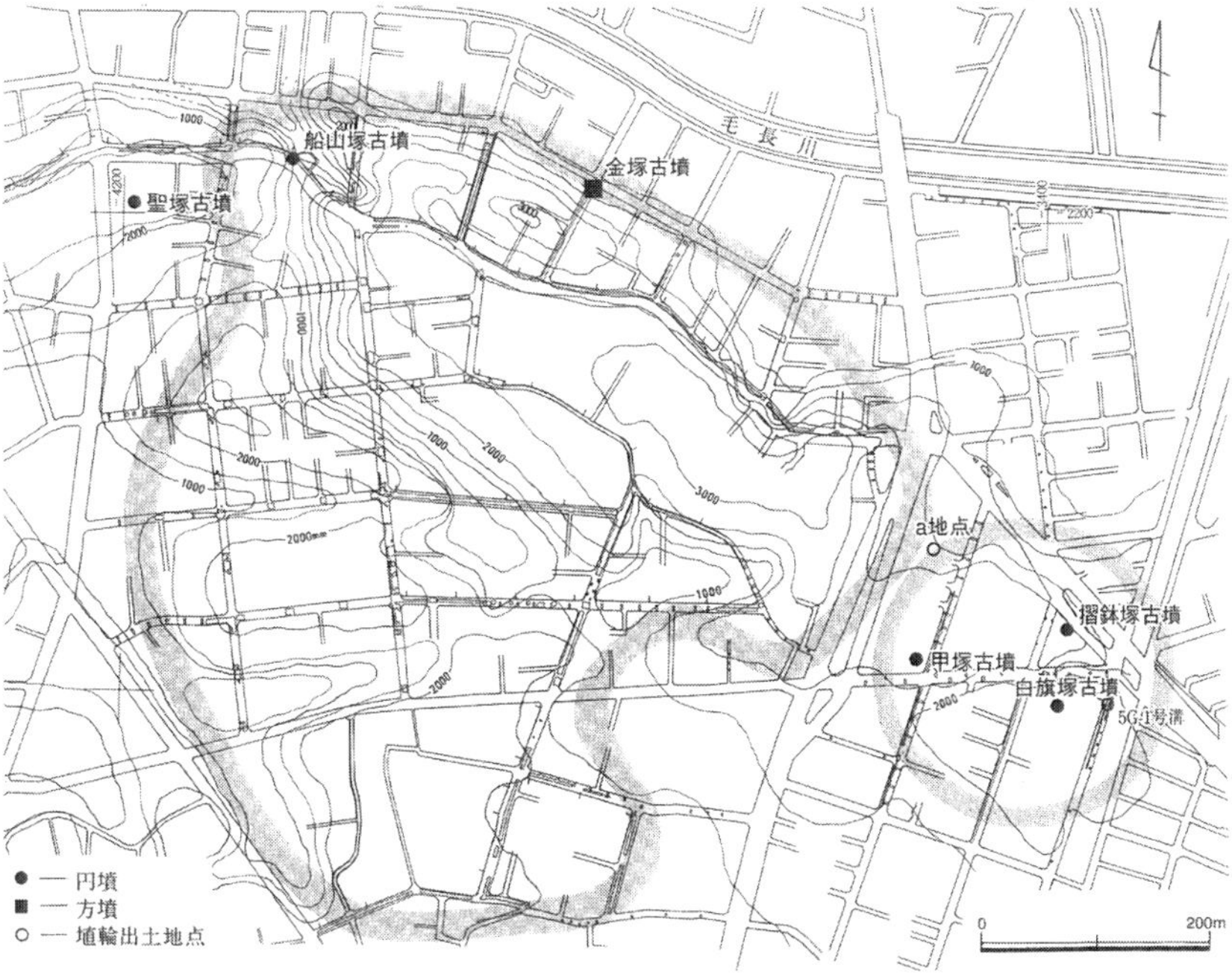

図23　白旗塚古墳群と伊興遺跡内の古墳

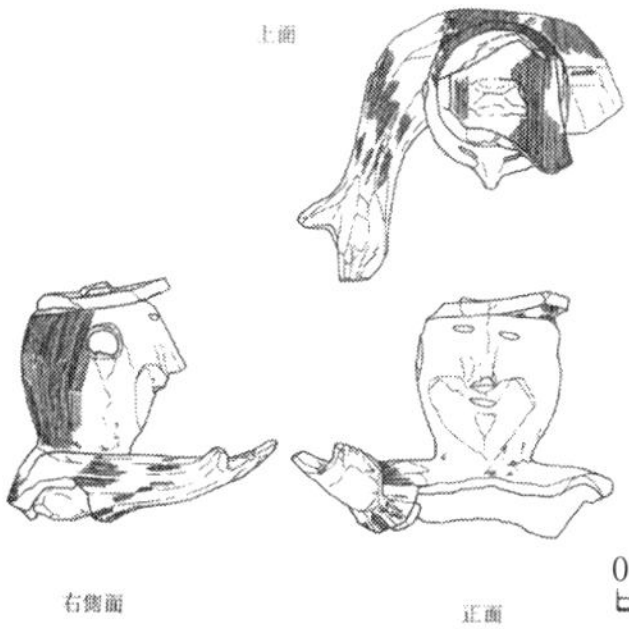

図24　伝摺鉢塚古墳出土の人物埴輪（1）

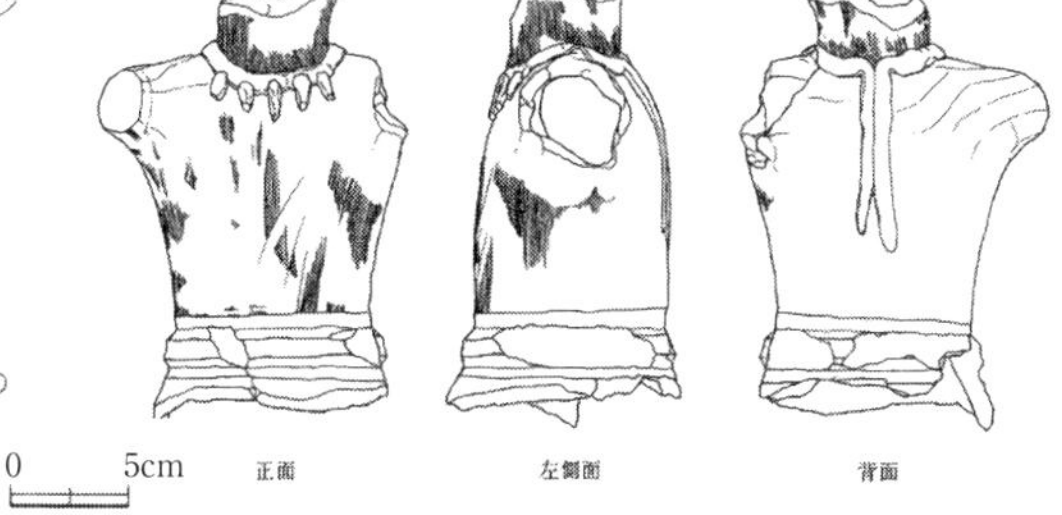

図25　伝摺鉢塚古墳出土の人物埴輪（2）

ただし、削平される時に地元の方が採集した埴輪などの資料があるので、その様相の一端を知ることが出来ます。

図24から26を見てください。図24は人物埴輪です。髪の毛の形から女性だと思います。図25は頭部が失われていますが、首飾りが表現されている人物埴輪です。図26は馬の埴輪です。これらの埴輪は六世紀の大きく見て後半に位置づけられるものです。

それから図27の円筒埴輪が出ています。ここには一点載せましたが、三つ並んで掘り出されたと言われています。

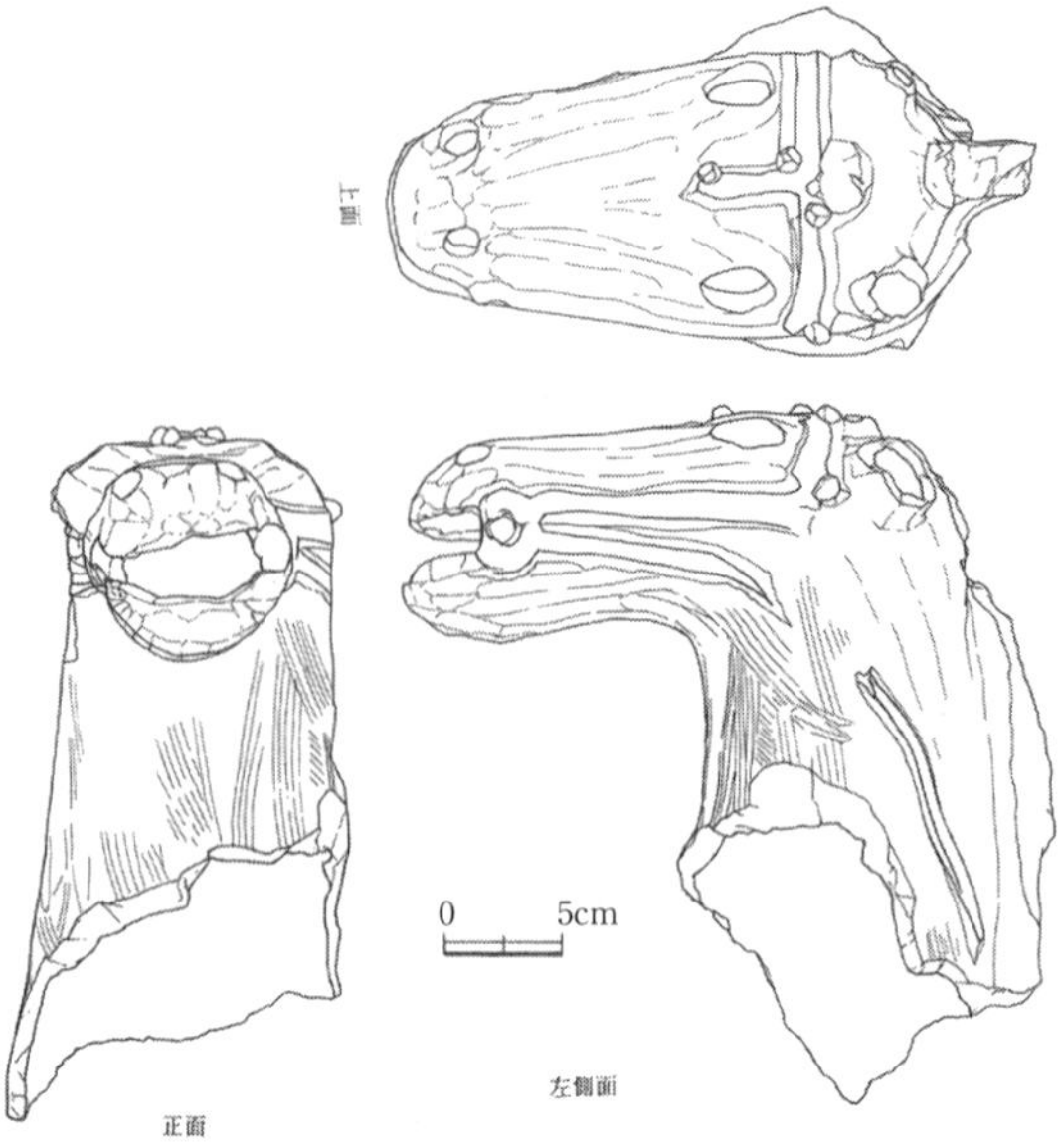

図26　伝摺鉢塚古墳出土の馬形埴輪

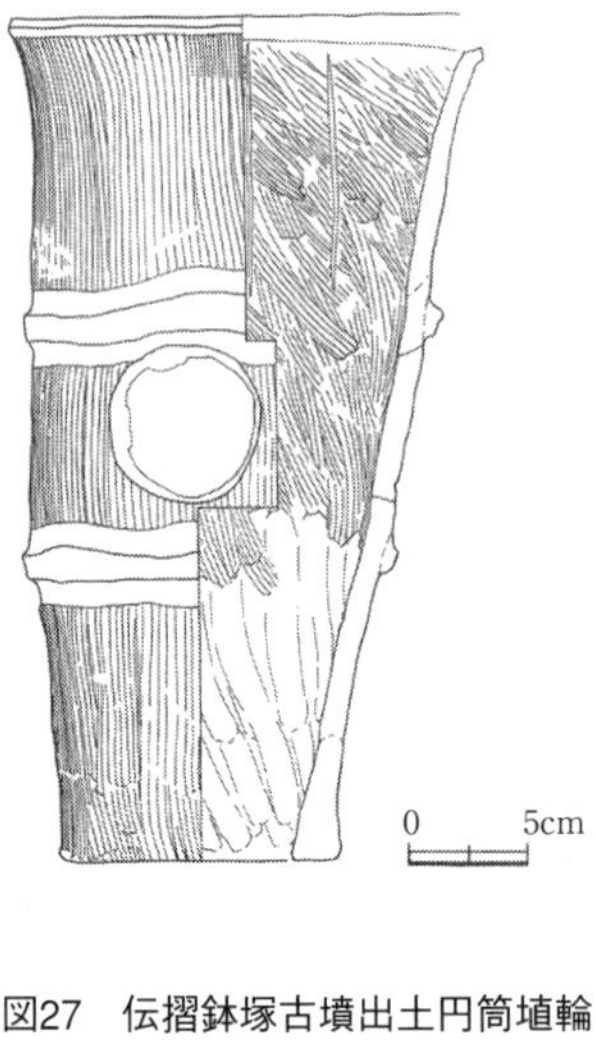

図27　伝摺鉢塚古墳出土円筒埴輪

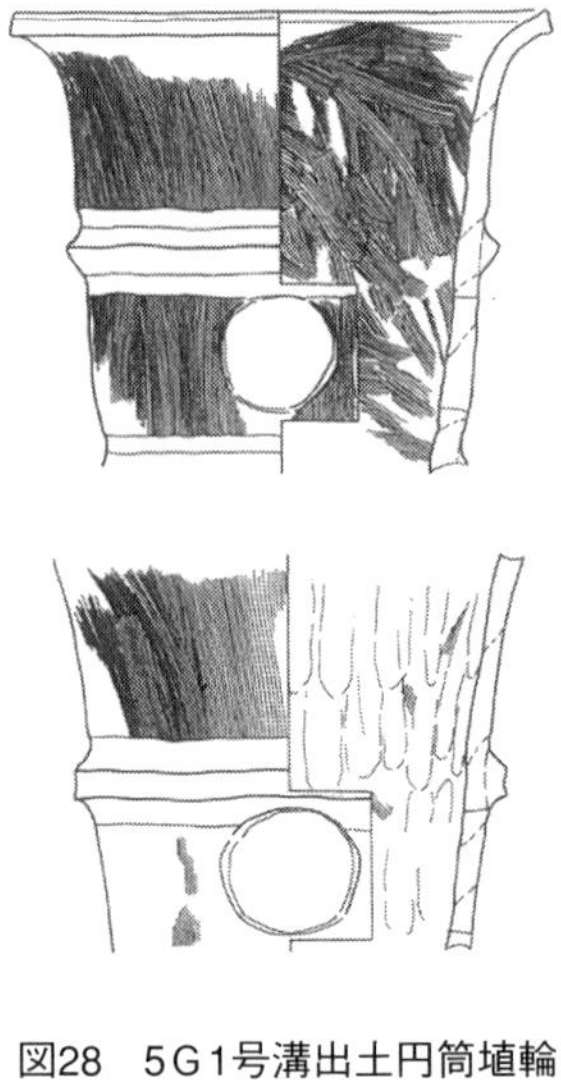
図28　5G1号溝出土円筒埴輪

そのうち底部から口縁部まで全体がうかがえるものは図示したものだけのようです。三つ並んでいたということですから古墳にめぐらされた埴輪列の一部が工事によって発見されたのでしょう。この埴輪は摺鉢塚古墳に伴うものと言われています。時期的には、六世紀後半の頃のものでしょう。

先ほどの図24・25の人物埴輪も摺鉢塚古墳に伴うと言われていますが、実物は色が違いますし、胎土も異なるようです。図を見てもおそらく皆さん方も大きさや作り方が違うと感じられるかと思います。ですので、同一の古墳に供えられたものなのか、それとも違う古墳のものなのか、発掘調査で出土したものではないので、今となってはわかりません。円筒埴輪も含め、これらの資料は伝摺鉢塚古墳資料というわけです。

それから図28ですが、これは発掘中に出てきたものです。図23右手の白旗塚古墳のところに5G1号溝と書いてあります。下水道工事に伴う調査で溝が発見され、そこから出てきた埴輪です。この資料は、ここに上げた足立区内の埴輪資料の中では古手の埴輪と考えられています。六世紀の前半頃ないし後半でも古手に入る部類ではないかと言われているものです。

いずれにしましても六世紀の古墳群が東京低地の北部、足立区域に築かれていたということが確認できます。そして、発掘された図28は古手なのですが、ほかの資料は六世紀後半にまとまりがあるようです。

南蔵院裏古墳

東京低地の古墳に関する資料としては、最近までは先の足立区の伝摺鉢塚古墳の埴輪と鳥居先生が『上代の東京と其周圍』で紹介された南蔵院裏古墳の人物埴輪などしかありませんでした。昭和六十年代になってようやく新発見の資料が増えてきました。とくに葛飾区内において充実してきたといえます。

まず鳥居先生が注目された人物埴輪の頭部が発見された南蔵院裏古墳から紹介しましょう。鳥居先生が図9の埴輪を紹介した時には、南蔵院の裏手という程度で、まだ古墳には名前が付けられていませんでした。近年になって南蔵

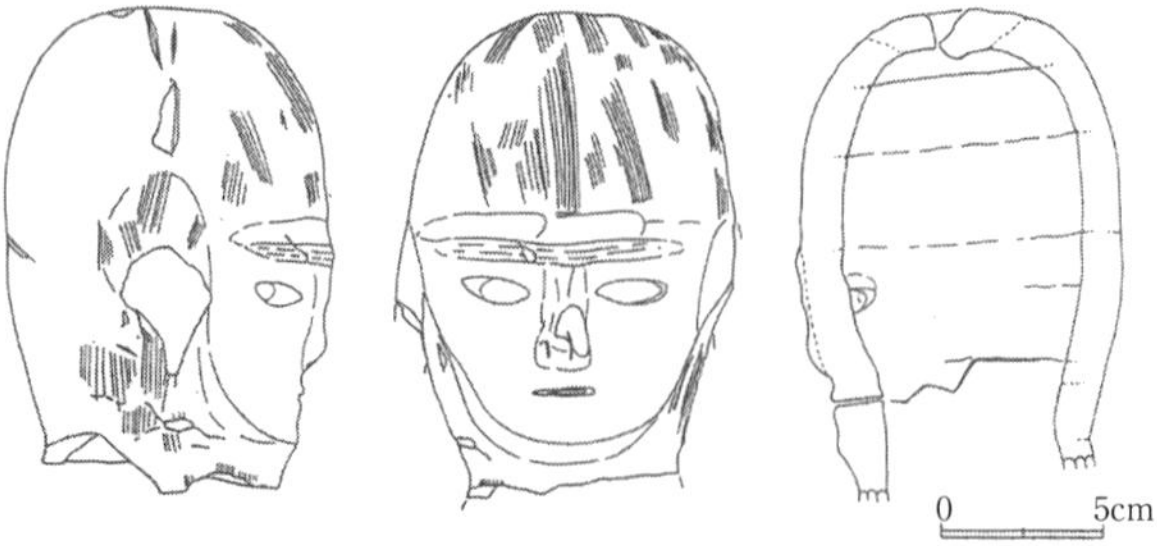

図29　南蔵院裏古墳出土人物埴輪頭部
（東京大学総合研究博物館所蔵）

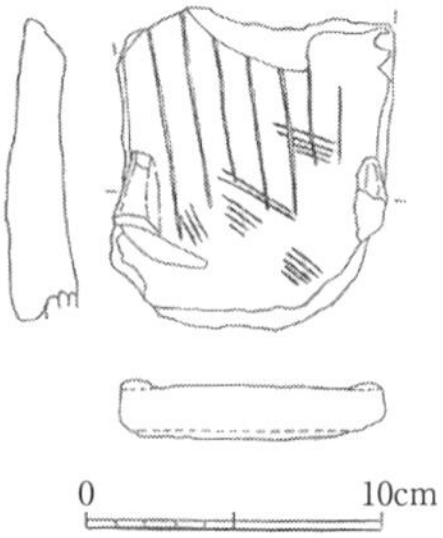

図30　南蔵院裏古墳
出土埴輪（南蔵院所蔵）

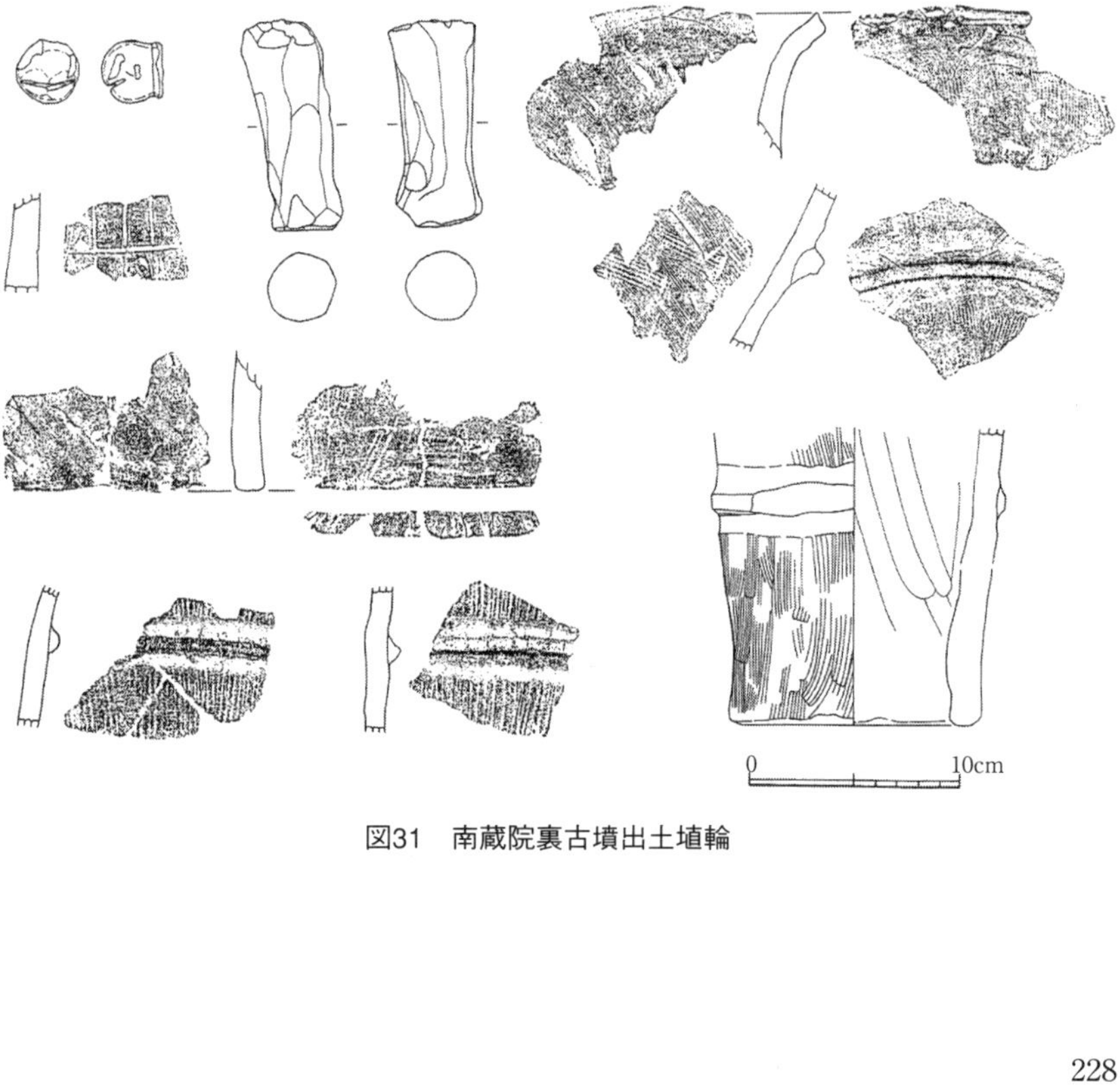

図31　南蔵院裏古墳出土埴輪

院裏古墳と名づけられたわけですが、正確な場所は不明のままで、およその地点しかわかりませんでした。というのも、すでに明治のころに取り壊されてしまい、その後に道路や家が建ち並ぶなどの開発によって正確な場所がわからなくなっていたのです。しかし、昭和六十三年マンション建設に伴い発掘調査を行なったところ、古墳そのものには当たらなかったのですが、埴輪が集中する所があり、微地形や地籍図、『上代の東京と其周圍』に掲載されている旧景写真を基にして、古墳の位置を割り出すことが出来ました。その後も近接する地点の調査から埴輪が出土しています。

図29は図9の実測図、図30は南蔵院に保管されている靫《ゆき》と思われる形象埴輪の破片です。南蔵院にはこの資料のほか円筒や形象埴輪の破片が保管されています。図31は発掘によって出土した埴輪です。形象埴輪や円筒埴輪、朝顔形が認められます。年代的には、およそ六世紀の後半でも、比較的古い部類の埴輪と考えています。

柴又八幡神社古墳

平成になって東京低地を代表する古墳の存在が明らかになりました。それは柴又八幡神社古墳です。以前から柴又の鎮守八幡神社の社殿裏手に石組みが露呈していました。八幡神社に円筒埴輪が保管されていることもあって、石組みは古墳の石室ではないかというふうな指摘がなされていました。昭和四十年に社殿の改築工事が行なわれた際に永峯光一先生が立ち会われ、埴輪や鉄刀などが発見されて古墳であることが確認されました。図32・33はその時に発見された副葬品と考えられる馬具や直刀類です。永峯先生の所見によりますと、石室と思われる石組みはすでにかなり破壊された状態であったということです。

この社殿改築に伴う調査は、発掘調査ではなく工事に立ち会ったものなので、残念なことに図面とかがないのですが、幸いにして発見された遺物がきちんと保管され、石組みは図34のように社殿の下に復元保存されました。

平成元年になりまして、葛飾区としても、ただ開発に任せて遺跡の調査をしていくだけではなくて、もう少し文化財保護行政を積極的に行なうために学術調査を実施する計画を立てました。開発ではなく、自主的に遺跡を調査するということです。そして遺跡の調査は葛飾の歴史だけでなく、東京の歴史を研究する上でいかに重要なのか、そして遺跡はかけがえのない存在なのかということを積極的にピーアールすることが大切だと考え、その実態の不明な古墳、柴又八幡神社古墳の調査を計画しました。

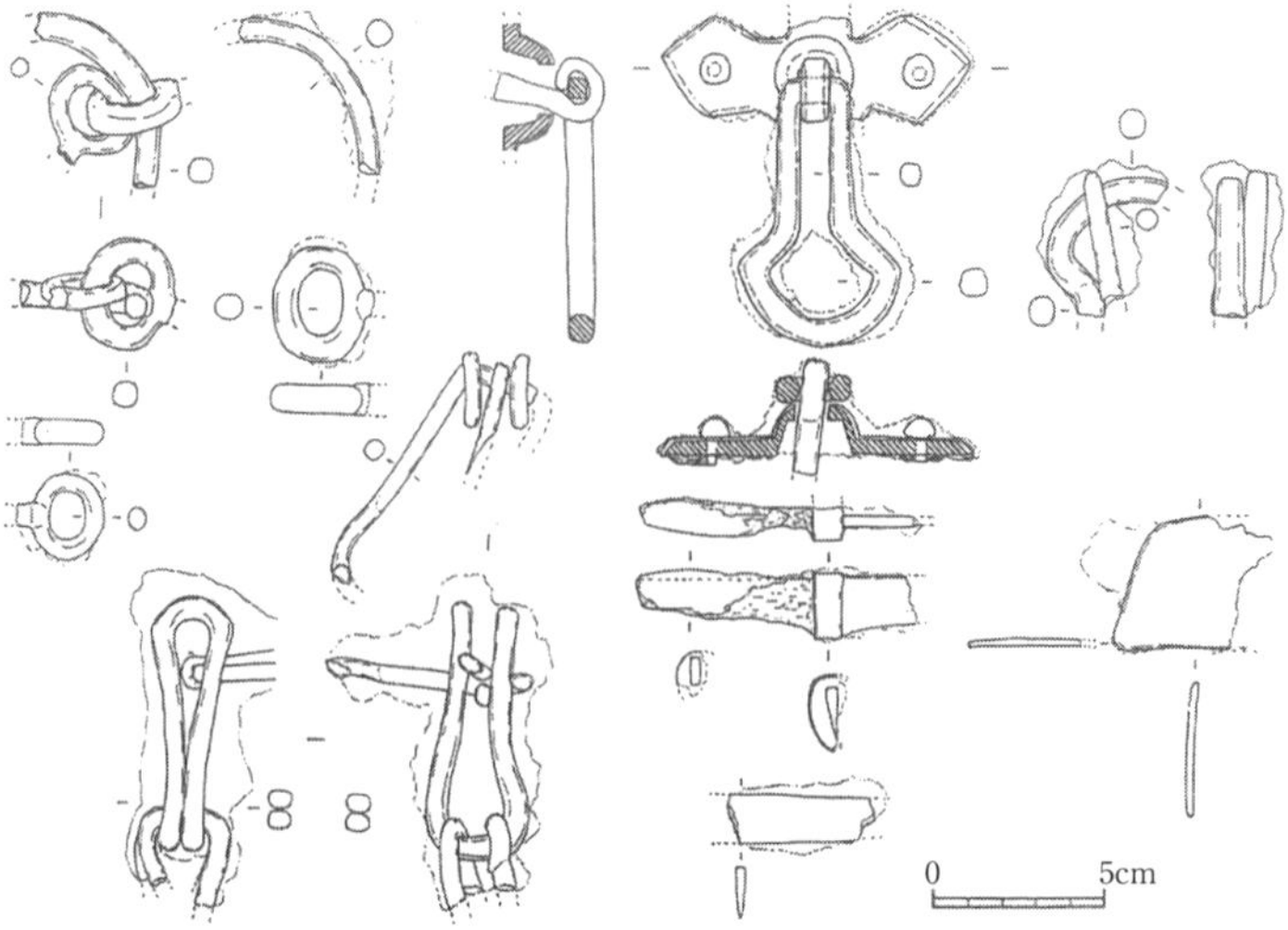

図32　馬具・刀子・不明金属製品（柴又八幡神社古墳出土）

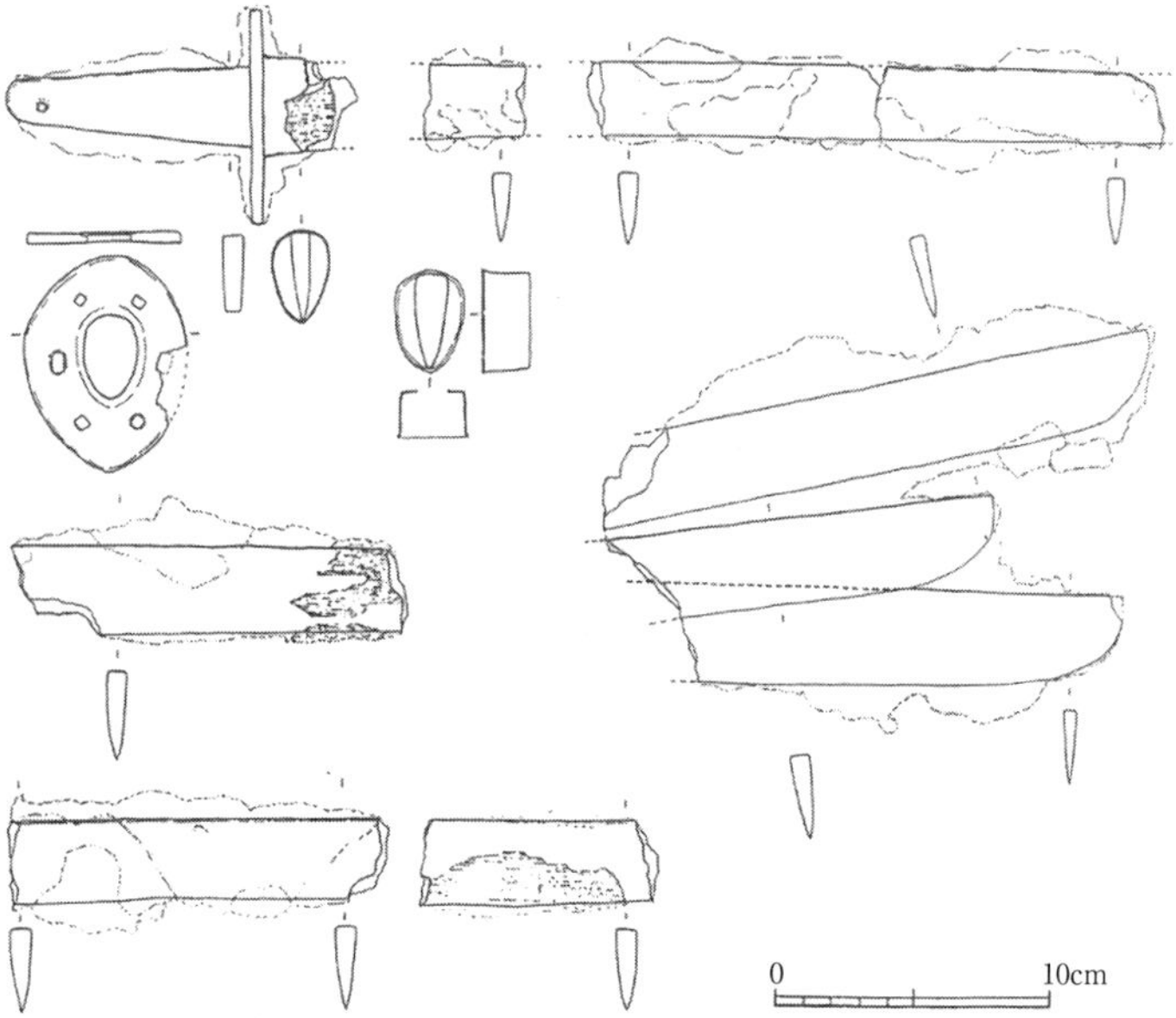

図33　鉄刀（柴又八幡神社古墳出土）

図34　柴又八幡神社の社殿下に復元された石室

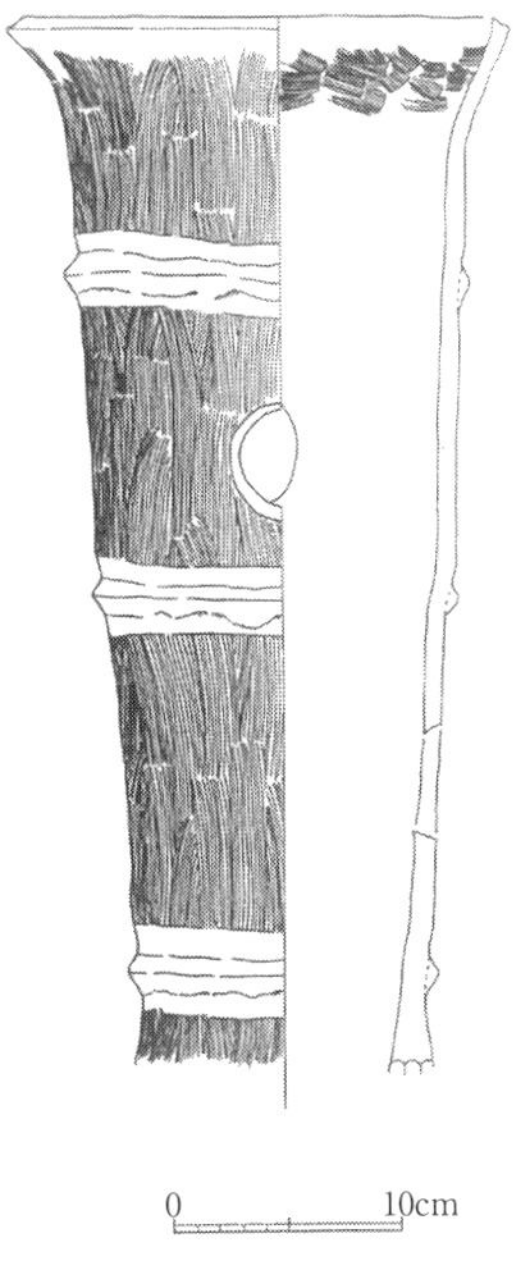

図35　柴又八幡神社古墳出土円筒埴輪

平成元年の第一次調査で初めて全容の知れる図35の円筒埴輪が出土しました。社殿改築に伴って古墳はすでに壊されたと思われていましたが、この第一次調査によって、社殿の周りに埴輪が埋まっており、上部を壊されながらも古墳が遺存していることがわかったのです。

そして、平成十年から博物館の調査として、第二次から第六次にわたる学術調査を行なってきました。その調査の時に出てきたのが、坂詰秀一館長からご紹介いただいた図36の「寅さん似の埴輪」です。なぜこれが注目されているかというと、いくつか理由があるようです。まず帽子を被っているということです。後でお話しますが、この埴輪は下総型埴輪と呼ばれるものです。下総型埴輪の中では帽子をかぶっているものは少ないのです。下総型以外では三角形の帽子などを表現したものはありますが、鍔付きの帽子であるというのがミソです。それから出た日が八月四日。この八月四日が、何で重要になるかというと、渥美清さんの命日なのです。（笑い）そして、場所、つまり出た場所が立石とかではなくて柴又というところが……。（笑い）出来すぎですよね。

私たちの調査というのは博物館の考古学ボランティアと共同で行なっているのですが、ボランティアの人がこの埴輪が土の中から顔を出したら、すぐに「寅さんだ、寅さんだ」と騒ぎ出して、それが巷に広がってしまったわけです。私は一言も寅さんとは言っていません。(笑い)

まだそこまでだったらよかったのですが、ある研究者の方から怒られましてね、「本当に寅さん埴輪なのか、そういう名称なのか」とのことで、「しょうがないじゃないですか」って答えました。新聞に載るときに記者の人が付けちゃったのですから。それも全国版に。そして、この人物埴輪が出る前に図37の女性の埴輪が出ているのですが、それは「さくらさん」と言うことになっているんです。(笑い)

ここまできたらなるようになれということで、今は「寅さん似の埴輪」「さくらさん似の埴輪」ということで私は紹介しています。間違えないで下さい。「寅埴輪」「さくらさん埴輪」とは呼んでいません。それにしても柴又は不思議なところです。奈良の東大寺の正倉院に「養老五年(七二一)下総国葛飾郡大嶋郷戸籍」が保管されていますが、その中に記されている人名に「刀良(とら)」「佐久良(さくら)売」という名が確認できます。大嶋郷というのは、甲和・仲村・嶋俣の三つの里から構成されており、嶋俣里は現在の葛飾区柴又であり、大嶋郷は葛飾や江戸川区域と

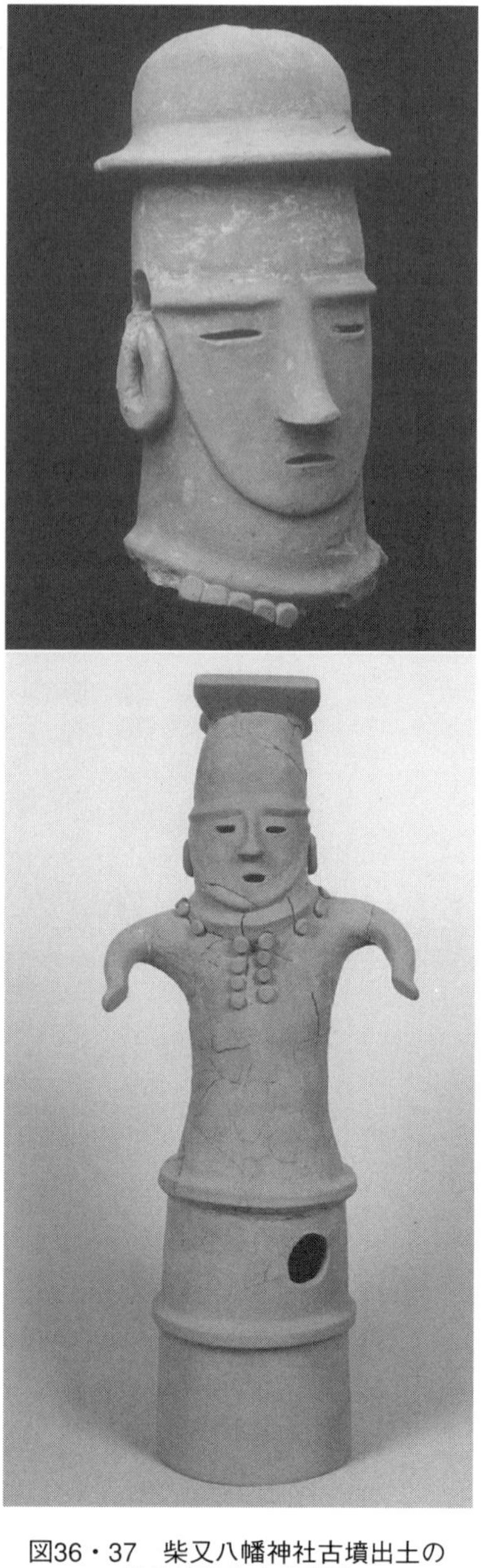

図36・37　柴又八幡神社古墳出土の男性埴輪と女性埴輪

考えられているのです。映画の「寅さん」「さくらさん」よりも古く、奈良時代の葛飾に「刀良」「佐久良売」が実在していたことが確認できるのです。さすがに山田洋次監督も、奈良時代の戸籍、そして埴輪と、あまりにも重なるので、わざわざ博物館までこの埴輪を見学しにこられたくらいです。手にとって記念写真を撮られて帰られました。山田監督は戸籍の「刀良」「佐久良売」は知らなかったそうです。偶然にしては怖いくらい出来すぎです。

話を戻しますけれども、この古墳からは人物埴輪のほかにも馬形埴輪などが出土していますし、円筒埴輪による埴輪列も確認されています。いずれも先ほど申しましたようにこの古墳から出土しているのは下総型埴輪と呼ばれるものので、この古墳は下総型埴輪の分布域のなかで一番西の外れに位置しています。

埴輪とともにこの柴又八幡神社古墳を特徴づけるのは、石室です。今のところ東京低地で唯一石室が現存する古墳なのです。社殿下に保存されている石室は竪穴式のように復元されていますが、私どもの調査の結果、横穴式の石室であったと考えられています。使われている石は凝灰岩で、図34を見ていただくとわかりますが、表面に無数の穴があいているのが特徴です。東京低地は、上流からの土砂の堆積によって形成されたデルタ、沖積地ですので、石がない土地柄なのです。またこのような石材の産出地も近くにはありません。つまり、この古墳の石室の石材は他地域から運び込まれたものであるということがわかるわけです。まわりくどい話し方をいたしましたが、結論から申しますと、房総半島の鋸山周辺に産出する房州石と呼ばれる石が持ち込まれたものです。それも石に見られた表面の穴は貝の棲みかで、生痕とよばれるものですから海岸部にあった石だということがわかっています。以上のように、柴又八幡神社古墳は埴輪と石室に特徴を持つ古墳で、六世紀後半、それも末頃に築かれたものと考えられます。

立石熊野神社古墳

南蔵院裏古墳の東方に熊野神社が鎮座していますが、その近くに立石熊野神社古墳が発掘によって確認されています。盛土はすでに削平されていましたが、周溝によって古墳であることがわかりました。一八メートルほどの規模の

図38　立石熊野神社古墳出土須恵器・土師器

円墳で主体部は不明とのことですが、周溝からは図38の須恵器をはじめ土師器など良好な資料が出土しています。七世紀後半の時期と考えられています。一つお断りしておきたいのですが、よく立石古墳という名前で出てくることがあるのですが、立石古墳というものはありません。立石には南蔵院裏古墳と熊野神社古墳の二基しか確認されていませんし、後で紹介するこの二基の古墳近くに所在する立石様は、古墳もしくは石室の可能性が指摘されているということで、古墳かどうかは今のところ不明です。

五　低地の古墳が語るもの

埴輪の系譜

古墳からはさまざまなものが出てきていますけれども、今日は埴輪と石室の石材に絞ってお話をしたいと思います。東京低地の古墳から発見されている埴輪とか石室の石材というのは、その古墳がどの地域と関係があるのかということを教えてくれる重要な資料といえます。まず、東京低地の古墳から出土する埴輪について少しまとめておきたいと思います。量的にもまた質的にも良好な埴輪資料は、柴又八幡神社古墳の埴輪は、繰り返しますが旧下総地域に特徴的に分布する下総型埴輪です。市川市の法皇塚古墳からも下総型埴輪が出ています。柴又八幡神社古墳のものは、時期的には下総型埴輪でも新しい部類で、六世紀末頃のものと考えています。それに対して、立石の南蔵院裏古墳の埴輪は六世紀の後半でも古手の方だと紹介しました。南蔵院裏古墳の人物埴輪の頭部は、松戸市の栗山古墳出土とされる人物埴輪と系譜的にも時期的にも類似する資料と考えています。

つまり、立石の南蔵院裏古墳と柴又八幡神社古墳は同時期に造られたものではなく、南蔵院裏古墳が早く、柴又八幡神社古墳のほうが新しいわけです。そして、次に立石熊野神社古墳という順番に造られているのです。

一方、足立区の古墳から出土した埴輪については、詳しく検討していませんが、下総型埴輪は確認されておらず、円筒埴輪は粘土のタガが二本めぐるいわゆる武蔵地方に一般的に見られるものです。このように東京低地の埴輪は、葛飾区のものは旧下総地域、足立区のものは旧武蔵地域というように、地域性が認められるのです。

石室に使われた石

次に石材です。柴又八幡神社古墳の石室の石材として用いられた房州石について注目してみましょう。先ほど挙げた武蔵野台地の赤羽台古墳群、それから下総台地の法皇塚古墳でも房州石が使われていましたね。また、松戸の栗山古墳群でも房州石が出土しており、石室の石材として利用されたものと考えられています。そうしますと、東京低地やその周辺部には柴又八幡神社古墳の石材と同じ房州石を使った石室がいくつか確認できるわけです。房州石を使った石室はさらに上流部にまで分布することがわかっています。皆さんご存じの稲荷山鉄剣の出た稲荷山古墳のある埼玉県行田市埼玉古墳群です。そこの将軍山古墳にも房州石の横穴式石室が設けられていたことがわかっています。鋸山の海岸部からかなり広範囲に石が移動して石室の石材として使われているのです。

また古墳かどうかまだ確認されていませんが、東京低地には二箇所に房州石の存在が知られています。ひとつは図39の荒川区の素盞雄神社の境内に祀られている瑞光石です。掘っていないので古墳かどうかわかりませんけども、塚状の土盛りの中程のところに房州石が露呈しており、表面に孔が認められます。

それから、図40の葛飾区の立石様です。さっき説明した立石の南蔵院裏古墳のそばの児童遊園地内に鎮座しており、永峯光一先生は立石様を古墳の石室ではないかとご指摘されています。立石様の表面には柴又八幡神社古墳と同じような窪みがあり、岩質からも房州石であることがわかります。木下良先生は立石様を古代官道の道しるべ的な役割が

図39　素盞雄神社境内の瑞光石

図40　葛飾区の立石様

あったのではないかとも述べられています。私たちは博物館ボランティアの方と平成十六年からこの立石様の周りを発掘しています。今年も七月から八月にかけて二週間ほど行なっていますが、来年、再来年と調査が進めば、いずれ立石様のところに古墳の石室が存在するかどうか明らかになるのではないかと期待しています。

　立石様が古墳の石室なのか、古代官道の道しるべなのかは将来の楽しみとして、ここで押さえておきたいのは、鋸山周辺の海岸部の房州石が石材として利用されるのは、先ほど以来述べてきましたように、古墳時代後期という時期であり、古墳の石室の石材として用いられているということです。瑞光石や立石様が海岸にあった房州石であるということは、瑞光石や立石様のところが古墳かどうかは別としても、古墳時代後期に古墳造りのために持ち込まれたものである必然性が極めて高いということになるわけです。

　図41の石室の石材として房州石を使う古墳や、古墳と関連すると思われる房州石が東京低地や東京低地を臨む台地上にも認められ、地域的なまとまりを見せている点に、まず注目したいと思います。

　さらに房州石を用いた石室は、東京低地の上流部、図示していませんが、杉戸町の目沼《めぬま》古墳群や遠くは行田市の将

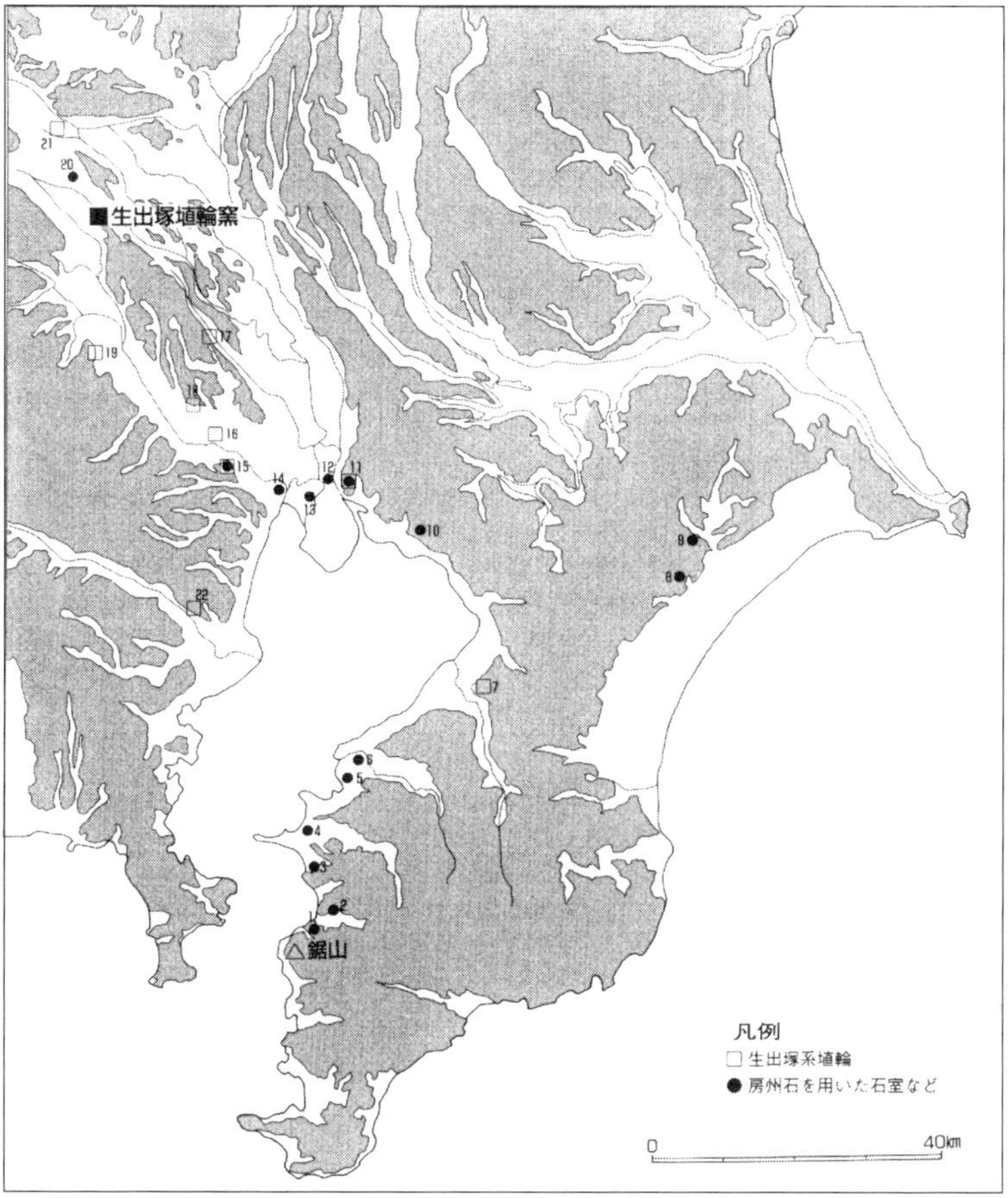

1	松原古墳（富津市）	12	柴又八幡神社古墳（葛飾区）
2	上北原古墳（富津市）	13	立石様（葛飾区）
3	弁天山古墳（富津市）	14	瑞光石（荒川区）
4	内裏塚古墳（富津市）	15	赤羽台３・４号墳（北区）
5	金鈴塚古墳ほか（木更津市）	16	南原１号墳（戸田市）
6	高柳銚子塚古墳（木更津市）	17	東宮下出土資料（大宮市）
7	山倉１号墳（市原市）	18	白幡本宿２号墳（浦和市）
8	胡摩手台16号墳（山武市）	19	南大塚４号墳（川越市）
9	関向古墳（八日市場市）	20	将軍山古墳（行田市）
10	鷺沼８号古墳（習志野市）	21	白山２号墳（行田市）
11	法皇塚古墳（市川市）	22	多摩川台１号墳（大田区）

図41　主な生出塚系埴輪と房州石石材の分布図

軍山古墳まで分布していることはすでに紹介したとおりです。この房州石による石室の分布の意味するところは、房総半島と東京低地周辺、そして北武蔵という地域が互いに関係が深かったということを示してくれています。なぜなら関係が悪かったら、石材が地域を越えてもたらされることはないからです。つまり石室の石材からは下総型埴輪とは異なり、地域間の交流というものが読み取れるわけです。

この交流は、房総半島から北武蔵方面への一方的な流れではなかったのです。埼玉県鴻巣市生出塚埴輪窯で作られた埴輪が、武蔵野台地の北区や品川区の古墳や、下総台地の法皇塚古墳、そして千葉県市原市山倉一号墳などで確認されています。また、木更津市金鈴塚古墳の石棺は、北武蔵の秩父地域から産出する緑泥片岩が使われていることなどから双方向の交流だったことがわかります。

境界地域の古墳

時間も迫ってきましたので、そろそろまとめに入りたいと思いますが、東京低地の古墳は、鳥居龍蔵先生が昭和になる前からその存在を指摘されていましたが、今概観したように確実に古墳時代の古墳と判断できるものは足立区と葛飾区に求められるだけです。そして、その東京低地の古墳の埴輪と石室石材を分析すると、埴輪は地域性、石材は地域間の交流というものが見えてくるのです。

改めて、東京低地の古墳を「地域」というキーワードで再度点検してみましょう。確実に東京低地で古墳の存在が確認されているのは、隅田川・古隅田川以東の葛飾区柴又や立石の古墳のある東京低地東部と、古隅田川と入間川に挟まれた東京低地北部の毛長川右岸に発達した微高地を中心とした東京低地北部の足立区の古墳群です。

大きく見ると東京低地東部の古墳は、武蔵野台地とのお付き合いというよりは、下総台地西部の松戸市や市川市域の古墳との関連というものがうかがえる。東京低地北部というのは、下総台地ではなく、また武蔵野台地というよりはどちらかというと上流部、北武蔵地域との関係が考えられるのです。

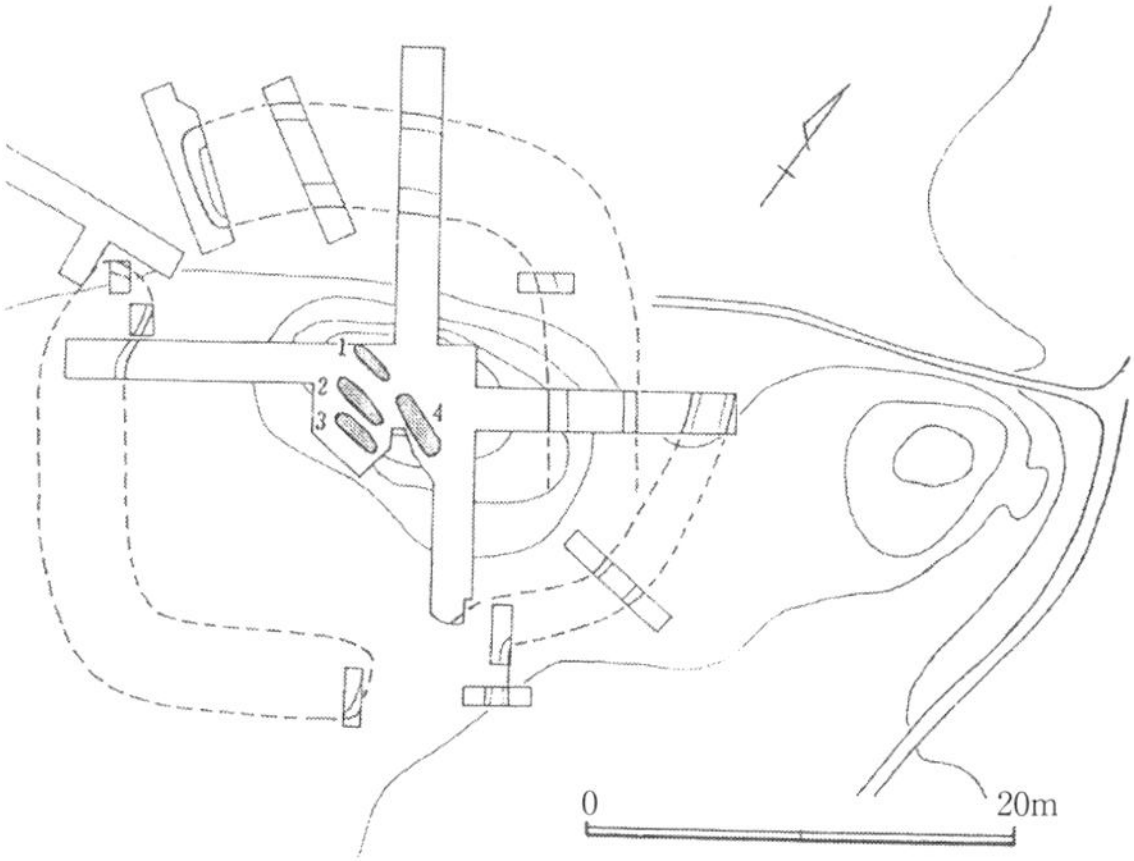

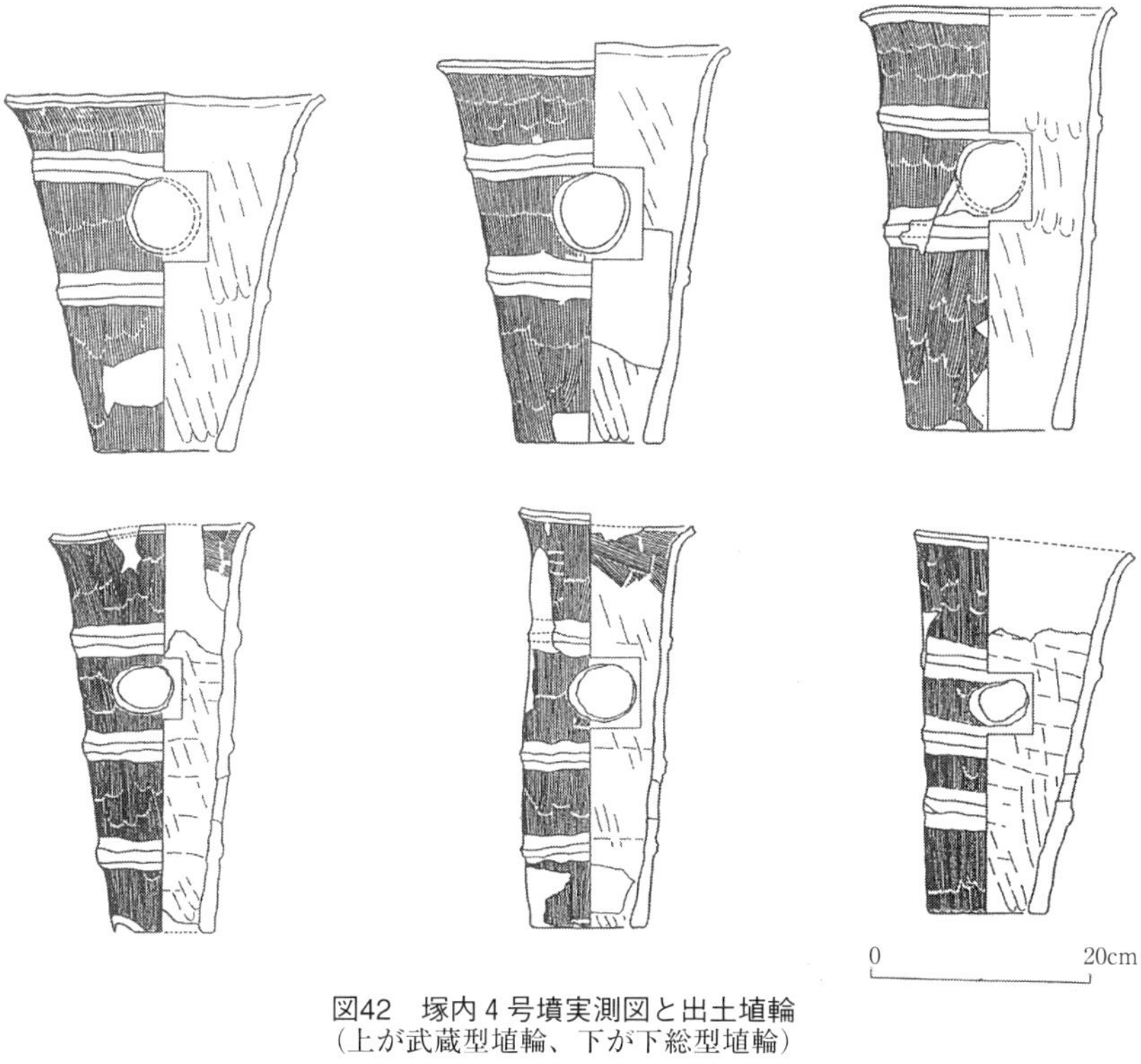

図42　塚内４号墳実測図と出土埴輪
（上が武蔵型埴輪、下が下総型埴輪）

先ほど東京低地西部からは古墳は確認されていないと申しましたが、最近、武蔵野台地の東縁の直下の微高地から埴輪が発掘されています。北区にあります中里貝塚というのをご存知でしょうか。縄文時代の貝塚として国の史跡指定を受けた遺跡ですが、この中里貝塚の表層部から埴輪が出ているのです。古墳自体はまだ見つかっていないのですけれども、調査が進めば、武蔵野台地の東縁部の古墳群との関係を示すような古墳がこれから見つかる可能性が十分ありうるわけで、今後の調査が期待されるところです。

東京低地で確認されている古墳を見ると、古墳時代後期の段階で後に下総国や武蔵国という国となる地域的なまとまりがすでに認められるということが私としては興味を覚えます。葛飾区域の古墳なら下総台地西端部との関係があるということが、当たり前のように思えるかもしれませんが、考古学的に確認できるという事実が私は大切だと思います。後の国の形はすでに古墳時代後期には整っていたのです。東京低地の古墳だからといってひと括りにはできないのです。

最後にもう一度資料の図41を見ていただきたいと思います。東京低地という地域は後の武蔵国と下総国の境です。国境がある境界地域という所です。今日は、私よりも年上の人が多いのでわかると思うのですが、東海林太郎の「国境の町」という歌がありますね。その歌からイメージされる国境というのは、寂しい世界だと思います。しかし、国境というのは地域を隔てるだけではなくて、地域をくっつける場所でもあるのです。国境というのは、地図を見ると線で国を画しているわけですが、見方を変えれば双方の国が接する、出会う所です。

この境界地域ということをキーワードにしながら古墳を見ていくと、東京低地の古墳は境界地域ならではの古墳なのではないかと思えるのです。東京低地よりも上流の古利根川沿いの下総と武蔵の国境地域を見ますと、流山市塚内古墳群や野田市に東深井古墳群とか杉戸町の目沼古墳群があります。東深井古墳群や目沼古墳群は発掘調査も行なわれていて、東京低地の古墳よりは情報量が豊富です。興味深いのは、双方の古墳群とも下総型埴輪と武蔵型埴輪を出す古墳が存在します。また図42にありますように塚内四号墳から下総型埴輪と武蔵型埴輪が伴って出土している事例もあります。地域性の認められる異なる埴輪が伴出するということは、古利根川沿いの古墳というのは、両方の地域の影響を受けて古墳造りをしている。簡単にいえば、まさに境界地域の古墳だということです。

東京低地の古墳からは、まだ同一の古墳から下総型埴輪と武蔵型埴輪が一緒に出土する事例は認められていませんが、下総型埴輪からは地域性が見られるものの、石室の石材である房州石は地域を越えて運び込まれています。地域性と交流という、相反する様相をそなえている、まさにそこに境界性を見出すことが出来ます。古利根川沿い最南端に位置する東京低地の古墳も、東深井古墳群や目沼古墳群と同じ様相ではありませんが、地域性と交流が認められる境界地域に位置する古墳として考えられるのではないかということを思っているわけです。

以上、東京低地の古墳についてお話してきたのですが、大雑把な話しかできず、申し訳ありません。東京低地の古墳の調査事例は少ないのが現状です。これからの東京低地の古墳研究は、鳥居先生の研究を踏まえ、先生の指摘された古墳についての確認から丹念に行なっていく必要があるのではないでしょうか。（拍手）

主な参考文献

江上智恵『立石遺跡Ⅳ　葛飾区立石八丁目区道地点発掘調査報告書』一九九四年
江上智恵『立石遺跡Ⅲ　葛飾区立石八丁目四三番第三地点発掘調査報告書』一九九三年
大村　直「明戸古墳の測量調査」『昭和五六年度市立市川博物館年報』一九八二年
小林三郎・熊野正也『法皇塚古墳』一九七六年
坂詰秀一『日本の古代遺跡32　東京二三区』一九八七年
坂詰秀一「第一章　古代以前の台東区」『台東区史』通史編Ⅰ、一九九七年
坂本和俊・安藤文一「第三節　塚内四号墳」『春日部市史』一九八八年
佐々木彰ほか『足立区北部の遺跡群』一九九八年

谷口　榮『立石遺跡　葛飾区立石八丁目四三番地点発掘調査報告書』一九八九年
谷口　榮『柴又八幡神社古墳』一九九二年
谷口　榮『人物埴輪の時代　埴輪から探る房総と武蔵の交流と地域性』一九九七年
千葉　寛『立出し遺跡発掘調査報告書』一九九七年
鳥居龍蔵『上代の東京と其周圍』一九二七年
鳥居龍蔵『武蔵野及其周圍』一九二四年
中島広顕・小林理恵『田端西台通遺跡Ⅲ　田端不動坂遺跡Ⅲ』一九九五年
永峯光一『赤羽台・袋低地・舟渡』一九八六年
野口良也・大野哲二「千葉県松戸市栗山古墳群出土埴輪の再検討」『松戸市立博物館紀要』五、一九九八年
増崎恵美子『下総のはにわ』二〇〇〇年
日高　慎「埴輪の地域性」『北区飛鳥山博物館研究報告』三、二〇〇一年
松尾昌彦「千葉県松戸市栗山古墳群の提起する問題」『専修考古学』七、一九九八年
三木ますみ「千葉県松戸市栗山出土埴輪の検討」『筑波大学　先史学・考古学研究』三、一九九二年
山路直充『市川市出土の埴輪』二〇〇二年

図版出典一覧

図1　谷口　榮「下総国葛飾郡大嶋郷の故地」『東京考古』八、一九九〇年を改変
図2～5・7～9　鳥居龍蔵『上代の東京と其周圍』一九二七年
図6　鳥居龍蔵『武蔵野及其周圍』一九二四年

図10　坂詰秀一『日本の古代遺跡32　東京二三区』一九八七年
図11　中島広顕・小林理恵『田端西台通遺跡Ⅲ　田端不動坂遺跡Ⅲ』一九九五年
図12　鈴木直人氏提供
図13〜15　永峯光一『赤羽台・袋低地・舟渡』一九八六年
図16　三木ますみ「千葉県松戸市栗山出土埴輪の検討」『筑波大学　先史学・考古学研究』三、一九九二年
図17　千葉　寛『立出し遺跡発掘調査報告書』一九九七年
図18　大村　直「明戸古墳の測量調査」『昭和五六年度市立市川博物館年報』一九八二年
図19〜22　小林三郎・熊野正也『法皇塚古墳』一九七六年
図23〜28　佐々木彰ほか『足立区北部の遺跡群』一九九八年
図29・30　谷口　榮『立石遺跡　葛飾区立石八丁目四三番地点発掘調査報告書』一九八九年
図31　江上智恵『立石遺跡　葛飾区立石八丁目区道地点発掘調査報告書』一九九四年
図32・33　谷口　榮『柴又八幡神社古墳』一九九二年
図34・36〜38　葛飾区郷土と天文の博物館提供
図39・40　報告者撮影
図41　谷口　榮『人物埴輪の時代　埴輪から探る房総と武蔵の交流と地域性』一九九七年
図42　坂本和俊・安藤文一「第三節　塚内四号墳」『春日部市史』一九八八年

東京の主要古墳地名表

品川区立品川歴史館編

古墳(横穴墓)名	所在地	残存状況	形態	大きさ	埋葬施設	出土遺物
丸山古墳	港区芝公園四-八	残存	前方後円墳	全長一〇六m	不明	
丸山古墳群 一～九号墳	港区芝公園四-八	湮滅	円墳九基	径一五m(一・四号)	横穴式石室(一・四～九号)	土師器・須恵器・鉄器・鉄鏃・大刀・刀子・鹿角刀子・直刀・管玉・棗玉・ガラス小玉・金環・銀環・人骨・円筒埴輪・玉類・刀子・馬具・銅環・鉄環・人物埴輪・刀・槍・銅釧
亀塚	港区三田四-一六	残存	方墳			土師器・須恵器
猫塚(オセンチ山)	港区三田一-四	残存	円墳	径約一九m		
	港区芝公園四丁目		横穴墓			
	港区白金台二丁目		横穴墓?			
落合横穴墓群	新宿区下落合四丁目		横穴墓四			直刀・人骨
御殿町古墳	文京区白山二-三六付近	湮滅	円墳			
曙町古墳	文京区本駒込一-四	湮滅	不明			
大塚古墳	文京区大塚一-二	湮滅	円墳			
椿山古墳	文京区本郷七	湮滅	円墳			切石
白山神社古墳	文京区白山五-三	残存	円墳			
富士神社古墳	文京区本駒込五-七	残存	前方後円墳	全長四五m		土師器

	館付近					
	台東区上野公園五	湮滅	不明			埴輪
摺鉢山古墳	台東区上野公園五	残存	前方後円墳			須恵器・埴輪
蛇塚	台東区上野公園	湮滅	不明			
	品川区南品川五-一-六	湮滅	不明			円筒埴輪・人物埴輪の腕・須恵器片
南品川横穴墓	品川区南品川五丁目ゼームス坂恒陽印刷社	湮滅	横穴墓			鉄製腕輪・人骨
大井公園内古墳	品川区東大井四-八	残存	円墳			円筒埴輪
大井林町古墳	品川区東大井四-二	湮滅	前方後円墳			円筒埴輪・土師器細片
仙台坂古墳	品川区東大井四丁目南品川五丁目	湮滅	円墳二			円筒埴輪・須恵器
大井金子山横穴墓群	品川区西大井四-二一付近	湮滅	横穴墓三			人骨・鉄製品
狐塚古墳	目黒区碑文谷二-二三-一六	一部残存	円墳			
三合塚	目黒区南一-二三	残存	不明			
大塚山古墳	目黒区目黒四-一四	湮滅	円墳	径一〇m		
	大田区鵜ノ木一-一五-一五	一部残存	円墳	現存部分南北径一七m、東西径一〇m		
	大田区田園調布五-三〇	一部残存	円墳		横穴式石室（?）	
蒲田神社境内古墳	大田区蒲田三-一-八	湮滅	不明			
浅間神社付近横穴墓群	大田区田園調布一丁目		横穴墓			直刀
新井宿横穴墓群	大田区山王四丁目		横穴墓八			直刀・人骨
池上一丁目横穴墓群	大田区池上一丁目		横穴墓九			人骨

鵜の木一丁目六番横穴墓群	大田区鵜の木二丁目		横穴墓二			土師器・須恵器・人骨
大桜大塚下横穴墓	大田区南久が原二丁目		横穴墓			
大森射的場跡横穴墓群	大田区山王二丁目		横穴墓二			
上池台五丁目五番横穴墓	大田区上池台五丁目		横穴墓			人骨
亀塚横穴墓群	大田区田園調布二丁目多摩川台公園		横穴墓三			
北千束三丁目一〇番横穴墓	大田区北千束三丁目		横穴墓			人骨
桐ヶ谷横穴墓群	大田区中央五丁目		横穴墓一三			人骨
久が原四丁目横穴墓群	大田区久が原四丁目		横穴墓三			人骨
久が原五丁目一七番横穴墓	大田区久が原五丁目		横穴墓			人骨
久が原横穴墓群	大田区久が原四～六丁目南久が原二丁目千鳥二丁目		横穴墓七〇			土師器・須恵器・鉄鏃・刀子・管玉・勾玉・丸玉・金環・人骨
熊野神社付近横穴墓群	大田区山王三丁目熊野神社付近		横穴墓二			土師器・須恵器・人骨
小池横穴墓	大田区上池台二丁目		横穴墓			
光明寺横穴墓群	大田区鵜ノ木二丁目		横穴墓三			土師器・須恵器・刀子・人骨
山王二-一四・二四番横穴墓	大田区山王二丁目		横穴墓二			須恵器
山王三丁目三七番横穴墓	大田区山王三丁目		横穴墓			人骨
山王四丁目三三番横穴墓	大田区山王四丁目		横穴墓			人骨

山王一丁目二八・三〇番横穴墓群	大田区山王一丁目三井銀行寮		横穴墓七			須恵器・人骨
山王一丁目横穴墓群	大田区山王一丁目		横穴墓			人骨
山王横穴墓群	大田区山王三丁目		横穴墓三			鉄鏃・刀子・直刀・人骨
下沼部一本木谷横穴墓	大田区田園調布三丁目		横穴墓			
下沼部牡若谷横穴墓	大田区田園調布二丁目		横穴墓			
下沼部汐見台横穴墓群	大田区田園調布三丁目		横穴墓一三			人骨
上沼部二九番地横穴墓	大田区田園調布五丁目		横穴墓			
上沼部新居里横穴墓群	大田区田園調布四丁目		横穴墓二			
上沼部吹上南部横穴墓群	大田区田園調布五丁目		横穴墓二			人骨
上沼部吹上北部横穴墓群	大田区田園調布五丁目		横穴墓七			木製品・人骨
上沼部宝来横穴墓群	大田区田園調布四丁目		横穴墓四			直刀・人骨
上沼部花野横穴墓群	大田区田園調布四丁目		横穴墓三			
多摩川台公園内横穴墓	大田区田園調布一丁目		横穴墓			埴輪・人骨
塚越横穴墓群	大田区南馬込五丁目 西馬込二丁目 仲池上一・二丁目 上池台五丁目		横穴墓四〇			鉄鏃・刀子・金銅製頭椎大刀・金銅製圭頭大刀・直刀・轡・杏葉・挂甲小札・人骨
田園調布一・三〇番横穴墓	大田区田園調布一丁目		横穴墓			

田園調布五-四五番横穴墓	大田区田園調布五丁目		横穴墓			人骨
田園調布本町一九番横穴墓	大田区田園調布本町		横穴墓			
田園調布本町二四番横穴墓	大田区田園調布本町		横穴墓			
田園調布本町二六番横穴墓	大田区田園調布本町		横穴墓			人骨
田園調布四丁目一二番地横穴墓	大田区田園調布四丁目		横穴墓			人骨
どりこの坂横穴墓	大田区田園調布二丁目		横穴墓			人骨
仲池上一丁目一〇番横穴墓	大田区仲池上一丁目		横穴墓二			人骨
長勝寺裏横穴墓群	大田区中央六丁目長勝寺裏		横穴墓			
中馬込三丁目二・一一番横穴墓	大田区中馬込三丁目		横穴墓			人骨
西馬込二-二番横穴墓	大田区西馬込二丁目		横穴墓			
西嶺町三三番横穴墓	大田区西嶺町		横穴墓			人骨
根岸横穴墓群	大田区千鳥三丁目 南久が原一丁目		横穴墓一〇			須恵器・板碑・人骨
白山神社横穴墓	大田区東嶺町		横穴墓			
東馬込一-二番横穴墓	大田区東馬込一丁目		横穴墓			人骨
平張横穴墓群	大田区南馬込三丁目		横穴墓二			人骨
増明院内横穴墓	大田区鵜ノ木一丁目		横穴墓			鉄剣
法養寺裏横穴墓	大田区池上一丁目		横穴墓			
宝来公園内横穴墓	大田区田園調布三丁目		横穴墓			人骨

南馬込一丁目四四番横穴墓	大田区南馬込一丁目		横穴墓			人骨
南馬込四-二七番横穴墓	大田区南馬込四丁目		横穴墓			
南馬込一丁目横穴墓群	大田区南馬込一丁目		横穴墓三			直刀・人骨
元八景園裏横穴墓	大田区山王二丁目		横穴墓			須恵器・人骨
一本松古墳	大田区田園調布五-八-八	湮滅	円墳			土器片
鵜木大塚古墳	大田区雪ヶ谷大塚町一四	湮滅	円墳	径二七m		
丸山一～二号墳	大田区田園調布一丁目一〇-四	湮滅	円墳	周溝（約四分の一検出）：推定直径二〇～二一m、幅二・一～三・八m、深さ五〇～七〇cm・周溝が一部検出されている。	消滅	土師器坏六点・土師器甕・須恵器𤭯
亀甲山古墳	大田区田園調布一-六三	残存	前方後円墳	全長一〇〇m		
金山神社古墳	大田区大森西二-二三-三	一部残存	不明	三〇cm程度の高まりが認められるのみ。		
光明寺荒塚古墳	大田区鵜ノ木一-一三	残存	円墳	径約二〇m		円筒埴輪片
三島塚古墳	大田区鵜ノ木一-一七	湮滅	不明			人物埴輪頭部・円筒埴輪片・直刀残欠
女塚古墳	大田区西蒲田六-二二-一	一部残存	不明			
新田神社古墳	大田区矢口一-二一-二三	残存	円墳	径二二・五m		懸神・刀子・刀
浅間様古墳（西岡三四号墳）	大田区田園調布四-三三-六	一部残存	円墳		横穴式石室	
観音塚古墳（西岡三六号墳）	大田区田園調布四-九-二五・二七	一部残存	前方後円墳	全長四一m、最大幅一三m、高さ二・一m	横穴式石室（凝灰岩切石）	直刀・鉄鏃・刀子・玉類・轡・円筒埴輪・人物埴輪・玉まき大刀埴輪
田園調布赤坂古墳	大田区田園調布四-九	消滅	円墳	推定直径一五m前後	不明	円筒埴輪、須恵器𤭯、土師器埦・甕、鉄製鋤先、石製紡錘車

西岡一九〜二四・二六〜三三・三五・四七・四九・五〇・五二〜五四・五七号墳	大田区田園調布五-二七ほか	残存（五〇号）・一部残存（一九・二六・二九・三一・三三・四七）・湮滅	前方後円墳（一九号）・円墳	全長約六〇m（一九号）・径約一五〜三二m	横穴式石室（二一・二八・五七号）・横穴式石室（複室：五二号）	鉄鏃・直刀・刀子・金環・雲珠・土器片・銅釧・人骨・埴輪片・六鈴鏡・轡・鹿角柄刀子・土師器片・耳環・小刀・管玉・土器・石釧・円筒埴輪・方頭大刀・銀環・伝直刀
扇塚古墳	大田区田園調布一-二二-一	一部残存	円墳			鏡
浅間神社古墳	大田区田園調布一-五五	残存	前方後円墳			形象埴輪（人物・鹿・馬）・円筒埴輪
浅間神社北古墳	大田区田園調布一-五五	一部残存	円墳			円筒埴輪片
多摩川台古墳群一〜九号墳	大田区田園調布一-六三	残存	円墳	径約一〇〜二〇m	横穴式石室（五・七・九号）・横穴式石室（片袖式：四号）	鉄鏃・円筒埴輪・直刀・刀子・轡・土師器・金環・勾玉・管玉・切小玉・ガラス玉・碧玉製棗玉・大刀・須恵器・鉾・玉類
宝萊山古墳	大田区田園調布四-四	残存	前方後円墳	全長一〇〇m	粘土槨	土器・鉄剣・鉄鏃・勾玉・管玉・小玉・丸玉・四獣鏡・紡錘車
北馬込三本松古墳	大田区北馬込二-二八-四	残存	円墳	径一二m		
	大田区山王二・三丁目		横穴墓			
あたご山横穴墓	世田谷区奥沢一・七丁目		横穴墓			人骨
石井土南横穴墓	世田谷区大蔵四丁目		横穴墓			人骨
上野田横穴墓群	世田谷区成城四丁目		横穴墓二			
梅ヶ丘横穴墓	世田谷区代田四丁目		横穴墓			ガラス製小玉・人骨
大蔵団地横穴墓群	世田谷区大蔵三丁目		横穴墓七			耳環・人骨
岡本原横穴墓群	世田谷区岡本二丁目		横穴墓五			
岡本谷戸横穴墓群	世田谷区岡本一丁目		横穴墓			鉄鏃・刀子・鉄製品・円頭大刀・人骨
上神明横穴墓群	世田谷区成城四丁目		横穴墓六			人骨

砧小学校前横穴墓群	世田谷区成城一丁目		横穴墓四			人骨
下野毛岸横穴墓群	世田谷区野毛三丁目	残存	横穴墓一一			須恵器・人骨
スクモ塚（西岡六号墳）	世田谷区野毛三-一		円墳			
成城学園横穴墓群	世田谷区成城六丁目成城学園大学		横穴墓三			
青年の家横穴墓	世田谷区野毛二丁目		横穴墓			人骨
滝ヶ谷横穴墓群	世田谷区瀬田四丁目		横穴墓二			人骨
谷川上横穴墓	世田谷区野毛一丁目		横穴墓			人骨
玉川神社東横穴墓群	世田谷区瀬田四丁目		横穴墓二			
玉川病院下横穴墓群	世田谷区瀬田四丁目		横穴墓六			鉄鏃・刀子・鹿角装刀子・耳環・人骨
玉川病院西横穴墓群	世田谷区瀬田四丁目		横穴墓二〜三			人骨
堂ヶ谷戸横穴墓群	世田谷区岡本二丁目		横穴墓五			
等々力渓谷横穴墓群	世田谷区等々力一丁目		横穴墓三			土師器・須恵器・刀子・ガラス玉・耳環・人骨
等々力根横穴墓	世田谷区等々力一丁目		横穴墓			人骨
中明神横穴墓群	世田谷区成城三丁目		横穴墓七			土師器・須恵器・刀子・人骨
西谷戸横穴墓群	世田谷区大蔵四丁目岡本三丁目		横穴墓二一			縄文土器・弥生土器・土師器・鉄鏃・直刀・刀子・装飾品（玉類ほか）・赤色顔料・人骨・骨粉
野毛高木横穴墓	世田谷区野毛二丁目		横穴墓			人骨
不動橋横穴墓群	世田谷区成城三丁目		横穴墓六			人骨
稲荷丸古墳	世田谷区上野毛三-八五島美術館内	残存	円墳	径二〇m	礫槨、石槨（?）	

稲荷塚古墳	世田谷区喜多見四-一四	残存	円墳	径一三m	横穴式石室	圭頭大刀・直刀・玉類・鉄鏃・刀子・耳飾・須恵器・土師器・骨片
下野田一号墳	世田谷区喜多見六-一五・九	湮滅	不明			
下野田二号墳	世田谷区喜多見六-一三	残存	円墳	径五m		
砧中学校古墳群一～八号墳	世田谷区成城一-一〇	残存(一・四号)・一部残存(三号)・湮滅	円墳・方墳(五号)・前方後円墳(七号)	径一七～三一m・全長六七m、前方部幅二六m、高さ三m、後円部径四三m、高さ六m(七号)・径一九m(八号)	粘土槨(四・七号)	鉄片・土師器・直刀残片・珠文鏡・玉類・直刀・刀子・鉄鏃・砥石・斧頭・土師器(鬼高)・須恵器
慶元寺古墳群一～七号墳	世田谷区喜多見四-一七(一～六号)・四-一二(七号)	湮滅(一号)・残存(二～六号)・一部残存(七号)	円墳(一～五号)・前方後円墳(六号)・不明(七号)	径一四m(一号)・径一五m(三号)・径七m(四号)・径五m(五号)・全長二〇・五m(六号)	横穴式石室	直刀・円筒埴輪・小刀・埴輪
将監塚	世田谷区瀬田四-一六-一	一部残存	円墳	径六m		寛永通宝
陣屋一号墳	世田谷区喜多見一-一三一・二三	湮滅	円墳	径一〇m		埴輪
陣屋二号墳	世田谷区喜多見一-一三付近	湮滅	円墳			
瀬田玉川神社古墳	世田谷区瀬田四-一〇	一部残存	円墳	径三一m	不明	直刀(伝明治四三年出土)
狐塚(西岡一二号墳)	世田谷区尾山台二-一七公園内	残存	円墳	径四〇m		円筒埴輪
御岳山古墳(西岡一〇号墳)	世田谷区等々力一-一八	残存	円墳	径四〇m	粘土槨	七鈴鏡・直刀・須恵器・土師器・甲冑
大日塚(西岡一一号墳)	世田谷区等々力一-二六付近	湮滅	円墳			
天慶塚(西岡一五号墳)	世田谷区尾山台一-一四	一部残存	円墳			鉄鏃・直刀・金具・鉄器・石製模造品・勾玉・人骨
西岡三～五・九・一三・一六～一八号墳	世田谷区等々力町三-二三ほか	残存(三・四・五・七・九・一八号)・湮滅(一三・一六・一七号)	円墳	径四～一五m(五号)		鉄鏃・仏像・柄鏡・須恵器・直刀

大蔵古墳群一号墳	世田谷区大蔵四-六	残存	円墳	径二九m	横穴式石室	須恵質陶器（築造時以降のもの）
大蔵古墳群二号墳	世田谷区大蔵四-六	一部残存	不明		横穴式石室	
大蔵古墳群三号墳	世田谷区大蔵四-六	湮滅	円墳	径二九m		
第六天塚古墳	世田谷区喜多見四-三	残存	円墳	径一八m		円筒埴輪・蔵骨器
天神山古墳	世田谷区野毛一-一五	一部残存	円墳			
天神塚古墳	世田谷区喜多見四-三	一部残存	円墳	径七m	横穴式石室	
殿山古墳群一～九号墳（八号墳大将塚）	世田谷区大蔵六-一三・一四付近	湮滅（一・二・四・六・七号）・残存（五・八号）・一部残存（三・九号）	円墳（一・二・四～九号）	径七m（二号）・径二〇m前後（四号）	横穴式石室（一・二・四・九号）	土師器・金環・刀子・鉄鏃・玉類（勾玉・ガラス玉・棗玉）、顔料・鉄片・刀・鏃・圭頭大刀（金銅装）
堂ヶ谷戸一号墳	世田谷区岡本三-三	湮滅	円墳	径二〇m		
野毛大塚古墳（西岡八号墳）	世田谷区野毛一-二五	残存	円墳	径七六m	組合式箱式石棺	石製模造品・甲冑残片・玉類・円筒埴輪・人骨・蔵骨器
八幡塚（西岡一四号墳）	世田谷区尾山台二-一二	残存	円墳			石製模造品（刀子）・刀身・袴帯・鉄鏃・土師器
カネ塚古墳	渋谷区西原三-四〇	湮滅	円墳			鏡・玉・剣・武装埴輪（伝）・古銭出土の言い伝えがある。
なまこ山古墳	渋谷区神南二-二-一NHK放送センター内	湮滅	前方後円墳			円筒埴輪
猿楽塚（南塚）古墳	渋谷区猿楽町二九-一〇	残存	円墳	径一二m		
猿楽塚（北塚）古墳	渋谷区猿楽町二九-一〇	残存	円墳	径二〇m		
加計塚古墳	渋谷区恵比寿四-二二	湮滅	円墳			
渋谷塚古墳	渋谷区恵比寿南一-一六付近	湮滅	円墳			
江古田二丁目横穴墓群	中野区江原町二丁目付近		横穴墓			

片山西川横穴墓群	中野区松が丘二丁目		横穴墓			
貞源寺付近横穴墓群	中野区江古田二丁目		横穴墓			
成願寺付近横穴墓群	中野区本町二丁目		横穴墓一五〜一六			
千代田町横穴墓群	中野区本町五丁目		横穴墓			
前原町横穴墓群	中野区弥生町四丁目		横穴墓			
向台横穴墓群	中野区弥生町一丁目		横穴墓一五〜一六			
塔山古墳群一〜五号墳	中野区中央一-四一	湮滅	円墳（一・二号）・不明（三〜五号）	径一五〜二〇m（一・二号）		鉄釘・直刀
赤羽台横穴墓群	北区赤羽台四丁目星美学園敷地内		横穴墓一九			須恵器・人骨
十条台小学校横穴墓	北区中十条二丁目		横穴墓			人骨
堂山横穴墓	北区赤羽北二丁目		横穴墓			
ミタマ古墳	北区赤羽台二丁目赤羽台団地付近	湮滅	不明		石棺？	直刀？
甲冑塚古墳	北区上中里二丁目四七	残存	円墳			
赤羽台古墳群一〜一三号墳	北区赤羽台四丁目星美学園敷地内	残存（一号）・湮滅	円墳		横穴式石室（三・四号）・横穴式石室（胴張り複室：五・七号）	
大塚古墳	北区赤羽西五丁目付近	湮滅	円墳			
滝野川古墳	北区滝野川三丁目五四（王子工業高校内）	湮滅	円墳			土師器・陶磁器（江戸）
天王塚古墳	北区赤羽台一丁目赤羽台団地付近	湮滅	不明		石棺？	人骨三体
富士塚古墳	北区中十条三丁目二	残存	円墳			
飛鳥山古墳群	北区西ケ原二丁目六番地	一部残存	円墳	直径三〇m（一号）、推	不明	須恵器、土師器

一〜三号墳				…径二〇・[illegible]m（二号）、一八・七m（三号）		
志村第一号古墳	板橋区小豆沢二丁目	湮滅	円墳	径一〇m	横穴式石室	
志村第二号古墳	板橋区小豆沢二丁目	湮滅	円墳	径五m		
小豆沢観音塚古墳	板橋区小豆沢四-一六	残存	円墳	径四〇m		
一本松古墳	足立区花畑町　花畑団地毛長堀脇	湮滅	円墳			土師器・円筒埴輪
金塚古墳	足立区東伊興町二-七	湮滅	方墳?			
甲塚古墳	足立区伊興町三一・三四付近	湮滅	円墳			
聖塚古墳	足立区東伊興町一付近	湮滅	円墳			土師器・須恵器・土錘・石製模造品
船山塚古墳	足立区東伊興町五五・五六付近	湮滅	円墳			
白旗塚古墳	足立区東伊興三丁目	残存	円墳	径約一二m		
白幡塚古墳	足立区入谷二丁目白幡神社内	残存	円墳	推定径二四m		土師器・須恵器・土錘
摺鉢塚古墳	足立区東伊興三五付近	湮滅	円墳			直刀・円筒埴輪・人物埴輪・形象埴輪(馬)・鋸歯文鏡・銅釧
柴又八幡神社古墳	葛飾区柴又三-三-三〇	湮滅	不明		横穴式石室	土師器・須恵器・鉄鏃・直刀・刀子・円筒埴輪・人物埴輪・馬具・朱塊・人骨・常滑甕
南蔵院裏古墳	葛飾区立石八丁目四〇付近	湮滅	円墳?			土師器・須恵器・円筒埴輪・形象埴輪・人物埴輪
	八王子市川口町調井	湮滅	不明		不明	
	八王子市小比企町	湮滅	円墳			
大和田横穴墓群	八王子市大和田町二・四・五丁目		横穴墓九			須恵器・刀子・銅鋺・直刀・耳環・人骨

八王子四〇一・四〇二・四〇九・四一四(下根古墳)	八王子市東中野二号堀之内ほか		横穴墓			ナイフ型石器・細石刃・縄文土器・石器・垂飾・土偶・ミニチュア土器・土師器・須恵器・円筒埴輪・板碑
一本松古墳	八王子市楢原町四二四	残存	円墳	現況で径約一〇m、高さ一・〇～一・三m		
下根古墳	八王子市堀之内	残存	円墳			円筒埴輪
狐塚古墳	八王子市宇津木向原	湮滅	円墳			直刀・鉄鏃
鹿島古墳	八王子市楢原町鹿島(鹿島神社境内)	残存	円墳	径五m、高さ〇・五m	横穴式的竪穴式石室(河原石・右片袖形)	
鹿島北古墳	八王子市楢原町	一部残存	不明	径約三m、高さ約〇・七mの地膨れが残る		
小宮古墳	八王子市宇津木町、小宮町	湮滅	円墳	一九・六～一九・八m	複室横穴式石室(河原石)	鉄釘三八点・鉄製品一点
川口古墳	八王子市川口町二五五六	湮滅	円墳		横穴式石室(河原石積)	小刀二点・鉄鏃七点
船田古墳	八王子市長房町	残存	円墳		横穴式石室(片袖形)	周溝上面より土師器坏一点
調井古墳	八王子市川口町一四七三付近	湮滅	不明	東西二m、南北三m、高さ〇・五mの地膨れ程度に残存	石室の一部と推定される石材が露出	
日向古墳	八王子市由木大塚五二二	湮滅	円墳	径一三m、高さ二・五m		
北大谷古墳	八王子市大谷町七二五	残存	円墳	径三九m、高さ二・一m	複室横穴式石室(凝灰岩切石・胴張り形)	前庭部において土師器坏の口縁部破片二点出土
鴨山古墳	八王子市暁町	湮滅	円墳		横穴式石室(河原石積)	
	八王子市川口町		横穴墓			
	武蔵野市吉祥寺東町一丁目(八幡神社境内)	湮滅	円墳			蕨手刀一点
御塔坂横穴古墳群	三鷹市大沢四丁目		横穴墓一五			土師器・須恵器・人骨・陶器
坂上横穴墓	三鷹市大沢二丁目		横穴墓三			人骨・獣骨
出山横穴墓群	三鷹市大沢二丁目		横穴墓九			須恵器・人骨

野水橋横穴墓群	三鷹市大沢二丁目		横穴墓六			土師器・須恵器・人骨
羽根沢台横穴墓群	三鷹市大沢四丁目		横穴墓一六			薬壺形須恵器・人骨・銭貨
原横穴墓	三鷹市大沢一丁目		横穴墓			人骨
天文台構内古墳	三鷹市大沢二丁目二	残存	円墳	東西二〇m、南北二五m、高さ二m	複室横穴式石室(切石)	
	青梅市河辺三-一〇〇七	湮滅	不明			直刀・壺
	青梅市塩船		横穴墓?			
高倉古墳群	府中市分梅町一-二付近ほか	湮滅・一部残存	不明	不明	不明	銀象嵌大刀・鉄刀・鍔
高倉古墳群(高倉塚・山王塚・耳塚・首塚・大塚・天王塚・洞穴・一~二二号)	府中市分梅町一丁目・美好町三丁目付近	残存(高倉塚・天王塚・洞穴)・一部残存(耳塚・首塚・大塚・二〇・二二号)・湮滅	円墳・不明(耳塚・大塚・一九・一八号)	内径一〇~二三・八m	不明・横穴式石室(河原石積:六・七・九・一〇号)	銅製品・土師器・須恵器・鉄刀・刀子・鉄鏃・耳環・臼玉・砥石・小玉・切子玉・算盤玉・丸玉・琥珀玉・石製紡錘車
(小柳町付近の古墳)仮称一~三号墳	府中市小柳町二-二ほか	残存	円墳三基	内径約一〇~一二・二m	石室(三号)	
白糸台古墳群(襲山・一~六号墳)	府中市白糸台五-一四ほか	残存(襲山)・湮滅	その他(襲山)・円墳(一~三・五・六号)・不明	内径九・三~一六・八m	横穴式石室(河原石積)(四・五号)	鉄鏃・土師器
熊野神社古墳	府中市西府中町二-九	残存	上円下方墳	一段目方形部一辺三二m、二段目方形部一辺約二三m、三段目円形部径一六m	横穴式石室	鉄地銀象嵌鞘尻金具一点、ガラス製小玉六点、刀子四点、鉄釘類
多喜窪横穴墓群	府中市武蔵台二丁目府中病院		横穴墓			
	昭島市大神町三丁目一九四	湮滅	不明		消滅、横穴式石室と思われる。	直刀二点
	昭島市福島町二丁目	湮滅	不明		消滅、横穴式石室と思われる。	直刀一点・土師器

経塚下古墳	昭島市宮沢町	湮滅	不明		横穴式石室的竪穴式石室（河原石積、やや胴張りを呈する）	鉄鏃六点・刀子一点
浄土古墳群 浄土一～五号墳	昭島市田中町二丁目三三三	湮滅	不明		横穴式石室的竪穴式石室（一～四号）・小石室であるが石棺墓的な構造（五号）	石室床面より金環二点
入間町城山	調布市入間町一・二丁目		横穴墓			
上野原横穴墓群	調布市柴崎二丁目		横穴墓			人骨
御塔坂横穴墓群	調布市深大寺元町三丁目		横穴墓六			刀子・人骨・木片
蟹沢横穴墓群	調布市入間町三丁目		横穴墓三			人骨
下石原古墳群 下石原一号墳	調布市下石原三-七二	湮滅	不明		消滅、横穴式石室（河原石積）	
下石原古墳群 下石原二号墳	調布市下石原三-七二	湮滅	不明		消滅、横穴式石室（河原石積）	
下布田古墳群 下布田一～一三号墳	調布市布田六-四五ほか	湮滅・一部残存（七号）	円墳（二～五号）・不明	推定外径二〇～三八m	消滅（一号）・礫槨（二号）・横穴式石室（河原石積：六号）・内容不明（七～九号）	滑石製紡錘車・土師器坩・土師器坏・土師器小型壺
国領南古墳群 国領南一号墳	調布市国領六-二九	湮滅	円墳	周溝：外径二〇m		
上布田古墳群 古天神一・二号墳	調布市布田五-五三	湮滅	円墳	周溝：外径三一m、陸橋部を検出	消滅	周溝の陸橋部付近から土師器広口壺・坩・高坏
上布田古墳群 上布田一～四号墳	調布市布田六-一〇ほか	残存（一号）・湮滅	不明・円墳（一～五号）	周溝：外径二〇m（一号）	横穴式石室（河原石積、わずかに胴張り、側壁小口積み：一号）・横穴式石室（河原石積、側壁持ち送りの小口積み：二号）・内容不明	石室内よりガラス玉一七個出土
糟嶺神社古墳	調布市入間二丁目一九	湮滅	不明			
飛田給古墳群 桜塚一～一五号墳	調布市飛田給一-八ほか	残存（一・三～五）・一部残存（一〇号）・湮滅	円墳（一・二号）・不明	東西二三m×南北二一m、高さ二一m（一号）・墳丘と思われる若干の高まりあり（三・四号）・	消滅、横穴式石室（河原石積：一・三・五・六号）・石室の一部を確認（一〇号）	金環・銀環・ガラス製小玉・滑石製小玉・鉄鏃・刀子・鍔・棗玉・人骨・須恵器大甕片

				定外径二〇m（二号）		
飛田給古墳群 飛田給一～五号墳	調布市飛田給二-三ほか	湮滅	円墳五基	推定外径一八～二一m	消滅、不明（五号）	土師器広口壺・小型壺・土師器坏・土師器壺・不明青銅製品
	町田市三輪町二五号	湮滅	円墳		消滅	
	町田市つくし野四丁目一九	湮滅	不明		消滅	直刀
	町田市つくし野四丁目二五	湮滅	不明		消滅	
金井原遺跡群	町田市金井町二・二～一三号		横穴墓			
ガンガン山横穴墓群	町田市成瀬四号		横穴墓四			
白坂横穴墓群	町田市三輪町二二号		横穴墓一三			須恵器・刀子・人骨
忠生根岸山横穴墓群	町田市根岸町		横穴墓七			土師器・須恵器・鉄鏃・刀子・石製丸玉・金銅製耳飾・人骨
玉田谷戸横穴墓群	町田市三輪町二号		横穴墓四			須恵器・黒色土器
鶴川遺跡群R地点	町田市鶴川五丁目		横穴墓三			刀子・人骨
西谷戸横穴墓群B-八	町田市三輪町九号		横穴墓九			鉄製品・ガラス小玉・人骨
能ヶ谷カゴ山横穴墓群	町田市能ヶ谷町八号		横穴墓二〇			土師器・須恵器・陶器（灰釉）・鉄鏃・刀子・勾玉・直刀・刀装金具・耳環・木棺・人歯・人骨
多摩ニュータウン遺跡 町田一一四	町田市小山町三一号		横穴墓			
多摩ニュータウン遺跡 町田八六九	町田市小山町三一号		横穴墓			
多摩ニュータウン遺跡 町田八七〇	町田市小山町三一号		横穴墓			

能ヶ谷古墳	町田市能ヶ谷町一〇二三一	残存	円墳	現況径約六m、高さ約一・五m	内容不明	
馬駈古墳	町田市図師町五号	湮滅	円墳		消滅	
	町田市相原町開都		横穴墓			
平代坂	小金井市前原町三丁目		横穴墓			
坂西横穴墓群	日野市大坂上二丁目		横穴墓七			土師器・須恵器・編物片・人骨
谷ノ上横穴墓群	日野市神明二丁目		横穴墓四			須恵器・刀子・鉄鏃・人骨・木炭
平山台横穴墓	日野市旭が丘二丁目		横穴墓			須恵器・火打ち鎌・鉄鏃
ホリキリ谷戸	日野市程久保		横穴墓？二			縄文土器・石器・土師器・須恵器
梵天山横穴墓群	日野市神明一・二丁目		横穴墓一八			土師器・須恵器・鉄鏃・刀子・直刀・鉄滓・人骨・銭貨
七ツ塚古墳群一〜七号墳	日野市新町五丁目二三一	残存(一・四・五・六号)・一部残存(二・三号)・湮滅(七号)	その他（一号）・円墳（三号）・不明	推定外径約三・五〜一六m	横穴式石室（砂岩による切石積：二号）・横穴式石室（三号）	直刀・刀子・鉄鏃・土師器坏・島田髷を結った女性埴輪（鳥居龍蔵一八九四・一九二七）が出土したとされる。
西平山古墳群一〜五号墳	日野市西平山三丁目	残存・湮滅(二号)・一部残存(三〜五号)	円墳(一・二号)・不明	内径約一七m		周溝覆土内より土師器坏七七点(二号)・石積より須恵器提瓶の頸部破片が採取されている(三号)。
平山古墳群一〜六号墳	日野市東平山二丁目	湮滅	円墳・不明（六号）	推定外径一二〜二八m	消滅、横穴式石室（河原石積)。墓道は周溝に繋がる（二号）。	土師器坏・小形甕・直刀・刀子・鉄鏃・耳環・須恵器𤭯・土師器坩
万蔵院台古墳群一〜三号墳	日野市百草七〇三	湮滅・残存(二・三号)	不明・円墳(二・三号)	長径約四〜一〇m	横穴式石室	金環・鉄鏃・須恵器フラスコ形提瓶の破片・直刀・小刀・土師器坏・須恵器高坏片・刀子・四肢骨・土師器坏片
	日野市日野本町二丁目		横穴墓？			
多喜久保横穴墓群	国分寺市西元町二・四丁目		横穴墓二			陶器（緑釉）・鉄釘・木棺・人骨

内藤新田横穴墓	国分寺市内藤一丁目		横穴墓			縄文土器
（小沢氏邸内）	国立市谷保	湮滅	不明	残存、台地縁辺に位置する宅地敷地内に若干の高まりが残存している。	内容不明	
（青柳一号墳東隣）	国立市青柳二二四付近	残存	円墳	調査時現況東西約一〇・四m、南北約五・七m、高さ約一m	消滅	
（青柳西方）	国立市青柳三三五付近	一部残存	円墳	削平されて平坦ではあるが、畑地内に径約七mの円形の高まりが約〇・八mの高さで残っている。	不明。聞き取り調査から河原石積の石室が推定される。	
（谷保天満宮内）	国立市谷保	一部残存	不明	南北の長さは約一三m、頂部は削平されている。	内容不明	
谷保東方横穴墓	国立市谷保一本松		横穴墓			人骨・刀子
（下谷保古墳群）	国立市谷保五三三付近	湮滅	円墳		内容不明	
下谷保古墳群下谷保一～五号墳	国立市谷保四二〇五付近ほか	残存（一号）・一部残存（二一号）・湮滅	円墳・不明（四号）	径約一四～一六・五m	横穴式石室（河原石積、胴張り：一号）・消滅、河原石積（三・四号）・消滅（五号）	直刀・鐔・鉄鏃・板状鉄製品・須恵器甕の破片
下谷保古墳群谷保古墳	国立市谷保五一〇九-二付近	残存	円墳	東西約一六m、南北約一四m、高さ二・八m	内容不明	
神明塚古墳	国立市谷保	湮滅	円墳		消滅	
青柳古墳群四軒在家一～一〇号墳	国立市矢川三-一〇ほか	湮滅	円墳一〇基	外径約一〇～二七m	横穴式石室（河原石積、胴張りを呈する：一・二・四～九号）・横穴式石室（河原石積、やや胴張りを呈する：三号）・横穴式石室（河原石積、おそらく胴張りを呈する：一〇号）	須恵器長頸瓶口縁部片・胴部片・鉄製鍔・鉄製懸通孔金具・鉄製刀子・鉄鏃・不明鉄製品・金環・土師器比企型坏片・須恵器フラスコ形瓶片・須恵器甕片・鉄釘・ガラス玉・碧玉製管玉・須恵器長頸瓶片・須恵器フラスコ形瓶胴部片・直刀片・直刀刀装具・刀子・水晶製切子玉・琥珀製棗玉・土製玉類・滑石製玉類・ガラス製丸玉・ガラス製小玉・直刀

						（銀象嵌）・鉄製鍔・鞘口金具（鞘足金具か?）・須恵器甕胴部片・土師器高坏・土師器甕口縁部片・土師器丸胴甕片・直刀刀身片・刀子片・両頭金具（弓の弭付近の飾り金具）・不明鉄塊・須恵器長頸瓶胴下部片・刀子・滑石製勾玉・滑石製丸玉・直刀・短刀・鉄製品（毛抜き）
青柳古墳群 青柳一～二号墳	国立市青柳二二四付近ほか	湮滅	円墳（一号）・不明（二号）	調査時の墳丘測量での規模は東西約七・五m、南北約八m、高さ約一・五m（一号）・消滅、畑地の南脇の墓地の植え込みの中に〇・三～〇・六m大から径一m大の自然石が露出している（二号）。	消滅、横穴式石室と推測される（一号）	土師器坏・円筒埴輪
青柳無名墳	国立市青柳　甲州街道南	湮滅	不明		消滅	直刀・金環・人物埴輪?
石塚古墳	国立市谷保五一〇〇付近	残存	円墳	現況東西約一〇m、南北約一五m、高さ約一・八m。周囲を削られている。	横穴式石室（レーダー探査により存在が予測されている）	
南養寺古墳	国立市谷保六二三四付近か?	湮滅	不明		横穴式石室的竪穴式石室（河原石乱石積）	
兜塚古墳	狛江市中和泉三-三付近	残存	円墳	現況東西三四m、南北三六m、高さ五m。推定規模径約三八m、高さ約六m 周溝：幅約一一m、深さ〇・五～〇・七m。墳端部との間に約一mのテラスが巡る	内容不明	円筒埴輪・朝顔形円筒埴輪
亀塚古墳	狛江市元和泉一-二付近	一部残存	帆立貝式古墳	現況最大長一一・五m、高さ一・六m。推定規模東西約四一m、南北径約三四m、高さ約七m	後円部中央上部に〇・四mほど深さを異にして上下二基の木炭槨。前方部にあたる部分で箱形組合	上部木炭槨より、金銅製毛彫金具・直刀・銀環・刀子・鉄鏃 下部木炭槨より、神人歌

					式石棺一基	舞画像鏡・鈴釧・碧玉製管玉・ガラス丸玉 下部木炭槨北外側より、f字鏡板付轡・杏葉・木心鉄板張輪鐙・辻金具・鉄鏃 封土より、形象埴輪（男子首・馬） その他、土師器・須恵器・円筒埴輪
久保・前原古墳	狛江市猪方三-二一付近	湮滅	不明	周溝：発掘調査により検出	消滅	土師器・須恵器
橋北塚古墳	狛江市岩戸北三-三付近	残存	円墳	現況径一三m、高さ三m。	内容不明	
金掘塚	狛江市和泉本町四-七付近	湮滅	不明		消滅	
慶元寺七号墳	狛江市岩戸南三-二七付近	湮滅	円墳		消滅	
経塚古墳	狛江市中和泉一-三一付近	一部残存	円墳	推定規模径四〇～四二m、高さ約五m。現況で高さ四・八m	内容不明	
絹山塚古墳	狛江市中和泉三-二一付近	湮滅	円墳	昭和三五年の測量調査時には東西二八m、南北四一m、高さ四・七m 昭和三六年の発掘調査により復元規模が直径約四〇m、高さ約五m	消滅、礫槨（一〇cm大の河原石を用いた）	礫群の中から大刀断片
古屋敷塚古墳	狛江市岩戸北三-一付近	湮滅	円墳	推定高さ五m、周溝：推定内径三九・二m、外径五二・二m、断面逆台形。北西側に陸橋部検出	消滅	陸橋部南側周溝の底面直上から土師器小形丸底坩二点・甕四点、周溝東側の覆土から土師器坏一点・角釘一点、その他周溝覆土から土師器片・須恵器片
腰掛塚古墳	狛江市中和泉三-二一付近	湮滅	不明		消滅	
十幹森塚古墳	狛江市東和泉一-三五付近	湮滅	不明		消滅	刀・壺（伝承）
松原東稲荷塚古墳	狛江市中和泉一-五・六付近	残存	円墳	径三五m、高さ五m、墳頂平坦部径八m	礫槨	円筒埴輪片・礫槨断面から鉄鏃・刀子、内部に直刀が確認されている。

真刀自畔一号墳	狛江市中和泉二-二六付近	湮滅	円墳	墳丘径は推定で二五m前後とされている。	消滅	
真刀自畔二号墳	狛江市中和泉二-二七付近	湮滅	円墳	墳丘径は推定で二〇m前後とされている。	消滅	
清水塚一号墳	狛江市猪方一-六	残存	円墳	現況径一九・九m、高さ二・五m	内容不明	
清水塚二号墳（旧ハンス・ウオルシュケ一号墳）	狛江市猪方一-七付近	湮滅	円墳	（推定規模一四m前後）	消滅	
清水塚三号墳（旧ハンス・ウオルシュケ二号墳）	狛江市猪方一-七付近	湮滅	円墳		消滅	
前原塚古墳	狛江市猪方一-九付近	残存	円墳	現況径一八m、高さ二・一～二・六m。周溝：内径約二三・五m、外径約三二・五m、幅約二・五～三・八m、深さ約七〇cm、幅約二・八mでS-二六°-Wの方向に設置された陸橋部検出	内容不明。レーダー探査により二基の主体部の存在が推定されている。	
前原塚西方墳	狛江市猪方三-五付近	湮滅	不明		不明	
駄倉塚古墳	狛江市中和泉一-一付近	一部残存	円墳	現況東西約二一m、南北約一一m、高さ約三m。推定規模径約四〇m、高さ約五m	内容不明	円筒埴輪
猪方小川塚古墳	狛江市猪方三-二付近	湮滅	円墳		消滅	
田中塚古墳	狛江市岩戸北三-一八	湮滅	不明		消滅	埴輪片・土器片
土屋塚古墳	狛江市岩戸南一-四	残存	円墳	現況径三〇m、高さ五m	内容不明	円筒埴輪
東塚古墳	狛江市中和泉一-五・六付近	一部残存	円墳	径三五m、高さ五m、墳頂平坦部の径八m。周溝：内径約四一m、外径約六〇m、上端幅約九m、深さは南側で〇・六～一m、東	内容不明	円筒埴輪、朝顔形円筒埴輪

				北側で〇・二m～〇・四m		
東和泉一～九号墳	狛江市元和泉一-二四付近ほか	湮滅	円墳・その他（九号）	推定外径約一〇～一九・四m	消滅(一・二・四・九号)・未調査、内容不明(三・五・七号)・第一主体部は北側に位置し、第二主体部は第一主体部の三〇～四〇cm南側に平行して位置する(六号)・墳丘部では検出されなかったが、周溝北側の底面に主体部と考えられる土坑が検出されている(八号)。	土師器片・須恵器片・砥石・土師器・須恵器・刀子・土師器底部穿孔甕・須恵器坏・土師器底部・土師器坩・底部穿孔甕・石製紡錘車
白井塚古墳	狛江市中和泉三-二付近	一部残存	円墳	径約三六m、高さ約三・五m。推定高さ四m。周溝：上端幅約一〇m、底面幅約六～七m、深さ約一m、墳丘と周溝の間には幅約二mのテラスがある。	内容不明	
飯田塚古墳	狛江市中和泉三-二付近	一部残存	円墳	現況東西三八m、南北二八m、高さ約一m。推定径約二〇m	内容不明	
弁財天池古墳一号墳	狛江市元和泉一-三付近	一部残存	円墳	周溝：外径二九・六～三〇・一m、幅約三～四m、深さ〇・五～〇・七m。西南西の部分に幅約一・五mの陸橋部、周溝内縁のほぼ全域と北東部外縁にテラスを有する。	消滅	紡錘車形石製品・勾玉形石製品・土師器有段口縁壺・単口壺
弁財天池古墳二号墳	狛江市元和泉一-三付近	湮滅	円墳	周溝：外径約一七・二～一八m、幅約一～一・六m、深さ〇・〇五～〇・三m、西側部分に幅一mの陸橋部を有する。	消滅	土師器坩・坏
弁財天池古墳三号墳	狛江市元和泉一-三付近	湮滅	円墳	周溝：推定直径二七～二八m、幅二～六m、深さ〇・二～〇・八m、断面形皿状。発掘調査により約二分の一が検出。検出された範囲での外径は二五m。	消滅	周溝覆土から須恵器平瓶（築造当初のものとは考えにくい）

矢崎山	狛江市猪方二-一〇・二	湮滅	不明		消滅	円筒埴輪・土器片
圦上峡塚古墳	狛江市中和泉四-一八付近	湮滅	円墳	推定径二〇m前後	消滅	
厚生荘病院内横穴墓群	多摩市和田一七号		横穴墓二			人骨
中和田横穴墓群	多摩市和田一七号		横穴墓一九			
中和田横穴墓群	多摩市和田一七号		横穴墓一七			土師器・須恵器・鉄鏃・刀子・玉・ガラス玉・大刀・鑷・人骨
稲荷塚古墳	多摩市百草二四〇付近	残存	八角墳	第一段の径三四m、第二段の径二三mの二段築成。領域径は約三八m、復元高は四mほど。幅約二mの周溝が巡る。	横穴式石室（凝灰岩による切石、胴張り、上覆屋を建てて保存）	土師器・鉄の小片（鉄鏃?）
臼井塚古墳	多摩市和田後原二三〇	湮滅	不明		横穴式石室（下底部のみが残存、凝灰岩による切石、胴張り）	刀子
庚申塚古墳	多摩市和田五号四三〇	残存	円墳	現況径約一〇m	内容不明	
塚原古墳群一～九号墳	多摩市和田二号七九ほか	残存（一号）・湮滅	円墳・不明（七～九号）	径約一〇～一八m	横穴式石室（河原石積、複室構造、胴張り：四号）・横穴式石室（河原石積、無袖型：五・九号）・消滅、横穴式石室（河原石積、複室構造、胴張り：六号）	土師器甕・土師器壺・大刀・刀子・鉄鏃・金環・青銅製釧・滑石製臼玉・碧玉製勾玉・管玉・丸玉・ガラス製小玉・土師器片・短刀・須恵器
	多摩市和田三三・一六・一七号		横穴墓			
稲城三一	稲城市坂浜二八号		横穴墓			
大丸城跡（稲城八五）	稲城市大丸七・二三号		横穴墓二			
平尾馬場横穴墓群第一・二・三号	稲城市平尾四号		横穴墓三			金環
	稲城市坂浜一一号		横穴墓			人骨
	あきる野市平沢三六〇	残存	円墳	南側と東側が道路の	内容不明	道路改修工事の際に塚の墳

				墳丘が残存している。		が出土したといわれている。
	あきる野市二宮二三五二付近、二宮神社境内	湮滅	不明		二宮神社本殿南側の玉垣に沿って発掘したところ、河原石が多数出土した。	河原石の直上から多数の須恵器瓶類のほか、坏・蓋・甕・広口壺・鉄製鍔・柄頭・鞘尻などが出土した。また、河原石の直上ではないが土師器の坩・坏が出土している。
	あきる野市引田九一八付近	湮滅	不明		消滅、発掘調査時に石積が検出されている。	
（御堂上古墳群一～四）	あきる野市草花	湮滅	不明	径約一四m、高さ約一・四m（三号）	消滅？一・五×一・二m、厚さ約三〇cmの偏平な石があり、その近くに大きな河原石が転がっている（一号）。	直刀・籠・鉄鏃
舘谷古墳群	あきる野市みとうがいど			八幡神社の周辺に三基の古墳が存在していたという。	消滅	
牛浜古墳群一～三号墳	あきる野市牛沼二〇ほか	湮滅	円墳三基		石積の一部と思われる石が露出している（一～三号）。	
原小宮古墳群一～五号墳	あきる野市原小宮一三四ほか	残存・一部残存（三号）・湮滅（四・五号）	円墳五基	径約九・七m、高さ約一・二m（一号）・径約六・一m、高さ約一・五m（二号）・径約八m、高さ約一・六m（三号）・削平（四号）・消滅（五号）	内容不明・消滅（五号）	
山田古墳	あきる野市山田八六八	湮滅	不明		消滅、宅地造成により破壊され、発掘調査時には横穴式石室の奥壁部分が残存するのみであった。	
慈勝寺前古墳	あきる野市草花一八一一付近	湮滅	不明		消滅、横穴式石室（河原石積）	直刀・刀子・須恵器・蔵骨器・骨片
森山古墳群一号墳	あきる野市草花九七八付近	残存	不明	高さ五〇cm程の墳丘が残存しているが、なだらかな周囲の空地に続くためその範囲は確認できない。	内容不明	

森山古墳群二号墳	あきる野市草花八七〇付近	残存	円墳	径約一〇m、高さ約一・五mの円墳状の墳丘が畑の中に存在しているが、耕作によって削られている可能性が高い。	未調査だが横穴式石室と思われる。	
森山古墳群三号墳	あきる野市草花九九一付近	残存	円墳	東西径約一二m、高さは東側の道から約一・五mある。	内容不明。長さ約八〇cm、幅約四〇cmの石が数個墳頂付近に露出している	
瀬戸岡古墳群一～五〇号墳	あきる野市瀬戸岡	湮滅（一・二・三・八・二七～二九号）・一部残存（一二・二三・二六号）・残存	円墳五〇基	削平（一～三・八号）・古墳群中唯一高まりが確認できるがわずかな高まりのみ（六号）・若干の高まりが見られる（四～五・七・九～五〇号）。	地中に残存しているものと思われる（一～六・八～一三・一五・一八～二一・二四～二九・三一・三三・三五～五〇）・横穴式石室的竪穴式石室（河原石積：七・一四・一六・一七・二二・二三・三〇・三二・三四号）	直刀・鉄鏃・土師器甕・土師器埦・ガラス小玉・鉄製刀子・人骨
草花古墳群一～一一号墳	あきる野市草花一五一五付近ほか	残存（一号）・湮滅（二～六・八～一一号）・一部残存（七号）	円墳（七・一〇・一一号）・不明（一～六・八・九号）	径約六～一八・二五m	横穴式石室的竪穴式石室（河原石積）（九号）	須恵器長頸壺の口縁部破片・直刀・鉄鏃・刀子・土師器・須恵器の𤭯
大塚古墳	あきる野市雨間二三三二	残存	方墳	現況一辺三三m、高さ約八m	不明	
北小宮古墳	あきる野市草花二九七九	残存	円墳	径約一五×二〇m、高さ約一m	内容不明	
下平井古墳	日の出町平井九〇八	湮滅	不明		消滅、個人宅敷地内に石室の構築材と思われる大きな河原石が数個残っている。	明治時代に直刀・刀子・鉄鏃などの鉄製品・須恵器蓋・坏が掘り出されている。

あとがき

昨年の秋の品川歴史館には、いつもと違う活気ある空気が流れていました。「東京の古墳」の特別展が話題を呼び、多くの考古学の同好家や研究者で賑わったのです。特別展の「品川にも古墳があった」という副題も、ロビーに出現した実物大の瀬戸岡三〇号墳石室とともに、区民の方々の驚きと興味をひいたものと思われます。

昨年四月に人事異動により一〇数年ぶりに戻った品川歴史館でまず驚かされたのは、この「東京の古墳」の企画でした。開設から一〇年余りの学芸員時代には、「東京の古墳」を総覧するような特別展が開催されることなど思いもよらないことでした。

その後、品川歴史館を離れ文化財担当として、品川の名刹・東海寺（開山　沢庵宗彭）の什物・文書調査をさせていただく幸運に恵まれた際に、明治十年八月の「東海寺明細書上帳」に七点の古墳出土資料が東海寺にあった旨の記述を目にしました。また明治二十八年五月の「東海寺明細書上」では、この七点の資料が幕末の品川台場築造の折に御殿山より出土して幕府より持ち込まれたと伝える註記がありました。

文書の中からこの記述を発見した時には、驚きとともに、一瞬、御殿山に営まれた古墳の様相が頭をよぎりました。後にこれらの出土品は、研究者によっても認知され『古墳横穴及同時代遺物発見地名表』（明治三十三年三月）には、その内六点が「八木奘三郎報　帝国博物館」として記されています。

大井の古墳群については、埴輪の断片の残存や近年の仙台坂遺跡調査によりその存在が明確になりました。当時、御殿山にも古墳があったとしたら、品川の歴史の一つ大きなポイントになるにちがいない、そんな感想を抱いたことを覚えています。

中世の品川の研究を志す者として、中世の霊場・葬送儀礼の場を想起させる御殿山に大いに関心をもっていましたが、さらに時代を遡る御殿山の重要性を改めて知らされた思いでした。

残念ながら七品の出土品は、東海寺には確認できず、「博物館へ預ヶ置也」との添え書きから、平成七年に品川区史料九『東海寺の文化財』を編集する際に、東京国立博物館に問合せて見たものの、その資料を知る人はいませんでした。今回の特別展での展示はできませんでしたが、『東海寺文書』の記載を特別展に反映できたことは幸いでした。

さて特別展「東京の古墳」の開催は、都内の多様な古墳を紹介し、主要な出土遺物を、品川歴史館という小さな地域博物館に一堂に集めて総覧していただこうとの坂詰秀一館長の熱意によるものでした。

この坂詰館長の発案は見事にあたり、多くの出土資料の優品が展示出来ただけでなく、東京の古墳の全体像を品川歴史館から提起しようという構想の一端を実現することとなりました。

何よりもよかったのは、品川にも古墳があったことを、特別展により多くの方に知らせることができたことです。東京の古墳研究の上からも、品川大井の古墳群が東京の古墳にしめる位置の重要性に改めて光をあてる事が出来た点は一つの成果となりました。

本書は、特別展にちなみました講演会やシンポジウムを一冊の図書にまとめたものです。東京の古墳についての今までの研究成果だけでなく、今後の東京の古墳研究へ向けた提言の数々も盛り込まれております。本書が多くの人に東京の古墳の魅力を紹介し、東京の古墳への関心を高める契機となれば幸いに思います。

ご指導を賜わりました斎藤忠、大塚初重両先生をはじめ、ご協力をいただきました多くのみなさまに感謝申し上げます。

平成十八年五月

品川区立品川歴史館　副館長　柘植信行

執筆者紹介

斎藤　忠　大正大学名誉教授
大塚初重　明治大学名誉教授
内田勇樹　品川区立品川歴史館
江口　桂　府中市教育委員会
野本孝明　大田区立郷土博物館
谷口　榮　葛飾区郷土と天文の博物館
松崎元樹　東京都埋蔵文化財センター
岡崎完樹　東京都教育庁計画課
池上　悟　立正大学教授
坂詰秀一　品川区立品川歴史館館長、立正大学名誉教授
柘植信行　品川区立品川歴史館副館長

パネルディスカッション風景

東《とう》京《きょう》の古《こ》墳《ふん》を考《かんが》える

2006年7月5日　印刷
2006年7月20日　発行

監　修　坂　詰　秀　一
編　集　品川区立品川歴史館
発行者　宮　田　哲　男
発行所　株式会社　雄　山　閣
〒102-0071　東京都千代田区富士見2-6-9
振替 00130-5-1685　電話 03（3262）3231
FAX 03（3262）6938
印刷・(株)秀巧堂　製本・協栄製本(株)

ISBN4-639-01938-6

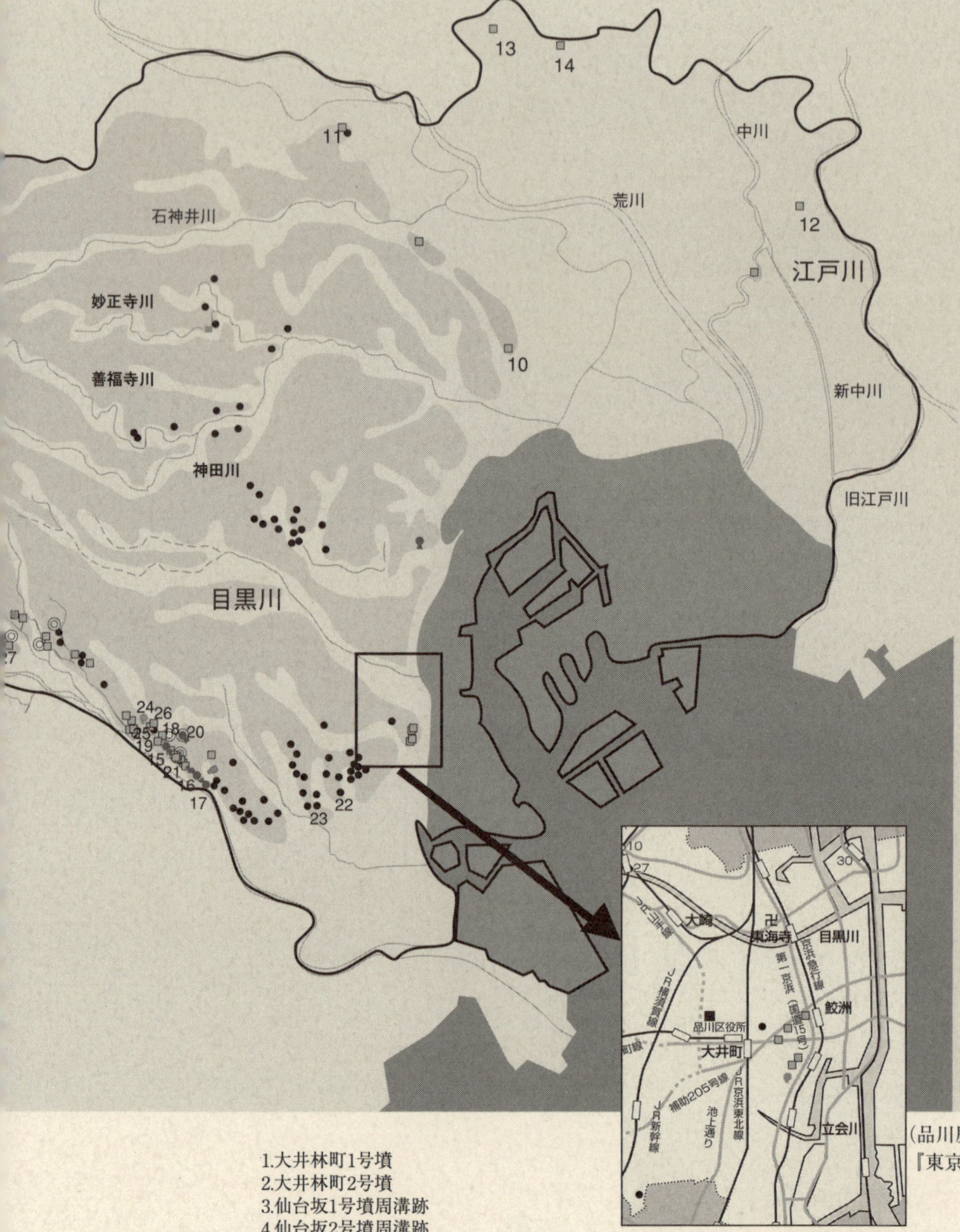

品川区内の古墳分布図

（品川歴史館特別展『東京の古墳』より）

1.大井林町1号墳
2.大井林町2号墳
3.仙台坂1号墳周溝跡
4.仙台坂2号墳周溝跡
5.南品川横穴墓
6.大井金子山横穴墓群
7.都心部遺跡分布調査団による埴輪片採集地
8.都心部遺跡分布調査団によって確認された須恵器片および円筒埴輪散布地域